Theodor W. Adorno/Lotte Tobisch

Der private Briefwechsel

Herausgegeben von
Bernhard Kraller und Heinz Steinert

Literaturverlag Droschl

Inhalt

Zum Geleit

Lotte Tobisch-Labotýn

Er geht mir ab, und je älter ich werde, desto mehr.

Es war bei einer Einladung im Frühjahr 1962, als ich ihn zum ersten Male traf. In der Wohnung des ehemaligen Burgtheaterdirektors Josef Gielen, dem Schwager des Pianisten Eduard Steuermann, bei dem der junge Adorno im Jahre 1925 in Wien sein Klavierspiel perfektionierte, während er zur gleichen Zeit bei Alban Berg Musiktheorie und Kompositionslehre studierte.

Ich sehe Adorno noch vor mir: verunsichert, besorgt. »Gretelchen«, seine Frau, hatte sich den Fuß verletzt und war darum im Hotel zurückgeblieben – er war völlig verstört. Das Problem war rasch zu bewältigen: ich holte Frau Adorno aus dem Hotel und brachte sie zum Arzt. Es war kein Bruch, nur eine Zerrung. Um drei Uhr nachmittags kam ich mit Gretel Adorno im »Schlepptau« zurück zu Gielens und zu einem nun sichtlich von Kummer befreiten, seligen Adorno.

Wenn er sich glücklich fühlte, strahlte sein Wesen eine berührende kindliche Freude und Dankbarkeit aus, die so ganz im Gegensatz standen zu dem stets unverändert bleibenden, wissenden und forschenden Blick aus seinen besonders großen, dunklen, ein wenig asymmetrischen Augen, die mich immer an die faszinierenden Augen des alten Goethe auf K. A. Schwerdgeburths Zeichnung aus dem Jahr 1832 erinnerten.

Ich weiß nicht, woran es lag, dass schon diese erste Begegnung durch eine gegenseitige spürbare Zuneigung geprägt wurde; aber ich weiß, dass diese Sympathie allein gewiss nicht ein ausreichend tragfähiges Fundament gewesen wäre für die Brücke, die über die unterschiedlichen Generationen, sozialen Positionen, Formen der Intellektualität und Temperamente den weltberühmten Philosophen und die noch junge, mäßig erfolgreiche Schauspielerin zu einer jahrelangen, innigen – doch immer platonisch gebliebenen – Freundschaft zusammenführte.

Wo das Verbindende, das Gemeinsame dieser sonderbaren Beziehung zu finden ist, erhellt Adorno in seinem Brief vom 20. November 1964, den er mir anlässlich des Todes seines Lehrerfreundes Eduard Steuermann schrieb:

»… wenn es etwas Tröstliches gibt, und davon zu reden, ist fast schon vermessen – dann liegt es darin, daß Du es warst, von der ich die Nachricht empfing. Unser Verhältnis hat ja auch dies Merkwürdige, daß es, trotz unseres Altersunterschiedes – ich bequem Dein Vater sein – etwas von einer Jugendfreundschaft hat durch all die Fäden, die von Dir zu meiner Jugend und zu deren bestimmten Erfahrungen sich spinnen. Es hat im Namen dieser späten und anachronistischen Jugendfreundschaft etwas unendlich Sinnvolles, daß uns nun gerade der Augenblick aneinanderknüpft, in dem einer der letzten und wichtigsten Menschen mir weggerissen wurde, der noch mit der eigenen Jugend mich verbunden hat, und der, wie ich es auch von mir glaube, nichts von dem geopfert oder verraten hat, was in der Jugend ihn bewegte. Ich bin dankbar dafür, daß Du da bist und ich Dich habe …«

Die »Fäden«, die Adorno in seinem Brief erwähnt, waren freilich besonderer Art: gesponnen von meinem – damals erst kürzlich verstorbenen – langjährigen Gefährten, dem Jugendfreund des Dichters Georg Trakl und späteren Chefdramaturgen des Burgtheaters, Erhard Buschbeck. Um 37 Jahre älter als ich, war er in seiner Jugend, von 1909 bis 1913, Leiter des »Akademischen Verbandes für Literatur und Musik«, eines Vereines, der sich ganz der Präsentation der Avantgarde verschrieben hatte, von dessen musikalischen Veranstaltungen einige, wie etwa das Schönberg-»Skandalkonzert" vom Mai 1913, in die Musikgeschichte Eingang gefunden haben. Als verantwortlicher Leiter des Vereines war Buschbeck mit allen Künstlern in engem Kontakt und mit manchen sogar lebenslang befreundet.

Die »Jugendfreundschaft«, von der Adorno in seinem Brief spricht, war also auch im allerweitesten Sinne wahrlich eine anachronistische: ihr Grundstein lag in der Zeit vor dem Ersten Weltkrieg, als er noch ein Kind und ich noch nicht geboren war.

Als er, 22-jährig, nach Abschluss seines Philosophiestudiums von Frankfurt nach Wien kam, war der große Aufbruch in die Moderne zwar längst unter den Trümmern, die der Erste Weltkrieg zurückgelassen hatte, begraben, – aber davon spürte er offenbar wenig. Im elitären Kreis um Schönberg und Berg, finanziell unabhängig, beschäftigte sich Adorno in Theorie und Praxis mit kunstphilosophischen Problemen, vor allem jenen der Musik. Er sah sich als Künstler, der sich bei den Großen der »2. Wiener Schule« weiterbilden wollte.

Wohl aus der sicher schmerzhaften Erkenntnis, dass er dem höchsten Anspruch, den er immer an sich stellte, auf diesem Gebiet nicht genügen konnte, verließ er Wien bereits wieder im Herbst 1925. Er kehrte zurück nach Frankfurt und zur Philosophie, die von nun an sein Leben bestimmte. Aber die Musik blieb zeitlebens ein wesentlicher Bestandteil seines Denkens.

So wie Amorbach, die Sommerfrische seiner Familie, für ihn Inbegriff seiner Kindheit war, so wurde Wien für ihn das Synonym für jenen Abschnitt seiner Jugend, in dem er als Musiker Antworten auf die ihn bewegenden Fragen suchte, die er Jahre später, als Philosoph, fern von Wien, in der Polarität des dialektischen Denkens zu ergründen wusste.

Die Briefe Adornos an mich sind sicherlich nicht vergleichbar oder auch nur in einem Atemzug zu nennen mit jenen, die er mit seinen bedeutenden Zeitgenossen, Fachkollegen, Verlegern oder Studenten wechselte, und die letztlich – wie er einmal belustigt einen seiner Studenten zitierte – von ihm »für die Ewigkeit« verfasst wurden, gewissermaßen als Ergänzung bzw. Kommentar zu einem jeweiligen Thema, durchaus im Bewusstsein einer möglichen Veröffentlichung.

Die vorliegenden Briefe – sowohl seine wie meine – sind nicht im entferntesten unter diesem Aspekt geschrieben worden. Darum berichten sie auch ohne Rücksichtnahme oder Vorsicht vom Tagesgeschehen, von Zuständen und Menschen – ob prominent oder nicht. Manches Urteil von mir über Ereignisse und Personen ist aus heutiger Sicht nicht mehr aufrechtzuerhalten, viele angesprochene Probleme sind kaum mehr als solche zu erkennen, und dennoch hatten einige durchaus Spätfolgen – gute und auch ungute.

Wenn ich, nach langem Überlegen, gerade jetzt mein Placet zur Veröffentlichung unseres Briefwechsels gegeben habe, dann deshalb, weil zu erwarten war, dass anlässlich seines hundertsten Geburtstages der Buchmarkt mit Adorno-Sekundärliteratur überschwemmt werden wird und Zeitungen und Magazine mit unzähligen Adorno-Artikeln erscheinen werden. Mit Publikationen, die wohl nur in einem sehr geringen Maße dazu beitragen werden, in der vielfältigen und äußerst widersprüchlichen Persönlichkeit des Philosophen Adorno den so sehr verletzbaren, empfindsamen und liebesbedürftigen Menschen aufzuspüren, der im Schatten seines Genies lebte und zeitlebens etwas von dem Kind in sich trug, dem seine großbürgerliche, tadellose Erziehung »das Weinen verboten hatte«.

In den Briefen seiner letzten zwei Lebensjahre schreibt Adorno wiederholt über seine ernsthafte Absicht, mit Gretel nach seiner Emeritierung zeitweise wieder in Wien leben zu wollen, um sich hier noch einmal ganz seinen musikalischen Ambitionen und dem Komponieren zu widmen. Wir hatten dafür schon Pläne geschmiedet und überlegt, wie die Sache zu arrangieren wäre. Aber dazu kam es nicht mehr.

Als Adorno einmal im Zusammenhang mit seiner lebenslangen Liebe zu Wien gefragt wurde: »Warum gerade Wien?«, antwortete er: »In Wien steht mein Gartenzwerg«. – Was er wohl damit sagen wollte, sich gedacht hat? – Ich glaube, man sollte sich davor hüten, auf diese Frage mit einer vorschnellen Antwort zu reagieren, denn über alles, was Adorno gedacht und gesagt hat, lohnt es sich – in jedem Falle – gründlich nachzudenken.

Er geht mir ab, und je älter ich werde, desto mehr.

Adornos gefürchtete Deutsche Schreibschrift/Kurrentschrift (Karte 97): Es konnte schon vorkommen, dass selbst Adorno seine Sekretärin Elfriede Olbrich, berichtet diese, beim einen oder anderen Wort eines Manuskripts um ›Übersetzungshilfe‹ bitten musste.

PROF. DR. THEODOR W. ADORNO — 6 FRANKFURT AM MAIN, KETTENHOFWEG 123 — 28. April 1967

Liebstes Lotterl,

hab tausend Dank für Deinen so lieben Brief mit den cuts, und dafür, daß Du unserer Dinge Dich so rührend annimmst. Den Aufsatz über Dich, mit dem Bild, darf ich ja wohl behalten.

Heute kam, wie ich es erwartet hatte, eine prinzipielle Zusage von Lindlau vom Bayrischen Fernsehen wegen unserer Trakl-Sendung. Da Lindlau heute in Ferien geht, dauert es noch ein bißchen, bis die Details festgelegt werden; am Zustandekommen der Sache ist aber nicht zu zweifeln. Ich schreibe Dir das deshalb jetzt schon, damit Du Dir bereits Gedanken über die Sache machst, etwa auch Material für die Sendung zusammenstellst. Abgesehen von diesen Materialien denke ich mir, daß wir eine Reihe von Gedichten auswählen, daß Du sie liest und ich etwas über die einzelnen Gedichte sage. Nicht unmöglich erschiene es mir, die Sendung mit den unvergleichlichen Webernschen Kompositionen Traklscher Gedichte für eine Singstimme und Kammerorchester zu verbinden. Wenn es nur eine bessere Aufnahme gäbe als die scheußliche unter Robert Craft.

Ich arbeite brav an meinem großen Text weiter, oder vielmehr nicht brav, sondern diktiere wie ein Wildschwein drauflos, dessen Zähmung erst im nächsten Arbeitsgang erfolgen kann. Außerdem habe ich mich einer Aufforderung des deutschen PEN-Clubs nicht entziehen können, eine Reihe Thesen über die Frage "Ist die Kunst heiter?" zu formulieren, mit denen ich die interne Tagung des Clubs am Sonntag in Darmstadt einleite. Dann habe ich, mit einer Mitarbeiterin hier, den Vortrag über sozialen Konflikt heute definitiv abgeschlossen, den ich, in etwas vorläufiger Form, in Wien hielt. In die Vorlesungen bin ich kopfüber hineingesprungen, und es geht schon wieder ganz gut. Beim freien Vortrag hat man während der ersten Stunden immer eine gewisse Nervosität, aber die scheint nun doch hinter mir zu liegen. Daß über all dem für das sogenannte Leben nicht gerade viel Zeit bleibt, liegt auf der Hand, ist aber vielleicht gar nicht so schlimm. Im Sinne jener Anekdote über Balzac, der, 1848 durch den Lärm der Revolution auf die Straße gerufen, sogleich wieder an die Arbeit sich begab mit den Worten: "Kehren wir zur Wirklichkeit zurück".

Aber wie schön ist diese doch in Wien gewesen.

Du sei umarmt, und hoffentlich auf sehr bald,

Dein

Theodor W. Adorno an Lotte Tobisch

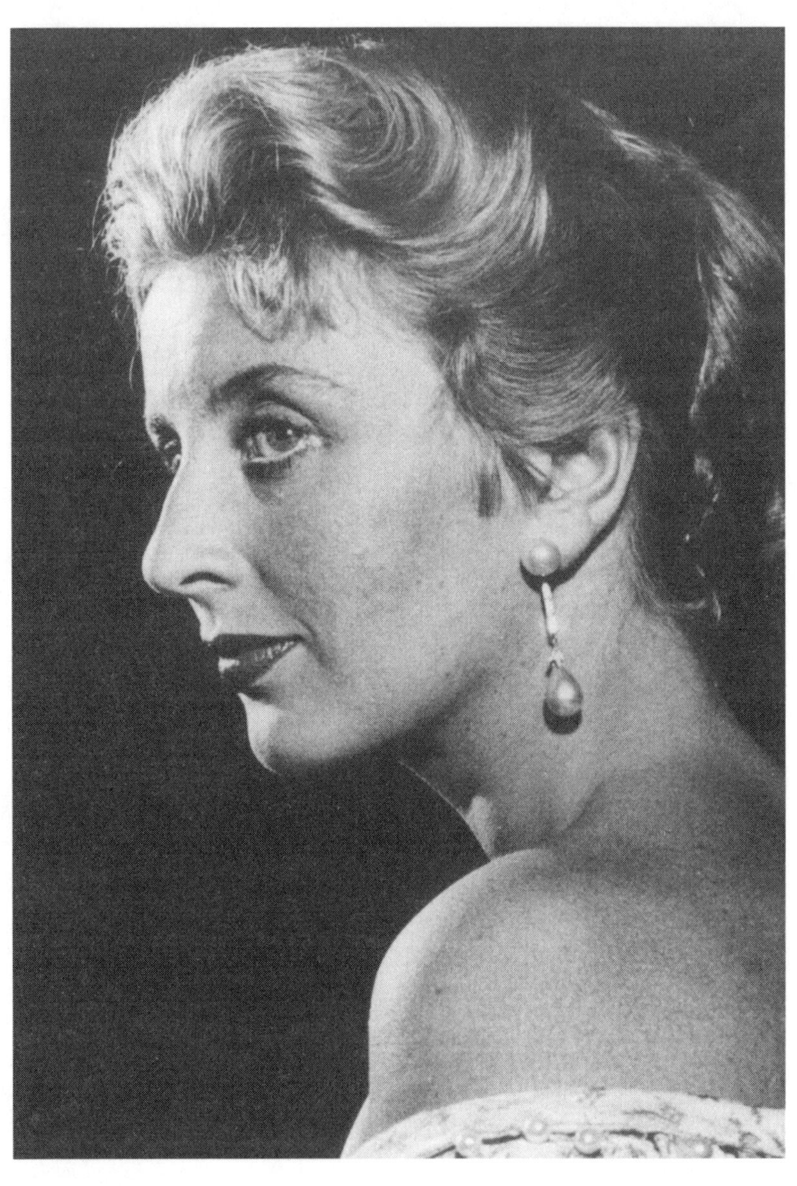

Lotte Tobisch im Jahr 1965, photographiert von Swiridoff.

LOTTE TOBISCH v. LABOTÝN

WIEN, I., OPERNRING 8

16. V. 68.

Geliebter Teddie!

Wie ich über andere Leute höre, dass Du [illegible] bist – und von Dir selbst hab' ich gar keine Nachricht! Bist Du auch [illegible]? Bitte schreib mir ein Wort: wann kommst Du nach Wien und wie lange bleibst Du? Grüße Gretel herzlichst, – ich hoffe, dass sie mitkommt!

Alles Liebe für heute!

Deine Lotte

Lotte Tobisch an Theodor W. Adorno (Brief 160).

Lotte Tobisch mit Boxer Dagobert (s. Anm. Brief 15).

Gretel und Theodor W. Adorno in der Umgebung von Sils Maria, photographiert von Lotte Tobisch (1965).

1 Theodor W. Adorno an Lotte Tobisch

[Frankfurt,] 31. Juli 1962

Baronin Lotte Tobisch von Labotýn
Wien I., Opernring 8/14

Sehr verehrte gnädige Frau,

wegen der Angelegenheit Däubler, von der Sie mir in Wien sprachen, als wir uns bei Gielens trafen, habe ich mich bei meinem Freund Rudolf Hirsch vom Fischer Verlag näher erkundigt. Die gesamten Rechte für Däublers œuvre sind beim Kösel Verlag (8 München 15, Kaiser Ludwigsplatz 6). Vielleicht darf ich Ihnen vorschlagen, sich in der Angelegenheit mit dessen Leiter, Herrn Dr. Heinrich Wild, einem ungemein aufgeschlossenen und zivilisierten Mann, unter Beziehung auf mich, in Verbindung zu setzen.

Lassen Sie mich noch hinzufügen, wie dankbar ich an die Stunden denke, die ich mit Ihnen verbringen durfte.

Mit freundlichsten Empfehlungen, auch von Gretel,

Ihr aufrichtig ergebener
[Theodor W. Adorno]

Typoskript-Durchschlag (ohne Unterschrift), Theodor W. Adorno Archiv.

Baronin Lotte Tobisch von Labotýn: Siehe BPV.

Angelegenheit Däubler: Der Schriftsteller Theodor Däubler, 1876 bis 1934, wurde für Erhard Buschbeck, Lotte Tobischs späteren Gefährten, zum engen Freund und maßgebenden Mentor. Buschbeck veröffentlichte 1920 das Buch „Die Sendung Theodor Däubler". Die „Angelegenheit" betraf Tobischs – noch nicht abgeschlossene – Bemühung, den Briefwechsel Däubler-Buschbeck zu publizieren. – Zu Däubler siehe BPV.

als wir uns bei Gielens trafen: Lotte Tobisch war über ihren Gefährten Erhard Buschbeck, er war Dramaturg, stellvertretender und interimistischer Direktor des Wiener Burgtheaters, mit dem Regisseur und ehemaligen Burgtheaterdirektor Josef Gielen befreundet. Dessen Frau war die Schwester des berühmten Pianisten Eduard Steuermann, bei dem Adorno, neben seinen Studien bei Alban Berg, Mitte der 20er-Jahre Klavierunterricht nahm. Anfang 1962, anlässlich eines Wiener Aufenthalts Adornos, luden die Gielens zu einem gemeinsamen Mittagessen. – Zu Buschbeck, Gielen und Steuermann siehe BPV.

Rudolf Hirsch: Siehe BPV.

Dr. Heinrich Wild: Siehe BPV.

wie dankbar ich an die Stunden denke, die ich mit Ihnen verbringen durfte: Diese Worte hatten auch einen schmerzlichen Hintergund. Auf dem Weg zum gemeinsamen Essen bei den Gielens (siehe oben) verletzte sich Gretel Adorno am Fuß.

„Plötzlich erschien Adorno, verspätet und völlig verstört. Gielen war erschrocken. ‚Wo ist Gretelchen?' Dieser antwortete fast inkohärent: ´Gretelchen ist gestürzt und hat sich den Fuß verletzt. Sie liegt im Hotel, ich habe sie dort gelassen. Ich weiß nicht, was ich tun soll?' Lotte ergriff sofort und unaufgefordert die Initiative … und sie fuhr direkt zu Adornos Hotel. ‚Ich packte Gretelchen zusammen, und wir fuhren ins Allgemeine Krankenhaus. Dort wurde sie geröntgt und eine Knochensplitterung [richtig: Zerrung] festgestellt. Sie erhielt einen Blauverband, und ich konnte sie gleich danach ins Hotel zurückbringen, weil sie sich hinlegen wollte. Dann fuhr ich zurück zu den Gielens, und Adorno zeigte sich völlig fassungslos, daß man so etwas so rasch erledigen konnte. Er war eben ein Mensch ohne praktische Ader.' " Adorno bedankte sich mit einem Blumenstrauß. Gretel lud Lotte Tobisch ein, mit ihnen im Sommer eine Woche in Sils-Maria zu verbringen: „… und so entwickelte sich eine enge Freundschaft". (Tobisch zitiert nach Meysels, S. 99 f.)

2 Tobisch an Adorno

[Wien,] 2. Sept. 62

Sehr verehrter Herr Professor!

Bitte vergeben Sie mir, daß ich Ihnen erst heute auf Ihre liebenswürdigen Zeilen vom 31. Juli antworte! Ich bin erst vor zwei Tagen nach Wien gekommen nach einem Urlaubs-Juli und Festspiel-August, der vollgestopft mit Müh und Plag war! Ich bitte also sehr um Verzeihung für mein Schweigen!

Ihrem Rate folgend werde ich in den nächsten Tagen an Dr. Wild schreiben; mit Dr. Killy bin ich bereits wegen Buschbecks Trakl-Briefen in Verbindung und hoffe sehr, nun auch einen Däubler-Kontakt zu bekommen. – Das kleine Büchel von Buschbeck ist vor einigen Tagen erschienen – Sie werden es demnächst erhalten und ich hoffe, daß Sie irgendwas drin finden, was Ihnen Freude macht!

Für heute vielen Dank für Ihre Liebenswürdigkeit und herzliche Grüße an Sie und Ihre Gattin

Ihre
Lotte Tobisch

Typoskript, Sammlung Tobisch; ohne Briefkopf.

Festspiel-August: Mit Beginn der 60er-Jahre war Tobisch wieder Mitglied des Ensembles des Wiener Burgtheaters. Während der sommerlichen Schließzeit der Burg trat sie immer wieder im Rahmen von Festivals auf. 1962, von Ende Juli bis Ende August, hatte sie fünf Abende bei den Salzburger Festspielen zu absolvieren. Tobisch spielte im Landestheater unter der Regie von Leopold Lindtberg das „Hannerl" in Nestroys „Lumpazivagabundus".

mit Dr. Killy bin ich bereits wegen Buschbecks Trakl-Briefen in Verbindung: Zu Killy, Buschbeck und Trakl siehe BPV.

Däubler-Kontakt: Lotte Tobisch versuchte damals den Briefwechsel Däubler-Buschbeck zu publizieren. Er ist bis heute unveröffentlicht. Siehe auch Anmerkung zu Brief 1: *Angelegenheit Däubler*

kleine Büchel von Buschbeck: „Mimus Austriacus. Aus dem nachgelassenen Werk", hg. von Lotte Tobisch. Mit einem Vorwort von Carl Zuckmayer, 1962.

Ihre Gattin: Zu Gretel Adorno siehe BPV.

3 Adorno an Tobisch

Frankfurt, 19. Juni 1963

Lotte, Liebes,

sogleich nach meiner Ankunft habe ich mit Hirsch gesprochen, er wird sich wahrscheinlich schon mit Dir in Verbindung gesetzt haben. An sich ist er natürlich sehr an den Däubler-Briefen interessiert. Die Frage, die er aufgeworfen hat, ist nur, ob sie nicht vielleicht besser beim Kösel-Verlag plaziert wären, der die Rechte auf das dichterische Werk Däublers besitzt. Aber das ist keine definitive Entscheidung. Übrigens kenne ich den Besitzer des Kösel-Verlages, Herrn Dr. Wild, sehr gut und könnte, wenn Du es magst, ohne weiteres dort intervenieren.

Natürlich sind diese Betriebsdinge nur ein Vorwand, Dir zu schreiben, zu sagen, wie glücklich und dankbar ich bin und wie sehr ich hoffe, daß wir uns ganz bald wiedersehen. Vielleicht bist Du so lieb, mich wissen zu lassen, ob Du die nächsten paar Wochen in Wien angebunden bist, und wie überhaupt Deine Pläne, und das time schedule, beschaffen sind, das eines Stars, der leuchtet, ohne als Star sich zu reflektieren.

Ganz in diesem Sinne und sehr

Dein

Teddie

Typoskript, Sammlung Tobisch; gedruckter Briefkopf: Adorno/Kettenhofweg.

4 Tobisch an Adorno

Wien, 24. Juni 63

Lieber Teddy,

um ganz ehrlich zu sein: Seit Du – vor einer Woche – davongeflogen bist, will ich Dir schreiben; ich hätte es gleich tun sollen – am vergangenen Montag hätte ichs noch zusammengebracht – denn am Dienstag, als ich mich hinsetzte und den Brief begann, brachte ich bereits keinen vernünftigen Satz zu Papier, weil mir plötzlich klar wurde, daß ich im Begriffe war, an den Meister des Gedankenformulierens, Adorno, einen Brief zu schreiben: Da ich zu allem Überfluß (Du wirst es inzwischen schon gemerkt haben) mit den Interpunktionen auf Kriegsfuß stehe – und überhaupt – schien mir mein Unterfangen so etwas wie ein "Sakrileg" zu sein; mit einem Wort: Den ersten, zweiten und dritten Brief an Dich habe ich weggeschmissen; ja, und dann brachte – Donnerstag Mittag – der Briefträger mit Deinen "kritischen Modellen" auch Deine "Fernsehideologie" zu mir, und da wurde das Antwortproblem für mich noch verzwickter, bis es endlich, nach Deinem Gruß, der mich heute erreicht hat, so unlösbar geworden ist, daß nichts anderes übrig bleibt als den gordischen Knoten durchschlagen und Dich bitten, beim Lesen dieser Zeilen Nachsicht zu üben und zu bedenken, daß sie von Deiner Maggi-Fernseh-Königin geschrieben sind: des "Maggistars", der halt nur "Maggi" reflektieren kann.

Laß Dir also bitte von mir sagen, daß ich Dir danke für die Freude, die Du mir mit Deinem Da-sein machst, und daß ich bei Deinem Wiener Aufenthalt das Gefühl hatte, einen Freund, den ich seit eh und je kenne, wieder zu sehen, und daß ich denke, daß das immer so bleiben wird; ich hab – um in der Sprache Helene Bergs zu reden – den Buschbeck gefragt, obs denn das wirklich gibt, daß man jemanden fünf Mal gesehen aber immer schon gekannt hat, und da hat er geantwortet: Es gibt nichts, was es nicht gibt.

Dank Dir auch dafür, daß Du mit Hirsch gesprochen hast – ich hab bis jetzt noch nichts von ihm gehört, aber er wird sich gegebenenfalls schon melden; an Dr. Wild habe ich vor einem Jahr einmal geschrieben, Du hast es mir damals geraten, habe dann auch einmal eine Antwort bekommen von einem Dr. Kemp; er schrieb mir, daß Dr. Wild augenblicklich verreist sei und der Kösel-Verlag durchaus interessiert wäre und daß ich demnächst etwas hören würde: Gehört hab ich dann nie mehr etwas (allerdings hab ich mich auch um nichts gekümmert, weil das letzte Jahr mit Maggi-Greuel und dergleichen vollgestopft war). Der Brief Dr. Kemps war vom 18. Sept.62 (dies nur für den Fall, daß Dr. Wild Dir gegenüber von der Sache einmal spricht und Du Bescheid weißt!).

Und nun eine Frage an Dich: Wann seid Ihr in Sils-Maria? Von – bis? Ich sitze von 13. *Juli* bis 26. oder 31. *Juli* in Bregenz; von 26. bis incl. 30. Juli hab ich freie Tage (wobei die letzte Vorstellung am 31. noch wackelt) und möchte jedenfalls nach dem 26. ein paar Tage ins Gebirge – und wenn ich wüßte, daß ich Dich und Gretel nicht störe, würde ich über einen Tag bei Euch vorbeikommen. Wenn Dich Dein Weg während meiner Bregenzer-Zeit in die Bodenseenähe führt, laß es mich wissen; oder kommst Du nochmals nach Wien vor dem Sommer? Ich bin hier bis 12. Juli beim Fernsehen angebunden. Vom August weiß ich noch nichts; das geplante Münchner Fernsehen scheint – gottlob – ins Wasser zu fallen, und ich bin damit die Sache los, bei der das Absagen so wie das Zusagen blödsinnig gewesen wäre (aus verschiedenen Gründen natürlich!).

So: Jetzt werde ich Schluß machen mit diesem Brief an Dich, damit mir noch ein wenig Zeit bleibt Dir zuzuhören, wenn Du über "Jene zwanziger Jahre" mir etwas erzählst; es ist spät geworden und der Tag war heute fürchterlich lang: Nicht immer vergehen die Stunden so im Flug wie an dem Abend der Götterdämmerung – leider – in beiden Fällen. (Dieser Satz stimmt grammatikalisch nicht – aber Du weißt schon, wie ichs meine!)

Übrigens: In diesem Brief stimmt noch manches andere grammatikalisch, in der Rechtschreibung und der Interpunktion nicht: Bitte um Vergebung auch für die schlechte "äußere Form"! (Ich könnte das alles jetzt auf die späte Nachtstunde schieben – aber leider: Bei Tag ists auch nicht viel besser!)

Gute Nacht!

Herzlichst

Deine

Lotte

P.S. Ich schreibe mit der Maschine, weil sonst zu allem Übel meiner Briefschreibekunst noch die Unlesbarkeit dazukommt!

Typoskript, Sammlung Tobisch; gedruckter Briefkopf: Tobisch/Opernring.

mit den Interpunktionen auf Kriegsfuß: Adorno hat sich über den affektvollen Einsatz der Interpunktion von Lotte Tobisch brieflich nie geäußert, da er, von ihr darauf angesprochen, meinte, das sei völlig unbedeutend. Gleichwohl hatte er exakte Überlegungen zu dieser Frage: „Gleicht nicht das Ausrufungszeichen dem drohend gehobenen Zeigefinger?" (Siehe GS 11, S. 106-113, und Punkt 7 der editorischen Bemerkungen im Anhang des Briefwechsels.)

Deinen „kritischen Modellen" … Deine „Fernsehideologie": „Eingriffe. Neun kritische Modelle", erschien 1963 als Bd. 10 der edition suhrkamp, darin „Fernsehen als Ideologie", jetzt in: GS 10.2, S. 518-532.

Deine Maggi-Fernseh-Königin: Siehe Anmerkung zu Brief 5.

ich hab – um in der Sprache Helene Bergs zu reden – den Buschbeck gefragt: Ironische Anspielung auf Helene Berg, eine uneheliche Tochter Kaiser Franz Josefs, die die Frau des Komponisten Alban Berg (1885-1935) war. Sie glaubte mit ihrem Gatten auch nach dessen Tod in Kontakt treten zu können, in der Lage zu sein, wie Adorno schrieb, ihn spiritistisch zu beschwören. (GS

18, 491) In schwierigen Fragen, etwa der Fertigstellung des 3. Aktes der Oper „Lulu“, berief sie sich immer auf solche Gespräche mit ihrem Mann. Sie ging dann, berichtet Tobisch, „zu Bergs Klavier – dort wo immer noch sein Aschenbecher mit einigen Zigarettenstummeln lagen – , öffnete den Deckel über den Tasten und sagte mit erhobenem Finger: ‚Der Alban will das nicht.‘“ (Meysels, S. 104) Auf diese Verhaltensweise spielte Tobisch an, wenn sie schrieb, „ich hab den Buschbeck gefragt“, da dieser, ihr ehemaliger Gefährte, bereits seit 1960 tot war.

Dank Dir auch dafür, daß Du mit Hirsch gesprochen hast …: Siehe die Briefe 1 bis 3.

Ich sitze von … in Bregenz: Lotte Tobisch trat am 21., 23. und 25. Juli 1963 im Theater am Kornmarkt auf. Es handelte sich dabei um die Uraufführung von Max Zweigs „Franziskus“ durch das Wiener Burgtheater. Für die Inszenierung zeichnete Paul Hoffmann verantwortlich, Lotte Tobisch spielte die Gioconda Petrucci.

wenn Du über „Jene zwanziger Jahre“ mir erzählst: Theodor W. Adorno, „Jene zwanziger Jahre”, in „Eingriffe. Neun kritische Modelle”, erschien 1963 als Bd. 10 der edition suhrkamp, jetzt in: GS 10.2, S. 499-506.

an dem Abend der Götterdämmerung: Adorno hielt sich im Juni 1963 wegen des 6. Europagesprächs in Wien auf (s. Anm. und Brief 76) und besuchte mit Tobisch am 15. Juni Wagners „Götterdämmerung“, für die Karajan als Dirigent und Regisseur verantwortlich zeichnete. Es handelte sich dabei um den Abschluss des von Karajan neu inszenierten Ring-Zyklus. Die Premiere der „Götterdämmerung“ hatte am 12.6.1960 stattgefunden.

Ich bin hier bis 12. Juli beim Fernsehen angebunden: Es lässt sich nicht mehr mit Gewissheit sagen, um welche ORF-Formate es sich dabei gehandelt hat. Lotte Tobisch hat Mitte der 60er-Jahre u.a. bei vielen Märchenproduktionen mitgewirkt. Am 12. Mai wurde eine „Bilanz der Saison“ von Karl Farkas ausgestrahlt, innerhalb der sie an der „Wette zweier Passanten“ beteiligt war (insgesamt spielte Tobisch in mehreren Farkas-„Bilanzen“, darunter war auch ihr Auftritt als Denkmal der Kaiserin Maria Theresia). Möglicherweise handelte es sich aber um Dreharbeiten zu einem von Rudolph Cartiers Fernsehspielen: „Briefe eines toten Dichters“ wurde im März 1964 ausgestrahlt, „Das Haus der Vergeltung“ im November desselben Jahres.

5 Adorno an Tobisch

Frankfurt, 27. Juni 1963

Liebste Lotte,

mit Deinem Brief hast Du mir eine unendliche Freude gemacht. Und vor allem mit der Aussicht, daß wir uns bald wiedersehen. Ich komme deshalb gleich auf die praktischen Dispositionen.

Wir werden am 27. Juli von hier wegfahren, irgendwann am 28. oben in Sils Maria sein. Da wir den 29. vermutlich noch etwas verdöst sind, wäre es am besten, wenn Du am Abend des 29. heraufkämest, ins Waldhaus. Freilich sieht es nach dem, was Du schreibst, so aus, als ob Dein Besuch allzu kurz ausfiele, ohne daß ich ganz klar sehe, ob Du nicht etwas später, und gemütlicher, kommen könntest – wir sind ja den ganzen August über oben. Sollte das allzu schwierig sein, so sollte es natürlich selbst den kurzen Besuch nicht tangieren, nach dem Grundsatz von dem Spatzen in der Hand, mutatis mutandis, wobei allerdings zu sagen ist, daß Du weder etwas vom Spatzen noch etwas von der Taube hast, sondern von einem ungemein raren Paradiesvogel.

A propos, Du hast mich gefragt, was ich mit Deinen Bildern [Fotos] anfange; sehr einfach: sie sehr viel betrachten, und ich habe meine helle Freude daran. Dank Dir nochmals innig dafür.

Auf jeden Fall schreibe mir bald, daß die Dispositionen klappen.

Vor mir liegen noch ein paar ziemlich grauslige Wochen hier, vor allem wegen der zahllosen Examina, die ich abzuhalten habe und im Vergleich zu denen vermutlich die Aufgaben einer Maggifee auf dem Niveau der späten Hymnen Hölderlins liegen. Aber das wird auch vorübergehen.

Ich habe einen nahen Freund von mir und dessen Frau, der in Kressbronn am Bodensee wohnt, darauf aufmerksam gemacht, daß Du in Bregenz sein wirst, und er wird sich ganz sicher bei Dir melden. Es ist Professor Becker, der Sohn des früheren preußischen Kultusministers, ein sehr amüsanter und anregender Mann und, wie man so sagt, eine Schlüsselfigur des gegenwärtigen kulturellen Deutschland; das soll aber nicht gegen ihn gehalten werden. Laß mich also wissen, ob es Dir genehm ist, wenn die sich einmal bei Dir in Bregenz melden, und gib mir vielleicht auch Deine dortige Adresse, damit ich sie Becker kommunizieren kann. Vor allem aber: Laß uns unsere Arrangements für Sils Maria treffen.

Ich schicke Dir gleichzeitig ein Buch von mir, das Du wahrscheinlich nicht kennst und in dem, neben sehr gepanzertem philosophischen Zeug, doch wohl auch einiges steht, was Dir unmittelbar Spaß bereitet. Verzeih dem Autor, der Dich mit Büchern überschwemmt; aber was soll er einstweilen anderes tun?

Alles Liebe –

sehr Dein

Teddie

Typoskript, Sammlung Tobisch; gedruckter Briefkopf: Adorno/Kettenhofweg.

Sils Maria: Siehe Anmerkung Brief 7.

die Aufgaben einer Maggifee: Adorno, und Tobisch in Brief 4, spielen hier auf ein spezielles Werbeformat für „Maggi Suppenwürfel“ an, das in den 60er-Jahren vom Österreichischen Fernsehen (ORF) ausgestrahlt wurde. Es handelt sich um kurze, humorige Familiengeschichten, in denen sich das damalige Geschlechterverhältnis und sein beginnender Wandel spiegeln. Die von Tobisch dargestellte Figur – und Maggi – stehen im Zentrum. Es ist ungewiss, ob Adorno diese Serie selbst je gesehen hat.

Professor Becker: Siehe BPV.

Ich schicke Dir gleichzeitig ein Buch von mir: Wahrscheinlich handelt es sich um ein Exemplar von „Minima Moralia" (GS 4), das Adorno Tobisch laut Widmung im Juni 1963 zueignete.

Verzeih dem Autor, der Dich mit Büchern überschwemmt: Im selben Monat schenkte Adorno Tobisch auch die „Einleitung in die Musiksoziologie" (GS 14) und seine „Eingriffe. Neun kritische Modelle" (GS 10.1), letzteres ist mit 18. Juni 1963 datiert.

6 Tobisch an Adorno

Wien, *Ende Juni 1963*

Liebster Teddy,

dank Dir für Deinen Brief! Das Buch ist leider noch immer nicht angekommen – aber ich hoffe auf die morgige Post: dank dem Autor, der mir neulich mit „Jene zwanziger Jahre" endlich ein Phänomen erklärt hat, dessen Mythos mir nie zu dem, was nachfolgte, gepaßt hat! Jetzt kenn ich mich aus!

Nun zu Deiner Anfrage: Natürlich freue ich mich sehr, Euren Freund Dr. Becker in Bregenz zu sehen; meine Adresse ist: Landstrasse 32 bei Fr. v. Hoppe, Tel. Bregenz 36-73.

Und jetzt zu etwas, wovon ich Dich bitte mir ehrlich zu sagen, ob es Euch paßt oder nicht: Gestern bekam ich die Nachricht, daß mein Münchner Fernsehen auf Jänner verschoben werden muß und daß ich nur auf drei Tage wegen Vertragsgeschichten hinkommen muß; am 29. und 30. Juli hab ich in Basel etwas zu tun und könnte am 1. Aug. auf eine Woche auf Erholung fahren. Was würdet Ihr sagen, wenn ich nach Sils-Maria käme?! – Ich bin an und für sich keine all zu lästige Person (da ich ja meistens auf irgend einem Berg herumrenne), aber immerhin ließe es sich nicht vermeiden, daß Ihr mich einmal am Tag zu Gesicht bekommt: Schreib also, ob Du das für möglich hältst – und: Ich bin nicht böse, wenn Du das Ganze eine gräßliche Idee findest. – Anschließend möchte ich dann noch Ludwig Ficker in Innsbruck besuchen, auf der Durchreise nach Salzburg zu den Hilberts.

Für heute mach ich ein Ende mit diesem Brief, denn ich bin todmüde; morgen in aller Früh muß ich wieder ins Atelier und so wird aus dem langen Schlaf, den ich so gern zu tun gedächte, wieder nichts, obwohl der letzten Tage Qual wirklich groß genug war.

Schreib bald! Alles Liebe für heute!

Deine

Lotte

Typoskript, Sammlung Tobisch; gedruckter Briefkopf: Tobisch/Opernring.

„Jene zwanziger Jahre", ein Text von Adorno, in: „Eingriffe. Neun kritische Modelle", erschien 1963 als Bd. 10 der edition suhrkamp, jetzt in: GS 10.2, S. 499-506

Ludwig von Ficker: Siehe BPV.

Dr. Egon Hilbert siehe BPV.

7 Adorno an Tobisch

Frankfurt, 4. Juli 1963

Liebste Lotte,

tausend Dank. Herrlich, daß Du kommst. Auch mit der Zeit würde es großartig passen; Du müßtest nur so lieb sein und eine Zeile schreiben an das Hotel Waldhaus in Sils Maria, daß sie Dir etwas reservieren, möglichst in unserer Nähe; unter Beziehung auf uns. Ich bin sicher, daß sie noch etwas frei haben, und wenn Du es nachdrücklich genug machst, werden sie sich anstrengen. Denn wenn Du in einem anderen Hotel oben wohntest, das wäre doch blödsinnig.

Sei doch nur noch so lieb und gib mir rasch ein Wort des Bescheids und auch, wann Du in Bregenz bist, damit ich die Beckers mobilisieren kann.

Ich freue mich unbändig, bin nur heute unter dem wahnsinnigsten Druck und halb tot vor lauter leerem technischem Kram, den ich machen mußte. Es ist ein Segen, daß es Dich gibt.

Alles erdenklich Liebe

Dein

Teddie

Typoskript, Sammlung Tobisch; gedruckter Briefkopf: Adorno/Kettenhofweg.

das Hotel Waldhaus in Sils Maria: Sils Maria wurde durch die Ferienaufenthalte von Friedrich Nietzsche bekannt. Zwischen 1955 und 1966 verbrachten die Adornos jeden Sommerurlaub in der kleinen, hoch gelegenen Ortschaft in den Schweizer Bergen. Die Gebirgslandschaft und die Seenplatte des Oberengadin waren lange Zeit das ideale Gebiet für den leidenschaftlichen Wanderer. Logiert wurde dabei stets im Hotel Waldhaus. Zu Adornos Zeit trafen sich dort u.a. Thomas Mann, Georg Solti, Bruno Walter, Alexander Mitscherlich, Siegfried Unseld, Hans Mayer oder Herbert Marcuse. Sein abendliches Dinner pflegte Adorno immer am gleichen Platz am Fenster einzunehmen. Zu vorgerückter Stunde kam es vor, dass er am Klavier Schlager aus den 20er-Jahren zum Besten gab. Über Ort und Hotel verfasste Adorno den Text „Aus Sils Maria" (GS 10.1, S. 326-329; s.a. „Das Waldhaus", 1998, Hg. A. T. Schaefer, mit Beiträgen von Alexander Kluge, Luc Bondy, Claude Chabrol u.a.)

wann Du in Bregenz bist: Siehe Anmerkung Brief 4.

damit ich die Beckers mobilisieren kann: Siehe Anmerkung Brief 5.

8 Tobisch an Adorno

8. Juli 63

Lieber Teddy!

Heute Dir ganz kurz: Dank für Deinen Brief vom 4.! Zimmer in Sils-Maria hab ich bestellt; in Bregenz bin ich vom 15. Juli bis 25. Juli – und: Ich freue mich auch schon sehr Dich wiederzusehen!

Einstweilen meine umseitige „Zeichnung" für Deine Lotte-Bilder Sammlung!

Herzlichst!
Lotte

Kunstkarte, handschriftlich, Sammlung Tobisch. – Auf der Vorderseite findet sich abfallend die Reproduktion eines mit wenigen Strichen gezeichneten Brustbildes einer jungen Frau, Lotte Tobisch. Das Bild ist nach dieser benannt und stammt von dem 1930 geborenen Linzer Maler, Graphiker und Restaurator Anton Watzl. Da die Karte keine Anschrift trägt, ist anzunehmen, dass sie in einem Kuvert versandt wurde. Wie beinahe alle Kuverts, ist auch dieses nicht mehr vorhanden. Über den Stellenwert solcher Zuwendungen äußert sich Adorno in Brief 5.

9 Adorno an Tobisch

Frankfurt, 19. Juli 1963

Ma très Chère,

ein paar Wochen habe ich nun nichts von Dir vernommen. Hoffentlich heißt das aber: no news is good news.

Ich stelle mir vor, daß Du in Bregenz Triumphe feierst. Ob Du wohl manchmal auf der Mole spazieren gehst, wie ich es soviel getan habe, oder den langen, einsamen Weg am See entlang, nach der Schweizer Grenze hin? Oder ob Du oben auf dem Pfänder warst, wo ich beim Abstieg im Eis hinfiel? Nun, ich denke, in weniger als vierzehn Tagen wirst Du mir all das erzählen – und vieles andere auch.

Wir fahren am 27. weg, übernachten in Zürich im Hotel Butterfly und begeben uns dann am nächsten Tag nach Sils Maria, ins Waldhaus. Sei doch bitte so lieb und laß mich möglichst umgehend noch hierher wissen, ob Du Dir dort etwas hast reservieren lassen, oder ob ich etwa deswegen intervenieren soll, falls die Kienbergers so tun, als ob das Haus voll besetzt wäre, was sicher nicht der Fall ist. Denn wenn Du nicht im selben Haus wohntest, das wäre doch blödsinnig.

Ich selber bin völlig erschöpft und todmüde, mit mehr Ärger in Fakultätsdingen, als mir zuträglich ist, obwohl das zur Sache gehört. Immerhin habe ich noch die Korrekturen von zwei Büchern zustande gebracht. Ich kann Dir nicht sagen, wie sehr ich mich auf die Berge freue und auf Dich, und bin kaum fähig, beides voneinander zu trennen.

Also sei lieb, und komm wirklich.

Alles Herzliche und Liebe
Dein
Teddie

Typoskript, Sammlung Tobisch; gedruckter Briefkopf: Adorno/Kettenhofweg.

daß Du in Bregenz Triumphe feierst: In der Landeshauptstadt von Vorarlberg werden seit 1946 die sogenannten Bregenzer Festspiele abgehalten (s.a. Anmerkung Brief 4).

Ob Du wohl manchmal auf der Mole spazieren gehst … den langen, einsamen Weg am See … Oder … auf dem Pfänder warst, wo ich beim Abstieg im Eis hinfiel: Die längste der drei Molen (Schutzdamm bzw. Anlegeplatz für Schiffe), die Blumenmole, ist ein beliebter Teil der Seepromenade. Ihr Kopf, ein Leuchtturm, wird auch als eindrucksvoller Aussichtsplatz genutzt. Dieser offenbart die Weite des Bodensees und öffnet den Blick zur Bregenzer Klause, wo der Pfänderstock – der Pfänder ist ein 1.063 Meter hoher Aussichtsberg – an das Seeufer reicht.

die Kienbergers: Damals führten Rolf und Rita Kienberger das seit 1908 im Besitz der Familie befindliche Hotel Waldhaus. Zur Geschichte des Hotels siehe Rolf und Urs Kienberger, „Streiflichter aus der Waldhausgeschichte, 1908-1983“, Sils-Maria 1983.

10 Tobisch an Adorno

[Bregenz,] 23. Juli 1963

Lieber Teddy!

Danke für Deine lieben Zeilen! Ja freilich: Ich komme am 1.August nach Sils und habe im Waldhaus ein Zimmer bestellt! – Dr. Becker, den Du angekündigt hast, ist hier nicht aufgetaucht; ist wohl etwas dazwischen gekommen. Unsre Premiere hat tatsächlich stattgefunden – ein gräuliches Stück –, die Arbeit aber war wenigstens angenehm und lustig. Sonst gibt's mit bestem Willen von hier nichts zu erzählen, denn die Festspiele sind ja allmählich ein echtes europäisches Übel geworden, und es ist besser man schweigt drüber; ob Bregenz, Salzburg oder Hintertupfing: Die Kulturorganisatoren und Organisationen verpesten die schönsten Gegenden. Wehe Dir, wenn es in Sils auch Festspiele gibt! Das wäre der einzige Grund für mich, Dir die Freundschaft zu kündigen!

Auf bald also! Herzlichst

Deine Lotte

Typoskript, Sammlung Tobisch; gedruckter Briefkopf: Tobisch/Opernring.

Unsere Premiere … gräuliches Stück: Gemeint ist Max Zweigs „Franziskus" bei den Bregenzer Festspielen (siehe Anmerkung zu Brief 4).

ob Bregenz, Salzburg oder Hintertupfing: Hintertupfung ist der abwertende, in Österreich übliche Name für einen hinterwäldlerischen oder kulturell rückständigen Ort.

11 Adorno an Tobisch

LOTTE TOBISCH VON LABOTYN
LANDSTR 32 BREGENZ

24. Juli 63 Aus FRANKFURTMAIN

HOECHST BEUNRUHIGT OHNE NACHRICHT BITTE DRAHTET DOCH EIN WORT ALLERHERZLICHST = TEDDIE +

Telegramm, Sammlung Tobisch.

12 Adorno an Tobisch

Baronin
Lotte Tobisch von Labotyn
Bad Gastein
postlagernd

Sils-Maria 7. August 1963

Liebste Lotte, die ganze Nacht hat's gedonnert, wie Du es wohl überstanden hast – selbst ich rauher Mann konnte nicht schlafen, aber daran war gewiß nicht nur das Gewitter schuld. Hoffentlich ging die Fahrt mit dem heroischen Kauern gut. Mir ist eingefallen – wenn Du's in G nicht aushaltest, könntest Du nicht wiederkommen oder ist das zu wahnsinnig? Hast Du die Uhr gefunden? Ganz dein Teddie

Tausend Dank für Dein Kärtchen. Ich hoffe sehr, daß wir in Frankfurt ein paar ruhige Stunden für uns haben werden. Alles, alles Liebe Deine Gretel

Es klingt zwar sehr konventionell, aber ich möchte es doch sagen – es hat mich sehr gefreut, Sie getroffen zu haben. Ihre Lotte W.

Ansichtskarte, handschriftlich, Sammlung Tobisch. – Die s/w Fotografie auf der Vorderseite ist auf der Kartenrückseite als „Blick über den Silsersee (Ober-Engadin) auf Piz della Margna" ausgewiesen.

13 Tobisch an Adorno

Prof. Dr.
Theodor W. ADORNO
SILS-MARIA/ENGADIN
Hotel Waldhaus
Schweiz

[Badgastein,] 8.VIII. 63

Liebe Gretel, lieber Teddy!

Bei Salzburger-Schnürlregen bin ich wohlbehalten hier angelangt! Schauerliches

Wetter! – In Innsbruck bei L. v. Ficker war es zauberhaft! – Wegen Dallago fragte ich: Er liegt in Innsbruck-Mühlau am Friedhof gleich in Trakls Nähe – starb vor ein paar Jahren hochbetagt! – Dank Euch noch für alles! Und genießt das Engadin und vergeßt nicht die uralte

Lotte

Ansichtskarte, handschriftlich, Sammlung Tobisch. – Die Farbfotografie auf der Vorderseite ist auf der Kartenrückseite als „Weltkurort Bad Gastein 1083 m" ausgewiesen.

Wegen Dallago: Siehe BPV.

14 Tobisch an Adorno

Herrn u. Frau
Prof.
Dr. Theodor W. Adorno
Sils-Maria
Waldhaus
Engadin/Schweiz

[Poststempel: Badgastein 15.8.63]

Liebe Gretel – lieber Teddy!

Morgen geht's nach Salzburg – nach ein paar schönen und ein paar Regentagen und viel Erinnerung an vergangene Tage. Und wie geht's Euch? – Dank für die schöne Karte! – Frankfurt wird – aller Wahrscheinlichkeit nach – möglich sein und freue ich mich schon sehr, sehr Euch wiederzusehen!

Alles Liebe inzwischen
von Eurer
Lotte

Ansichtskarte, handschriftlich, Sammlung Tobisch. – Die s/w Fotografie auf der Vorderseite ist ebendort als „Weltkurort Badgastein 1083 m" ausgewiesen. Ein von Tobischs Hand angebrachter Pfeil wird durch die Bemerkung „Da wohne ich!" ergänzt. Die Poststempel der Karten 13 und 14 tragen zusätzlich den Werbeslogan „BADGASTEIN / Heilbad und Wintersportplatz / Die Quelle ewiger Jugend".

Wien, 25. Aug. 63

Liebster Teddy!

Seit die schönen Tage von Sils-Maria vorüber sind, ist Deine Lotte wie eine Wildsau durch die Gegend gerast und gestern endlich, soweit wohlbehalten, wieder zuhause gelandet. Du hattest natürlich vollkommen recht: Ich hätte bei Euch bleiben sollen – und vor allem nicht nach Gastein fahren sollen; man darf an Orte nie zurückkehren, an denen man glücklich war und die in der Erinnerung ihren festen Platz haben; man verliert nur dabei. Nun also, Mama war lieb und, wie immer, schwer erträglich – und als es dann noch zu regnen begann, hab ich das „liebliche Gastein" fluchtartig verlassen und bin nach Salzburg gefahren: Da bin ich dann freilich vom Regen in die Traufe gekommen und, hätte ich nicht ein paar wirklich gute Freunde dort gehabt, ich wäre wohl am nächsten Tag auf und davon gefahren: So viele kurze Hosen, in denen grausige Weiber steckten, gabs im ganzen Engadin nicht; Salzburgs Barock scheint noch zusätzlich ermunternd zu wirken! – „Cosi" [fan tutte] hab ich mir angeschaut und fand die Aufführung weniger gut als voriges Jahr, aber vielleicht lags auch daran, daß ich mit bestem Willen die allgemeine Meinung, Cosi sei die schönste Mozart Oper, nicht teilen kann und eben die Aufführung schon voriges Jahr sah. Der Faust *II* war recht gut, wenn auch immer etwas von „Readers Digest" an derartigen Vorstellungen ist – aber das ist wohl nicht zu vermeiden.

Von Hilbert ist zu berichten, daß er Böhm und Karajan versöhnt hat und im übrigen – um mit Deinen Begriffen zu operieren: wie ein Wildeber umeinanderschießt!

Zwei Tage war ich dann noch am Mondsee und es regnete und regnete – zum Verzweifeln! Hier in Wien angelangt scheint natürlich die Sonne und ist es herrlich schön und so hab ich gestern abends noch mit den Gielens ein Rendezvous ausgemacht und bin mit ihnen ins Grüne gefahren: Josef hat sich wieder ganz erholt, und auch Ruscha ist gut beinander, obwohl sich beinahe eine Tragödie abgespielt hat: Der kleine Enkel, Michaels dreijähriger Bub, ist während des Sommerurlaubes bei den zwei alten Gielens vom zweiten Stock der Ferienpension aus dem Fenster gestürzt; drei Wochen war das Kind bewußtlos, aber nun scheint es doch rapid aufwärts zu gehen, der Bub spricht schon, und alle Lähmungserscheinungen haben sich gegeben: Ein wirkliches Wunder ist geschehen. Ich habe natürlich von Euch schöne Grüße ausgerichtet und mich nochmals bedankt für die erfolgreiche Verkuppelung mit Euch!

Ja, und nun zum Wichtigsten: ich komme! Ich fliege am 10. nach Frankfurt und bleibe bis zum 13. mittags; wie sehr ich mich freue, daß es nun wirklich geklappt hat, kannst Du Dir gar nicht denken!

Noch etwas – ein gspaßiger Zufall: Ich sah in Innsbruck Heidegger auf Entfernung – und [Ludwig von] Ficker begrüßte mich mit den Worten: „Eben ist Heidegger von mir weggegangen, schade, daß Sie nicht ein bissl früher gekommen sind!" Na, das wäre was gewesen, wenn ich ihn getroffen hätte und ihm erzählt hätte, daß ich grad von Euch komme!

So, mein Lieber, jetzt mache ich Schluß: Nun kommt der Dagobert dran, das arme Vieh mit der Engelsgeduld! Du kannst Dir nicht vorstellen, wie selig der war beim Wiedersehen! Tiere sind doch bessere Menschen!

Alles Liebe und herzlichste Grüße an Gretl und hoffentlich ist sie nicht entsetzt, daß ich nun wirklich erscheine!

Deine alte
Lotte

P.S. Der „Eichendorff" hat mich unsagbar entzückt! Wie grausig hat man diesen herrlichen Dichter in meiner Nazi-Schulzeit mißbraucht! – Bei Heine bin ich nicht ganz d'accord mit Dir – aber Du hast natürlich recht mit allem, was Du über ihn als Prosaschriftsteller sagst! Im übrigen glaube ich, daß sich der [Karl] Kraus doch ein bissl an ihm versündigt hat!

Typoskript, Sammlung Tobisch; gedruckter Briefkopf: Tobisch/Opernring.

„Così" hab ich mir angeschaut und fand die Aufführung weniger gut als voriges Jahr: Im August 1962 und 1963 wurde Mozarts Oper bei den Salzburger Festspielen unter Karl Böhm in der Inszenierung von Günther Rennert zur Aufführung gebracht. Es spielten die Wiener Philharmoniker, es sangen Elisabeth Schwarzkopf, Christa Ludwig, Hermann Prey, Waldemar Kmentt, Graziella Sciutti und Karl Dönch.

Der Faust II war recht gut: Unter der Regie von Leopold Lindtberg spielten Thomas Holtzmann den Faust und Will Quadflieg den Mephisto.

Von Hilbert ist zu berichten, daß er Böhm und Karajan versöhnt hat: Karl Böhm hatte sich die beiden vorangegangenen Jahre geweigert, unter Direktor Herbert von Karajan an der Staatsoper als Dirigent aufzutreten. Hilbert war es gelungen, eine Aussprache zu dritt einzufädeln. (Zu Egon Hilbert siehe Anmerkung zu Brief 6.)

mit den Gielens ein Rendezvous ausgemacht: Siehe BPV.

ein gspaßiger Zufall: Ich sah in Innsbruck Heidegger: Lotte Tobisch spielt auf Adornos sehr kritisches Verhältnis zu Martin Heidegger (1889-1976) an, das ein Jahr später in der Veröffentlichung des „Jargon der Eigentlichkeit" gipfelte.

Dagobert hieß Lotte Tobischs großer Boxerrüde, den ihr die Schauspielerin Susi Nicoletti, die Frau von Burgtheaterdirektor Ernst Haeusserman, nach dem Tod ihres Gefährten Erhard Buschbeck schenkte. (Dagobert zeugte übrigens eine ungewöhnliche Tochter namens Bianca. Der *schneeweiße* Boxer wurde zum vielfotografierten Hund des späteren Bundeskanzlers Kreisky.) Adorno verewigte Dagobert in dem Lotte Tobisch gewidmeten Text „Wien, nach Ostern 1967" (GS 10.1, S. 423-431): „Auf das Kommando: Beissi holen, Beissi holen, springt Dagobert, der wohlgenährte und enthusiastische Boxer, wild davon, nimmt seinen Maulkorb ins Maul und apportiert ihn seiner schönen Herrin. Vorform der Freiwilligen Selbstkontrolle; allerdings, ohne daß Theologen dazu bemüht würden."

Der „Eichendorff" hat mich unsagbar entzückt! ... Bei Heine: Die beiden Texte „Zum Gedächtnis Eichendorffs" und „Die Wunde Heine" sind Teil des Buches „Noten zur Literatur I", das Adorno Tobisch mit einer Widmung vom 6. August 1963 zukommen ließ (jetzt in GS 11, S. 69-100). Mit gleichem Widmungsdatum erhielt sie außerdem seine „Noten zur Literatur II" (GS 11).

16 Adorno an Tobisch

LOTTE TOBISCH
OPERNRING 8 WIEN

[Poststempel] Zürich 30.8.63 Aus SILSSEGLMARIA

GLUECKLICH UEBER DEINEN BRIEF BITTE MACHE SCHNELLSTENS FRANKFURT HOTELRESERVIERUNG UNTER BERUFUNG BURGTHEATER STOP ERBITTE NACHRICHT OB GELUNGEN DIENSTAG FRANKFURT ALLES ERDENKLICH LIEBE = TEDDIE +

Brieftelegramm, Sammlung Tobisch.

Hotelreservierung für den Aufenthalt anlässlich der Feierlichkeiten zu Adornos 60. Geburtstag.

17 Gretel Adorno an Tobisch

THEODOR W. ADORNO UND GRETEL ADORNO
GEBEN SICH DIE EHRE,
Frau Lotte Tobisch v. Labotyn
ZUM NACHTMAHL AM MITTWOCH, DEN 11. SEPT. 1963,
UM 19.30 UHR IN DIE FRANKFURTER GESELLSCHAFT FÜR

HANDEL UND INDUSTRIE, SIESMAYERSTR. 12 EINZULADEN.

U.A.W.G.

Meine liebe Lotte, ich bin so froh, daß Du kommst. Auf sehr bald

stets

Deine Gretel

Einladungskarte zum 60. Geburtstag Adornos (Vordruck, ohne Kuvert), Sammlung Tobisch. – Am linken Kartenrand steht vertikal von Gretel Adornos Hand geschrieben die Notiz: Telef. Privat 771824 / Institut 772195 / 772142.

18 Tobisch an Adorno

Wien, 17. Sept. 63

Liebster Teddy!

Nicht bös sein, daß ich noch nicht geschrieben hab! Bin mit großer Vehemenz dabei meine Angelegenheiten in irgendeiner Art zu regeln und zu diesem Zweck das Terrain zu sondieren!

Wegen Steuermann hab ich Gielens gefragt: Er war – und ist – gesundheitlich nicht gut beisammen und hat sich nur wenige Tage in Klosters [Kanton Graubünden/ Schweiz] aufgehalten; dies wird der Grund dafür gewesen sein, daß er sich nicht bei Euch gemeldet hat. Es wäre vielleicht gut, wenn Du ihm ein paar Zeilen schreiben würdest!

Ich denke viel an Dich und Gretel und dank Euch für Eure Liebe! Seit ich bei Euch in Frankfurt war, geht's mir besser! (Woraus Du ersehen kannst, wie schlecht es im Grunde um meine Emanzipation bestellt ist, und daß ich doch ein recht primitives Luder bin, das mit seinen eigenen Zores nicht zurecht kommt!)

Seh ich Euch bald wieder? Ich hoffe von ganzem Herzen, daß ich Euch nicht zuviel auf die Nerven gegangen bin!

Dank für alles und viele, viele Grüße!

Eure

Lotte

Typoskript, Sammlung Tobisch; gedruckter Briefkopf: Tobisch/Opernring.

Wegen Steuermann hab ich Gielens gefragt: Zu Steuermann und Gielen siehe BPV.

19 Adorno an Tobisch

Frankfurt, 24. September 1963

Liebste Lotte,

es kommt mir wie eine Ewigkeit vor, daß Du auf einem rosa Wölkchen entschwunden bist, und jetzt erst, nachdem der Trubel meines dämlichen Geburtstages verrauscht ist, bin ich so recht fähig, Dir dafür zu danken, daß Du zu diesem Anlaß zu mir kamst, und danach mich nicht verachtest. Beides verbuche ich aufs nachdrücklichste auf der Aktivseite meiner Existenz. Darf ich das?

Unterdessen habe ich mich wieder in die Arbeit gefunden, den letzten Text meines großen Buches, der außer der Einleitung noch nicht einmal im Rohen diktiert ist, in Angriff genommen und sehr gefördert, und daneben allerhand Kleineres getan.

Je mehr ich, beglückt, an unsere Tage um den 11. zurückdenke, um so schmerzlicher empfinde ich es, daß wir diese Tage nicht ganz allein für uns hatten. Im Zusammenhang damit eine Idee, die sich am Horizont abzeichnet: Ich bin am 8. November in Nürnberg, um dort ein Sprüchlein aufzusagen. Nun ist zwar Nürnberg immer noch zu nahe an Frankfurt, aber doch wesentlich näher an Wien. Wäre es wohl möglich, dass wir dort uns träfen? Ich frage heute schon, sehr bescheiden, aber desto herzlicher.

Von mir kommt in diesen Tagen ein kleines Buch über Hegel heraus. Wenn Du es magst, schicke ich es Dir selbstverständlich sofort – wenn Dir aber gepanzerte Philosophie fad ist, dann hab ich auch dafür alles Verständnis und will Dich nicht damit sekkieren.

Sonst habe ich mich in den letzten Tagen mit einer Sache beschäftigt, die einiges Analoge hat zu Deinen spezifischesten Interessen: der abschließenden Edition der Briefe meines verstorbenen Freundes Walter Benjamin, die ich gemeinsam mit Gershom Scholem vorbereite. Es findet sich unendlich viel Interessantes dabei, unter anderem auch zahlreiche höchst produktive Briefe an [Hugo von] Hofmannsthal, dem er sehr nahe stand. Es wird wohl 1964 werden, bis das ziemlich voluminöse Buch herauskommt. Ich verzichte darauf, eine Einleitung zu schreiben, denn diese würde, wenn sie ernst sein sollte, sich in ein riesiges Unternehmen auswachsen; statt dessen gebe ich nur die notwendigsten Erläuterungen zu Menschen und Ereignissen, die sonst nicht zu verstehen wären.

Daß Du hier ein succès fou gewesen bist, muß ich Dir nicht sagen, sage es Dir aber trotzdem; übrigens hast Du es selbst registriert. Auch Rudolf Hirsch ist hell begeistert.

Am kommenden Sonntag fliege ich nach Berlin, um dort im Rahmen der Festwochen ein hochoffizielles Sprüchlein über Richard Wagner aufzusagen. Schade, daß Du nicht dabei bist. En tous cas: Ich wohne im Hilton.

Bitte laß mich doch wissen, wie Deine Angelegenheiten stehen, die Urlaubsfrage, die Schwierigkeiten mit Herrn Häusermann, alles. Du weißt, daß ich mich mit dem, was Dich bewegt, gänzlich identifiziere.

Schreibe recht bald ein Wort und sei umarmt von

Deinem

Teddie

Die Gretel grüßt sehr herzlich.

Typoskript, Sammlung Tobisch; gedruckter Briefkopf: Adorno/Kettenhofweg.

Trubel meines dämlichen Geburtstages: Anlässlich seines 60. Geburtstages erhielt Adorno die Goethe Plakette der Stadt Frankfurt am Main.

den letzten Text meines großen Buches: Die „Negative Dialektik" erschien 1966, jetzt in GS 6.

ein kleines Buch über Hegel: „Drei Studien zu Hegel", Bd. 38 der edition suhrkamp, jetzt in GS 5.

Edition der Briefe meines verstorbenen Freundes Walter Benjamin: Die Einzelausgabe „Walter Benjamin, Briefe" erschien 1966 unter der Herausgeberschaft von Adorno und Scholem.

Gershom Scholem: Siehe BPV.

Daß Du hier ein succès fou gewesen bist: Dass Du in Frankfurt anlässlich der Geburtstagsfeierlichk eiten ein voller (irrer) Erfolg gewesen bist

Rudolf Hirsch: siehe Anmerkung zu Brief 1

ein hochoffizielles Sprüchlein über Richard Wagner: „Wagners Aktualität", Vortrag am 30.9.1963 im Rahmen der Berliner Festwochen, in GS 16, S. 543-564.

En tous cas: Auf jeden Fall

die Schwierigkeiten mit Herrn Häusermann: Siehe BPV.

20 Adorno an Tobisch

Frankfurt, 27. September 1963

Liebste Lotte,

unsere Briefe haben sich, wie es sich gehört, gekreuzt. Heute will ich Dir nur für den Deinen danken und Dir zwei kleine Arbeiten von mir ankündigen, die sich auf dem Weg befinden. Eine über Sprachprobleme, deren Schärfe Dir vielleicht gefällt, und eine über Kierkegaard, die mehr in den Komplex Brenner – Ludwig von Ficker gehört.

Am Sonntag fliege ich nach Berlin, am Dienstag schon wieder zurück. Halt mir die Daumen, daß ich keine zu großen Dummheiten mache. Denn ich werde meinen Vortrag am Montag, so wie den in Wien, ganz frei halten; das hat sich bewährt, damit es nicht zu dicht und damit unverständlich wird. Aber für mich ist es um so schwerer und setzt ein Maß an Konzentration voraus, vor dem es mir, in dem sehr großen Rahmen, doch ein wenig schaudert.

Und nun noch eine Bitte. Ich habe nicht die Privatadresse von Fritz Heer, und möchte den Brief, den ich einlege und den ich Dich bitte, Heer zu geben, aus begreiflichen Gründen nicht ans Burgtheater adressieren. Gestern hatte ich mit dem Schütte (der übrigens von Dir hell begeistert war) ein langes Gespräch, auch wegen Heer, und er hofft, für diesen einen Lehrstuhl in Gießen erreichen zu können. Um so wichtiger wäre es, daß er meine Einladung annimmt und hierher kommt; er müßte das mit einem Besuch im Wiesbadener Ministerium kombinieren und gegebenenfalls auch einem in Gießen. Die Gießener Situation hat das Günstige, daß die dortige Universität sich im Aufbau befindet, noch nicht so versteinert ist und dadurch für einen Menschen wie Heer eher Raum bietet als die verzunfteten anderen Universitäten.

Ich schreibe unter furchtbarem Druck, darum so kurz, aber doch glücklich, Dir zu schreiben.

Sei – aber schon sehr – umarmt von

Deinem

Teddie

Typoskript, Sammlung Tobisch; gedruckter Briefkopf: Adorno/Kettenhofweg.

zwei kleine Arbeiten von mir ankündigen: Der Kierkegaard-Text könnte „Kierkegaard noch einmal" sein, ein Vortrag an der philosophischen Fakultät der J.W.Goethe-Universität Frankfurt, erschienen 1963 in „Neue Deutsche Hefte", jetzt in: GS 2, S. 239-259; siehe dazu „Notiz" zur 3. Ausgabe von 1966, S. 265 f.

Komplex Brenner – Ludwig von Ficker: Zu Ficker und Brenner siehe BPV.

und möchte den Brief (an Fritz Heer) … nicht ans Burgtheater adressieren: Siehe Fritz Heer, BPV.

mit dem Schütte … ein langes Gespräch: Siehe BPV.

21 Tobisch an Adorno

Wien, 6. Okt. 1963

Lieber Teddy!

Dank für Deinen lieben, langen Brief! Mein Lieber: Wie kannst Du denken, daß mir irgend etwas von Dir Geschriebenes „fad" sein kann?! Das Schlimmste, was passieren kann ist, daß ich's nicht verstehe, aber „fad"?! Bitte drum postwendend um das kleine Hegel-Buch! Du mußt wissen, daß ich alles von dir lese, und wenn ich nicht oft drüber schreibe, liegts daran, daß ich Dich mit meinem unsinnigen Gequatsche über Dinge, die Du alle weißt, nicht anöden möchte! Denn schließlich möchte ich mir Euch gerne für alle Zeit erhalten und ich glaube halt, daß man in diesem Falle vor allem wissen muß: wann und wo man am besten schweigt, um nicht auf die Nerven zu gehen! Ach, wie kannst Du nur glauben, daß Du mich langweilen könntest! Eigentlich ist das ja beinahe eine Beleidigung!!!??

Also: Den Brief an [Friedrich] Heer hab ich ihm gegeben – er *hat* verschämt wie eine Jungfrau dreingeschaut – und hoffentlich hat er bereits geantwortet!

Neulich bin ich wieder einmal mit ihm „umgefallen" und ich hab den Eindruck, daß es höchste Zeit wäre, wenn er von hier [Wien] wegkäme, denn der hiesige Klerus scheint ihm ganz schön zuzusetzen, und es ist zu befürchten, daß man ihm demnächst einen höheren Orden umhängen wird und sich damit aller Verpflichtungen, die man gegen ihn hätte, entbinden wird. (Das ist eine bewährte österr. Methode.)

Nun wegen Nürnberg: Lieber: Ich halts leider nicht für möglich, weil ich bis Ende Jänner hier noch und noch eingespannt bin! Und da mich die Steuer völlig ausgeplündert hat, hab ich alles angenommen, was da so kam – und nun kann ich nicht zurück! Trotzdem aber hoffe ich Dich doch bald zu sehen – oder kommst Du Deine Prinzessinnen in Wien heuer gar nicht mehr besuchen?!

Für heute alles Liebe!

Herzlichst Deine

Lotte

Typoskript, Sammlung Tobisch; gedruckter Briefkopf: Tobisch/Opernring.

das kleine Hegel-Buch: Adorno schreibt in seinem Vorwort vom „Sommer 1963", dass ihn „die Analogie zu dem Spruch Tres homines faciunt collegium: drei Abhandlungen machen ein sei's auch kurzes Buch" bewog, eine Neuauflage der „Aspekte der Hegelschen Philosophie" durch seinen mittlerweile publizierten Text über den Hegelschen „Erfahrungsgehalt" zu ergänzen. Die drei Texte („Aspekte", „Erfahrungsgehalt", „Skoteinos") erschienen dann unter dem gemeinsamen Titel „Drei Studien zu Hegel", die er Lotte Tobisch laut Widmung noch im Oktober 1963 zueignete. (Siehe GS 5, S. 247-381.)

der hiesige Klerus scheint ihm ganz schön zuzusetzen: Friedrich Heer wurde vom rechten Flügel der katholischen Volkspartei für den linkskatholischen Kurs der kulturpolitischen Zeitschrift Die Furche, an der er mitarbeitete, verantwortlich gemacht. Der Herold-Verlag entschloss sich schließlich, den klerikal-konservativen Kreisen durch Dr. Emil Franzel größeren Einfluss auf die Linie des Blattes einzuräumen.

kommst Du Deine Prinzessinnen in Wien heuer gar nicht mehr besuchen: Tobisch spielt hier auf

Adornos besondere Neigung zum Wiener Adel und was er dazu gezählt hat an. Auf Elisabeth-Charlotte von Martiny, der er den Essay „Wien“ (GS 16, S. 433-453) widmete, auf Minna von Alth, Barbara Coudenhove-Kalergi und andere ungenannte Aristokratinnen. Weiters auf Loremarie Schönburg-Hartenstein, die Adorno in seinem Text „Wien, nach Ostern 1967“ (GS 10.1, S. 430) charakterisierte: „Einer von ihnen sagte ich, man müsse für sie einen Naturschutzpark erfinden oder wenigstens eine Glasglocke über sie halten; sie hat es mit lächelndem Einverständnis entgegengenommen.“ Im selben Text (S. 429 f.) klassifiziert Adorno den oft an ihn herangetragenen Widerspruch zwischen kritischer Gesinnung und aristokratischem Umgang als das „blödsinnigste“ der Argumente „gegen unbequeme Intellektuelle“ (vgl. GS 11, S. 209). Und führt dann aus, warum er den „aristokratischen Umgang“ schätzt: „Was zu den Aristokraten zieht und manche von ihnen zu den Intellektuellen, ist fast tautologisch einfach: daß sie keine Bürger sind. Die Führung ihres Lebens steht nicht durchaus unterm Bann des Tauschprinzips, und den Differenzierten unter ihnen erhält sich eine Freiheit vom Zwang der Zwecke und des praktischen Vorteils, wie kaum anderen …“

22 Adorno an Tobisch

Lotte Baronin
Tobisch von Labotyn
Opernring 8
Wien I

[Lucca,] 16. Oktober 1963

Ma très chère, tatsächlich bin ich nach herrlichem Alpenflug gut in die Toscana gekommen und genieße die Nachferien in der unendlich milden, herbstbunten und sommerwarmen Landschaft – Lucca besonders schön! Natürlich sehr traurig, daß aus Nürnberg nichts wurde, aber ich geb die Hoffnung nicht so leicht auf –. Hat sich Hilbert in der Berg-Sache geregt? Unterdessen bat mich Solti um Intervention für Covent Garden in der gleichen Angelegenheit; aber Wien hat halt die Vorhand. – Ende Oktober bin ich wieder in Fr.[ankfurt.] Ich denke sehr an dich. Sei umarmt

von deinem Teddie

Verzeih die bunte Karte – keine andere erreichbar!

Ansichtskarte, handschriftlich, Sammlung Tobisch. Die Farbfotografie auf der Vorderseite wird auf der Kartenrückseite ausgewiesen: „LUCCA / Chiesa di S. Michele (Sec. XIII) / (…)

/ St. Michele Kirche (13. Jahrhund.)“ Die beiden letzten Zeilen wurden vertikal an den linken Kartenrand geschrieben.

Unterdessen bat mich Solti: Zu Georg Solti siehe BPV.

23 Tobisch an Adorno

Wien, 5. Nov. 1963

Liebster Teddi!

Dank Dir für Deine Karte aus Lucca! Ich habe viele Tage Lektüre durch sie gehabt: Bin mir vorgekommen wie ein alter, weiser Ägyptologe, der, mit Hilfe von einem großen Vergrößerungsglas, kostbare Hieroglyphen entziffert! Das ist die Strafe dafür, daß ich immer behauptet habe, Däublers Schrift sei die unleserlichste! Oh Teddy! Seine Klaue ist gegenüber Deiner herzige Blockschrift! (Trotzdem macht mir ein Schreiben von Dir viel, viel mehr Freude!!) Warst Du zufällig auch in Modena? Die Fahrt Lucca - Modena, über den Passo del Abetone, gehört zum Schönsten, was es auf der Welt gibt! Hoffentlich hast Du's erlebt – und wenn nicht, mußt Du's bei nächster Gelegenheit nachholen!

Von mir kann ich Dir nicht all zu viel berichten; ich arbeite auf übliche Weise und versuche mich ein bissl im Intrigieren (komm mir dabei recht komisch vor) – ob mit Erfolg wird sich zeigen! – Sehr warte ich auf irgend eine Nachricht vom Hirsch; kannst Du ihn gelegentlich ein bissl „stessen“, daß er sich ans Lesen von meinen Schätzen macht und von sich hören läßt? Er wollte doch im November nach Wien kommen? – Neulich hörte ich hier einen Vortrag von Dr. Baumann aus Freiburg über Kassner (in Beziehung zu Hofmannsthal) und verbrachte anschließend einen langen Abend mit ihm und Prof. Gabriel (Gott, kann der den Hegel nicht leiden!) und bei der Gelegenheit hörte ich, daß Baumann nach Wien berufen wurde; was haltest Du von ihm? Es würde mich interessieren, weil ich mich nicht ganz auskannte nach diesem Abend! – Unser [Friedrich] Heer wird bei Euch in Deutschland augenblicklich ganz schön durch den Kakao gezogen! Kann ihm das – im Zusammenhang mit Deinen Bemühungen – schaden? Hier wird er „totgeschwiegen“ nach der probaten Methode „nicht genannt soll er werden“!

Überhaupt scheint das Einzige, was hier zu Lande die Gemüter noch in Erregung versetzen kann, die Oper zu sein! Gestern war wieder einmal ein Mordswirbel drüben; (diesmal wars der Karajan und nicht der Weinwurm!). Du wirst Näheres darüber ja in Euren Zeitungen lesen: Das Ganze war jedenfalls ein Monsterzirkus, der zuerst von einem Pfeifkonzert und zum Schluß von dröhnendem Applaus begleitet wurde, während Karajan und Hilbert sich auf der Bühne in die Arme sanken!

Endlich haben die Streikenden das Licht angedreht, und das illustre Publikum tapste im Halbdunkel, wild debattierend zum Kunsttempel hinaus! Und heute können sich die Leute das Eintrittsgeld für die gestrigen Karten bei der Kassa holen und ich frage mich nur: warum eigentlich? Besser hätte die „Bohème" auch nicht sein können und ich habe den Verdacht, daß den Wienern das gestrige Spektakel sowieso lieber war als der Puccini. Früher einmal, in den seligen Zeiten des Klassenkampfes, hat man immer gesagt: „wenn der Ringwagen über die Zweierlinie fährt, dann gibt's Revolution in Wien", heute, im Zeichen des Wirtschaftswunders, gehen die Wiener zu diesem Zweck in die Oper und danach ins Sacher, trinken dort guten italienischen Rotwein und genießen befriedigt die „Rache für Südtirol", die sie an den italienischen Sängern ausgelassen haben! Das ganze ist einerseits eher traurig, aber andererseits fragt man sich, ob das nicht vielleicht doch noch die harmloseste Form von Chauvinismus ist?

So, lieber Teddi, jetzt hab ich Dir alles Neue berichtet und ich fürchte, daß vor dem Weinwurm-Prozess auf nichts Besseres zu hoffen ist! (Ein halbes Jahr wenigstens müßte man einmal hier herauskommen, vielleicht fände man dann alles wieder lustiger.)

Grüße Gretel sehr herzlich von mir! Hoffentlich geht's Euch bestens! Ich denke viel an Euch!

Immer Deine alte

Lotte

Typoskript, Sammlung Tobisch; gedruckter Briefkopf: Tobisch/Opernring.

Seine Klaue ist gegenüber Deiner herzige Blockschrift!: Adornos Sütterlin-Handschrift war und ist gefürchtet. Die Kombination von breitfließender Füllfeder und winzigem Schriftgrad macht sie nur für Eingeweihte lesbar. Unter anderen beklagte sich auch Herbert Marcuse darüber. Adornos Schülerin Elisabeth Lenk berichtet, dass sie von Anbeginn an „Zuflucht zu seiner Sekretärin, Frau Olbricht, die alles oder fast alles lesen konnte", nahm. (Lenk, S. 70)

Nachricht vom Hirsch: Siehe Anmerkungen und Briefe 1 und 3.

ein bissl „stessen": ein bisschen stoßen (österreichische Umgangssprache)

Vortrag von Dr. Baumann aus Freiburg über Kassner: Zu Baumann und Kassner siehe BPV.

Prof. Gabriel: Siehe BPV.

Unser Heer … im Zusammenhang mit Deinen Bemühungen: Siehe Brief 20 und Heer, BPV.

Gestern war wieder einmal ein Mordswirbel drüben: Die Vorfälle um die am 3. November 1963 angesetzte Premiere von Puccinis „La Bohème", eine Übernahme der Scala-Inszenierung von Franco Zeffirelli, waren der Auftakt zur entscheidenden Krise an der Wiener Staatsoper. Vorausgegangen war eine lange und heftige Auseinandersetzung um den italienischen „Maestro Suggeritore", einen Subdirigenten mit Souffleuraufgaben von der Mailänder Scala, den Karajan unerlässlich fand, den die Gewerkschaft, unterstützt vom Arbeitsgericht, aber verhinderte. Vor dem Beginn der Premiere traten Karajan und Hilbert vor den Vorhang. Hilbert erklärte, dass diese nicht stattfinden könne, „da das Personal eben in den Streik getreten ist". So lange die künstlerische Unabhängigkeit der Direktion nicht gegeben sei, würde diese die Verantwortung für die Führung des Hauses ablehnen. Zum Zeichen seiner Solidarität mit Karajan, der Hilbert als Co-Direktor an die Oper geholt hatte, umarmte und küsste ihn dieser nach der Verlesung der gemeinsamen Erklärung. Ein halbes Jahr später, im Juni 1964, entschied der Verwaltungsgerichtshof den Konflikt für die Operndirektion.

in den seligen Zeiten des Klassenkampfes: die Zeit bis zur Auflösung des österreichischen Parlaments im Jahre 1933

„wenn der Ringwagen über die Zweierlinie fährt": Die Wiener Ringstraße, die den ersten Bezirk mit seinen monarchistischen Gründerzeitbauten umschließt, wird durch eine Straßenbahnlinie, den „Ringwagen", erschlossen. Früher verlief, etwas abgesetzt, parallel zum Ring eine andere Tramwaylinie, die sogenannte „Zweierlinie" (die später durch die U-Bahn ersetzt wurde). Wenn die Ringstraße gesperrt war, wurde der Ringwagen auf die Zweierlinie umgeleitet.

und danach ins Sacher: Zum Hotel Sacher siehe Anna Sacher, BPV.

„Rache für Südtirol": Südtirol, ehemals zu Österreich gehöriger Teil von Tirol, wurde durch den Friedensvertrag von Saint-Germain 1919 Italien zugesprochen. Die Italianisierung schritt, besonders unter Mussolini, rasch voran: Verbot deutschsprachiger Schulen, Verbot der deutschen Sprache in Ämtern und im öffentlichen Leben, Verdrängung der Volksgruppe aus den öffentlichen Stellen. Nach dem Krieg begleiteten Bombenanschläge radikaler Südtirolaktivisten die langen und zähen Verhandlungen über die Durchführung des Pariser Abkommens. Erst 1969 kam es zur Unterzeichnung des sogenannten „Südtirol-Pakets". Seit 1972 in Kraft, verpflichtete es Italien, die gesetzlichen Voraussetzungen für die Autonomie Südtirols zu schaffen. Nach deren Realisierung fanden die Auseinandersetzungen 1992 durch die Abgabe der Streitbeilegungserklär ung Österreichs vor der UNO ihren formellen Abschluss.

Weinwurm-Prozess: Zu Josef Weinwurm siehe BPV.

24 Adorno an Tobisch

Frankfurt, 6. November 1963

Ma très Chère,

glücklich aus der Toscana zurück, möchte ich mich bei Dir melden, mit Trauer im Herzen, da ich morgen alleine nach Nürnberg trottele. Gib mir doch , bitte, bald ein Wort. Ich habe mich ganz ordentlich erholt, aber in den letzten acht Tagen schon wieder so wahnsinnig gearbeitet, daß davon nicht mehr viel übrig ist. Ohne daß ich mich beklagen möchte, denn es war wohl recht fruchtbar. Aber ich stehe, nun schon seit Jahren, in meiner Produktion, unter einer Art von innerem Zwang, von dem zu reden sich zwar recht grandios ausnimmt, der aber für mich selber, als lebendem Menschen, alles eher als ein reiner Segen ist, und von dem es mir manchmal vorkommt, als ob er mich ums Beste betröge. Niemand wird mich besser verstehen als Du.

Unterdessen hat sich, überraschenderweise, mein Freund Solti an mich gewandt wegen der Lulu-Angelegenheit. Aber nun hat, nachdem ich schon vor Jahren das Problem mit ihm erörterte und er damals nicht anbiß, Wien, Hilbert, und das heißt schließlich: Du unbedingt die Vorhand. Ich habe ihm von dem Wiener Projekt nichts geschrieben, sondern blieb ganz allgemein, wenn auch bei der Wahrheit, indem ich ihm sagte, daß ich über die ganze Angelegenheit mit Helene Berg immer wieder spräche, aber bis jetzt nichts Positives erreicht hätte. Immerhin ist wohl das Interesse von Covent Garden – denn da will Solti die zuende instrumentierte Lulu machen – gewichtig genug, um dem Wiener Projekt einen gewissen Ansporn zu verleihen. Es wäre deshalb vielleicht gut, wenn du Hilbert energisch an unsere Absprache erinnern wolltest, damit nun von seiner Seite aus etwas geschieht. Daß der Zeitpunkt dazu ungünstig ist, nachdem es gerade jetzt zu einer Krise wegen des Orchesterstreiks kam, weiß ich sehr gut; aber wenn anders ich die Welt noch richtig kenne, so wird aus dem Rücktritt von Karajan nichts, und daß er und Hilbert in der Sache gemeinsam agieren, wird sie eher, wenigstens temporär, enger zusammenführen. Durchaus möglich, daß, wenn Du meine Zeilen bekommst, die Sache schon wieder applaniert und Hilbert in einer euphorischen Stimmung ist, die dem Projekt zu gute kommt. Bitte verzeih das praktische Zeug. Vielleicht zeichnet am Horizont sich die Chance ab, daß ich im Zusammenhang damit rascher in Wien auftauche, als ich sonst absehen kann. Übrigens begegnete ich auf der Frankfurter Buchausstellung Herrn Kraus, dem Präsidenten der Literarischen Gesellschaft oder Kulturgesellschaft oder wie das heißt, und da er so enthusiastisch war, sagte ich ihm, er solle mich doch bald wieder nach Wien holen. Dreimal darfst Du raten, warum.

Sonst ist mitzuteilen, daß ich, mir selbst höchst unerwarteterweise, einen sehr ambitiösen Entwurf über das gegenwärtige Verhältnis von Malerei und Musik unter Dach und Fach gebracht habe, der freilich noch der literarischen Redaktion dringend bedarf Ja, und noch etwas: Sie haben mich zum Präsidenten der Deutschen Gesellschaft für Soziologie gewählt. Das ist mir auch nicht an der Wiege gesungen worden und wird mir hoffentlich auch nicht am Grabe gesungen werden, aber es macht einem doch Spaß, eben an solchen Stellen sich durchzusetzen, an denen es am allerunwahrscheinlichsten ist. Worin zugleich liegt, daß es mir nicht in den Kopf steigt.

Der Gretel geht es ganz gut, nur ist sie etwas strapaziert von einer Tour nach Venedig, die sie etwas par force, und in viel zu kurzer Zeit, unternahm. Sie grüßt Dich aufs allerherzlichste.

Ich aber werde am Donnerstagabend traurig im ~~Grand Hotel~~ *Deutschen Hof* von Nürnberg hocken und an nichts denken als an Dich.

Sei sehr umarmt von Deinem

Teddie

Typoskript, Sammlung Tobisch; gedruckter Briefkopf: Adorno/Kettenhofweg.

mein Freund Solti an mich gewandt wegen der Lulu-Angelegenheit: Alban Bergs Oper „Lulu", die auf Frank Wedekinds Dramen „Erdgeist" und „Die Büchse der Pandora" basiert, wurde nach seinem Tod 1937 als Fragment uraufgeführt. Bis zur Uraufführung war Helene Berg, die Frau des Komponisten, für eine Fertigstellung des 3. Aktes. In den folgenden Jahrzehnten jedoch wuchs ihre Ablehnung bis zur völligen Verweigerung.
Schon 1936, kurz nach Bergs Tod, sprach Adorno „die Frage der Vollendung der Lulu" in einem Brief an die Witwe an. 1949, aus der Emigration nach Deutschland zurückgekehrt, wendete er sich umgehend in derselben Sache an Helene Berg und plädierte, flankiert von Argumenten, für die „Orchestration der fehlenden Teile". Adorno war zu diesem Zeitpunkt überzeugt, dass eine Fertigstellung „nur kollektiv möglich" sei und schlug deshalb seinen Pariser Freund René Leibowitz „und seine Gruppe" vor.
Auch der Komponist Friedrich Cerha beschäftigte sich seit 1949, dem Jahr der ersten konzertanten Wiederaufführung nach dem 2. Weltkrieg, mit dem Opernfragment. In Zusammenhang mit der szenischen Aufführung 1962 unter Karl Böhm begann er in Absprache mit der Universal Edition und deren Direktor Alfred Schlee, aber ohne Wissen von Helene Berg, an der Fertigstellung des 3. Aktes zu arbeiten. Die Überlegungen des Dirigenten Georg Solti, des Staatsoperndirektors Egon Hilbert und der Komponistenwitwe Helene Berg hatten, wie auch das „Wiener Projekt" von Adorno, keine Bedeutung für die Fertigstellung der Oper. Die dreiaktige Fassung wurde schließlich 1979, ein paar Jahre nach Helenes Tod, in Paris unter Pierre Boulez uraufgeführt. (Eine detaillierte und aufklärende Darstellung der jahrzehntelangen Verwicklungen findet sich in Cerhas „Arbeitsbericht zur Herstellung ...", 1979 und in seinem Buch „Schriften – ein Netzwerk", 2001. Diese Anmerkung bezieht sich auf Adorno/Berg, S. 334, 342; Cerha, Arbeitsbericht, S. 2, 37, 39; ders, Schriften, S. 186 ff., 195 f., 284.) – Zu Solti siehe BPV und Brief 22.

Herrn Kraus: Zu Wolfgang Kraus und die Österreichische Gesellschaft für Literatur siehe BPV.

Entwurf über das gegenwärtige Verhältnis von Malerei und Musik: „Über einige Relationen zwischen Musik und Malerei", veröffentlicht 1965, GS 16, S. 628-642.

die sie etwas par force ... unternahm: die sie etwas heftig, mit Gewalt unternahm

Wien, 4. Dez. 63

Liebster Teddy!

Dank Dir herzlich für Deinen lieben Brief, der sich ja gerade mit meinem an Dich gekreuzt hat! In der „Fantasia“ hab ich erst blättern können, aber ich hoffe um die Weihnachten ein bissl Zeit dafür zu haben! Dank Dir jedenfalls sehr, sehr dafür! Den Hilbert hab ich schon fünfmal gemahnt Dir zu antworten; er versichert mir unentwegt, daß er es bei „erster freier Minute“ tun werde, – aber was willst machen mit dem Narren! Er sitzt von 9 Uhr morgens bis 2 Uhr früh in der Oper und wurstelt herum, „prügelt“ sich wegen einem Souffleur u.s.w. – allerdings hat er wirklich viel Ärger und Galle bei seinem Geschäft! Ich grüße Dich also auftragsgemäß von ihm und kündige Dir einen Brief an, der in der „ersten freien u.s.w.“ … Er bittet unbedingt um Geduld – u.s.w. u.s.w. u.s.w… Am Weihnachtsabend bin ich bei Hilberts eingeladen und dann werde ich ihn endlich einmal sprechen können; außer telefonisch hab ich das seit Monaten nicht getan!

Wie geht's Euch, Teddy? Du arbeitest so beängstigend viel, daß ich ein bissl Sorge habe; fahrt Ihr zu Weihnachten weg? Du solltest es unbedingt tun, wenns irgend geht!

Ich stecke jetzt wieder einmal über beide Ohren in meinem blödsinnigen Fernsehgeschäft und habe mir die Angelegenheit Burgtheater augenblicklich geordnet: daß ich so wenig als möglich dort zu tun hab und mir aber trotzdem das Geld hole; es ist mir das Ganze so verhaßt, daß diese Lösung momentan die einzig mögliche ist – ob sich das allerdings lang halten lassen wird, ist zu bezweifeln. Na ja, man wird sehen…

Neulich wurde ich aufgefordert, zum 75. Geburtstag Buschbecks etwas zu schreiben, für Zeitung und Burgtheaterprogrammheft; wenns Dich interessiert, schick ich Dir's; Du müßtest nur nachsichtig sein! – Gestern rief mich die Mina v. Alth an – vollkommen verzweifelt: wegen ihrer Tochter. Sie hätte die Nachricht bekommen, daß die Diplomarbeit der Tochter Deinen Beifall nicht gefunden hat u.s.w. (aber ich darf Dir davon nicht schreiben, weil Du sonst der Michaela davon sagen würdest – also bitte: nix sagen!). Was ist denn da los?! Du warst doch immer sehr begeistert von der kleinen Schönheitskönigin? – Die Mina jedenfalls ist außer sich, weil die Tochter den Mut anscheinend verliert und geschrieben hat, daß sie daran denkt das Studium sogar aufzugeben, wenn es ihr nicht gelingt es endlich zu absolvieren. Hoffentlich ist das Ganze halb so schlimm; wenn Dir etwas einfällt, was ich der Alth als Trost sagen kann, laß es mich wissen!

Zweimal hab ich Dich in letzter Zeit im Radio gehört und – wie immer – unendlich bewundert! Es kam so gut, als stündest Du im Nebenzimmer und sprächest es völlig ungezwungen, natürlich!

Schreib bald wieder Teddy! Und grüß mir Gretel ganz besonders! Und, wenn Du den Hirsch siehst, bitte sag ihm, daß er doch von sich hören lassen soll!!! Er wollte doch im

Oktober nach Wien kommen?! Wo ist er denn geblieben!!? Ich würde die Trakl-Briefe für verschiedene Dinge brauchen, aber ich möchte sie ihm nicht „wegnehmen“, bevor er sie nicht angeschaut hat (desgleichen die Däubler-Post!).

Für heute sei herzlich gegrüßt und: Komme doch endlich einmal wieder zu uns nach Wien – in den fernen Osten!

Eure uralte

Lotte

Typoskript, Sammlung Tobisch; gedruckter Briefkopf: Tobisch/Opernring.

In der „Fantasia“ hab ich erst blättern können: Tobisch erhielt das 1963 erschienene Buch „Quasi una fantasia: Musikalische Schriften II” mit Widmung vom 22. November 1963 (jetzt in GS 16, S. 249).

Hilbert hab ich schon fünfmal gemahnt Dir zu antworten: Siehe Brief 24.

„prügelt“ sich wegen einem Souffleur: Siehe Brief 23.

Angelegenheit Burgtheater: Siehe Anmerkung und Brief 19.

zum 75. Geburtstag Buschbecks etwas zu schreiben: Dem Briefwechsel liegt die Kopie des Textes, den Tobisch an Adorno zur Lektüre übergab, bei. Der Aufsatz umfasst zehn mit Maschine eng beschriebene Seiten. Er deckt sich weitgehend mit dem Text, der in der Anmerkung zu Brief 2 zitiert wird und 1979 zum 90. Geburtstag erschien. Er trägt aber einen anderen Titel als dieser: „Pylades und Mentor“. Darüber hat Tobisch mit der Hand eine Notiz für Adorno geschrieben: „Herzlichst! Deine Analphabetin“

Gestern rief mich die Mina v. Alth an: Zu Minna von Alth siehe BPV.

… daß die Diplomarbeit der Tochter Deinen Beifall nicht gefunden hat: Siehe dazu Michaela Alth, BPV.

wenn Du den Hirsch siehst … Trakl-Briefe … Däubler-Post: Tobisch engagierte sich für die Veröffentlichung der Briefwechsel Buschbecks mit Trakl und Däubler (siehe Briefe und Anmerkungen 1, 2, 3).

26 Adorno an Tobisch

Frankfurt, 16. Dezember 1963

Liebste Lotte,

ich war sehr glücklich, endlich wieder von Dir zu hören, nachdem ich mir schon ein bißchen Angst gemacht hatte wegen Deines Schweigens. Aber aus Deinem Brief sehe ich, daß Du ebenso eingespannt bist wie ich, bei dem es in den letzten paar Wochen wirklich mehr war, als ich eigentlich bewältigen kann. Trotzdem bin ich bis jetzt ganz gut durchgekommen, vor allem auch, weil ich mich in Italien doch recht gut nacherholt hatte. Ende dieser Woche sind Ferien; ich benutze sie zwar zur Arbeit, aber wenigstens zur eigenen, nicht einer von außen bestimmten, und das allein schon wird viel helfen. Arg, arg schade, daß wir die Weihnachten nicht zusammen sind; ich beneide den Hilbert.

Bitte sei doch so lieb, mir das, was Du zum 75. Geburtstag Buschbecks geschrieben hast, zu schicken; es interessiert mich brennend.

Die Minna von Alth ist offenbar wirklich verrückt. Ich habe nicht etwa die Diplomarbeit ihrer Tochter (die gibt es nämlich noch gar nicht), sondern lediglich einen Text mit einigen kritischen Einwänden bedacht, den sie im Rahmen eines Institutsprojekts schrieb und aus dem allerdings die Diplomarbeit entstehen soll; ich hatte das Ding (den Text meine ich, nicht die Michaela) rührenderweise nach Italien mitgenommen. Vorige Woche sprach ich lange mit der Kleinen, und sie war ganz vernünftig, jedenfalls viel vernünftiger als ihre Mutter. Nur verzehrt sie sich vor Ehrgeiz, und gerade dadurch hat sie es wohl auch innerlich etwas schwer, weil sie gereizt wird, wenn man nicht alles, was sie tut, vollkommen findet. Des Rätsels Lösung ist wohl, daß sie gerade <u>keine</u> Schönheitskönigin ist, sondern, wie die Barbara Coudenhove einmal sagte, eine Intellektbombe. Dabei wirklich begabt, aber im Augenblick ein bißchen zerfahren und zersplittert. Das habe ich ihr aber nicht gesagt, sondern bin äußerst sanft mit ihr umgegangen. Sag Du, bitte, ihr auch nichts. Nach wie vor halte ich sie für wirklich <u>hoch</u>begabt, und es kann viel aus ihr werden, wenn sie ein bißchen mit sich selbst fertig wird. Ich habe ja gar nichts gegen den Ehrgeiz – nur, daß er dann doch bei den meisten Menschen zu gering ist, deprimiert mich. Das Mädchen hätte es doch gar nicht nötig, um jeden Preis Primus sein zu wollen.

Unterdessen habe ich die Umbruchkorrektur des kleinen Buches „Moments musicaux“ beendet, das Aufsätze von mir aus fast vierzig Jahren bringt. Wie es schon geht, habe ich einiges doch noch einmal ganz umgeschrieben, eine grauslige Arbeit. Aber keine grausligere als die, den großen Text über den „Jargon der Eigentlichkeit“ in Ordnung zu bringen, in den ich, neben dem akademischen Zeug, mich gestürzt habe. Wenn mir das gelingt, atme ich auf, ich habe diesen Komplex von meinem großen philosophischen Buch abgetrennt, in das er eigentlich gehörte, und für dieses dadurch etwas Zeit gewonnen.

Schreib doch mehr von dir selbst, wie es Dir wirklich geht, wie Du Dich fühlst. Ich laure begierig auf die Möglichkeit, daß wir uns wiedersehen.

Die Gretel grüßt von ganzem Herzen.

Sei umarmt und schreibe wirklich bald.

Immer Dein
Teddie

Freitag abend mit Michael Gielen, der sehr schön die V. Mahler machte. Die Ohren müssen dir sehr geklungen haben. – Übers weekend Theaterfreuden: Faust, die Brechtische Johanna. Bei beiden war meine Reaktion die Hölderlinsche: „Das aber geht nicht mehr“.

Typoskript, Sammlung Tobisch; gedruckter Briefkopf: Adorno/Kettenhofweg.

was Du zum 75. Geburtstag Buschbecks geschrieben hast: siehe Anmerkung Brief 2 und 26.

Minna von Alth ... die Diplomarbeit ihrer Tochter: Zur Diplomarbeit siehe Michaela Alth, BPV, und Brief 25.

wie die Barbara Coudenhove einmal sagte: Siehe BPV.

„Moments musicaux“ erschien 1964 als Bd. 54 der edition suhrkamp (jetzt in GS 17, S. 7-161).

„Jargon der Eigentlichkeit“ erschien 1964 als Bd. 91 der edition suhrkamp.

ich habe diesen Komplex von meinem großen philosophischen Buch abgetrennt, in das er eigentlich gehörte: Das große Buch ist die „Negative Dialektik”, die 1966 veröffentlicht wurde. Bei der Ausgabe der GS wurden beide Arbeiten insofern wieder vereint, als sie gemeinsam in Band 6 veröffentlicht wurden.

27 Tobisch an Adorno

Wien, 19. Dez. 63

Liebster Teddy,

eben kam Dein Brief! Dank Dir sehr dafür! Wegen der Alth: Natürlich spinnt sie! Bin jedenfalls froh, daß die Geschichte mit der Tochter nicht bedenklich ist; es wäre ja jammerschade! In ein paar Tagen schick ich Dir meinen Artikel über Buschbeck, aber, wie gesagt: Vergiß beim Lesen nicht, daß ich eine ganz ungebildete und unbegabte Schreiberin bin (das wirst Du allerdings selbst bemerken!). – Sonst nichts Neues augenblicklich; anfangs Jänner gibt's wieder mal Maggi-Serie und kurz darauf ein Fernsehspiel. – Du schreibst mir nicht, was ich mit dem guten Hirsch machen soll?! Ist er schon so sehr in Banden seiner Sexbombe, daß er sich nicht bei mir melden kann?

Schreib bald wieder, Teddy – ich freu mich immer sehr, wenn ich ein Brieferl von Dir krieg!

Dir und Gretel alles, alles Liebe!

Deine Lotte

Typoskript, Sammlung Tobisch; gedruckter Briefkopf: Tobisch/Opernring.

meinen Artikel über Buschbeck: Siehe Anmerkung und Brief 25.

anfangs Jänner gibt's wieder mal Maggi-Serie: Siehe Anmerkung zu Brief 5.

kurz darauf ein Fernsehspiel: Da die Sendedaten, nicht aber die Drehdaten existieren, lässt sich nur sagen, welche Filme 1964/65 ausgestrahlt wurden. Am 27.11.1964 „Haus der Vergeltung“ in der Regie von Rudolph Cartier, am 6.5.1965 „Leinen aus Irland“ unter Walter Davy. Eher unwahrscheinlich, dass es sich um „Briefe eines toten Dichters“ nach Henry James unter der Regie von Rudolph Cartier handelte, da dieser Film bereits am 20.3.1964 auf Sendung ging. Es könnte sich aber auch wieder um ein Fernsehmärchen gehandelt haben.

was ich mit dem guten Hirsch machen soll: Siehe Brief 1,2, 3, 23, 25.

28 Adorno an Tobisch

Frankfurt, 7. Januar 1964

Liebste Lotte,

hab tausend Dank für Deinen Brief und für den Buschbeck-Aufsatz, der mich, wie Du Dir denken kannst, sehr bewegte.

Es ist ein Jammer, daß wir über die Feiertage nicht zusammen waren. Ich habe die zwei soi-disant Ferienwochen zur angestrengtesten Arbeit benutzt, und es ist mir tatsächlich gelungen, einen größeren Text, der im November dieses Jahres in der “Bibliothek Suhrkamp” erscheinen wird, und der das größte Sorgenkind unter all meinen Sachen war, soweit unter Dach und Fach zu bringen, daß ich glaube, wenn er noch einmal durch einen Arbeitsgang geht, habe ich es geschafft. Es ist eine Sache, die ich aus meinem großen philosophischen work in progress aus einer Reihe von Gründen abgespalten habe und die dadurch überhaupt erst zuende gebracht werden konnte; ein kleines Bruchstück daraus ist der Aufsatz „Jargon der Eigentlichkeit”, der in der „Neuen Rundschau“ erschien, und den ich Dir wohl geschickt habe. – Außerdem ist es mir gelungen, mich einer ungemein schwierigen Verpflichtung zu entledigen, einen großen Rundfunkvortrag über meinen Jugendfreund Siegfried Kracauer zu formulieren; eine Sache, die nicht nur wegen des Problems besondere Mühe machte, Loyalität dem Freund gegenüber mit der Wahrheit zu verbinden, sondern auch wegen des ganzen Komplexes der geistigen Distanz.

Damit komme ich auf den Buschbeckaufsatz; ich fände es doch arg konventionell, wenn ich Dir nicht mehr dazu sagen würde, als eben, daß er mich aus den selbstverständlichen Gründen bewegt hat. Es stehen Dinge darin, die man nicht vergißt, so vor allem die Kritik des Dreizehnjährigen an dem Liebesgedicht eines Mitschülers, von einer Reife und Stringenz, die geradezu ans Rimbaudisch Rätselhafte grenzt. Wenn ich aber etwas Kritisches sagen darf, so wird das Dich vielleicht am meisten erstaunen – ich finde, die Arbeit hat etwas leise Akademisches.

Sicherlich ist einer der Gründe eine Art stolzer Scham, für die ich alles Verständnis habe. Aber es spielt auch etwas anderes herein: das Problem des Zunah. Gerade Menschen gegenüber, mit denen man ganz und gar verwachsen ist, scheint es fast unmöglich zu sein, für die Fülle des Erfahrenen das lösende Wort zu finden. Man ist so von dieser Erfahrung durchtränkt, daß es einem selbstverständlich erscheint, sie müsse auch durchs Geschriebene sich mitteilen; eben das aber setzt einen mühsamen Reflexionsprozeß voraus, sonst kommt es nicht ganz herüber. Gerade weil ich weiß, wie sehr es Dich zum Literarischen treibt, und weil ich davon überzeugt bin, daß Dein Instinkt darin gut ist, meine ich, daß ich vielleicht keine Grenze überschreite, wenn ich Dir sage, daß Du die Anstrengung, das ganz spezifische, treffende und lösende Wort zu finden, doch noch weitertreiben solltest. Du bist mir nicht böse darum! – Übrigens meine ich, der Hermann Bahr ist doch allzu gut bei Dir weggekommen; ich habe das Gefühl einer Art von Treue Karl Kraus gegenüber, und wo er einmal gerichtet hat, sollte man wenigstens schweigen. Obwohl ich andererseits weiß, wie heikel auch das ist, und wieviel Entschuldendes Buschbeck wahrscheinlich gerade auch zum Fall Bahr zu sagen hatte. Da es leichter ist, eine solche Kritik anzumelden, als sie zu konkretisieren, schicke ich Dir mit gleicher Post eine kleine Arbeit von mir, die Dir wahrscheinlich unbekannt ist, eine Gedenkrede auf Thomas Mann, die auch so einen Versuch der Vergegenwärtigung darstellt. Ich bin weit davon entfernt, mir einzubilden, er sei geglückt; aber indem Du meine Intentionen dran erkennst, wirst Du wenigstens sehen, in welcher Richtung meine Fragen an Dich zielen.

Lotte, ich denke sehr an Dich; es ist wirklich ein Jammer, daß man sich nur in Abständen sieht. Könntest Du nicht einen Plan aushecken, wie sich das ändert? Übrigens bin ich am 14. April in München; Du kommst doch auch öfters dorthin; ob wir uns nicht treffen können? Auf jeden Fall sei lieb und gib mir bald ein Wort.

Sei sehr umarmt von Deinem

Teddie

Typoskript, Sammlung Tobisch; gedruckter Briefkopf: Adorno/Kettenhofweg.

die zwei soi-disant Ferienwochen: die zwei sozusagen Ferienwochen

einen größeren Text: Der „Jargon der Eigentlichkeit“, geschrieben 1962-64, erschien 1964 als Bd. 91 der edition suhrkamp und nicht der „Bibliothek Suhrkamp” (jetzt in GS 6, S. 413-526).

meinem großen philosophischen work in progress: „Negative Dialektik“ (GS 6)

der in der „Neuen Rundschau“ erschien: „Neue Rundschau“, 1963, Heft 3

einen großen Rundfunkvortrag über meinen Jugendfreund Siegfried Kracauer: „Der wunderliche

Realist. Über Siegfried Kracauer" wurde als Vortrag im Hessischen Rundfunk am 7.2.1964 gehalten. Erschienen in „Noten zur Literatur III", Bibliothek Suhrkamp, 1965 (jetzt in GS 11, 388-408).

den Buschbeckaufsatz: Siehe Anmerkung zu Brief 25 und Brief 27.

Hermann Bahr siehe BPV.

der Hermann Bahr ist doch allzu gut bei Dir weggekommen: Erhard Buschbeck wurde 1918 von Hermann Bahr, er war sein Freund und Trauzeuge, als Dramaturg an das Burgtheater berufen. Tobisch versucht nun vor dem Hintergrund Buschbeck einige ihr wesentliche Leistungen von Bahr, die seine Kritiker allzu leicht übersehen würden, darzulegen. Sie verweist in einem Nebensatz auf seinen „großen Widersacher" Karl Kraus und charakterisiert gleichzeitig Hermann Bahr als „Inbegriff eines freien Geistes, als Revolutionär, der jeden Gedanken lautstark propagierte". Karl Kraus, dessen Position Adorno hier zuneigt, kritisierte Bahr schon als knapp Zwanzigjähriger. Schon damals war ihm die Unverbindlichkeit der Bahrschen Gesellschaftssatire zuwider, da sie „von den Zuständen lebt, gegen die sie sich richtet". Später richtete sich sein analytischer Spott auch auf Bahrs häufige Gesinnungswechsel in Politik und Kunst: Er war anitsemitischer Alldeutscher, gemäßigter Sozialist, Atheist, Naturalist, Impressionist, Liberaler und dann monarchistischer Katholik. Kraus warf Bahr im Kern intellektuelle Korruption als Schriftsteller vor: Zum einen würde er sich stets den neuesten, gut verkaufbaren Trends unterwerfen. Zum anderen aus seiner Doppelfunktion als Kritiker und Autor insofern persönlichen Nutzen ziehen, als er als Autor, bei Theaterdirektoren etwa, durch seine Tätigkeit als Kritiker Vorteile genießen würde.

ich habe das Gefühl einer Art von Treue Karl Kraus gegenüber: Friedrich Rothe zeigt im letzten Kapitel seiner 2003 erschienenen Kraus-Biographie auch die bedeutende Rolle, die Karl Kraus für Adorno und die Frankfurter Schule gespielt hat.

eine Gedenkrede auf Thomas Mann: „Zu einem Porträt Thomas Manns", in: Neue Rundschau, 1962, Heft 2/3

29 Tobisch an Adorno

Wien, 9. Februar 1964

Liebster Teddy!

Mit Recht mußt Du allmählich böse sein, daß ich auf Deine lieben Briefe nicht geantwortet habe, nicht gedankt hab für die „Rundschau", den herrlichen Thomas Mann-Aufsatz und den „Jargon" (was mir ein besonderes Vergnügen bereitet hat!) – und ich kann Dich nur bitten mir zu glauben, daß es nicht Untreue ist, weshalb ich nicht geschrieben habe, sondern permanente Arbeitsüberlastung und die mühevolle

Vorbereitung für eine größere Palastrevolution im Rahmen des Burgtheaters. (Ich bitte Dich k e i n e m Menschen gegenüber da*rüber* auch nur die geringste Äußerung zu machen, weil die Wände Ohren haben, und wenn das Geringste durchdringt, das ganze Unternehmen platzt und mich persönlich außerdem den „Kopf" kostet! – Auch [Friedrich] Heer gegenüber kein Wort!) – Ja also, dies alles ist der Grund für mein Schweigen und ich bitte Dich sehr, auch in den nächsten paar Wochen nicht bös zu sein, wenn Du nichts von mir hören solltest: Am 23.d.s. beginne ich ein Fernsehen, das erst am 21. März beendet ist, und während dieser Zeit hoffen wir, die „Verschwörer", daß wir zum ersten Schlag ausholen können; ich werde kaum Zeit zum Schlafen finden und möchte am liebsten die Fernseherei absagen – aber schließlich kann man ja leider vom Intrigieren nicht leben (ich zumindest hab dazu kein Talent!).

Dank Dir auch sehr für die „Moments" – über Deine Widmung hab ich sehr gelacht –, und ich werde Dir, nachdem ich das Büchlein gelesen habe, sofort schreiben, welcher Teddy mir lieber ist, der „junge" oder der „alte". Aber ich wüßte gar nicht, was der jüngere geschrieben haben müßte, daß er mir den älteren verdrängen könnte!

Ich hab mich sehr darüber gefreut, daß Du mir so ausführlich über den „Buschbeck-Aufsatz" geschrieben hast! Es ist rührend, daß Du Dir dafür Zeit genommen hast und Du hast natürlich mit jedem Wort recht, das Du darüber schreibst! Daß Du mir Dein Meisterwerk über Thomas Mann in diesem Zusammenhang schicktest, hat mich ganz besonders gefreut – nur: Lieber Teddy, vergiß nicht, daß Du die „Werke" Deiner Maggi-Königin" doch um Gottes willen nicht mit solchen Maßstäben messen kannst!! Aber – abgesehen davon – hab auch ich das Gefühl gehabt, schon beim Schreiben, daß sich das persönliche Erlebnis immer wieder zwischen das, was ich schreiben wollte und das, was ich zu schreiben im Stande war, gestellt hat, und daß dadurch sich irgend etwas „Akademisches" eingeschlichen hat, etwas recht „Unpersönliches", das der Sache nicht förderlich war und daher dem Buschbeck nicht gerecht wurde. Trotzdem bin ich recht froh, daß ich es versucht hab – und vielleicht gelingts mir nächstens besser!

Du hast gar nicht geschrieben, was der Heer in Frankfurt getrieben hat! Ich habe neulich eine längere Unterredung mit ihm gehabt, und er schien mir recht verwirrt: Allmählich weiß ich nicht, was er eigentlich will; weißt Du näheres darüber?!

Bitte laß bald wieder von Dir hören, schreib mir, wie's Gretel geht und wie Eure Pläne sind! Kommt Ihr nicht endlich wieder einmal nach Wien? Ich bin bis Ende März eingedeckt mit Arbeit, und Mitte April steht wieder etwas bevor; aber vielleicht können wir uns doch irgendwann zwischendurch einmal sehen!

Bitte entschuldige die miserable Form und Flüchtigkeitsfehler dieses Geschmieres – aber Du liest es trotzdem leichter, als wenn es handgeschrieben ist!

Für heute alles Liebe!

Deine

Lotte

Typoskript, Sammlung Tobisch; gedruckter Briefkopf: Tobisch/Opernring:

nicht gedankt hab für die „Rundschau“ ...: Siehe Anmerkung und Brief 28.

Vorbereitung für eine größere Palastrevolution im Rahmen des Burgtheaters: Ein Teil des fix engagierten Ensembles wollte die neue Besetzungspolitik von Direktor Ernst Haeusserman mit Unterstützung des Betriebsrates, dem Lotte Tobisch angehörte, zu Fall bringen. Da Haeusserman verstärkt auf beispielsweise durch den Film bekannte Gaststars wie Heinz Rühmann und Curd Jürgens setzte, betrieb er damit auch die Aufweichung des Ensembles, das sich vernachlässigt und unterbeschäftigt empfand. Eine Auflistung einer Reihe diesbezüglicher Vorfälle, die die Schauspieler vor den Kopf stoßen mussten, hat die Zeitschrift Top Public 4/1967, S. 7 f., veröffentlicht. – Siehe dazu auch Haeusserman, BPV.

Am 23.d.s. beginne ich ein Fernsehen: Siehe Anmerkung zu Brief 27.

über Deine Widmung hab ich sehr gelacht: Adorno schrieb in das Tobisch geschenkte Exemplar der „Moments musicaux – Neu gedruckte Aufsätze 1928-1962“, Bd. 54 der edition suhrkamp (jetzt in GS 17): „Ob wohl der junge [Teddie?] die schöne Lotte aus ihrem Schweigen wecken kann? Teddie [Ort unleserlich] 1964

„Maggi-Königin“: Siehe Anmerkung zu Brief 5.

was der Heer in Frankfurt getrieben hat: Siehe Heer, BPV, und Brief 20, 23.

30 ADORNO AN TOBISCH

Frankfurt, 4. März 1964

Liebste Lotte,

nein, böse war ich keine Sekunde, nur traurig, und darum um so glücklicher, als ich Deinen Brief bekam, der mich dessen versicherte, daß Du mir jene kritischen Worte nicht übel genommen hast.

Was die permanente Arbeitsüberlastung anlangt, so kann ich da auch mitreden, habe im übrigen jetzt, während des zu Ende gehenden Semesters, die Buchfassung des “Jargons der Eigentlichkeit”, aus dem Du den gedruckten Ausschnitt kennst, fertig gemacht – sie erscheint, im Umfang von etwa 150 Seiten, noch im Herbst, war eine irrsinnige Arbeit, weil ich sie erst wild drauflos diktierte, und dann hinterher erst anfing, sie zu organisieren, und das ist viel schwerer, als wenn man gleich vernünftig plant, wenn auch vielleicht produktiver. Aber darüber mußt Du selbst richten.

Was die Verschwörung anlangt, von der Du mir berichtest, so kann ich Dir dazu nur eine Äußerung von [Fritz] Kortner über den betreffenden Herrn wiedergeben, die er vor ein paar Wochen *mir gegenüber* tat: Das einzige, wofür er Talent hat, ist der

Erfolg. Daß Du aber vom Intrigieren nicht leben kannst und keine Begabung dazu hast, das kann ich Dir nicht nur nachfühlen, sondern ich bin glücklich darüber, denn sonst wärest Du eben doch nicht, die Du bist. Lohnt es sich dann aber wirklich, auf so etwas überhaupt sich einzulassen? Handelt man da nicht der eigenen Natur entgegen? Du wirst mir glauben, daß ich das nicht moralisierend frage, sondern einzig im Gedanken an das, was ich beinahe die Logik Deiner Existenz nennen möchte.

Der [Friedrich] Heer – er war ja furchtbar lieb, aber kam uns allen auch reichlich verwirrt vor, vor allem in der Diskussion schien er nicht gerade auf der Höhe zu sein. Irgendwie hat er den Zweck meines ganzen Arrangements falsch verstanden. Ich hatte ihn nämlich nur eingeladen, um ihm die Gelegenheit zu geben, nach Wiesbaden zu gehen und die Leute von der Regierung, die Du von meinem Geburtstag her kennst, dort zu sehen, wegen der Möglichkeit einer Professur; genau dazu hatte er dann aber keine Zeit. Andererseits hat er geschworen, daß er einen Ruf annähme; aber dazu müßte er doch wenigstens sich den Leuten zeigen, von denen es abhängt. Und es wäre wichtig, daß das bald geschieht, nämlich solange noch die Regierung bei dem Aufbau der Universität Gießen maßgebend mitzureden hat; sobald diese einmal konstituiert ist, wird die Fakultät sich verhärten, und es wird viel schwerer sein, für Heer etwas zu erreichen, als es im Augenblick ***vielleicht noch!*** wäre. Ich hatte ihm das seinerzeit, im Café des Sacher, eine Stunde ehe wir uns am letzten Morgen trafen, ausführlich auseinander gesetzt, aber er hat das offenbar schon wieder durcheinander gebracht.

Zu den Plänen: Gretel und ich fahren am nächsten Mittwoch, dem 11., nach Baden-Baden, bleiben vierzehn Tage, wohnen wieder in Brenners Parkhotel, wo es in jeder Weise reizend ist (es ist das hübscheste, am menschlichsten geführte Hotel, das es heute noch in Deutschland gibt). Hättest Du nicht Lust, dort aufzutauchen?

Eine Königin auf Maggis Flügeln in die Arme Deines Teddie. Dann bin ich am 14. April in München, wo ich anläßlich einer Woche für neue Musik einen Vortrag halten werde, und vom 25. bis 29. April in Heidelberg zum Max Weber-Kongreß der Deutschen Gesellschaft für Soziologie. Das wären die nächsten Möglichkeiten, sich zu sehen; nach Wien kann ich während der nächsten drei Monate, eben wegen all dieser Dinge, die dazwischen liegen, nicht kommen. Überleg Dir also bitte den Zeitplan genau, und, ob es Deiner Ingeniosität doch gelingt, irgend etwas herauszufinden. Ich wäre wirklich <u>sehr</u> glücklich darüber.

Der Gretel geht es ganz ordentlich, nur ist auch sie ein bißchen abgekämpft vom Semester und freut sich auf den Baden-Badener Vorfrühling.

Lotte, liebste Lotte, sei diesmal aber ganz richtig umarmt von

Deinem

Teddie

Typoskript, Sammlung Tobisch; gedruckter Briefkopf: Adorno/Kettenhofweg.

eine Äußerung von Kortner über den betreffenden Herrn Ernst Haeusserman. – Siehe Haeusserman, BPV, sowie Anmerkung und Brief 29.

Der Heer – er war ja furchtbar lieb: Zu Friedrich Heer siehe BPV sowie Anmerkung und Brief 21, 29, 30.

Brenners Parkhotel: Im Frühjahr fuhr Adorno mit seiner Frau Gretel „vorzugsweise in den Kur- und Badeort Baden-Baden, in das traditionsreiche, luxuriöse ‚Brenner's Parkhotel', das von der eleganten Welt, der Prominenz des Adels, der Wirtschaft, der Politik und Kultur frequentiert wurde". (Müller-Dohm, S. 707 f.)

Eine Königin auf Maggis Flügeln: Siehe Anmerkung zu Brief 5.

München … einen Vortrag halten werde: „Über einige Relationen zwischen Musik und Malerei", jetzt in GS 16, S.628-642.

Max Weber-Kongreß der Deutschen Gesellschaft für Soziologie: Als Vorsitzender der DGS eröffnet Adorno den Kongress in Heidelberg zum Thema „Max Weber und die Soziologie heute" mit der „Rede beim Empfang anläßlich des 15. Deutschen Soziologentages" (GS 20.2, S. 703-707).

31 Adorno an Tobisch

Frankfurt, 6. April 1964

Ma très Chère,

dies nur, Dir zu sagen, daß ich vom 13. bis 16. in München bin, im Bayerischen Hof wohne – ich habe auf dem Musikfest einen Vortrag zu halten über einige Relationen von Musik und Malerei. Da Du mir sagtest, daß Du gelegentlich Verpflichtungen in München hättest, schließe ich die Möglichkeit nicht aus, daß wir uns dort sehen; und ohne daß ich Dir zumuten möchte, eigens hinzukommen, glaube ich doch, Dir sagen zu dürfen, wie glücklich ich wäre, wenn wir uns sähen. Vielleicht gibst Du mir noch vorher ein Wort.

Unterdessen hat mir die kleine Aldh berichtet, daß die Intrige gelungen sei; ich habe mich aber wohl gehütet, sie nach dem Inhalt der Intrige zu fragen, da ich sie denn doch für viel zu vertratscht halte. Aber vielleicht informierst Du mich. In meiner Phantasie sieht es einstweilen wie eine Synthese aus dem Weinwurm-Prozeß (über den leider hier nichts in den Zeitungen steht) mit den beiden Opernchefs aus. Aber sicherlich ist meine Phantasie wieder einmal zu üppig.

Sei umarmt von

Deinem

Teddie

Typoskript, Sammlung Tobisch; gedruckter Briefkopf: Adorno/Kettenhofweg

auf dem Musikfest einen Vortrag zu halten: Siehe Anmerkung zu Brief 30.

die kleine Alth: Zu Michaela Alth siehe BPV und Brief 25, 26.

In meiner Phantasie sieht es einstweilen wie eine Synthese aus dem Weinwurm-Prozeß … mit den beiden Opernchefs aus: Zu Weinwurm siehe BPV und Brief 23. Die beiden unaufhaltsam in Grabenkämpfe schlitternden Chefs der Wiener Staatsoper waren Egon Hilbert und Herbert von Karajan (siehe auch Anmerkung und Brief 23, 24).

32 Adorno an Tobisch

BARONIN LOTTE TOBISCH
OPERNRING 8 WIEN/1
[Poststempel] 14.4.64 MUENCHEN

KANN LEIDER JETZT NICHT NACH WIEN IST ALLES EIN JAMMER GANZ DEIN = TEDDIE

Telegramm, Sammlung Tobisch.

33 Tobisch an Adorno

Wien, 14. Mai 64

Liebster Teddie!

Heute in der Nacht fährt unsere Minna Alth nach Frankfurt, und was liegt näher, als sie zum Postillion d'amour zu mißbrauchen: So bekommst Du auf raschestem Wege einen – längst beabsichtigten – Brief von mir! (Meine besonders herzlichen Grüße hat Dir die „kleine Alth" ja sicherlich längst überbracht!) Apropos: Ich habe das Mädel nach langer Zeit wiedergesehen und muß sagen, daß sie mir sehr gut gefallen hat; die hat sich kolossal herausgemaust, ist klug und dabei herzlich und ich glaube wirklich, daß Du einen guten Fang machst, wenn Du sie, nach Abschluß ihres Studiums, in Deiner

Umgebung beschäftigst! Ich habe Dir damals nicht ganz geglaubt, wie Du mir von ihren Fähigkeiten geschwärmt hast, aber – wie immer – hast Du ganz und gar recht!

Von hier kann ich Dir berichten, daß ich mich viel herumärgere, sehr viel Arbeit habe und die Hoffnung nicht aufgebe – wenigsten ein paar Dinge durchzusetzen, die ich mir vorgenommen habe; da ich mir weder einen Vorteil für meine Person noch Dank von anderen Leuten erwarte, wird es mir erspart sein, enttäuscht zu werden, und das gibt mir eine gewisse Ruhe und die Möglichkeit, wirklich sachlich handeln zu können. Aber es wird noch viel Wasser in der Donau fließen, bis man in unserem Augiasstall hier auch nur auf den Grund kommt, auf den festen Boden. – Es hat mir schrecklich leid getan, daß ich wegen der Heinrich V.-Vorstellungen Dich nicht in München treffen konnte. Ich habe ein großes Bedürfnis, Dich wieder einmal zu sehen! Kommst du heuer gar nicht nach Wien?! – Hier sind wir wiederum mitten in einer „Opernkrise"; die Todfeindschaft zwischen Karajan und Hilbert ist wieder ausgebrochen. Der Karajan ist schon auch ein schrecklicher Kerl! Nun hat er, als künstlerischer Leiter, demissioniert und stellt die kindischsten Bedingungen für den Fall, daß er in Wien dirigiert, droht Wien nicht mehr zu betreten, falls Hilbert im Zuschauerraum sitzen würde u.s.w. – Nachdem der Weinwurm wieder wochenlang Schlagzeilen für die Oper geliefert hat, ists jetzt also der Karajan – allmählich wirds degoutant –, vor allem in den Kommentaren der Wiener Presse. Man möchte den Karl Kraus mit eigenen Händen ausgraben! Weit und breit nichts dergleichen.

Seid Ihr im Sommer wieder in Sils? Ich weiß noch nicht, was ich unternehmen werde, möchte aber – wenn sichs machen läßt – unbedingt ans Meer auf drei Wochen.

Lieber, schreib wieder – wies der Gretel geht und was die Arbeit macht und wie Eure Pläne sind!

Für heute alles Liebe!

Herzlichst Deine

Lotte

P.S. Bitte, sei lieb und rufe den [Rudolf] Hirsch an! Der schreckliche Mensch hat mir auf meinen dringenden Brief nicht geantwortet (wegen Trakl-Briefen) und ich hab der Minna [von Alth] ein Schreiben mitgegeben an ihn und ihr alles Nähere gesagt; der Hirsch möge sie bitte empfangen!!!

Typoskript, Sammlung Tobisch; gedruckter Briefkopf: Tobisch/Opernring.

die kleine Alth: Zu Michaela Alth siehe BPV und Brief 25, 26, 31.

wegen der Heinrich V.-Vorstellungen: Es kam damals zu einer zyklischen Aufführung von Shakespeares Königsdramen. „Heinrich V." wurde am 20. Mai 1964 gegeben.

Hier sind wir wiederum mitten in einer „Opernkrise": Siehe Karajan, BPV.

Weinwurm wieder wochenlang Schlagzeilen für die Oper geliefert: Man kann, heute kaum noch vorstellbar, von einem Bombardement an Berichten sprechen, das sich bis in den Herbst hineinzog. Selbst nachdem der Täter Josef Weinwurm Anfang August gefasst war, schrieb beispielsweise die Tageszeitung Express so gut wie täglich – und das wiederum wochenlang – über den Fortgang der Verhöre. – Zu Weinwurm siehe BPV und Brief 31.

34 Tobisch an Adorno

Wien, *Juni 1964*

Liebster Teddy!

Leider Gottes hat Dich die Minna Alth nicht erwischt – aber ich hoffe, daß Du meinen Brief inzwischen bekommen hast! – Ist gar keine Chance, daß Du in absehbarer Zeit nach Wien kommst? [Wiener] Festwochen ohne Adorno: eine höchst traurige Angelegenheit!

Bitte schreibe mir, was mit dem Dr. Hirsch los ist! Ich bin sehr verzweifelt, daß er sich überhaupt nicht rührt und auf Briefe nicht antwortet!! Ich bin hier in des Teufels Küche geraten wegen der Trakl-Post: Unzählige Leute wollen von mir Auskünfte u.s.w. und ich bat Dr. Hirsch, mir die ganze Briefsammlung raschestens zukommen zu lassen (selbstverständlich kann er die Post jederzeit wiederhaben), weil ich keine Photokopien davon habe – blöd, wie ich nun einmal bin! Aber der gute Hirsch hat sich überhaupt nicht gerührt, und nun weiß ich nicht mehr, was ich tun soll! Bitte Dich, liebster Teddy, tritt ihm auf die Zehen! Wenn er ernsthafte Editionsinteressen hat, steht ja von mir aus nichts im Wege – nur soll er sich doch endlich äußern! Jedenfalls brauche ich die Post jetzt sehr dringend; Kopien kann er postwendend bekommen und die Originale jederzeit, wenn er sie braucht! Es ist mir das Ganze sehr wichtig, und ich bitte Dich sehr dringend, mir zu helfen! (Vielleicht kann Gretel mit ihm reden: Frauen können so was immer besser!)

Hier viel Plage und große Hitze; habe momentan Filmarbeit und massenhaft Radio und daneben die Arbeit mit unseren Burgtheater-Zukunftsplänen; allmählich nimmt manches Gestalt an – also hoffen wir des Beste!

Wie geht's bei Euch? Habt Ihr die Pfingsten erholsam verbracht? – Bitte grüße Gretel herzlich und schreib bald! Habe ja schon lange nichts von Dir gehört!

Alles, alles Liebe für heute!
Deine Lotte

Typoskript, Sammlung Tobisch; gedruckter Briefkopf: Tobisch/Opernring.

Bitte schreibe mir, was mit dem Dr. Hirsch los ist!: Siehe dazu Anmerkungen und Briefe 1, 2, 3, 23, 25, 27.

habe momentan Filmarbeit und massenhaft Radio: Wahrscheinlich ist mit „massenhaft Radio" auch Tobischs Arbeit als Rezensentin von Büchern gemeint, die Inge Sandner in einem Nachruf auf ihre Opernballzeit als „Glanzlichter" der ansonsten „langweiligen Literaturkritik des ORF" bezeichnete (ab 1969 nahm sie auch an Janko Musulins Fernsehsendung „Die Welt des Buches" teil). – Zur Filmarbeit siehe Anmerkung zu Brief 27.

35 Adorno an Tobisch

Frankfurt, 11. Juni 1964

Liebste Lotte,

hab tausend Dank für Deinen Brief. Du sammelst wahrhaft feurige Kohlen auf meinem Haupt. Für mein Schweigen hab ich keine andere Entschuldigung, als daß es mir sehr schlecht ging. Ich bin nicht gewohnt zu jammern, und wenn ich so etwas sage, kannst Du mir glauben, daß es nicht im mindesten übertrieben ist. Physisches – ein elend aussehendes Elektrokardiogramm, während ich bis vor einem halben Jahr doch nur in anderen Zusammenhängen wußte, daß ich ein Herz hatte – und Psychisches, eine anhaltende und durch Schmerzliches genährte Depression, fanden sich zusammen. Ich war wirklich, abgesehen von der Arbeit, kaum aktionsfähig, und auch diese hatte mehr etwas von einem Rauschgift als von irgend etwas anderem, obwohl die Resultate das, so hoffe ich, nicht allzu sehr zeigen. Ich war um so glücklicher mit Deinem Brief. Er hätte in gar keinem schöneren und besseren Augenblick kommen können.

Wien ist jetzt für mich ganz unmöglich, zumal ich nicht gern dort als Tourist erscheine, sondern doch nur, wenn man geistig von mir Gebrauch macht. Ich möchte Dich aber fragen, ob nicht die Möglichkeit wäre, daß wir uns bald irgendwo einmal treffen. Es wäre mir <u>sehr</u> daran gelegen. Oder würdest Du wohl wieder nach Sils Maria kommen? Wir sind den ganzen August dort; es wäre natürlich herrlich.

Es traf sich, daß wir gestern abend, unmittelbar nachdem ich Deinen Brief bekommen hatte, mit Rudolf Hirsch zu Nacht aßen; er fährt heute nach Wien, wird das ganze Material mitnehmen und sich sofort mit Dir ins Benehmen setzen. Nur für den Fall, daß es aus irgendeinem Grund nicht klappen, etwa daß er Dich zu Hause nicht antreffen sollte, seine Adresse: Hotel König von Ungarn. Am Ende bist Du heute abend auch in der Frau ohne Schatten und triffst ihn dort. Er bleibt bis Samstag in

Wien. Die Minna Alth hatte ihn, übrigens auch mich, nicht erreicht; Dein voriger Brief kam mir durch Michaela [von Alth] zu.

Mein Strauss ist fertig geworden, und ich hoffe nun doch: gelungen. Es war unendlich schwierig, und mit mehr Anstrengung verbunden, die Sache zu bewältigen, als meiner Kräfteökonomie wohl recht zuträglich war. Ich bin jetzt wieder zu dem großen Buch zurückgekehrt, aber der ganz unmittelbare Angstdruck, unter dem ich stehe, macht die Arbeit daran nicht gerade zu einem Vergnügen. Doch ich will Dich mit diesen Querelen nicht langweilen und Dir lieber noch einmal sagen, wie glücklich ich über Deinen Brief war, und wie unendlich viel Du mir bedeutest.

Alles Liebe, auch von Gretel,

immer Dein

Teddie

Typoskript, Sammlung Tobisch; gedruckter Briefkopf: Adorno/Kettenhofweg.

Rudolf Hirsch … wird das ganze Material mitnehmen: Siehe Anmerkung und Brief 1, 2, 3, 23, 25, 27, 34.

„Frau ohne Schatten“, Oper von Richard Strauss, Dichtung von Hugo von Hofmannsthal.

Mein Strauss ist fertig geworden: „Richard Strauss", in: Neue Rundschau 75/1964, Heft 4, S. 557-587, jetzt in GS 16, S. 565-606.

jetzt wieder zu dem großen Buch zurückgekehrt: „Negative Dialektik“, GS 6

36 Tobisch an Adorno

Wien, 21. Juni 64

Liebster Teddie,

endlich also kam Nachricht von Dir; aber sie hat mich nicht recht froh gestimmt, weil ich Deine apollinische Heiterkeit in ihr vermißt habe, die sonst jeder Brief von Dir ausstrahlt. – Ich weiß von Deinen Problemen, wohl Enttäuschungen irgend einer Art, nichts, aber ich weiß, wie groß die Erschütterung sein kann, die sie psychisch wie physisch hervorrufen können. Da stellt sich dann diese merkwürdige Angst ein, die man nicht näher definieren kann, die über allem, was man tut und denkt liegt, die die Arbeit qualvoll und schwer werden läßt und einem den Schlaf unterminiert, die einem endlich die Gesundheit ernsthaft gefährdet u.s.w.: eine Katze, die sich in den Schwanz beißt; sie hört erst auf, sich im Kreis zu drehen, bis man ihr den Kopf abgehaut hat. Bis zu diesem Zeitpunkt ist Arbeit sicherlich noch das beste Mittel zum Überdauern, aber danach, wenn der Katzenkopf amputiert ist, soll man unbedingt auf Erholung fahren und sich gründlich restaurieren! Liebster Teddie, frage unbedingt Deinen Arzt, ob er – für diesen Zweck – Sils Maria für richtig hält! Immerhin liegt es doch fast zweitausend Meter hoch und hab ich vergangenes Jahr mein (leicht angeschlagenes) Herz ganz schön gespürt. Ich habe damals nicht darüber gesprochen, aber mein Hausarzt wollte es mir unbedingt ausreden, nach Sils zu fahren – eben wegen dem Herz. Nun ist Dein Herz wesentlich wichtiger als meines, und drum mußt Du jedenfalls den Doktor fragen!! (Dies ist keine herzliche Aufforderung und Empfehlung, sondern ein Befehl von mir!!!)

Von meinen Sommerplänen kann ich Dir nur Beiläufiges sagen: Ich bin bis 12. Juli in Wien wegen Filmarbeit und fahre am 13. mit einer Kollegin nach Jugoslawien in eine Art „Sanatorium", angeblich ganz ruhig, völlig in der Einschicht und sehr gut geführt, direkt am Meer und außerdem sehr billig. Na, wir werden sehen, obs wahr ist! Laß mich aber unbedingt wissen, wo Ihr seid! Es ist durchaus möglich, daß ich beim Heimfahren vorbeikomme – auf ein, zwei Tage, nur um Euch endlich wiederzusehen! – Du schreibst gar nicht, wie es Gretel geht! Ich denke sehr oft an Euch! Sag ihr, daß mein Ring mit der schwarzen Perle den Namen „Gretel-Ring" hat und er mir viel lieber geworden ist, seit ich weiß, daß er ihr so gut gefallen hat! (Sicherheitshalber: Er gehört ihr, wenn ich mich mit dem Auto derstöß; Testament liegt beim Anwalt.)

Dr. Hirsch war inzwischen hier, und es war ja nicht unkomisch, daß er gerade die ersehnten Trakl-Briefe in Frankfurt vergessen hatte! Vor ein paar Tagen ist diese Post doch endlich wieder in Wien gelandet, und ich danke Dir sehr für Deine Bemühungen in dieser Sache! Schade ist nur, daß Hirsch sich nicht recht zur Edition entschließen kann – doch versprach er mir, sich wieder zu melden und machte ein paar Vorschläge, die durchaus möglich wären. Erinnere ihn bitte ab und zu an mich, wenn Du ihn zu Gesicht bekommst!

Für heute muß ich Schluß machen!

Alles Liebe

Deine Lotte

Typoskript, Sammlung Tobisch; gedruckter Briefkopf: Tobisch/Opernring.

Filmarbeit: Siehe Anmerkung zu Brief 27.

wenn ich mich mit dem Auto derstöß: wenn ich mit dem Auto tödlich verunfalle

Dr. Hirsch war inzwischen hier: Siehe Anmerkung und Brief 1, 2, 3, 23, 25, 27, 34, 35.

37 Adorno an Tobisch

Frankfurt, 26. Juni 1964

Liebste Lotte,

tausend Dank für Deinen Brief.

Meinem blödsinnigen Herzen geht es besser, jedenfalls hat es sich bis gestern früh, als ich beim Arzt war, so dargestellt, freilich hatte ich gestern abend, nach meinem philosophischen Hauptseminar, ohne jede ersichtliche Veranlassung, heftiges Herzklopfen, und auch wieder Schmerzen – ich unterstelle ohne weiteres die Möglichkeit, daß das Ganze neurotisch ist, aber weiß andererseits auch, wie leicht gerade Herzneurosen sich in ernste physische Schäden umsetzen können – ein Freund von mir in Los Angeles ist an eben so einer Umsetzung gestorben. Kurz, ich bin alles eher als munter, auch verängstigt, freilich indirekt, nämlich weil ich weiß, was solche Beschwerden anmelden können, nicht weil sie selbst bis jetzt unerträglich und bedenklich wären. Von ganzem Herzen bitte ich Dich zu entschuldigen, daß ich Dich mit solchem unwürdigen Zeug überhaupt befasse. Aber gerade daß ich mich selber mit so etwas befassen muß und nicht so unbeschränkt Herr meiner Kräfte bin, wie ich es gewohnt bin, gibt dem Ganzen sein Widerwärtiges. Sonderbar nur, wie wenig meine Produktivität offenbar davon berührt wird. Der Strauss scheint, nach dem Urteil der mir Maßgebendsten, wirklich sehr gut gelungen zu sein, und ich habe danach sogleich etwas zustande gebracht, woran ich große Freude hatte, das Nachwort zu einer Auswahl von Mahler-Liedern, die ich für die Insel-Bücherei gemacht habe, und in der ich so allerhand nachholte, was in dem Mahlerbuch nicht steht.

Erschreckt hat mich, daß Du sagst, daß auch Du Dein Herz fühltest. Da bist Du doch nun weiß Gott zu jung dazu, jedenfalls wenn vom Herzen im nicht übertragenen Sinn die Rede ist. Und, die Wahrheit zu sagen, Deine Mitteilung trifft mich auch in meinem Egoismus, wegen des Problems, das sie, für Dich, mit Rücksicht auf Sils Maria involviert (daß ich wieder hingehe, dagegen hat mein Arzt, mit dem ich es mehrfach besprach, nicht die mindesten Bedenken). Das einzige, was ich dazu sagen kann, ist, daß mein Freund Horkheimer, den Du ja auch kennst, und der seit Jahrzehnten an Herzgeschichten laboriert, immer quicklebendig und kerngesund ist, wenn er bei uns oben in Sils ist. Ich wiege mich in der Hoffnung, daß es bei Dir ebenso ist. Obwohl ich jetzt schon enttäuscht, neidisch, geizig, eifersüchtig, ehrgeizig (meine Stiefschwiegermutter pflegte all diese Worte synonym zu gebrauchen) bin, wenn Du nur für ein paar Tage kommen solltest. Mach es doch auf ein bißchen länger möglich. Wir sind von Ende Juli, den ganzen August, und die ersten Septembertage dort. Am 7. September soll ich in Salzburg sein und dort auf dem Hegelkongreß das Hauptreferat halten. Ich bin freilich dabei, es abzublasen – würde aber sofort diesen Beschluß revidieren, wenn ich sicher wüßte, daß wir uns dann in Salzburg treffen könnten; dann gewönne alles einen total anderen Aspekt. Also, sei so generös wie Du bist, und spare nicht an unserer gemeinsamen Zeit. *Bitte sei fesch und antworte rasch!*

Darf ich Dich überdies noch mit einer Bitte, oder Frage, belästigen? Ich habe eine Einladung des Dr. [Wolfgang] Kraus von der Österreichischen Gesellschaft für Literatur bekommen, bei ihnen in Wien zu sprechen. Es würde mich, im Oktober, außerordentlich locken. Aber die eine Veranstaltung, die man mir bietet, ist einfach finanziell zu wenig, obwohl sie die Flugkosten zahlen wollen. Meinst Du nicht, daß wir, Du und ich, etwas zusammen im Fernsehen machen könnten? Das wäre doch, von allem anderen abgesehen, auch ein Hauptspaß. Etwa über das Thema „Ein Reichsdeutscher in Wien". Oder, wenn das gar zu unseriös klingen sollte (und mir ist sehr unseriös bei dem Ganzen zumute, im schönsten Sinne des Wortes), „Zum Verhältnis österreichischer und deutscher Kultur heute". Oder vielleicht fällt Dir selber noch etwas Schönes ein. Jedenfalls, wenn so etwas zustande käme, fände ich es herrlich.

Den Rudolf [Hirsch] sehe ich am Dienstag abend, und werde noch einmal mit ihm über die Publikationsangelegenheit sprechen. Wir stehen außerordentlich nahe miteinander. Im Laufe der letzten Jahre ist er wirklich zu einem meiner allerengsten Freunde geworden. Nicht zuletzt verdanke ich ihm ständige Ermutigung bei der Straussarbeit, bei der ich manchmal in Versuchung war, die Flinte ins Korn zu werfen. Vielleicht kann ich doch noch erreichen, daß die literarischen Pläne zwischen Euch sich realisieren.

Heute abend ist, mit ein paar Leuten, der Michael Gielen bei uns zum Nachtmahl. Die Ohren werden Dir klingen.

Das Gretelchen grüßt Dich inniglich und ist stolz wegen des Rings.

Ich aber umarme Dich sehr, wirklich schon sehr, und küsse Dich als ganz Dein

Teddie

Typoskript, Sammlung Tobisch; gedruckter Briefkopf: Adorno/Kettenhofweg.

Meinem blödsinnigen Herzen geht es besser: Siehe Brief 35.

Der Strauss scheint … sehr gut gelungen zu sein: Siehe Anmerkung zu Brief 35.

Nachwort zu einer Auswahl von Mahler-Liedern … für die Insel-Bücherei: In den „Impromptus" von 1968 gibt es den Text „Zu einer imaginären Auswahl von Liedern Gustav Mahlers", der dort mit 1964 und als unpubliziert ausgewiesen wird. Jetzt in GS 17, S. 189-197.

mein Freund Horkheimer: Siehe BPV

Am 7. September … auf dem Hegelkongreß das Hauptreferat halten: An Wolfgang Kraus schrieb Adorno in dieser Sache am 22. Juli 1964: „Ich habe im übrigen, da ich in einem ungemein angegriffenen Zustand bin, meinen Salzburger Vortrag über Musik und dialektische Logik absagen müssen – ich konnte es einfach nicht mehr schaffen, und möchte vor allem auch nicht unmittelbar nach meinen Ferien im Hochgebirge mich in einen solchen Strudel stürzen".

Einladung des Dr. Kraus von der Österreichischen Gesellschaft für Literatur: Siehe Kraus, BPV.

Den Rudolf sehe ich am Dienstag: Tobisch war mit Rudolf Hirsch wegen der Briefwechsel Buschbeck-Däubler und Buschbeck-Trakl seit 1962 in Kontakt (siehe Anmerkung und Brief 1, 2, 3, 23, 25, 27, 34, 35, 36).

Ermutigung bei der Straussarbeit: Siehe Anmerkung zu Brief 35.

37A Adorno an Tobisch

[Frankfurt,] 2. Juli 1964

Liebste Lotte,

da es ja nun doch so aussieht, als ob Karajan im Ernst ginge – he overplayed his hand, wie man in England sagen würde –, so wird die Frage nach seiner Nachfolge akut. Vielleicht ist es nicht zu frech von mir, wenn ich den Namen meines Freundes Solti in die Debatte werfe. Er hat ja gerade jetzt in Wien, soviel ich weiß mit sehr großem Erfolg, dirigiert, und Hilbert wird ihn gewiß gut kennen. Es ist aber möglich, daß er nicht übersieht, daß Solti, trotz Covent Garden und Amerika, gern nach Wien käme – die Hofoper [Staatsoper] hat eben doch einen anderen Nimbus. Ich habe jedenfalls allen Grund anzunehmen, daß er mit Begeisterung käme, obwohl man für einen Kapellmeister nie die Hand ins Feuer legen kann. Ich halte ihn wirklich für allerersten Ranges, einen außerordentlichen Musiker, einen höchst erfahrenen Dirigenten, und vor allem einen Menschen, dem die reine Darstellung der Sache wichtiger ist als alles andere. Wenn du meinst, daß das einen Sinn hat, und dem Hilbert diese meine Ansicht kommunizieren wolltest, so wäre ich froh, ohne Dich natürlich zu einer Aktivität verleiten zu wollen, die Du als aussichtslos beurteilst. Wenn Du es für geraten hältst, will ich natürlich auch gern selbst an Hilbert schreiben.

Schreibe doch bitte bald wegen Deiner Pläne – ich möchte, soweit es nur irgend möglich, meine Dispositionen auf die Deinen abstimmen.

Sei geküßt von

Deinem
[Teddie]

Typoskript-Durchschlag (ohne Unterschrift), Theodor W. Adorno Archiv.

so aussieht, als ob Karajan im Ernst ginge: Siehe Karajan, BPV, und Brief 33.

38 Tobisch an Adorno

Wien, 4. Juli 1964

Liebster Teddie!

Wenn nicht die Welt untergeht bis dahin, werde ich am 7. und 8. September in Salzburg sein (freilich nur wenn Du dort zu finden bist!); außerdem: Sage der Gesellschaft für Literatur unbedingt zu; das mit dem Fernsehen wird in irgend einer Form jedenfalls möglich sein. Für Interviews haben sie dort einen Spezialmann – außerdem zahlen sie dem Interviewten so gut wie nichts –, aber ich werde was anderes organisieren, ein Gespräch mit Heer oder Fiechtner oder irgend etwas dergleichen, darüber muß ich noch nachdenken. Mit dem Fernsehen hab ich jedenfalls Kontakt aufgenommen und sobald Du ein definitives Datum schreibst, wird ein Termin reserviert. (Mit „verbindenden Worten“ werde ich mich, wenn Du es gerne möchtest, bei der Sache „einbauen“ lassen!). Ferner: Die neugegründete „Gesellschaft für Musik“ möchte Dich gerne einladen, einen musikalischen Vortrag bei ihr zu halten und hab ich denen gesagt, daß sie sich gleich mit Dir in Verbindung setzen sollen: Vielleicht lassen sich beide Vorträge an aufeinanderfolgenden Tagen placieren. Du hast doch sicherlich für solche Zwecke Material genug vorrätig, so daß Dir wenig Mühe daraus erwächst und die „Gesamtgage“ erhöht wird!

Heute abends bin ich mit Hilbert verabredet und werde ihm Deinen Vorschlag bezüglich Solti gleich unterbreiten. Er hat mit verschiedenen Leuten Kontakt aufgenommen und wird sicherlich für Deine Anregung dankbar sein, zumal der Meister Karajan jetzt die „Politik der verbrannten Erde“ verfolgt und alle Verbindungen, die Hilbert aufnimmt, auf übelste Weise torpediert. Ja, ja: Verlieren-können ist halt schwer – aber, wie Du richtig schreibst, he overplayed his hand – und so muß man – leider – für eine Zeitlang auf ihn verzichten.

Liebster Teddie: Für heute Schluß; gib acht auf Dein Herzerl und erhol Dich gut! – Ich bin noch kurze Zeit hier und fahre dann nach Jugoslawien. Über die Wiener Adresse bin ich immer zu erreichen, meine Nachbarin weiß stets, wo ich mich herumtreibe! Wenns Gott gibt, schau ich beim Rückweg in Sils-Maria vorbei, ansonsten also in Salzburg „auf Wiedersehen“!

Gruß Gretel herzlichst!

Deine alte

Lotte

Typoskript, Sammlung Tobisch; gedruckter Briefkopf: Tobisch/Opernring.

werde ich am 7. und 8. September in Salzburg sein: Siehe Anmerkung und Brief 39.

Sage der Gesellschaft für Literatur unbedingt zu: Siehe Brief 37.

Für Interviews haben sie dort einen Spezialmann: Siehe Hansen-Löve, BPV.

Die neugegründete „Gesellschaft für Musik" möchte Dich gerne einladen: Die Gesellschaft für Musik, eine von ministerieller Seite initiierte Einrichtung, wurde 1964, analog zur Gesellschaft für Literatur, die seit 1961 bestand, gegründet.

mit Hilbert verabredet und werde ihm Deinen Vorschlag bezüglich Solti gleich unterbreiten: Siehe Brief 37 A, vgl. Brief 24.

zumal der Meister Karajan jetzt die „Politik der verbrannten Erde" verfolgt: Zum Verhältnis Hilbert/ Karajan siehe Karajan, BPV, sowie Anmerkung und Brief 23, 24, 33.

und so muß man – leider – für eine Zeitlang auf ihn verzichten: Ursprünglich wurde Hilbert von Karajan als Kodirektor an die Staatsoper geholt, „weil jeder gesagt hat: Das ist der Retter in dieser [Krisen-] Situation". Am Ende der kurzen gemeinsamen Doppeldirektion meinte Karajan, dass es ihm nicht zustehe, „den Kopf von Herrn Hilbert" zu verlangen. Er habe nur gesagt, so Karajan retrospektiv: „Ich dirigiere nicht in einem Theater, für dessen Führung Herr Hilbert künstlerisch verantwortlich ist." (Haeusserman, S. 227 f.)

39 Adorno an Tobisch

Frankfurt, 24. Juli 1964

Liebste Lotte,

verzeih, daß ich erst heute schreibe. Die letzten Wochen waren wahrhaft grauslig; während es mir gesundheitlich etwas besser ging – das letzte Kardiogramm schien jedenfalls freundlicher, und ich habe auch weniger Schmerzen –, hatte ich in der Universität ein Maß an Ärger, das es mit jedem Burgtheater aufnimmt. Nur daß im Theater die Intrige ja Institution, gleichsam offiziell und deshalb nicht so giftig ist wie bei der Universität, wo ein Mäntelchen von Aufrichtigkeit und Berufsethos alles noch tausendmal bösartiger und schlimmer macht.

Salzburg mußte ich absagen. Nicht nur deshalb, weil ich meinen sehr verantwortungsvollen Vortrag einfach nicht mehr zustande brachte, sondern weil die Vorstellung, direkt von Sils Maria mich wieder in einen solchen Betrieb zu stürzen und mich von den Studenten bedrängen und ausbeuten zu lassen, mir einfach unerträglich war. Ich halte sonst einmal eingegangene Verpflichtungen peinlich streng inne – diesmal ging es wirklich nicht. Weder darum noch um das Wutgeheul, das sich deshalb bei den Einladenden erhoben hat, ist es mir leid; einzig, daß wir uns in Salzburg nicht treffen, ist bitter. Sehr bitter. Und um so dringender möchte ich meine Bitte wiederholen, ob Du nicht doch nach Sils kommen kannst, und ein bißchen länger bleiben als das letzte Mal. Diese Bitte ist leise getrübt von schlechtem Gewissen, nachdem Du mir schriebst, daß die Höhenlage für Dein Herz einige Probleme hat; nur die Erfahrung, daß meinem Freund [Max] Horkheimer, der seit langem mit dem Herzen zu tun hat, jeder Besuch oben gerade großartig bekam, dient mir als Rationalisierung für das, was ein egoistischer, aber passionierter Wunsch ist. Und ich denke, das ist genau die Zone des Egoismus, die Vergebung verdient.

Wegen meiner Wiener Pläne – wie nicht, wirst Du sagen – hat es wieder einen Palawatsch gegeben. Die Termine, die mir die Musikalische und die Literarische Gesellschaft vorgeschlagen hatten, waren zu spät und kollidierten mit akademischen Verpflichtungen; Ende Oktober, mein Vorschlag, scheint aber jenen aus irgendwelchen Gründen nicht zu passen. Dadurch ist das Projekt gefährdet, es sei denn, daß wir im Rahmen von Rundfunk und Fernsehen, vielleicht auch unter Mithilfe der Akademie, ein anderes Arrangement treffen können. Ich möchte Dich nicht belasten mit den Anstrengungen deshalb, und Dir nur sagen, daß der einzige, aber auch wirklich einzige Grund, warum mir an dem Plan soviel liegt, daß ich Dich überhaupt damit belaste, der ist, daß ich mit Dir zusammen sein will. Einfach als Tourist nach Wien zu fahren, ist mir so wenig angenehm wie etwa in der gleichen Situation in Paris aufzutauchen, und auch dafür wirst Du wohl Verständnis haben.

Mehrfach bin ich hier mit dem Michael Gielen zusammen gewesen. Es war besonders nett, und ich finde, daß er sich in jeder Weise sehr entwickelt hat. Auch kompositorisch, soweit ich das nach bloßer Durchsicht einer ungemein komplizierten Partitur sagen kann. Das letzte Mal waren wir mit dem Ligeti zusammen, einem überaus angenehmen Mann, und einem der begabtesten unter den jüngeren Komponisten, sicherlich dem sensibelsten.

Hoffentlich hast Du Spaß in Jugoslawien. Am liebsten möchte ich Dir so mütterliche Verhaltensmaßregeln auf den Weg geben wie, daß Du kein rohes Obst und keinen Salat essen und kein Quellwasser trinken sollst. Das ist natürlich völlig läppisch, da Du all diese Dinge wahrscheinlich besser weißt als ich, aber ich schreibe es Dir trotzdem, weil es Dir vielleicht zeigt, durch wieviele Schichten hindurch das reicht, was ich für Dich empfinde.

Vom 31. Juli an also sind wir oben im Waldhaus in Sils, und ich wäre überglücklich über ein Wort von Dir.

Sei sehr, aber schon wirklich sehr umarmt von

Deinem

Teddie

Typoskript, Sammlung Tobisch; gedruckter Briefkopf: Adorno/Kettenhofweg.

das letzte Kardiogramm: Siehe Brief 35, 37.

Salzburg mußte ich absagen: Siehe Anmerkung und Brief 37.

Die Termine, die mir die Musikalische und die Literarische Gesellschaft: Siehe Brief 37, 38.

Mithilfe der Akademie: Wahrscheinlich ist die Akademie für Musik und darstellende Kunst gemeint, da Adorno sie in einem Brief an Wolfgang Kraus vom 26. Juni erwähnt.

mit dem Michael Gielen zusammen gewesen: Siehe Michael Gielen, BPV.

mit dem Ligeti zusammen: Siehe Ligeti, BPV.

40 Tobisch an Adorno

Herrn
Prof. Dr.
T.W. Adorno
Kettenhofweg 123
Frankfurt/Main
D.B.R

24.VII 64

Liebster Teddie!

Hast Du meinen Brief aus Wien noch – bekommen? – Ich erwarte sehr Antwort von Dir wegen September?!

Hier ist es herrlich! (Vor allen natürlich das Meer!) –

Hat sich Hilbert mit Dir in Verbindung gesetzt? – Hoffentlich! – Ich hause hier gewissermaßen „am Ende der Welt“ und bin ihr also „abhanden gekommen“! Alles Liebe für heute!

Deine Lotte

Ansichtskarte, handschriftlich, Sammlung Tobisch. – Die s/w Fotografie auf der Vorderseite wird auf der Kartenrückseite als Aufnahme von „Piran“, einem Küstenort auf Istrien am Golf von Triest, ausgewiesen. Sie zeigt ausschnittsweise eine Häuserfront, dahinter einen hohen Turm. Den Platz davor dominiert ein Denkmal, eine auf einem etwa drei bis vier Meter hohem Postament stehende männliche Statue. Tobisch schrieb am oberen Rand der Abbildung die Worte: „Das ist der Tardini! Ist er nicht reizend?“ Ein von ihr angebrachter Pfeil zielt auf den Kopf der Statue.

Hat sich Hilbert mit Dir in Verbindung gesetzt? Siehe Anmerkung und Brief 24.

41 Adorno an Tobisch

bitte nachsenden

Lotte Baronin Tobisch von Labotyn
Wien I
Opernring 8

Sils-Maria, 6. August 1964

Liebste Lotte, tausend Dank für die Karte, leider ohne Adresse, hoffentlich wird dir die meine nachgesandt. Denn: ich habe Salzburg abgesagt – bin zu kaputt, um den Trubel auszuhalten und vorher noch das höchst anspruchsvolle Referat zu schreiben. Umso dringender meine Sehnsucht, daß du hierher kommst; ich bitte dich von ganzem Herzen. Sei süß und schreibe rasch ein Wort. Laß es dir gut gehen – ich tu alles um ein erträglicher Geselle zu sein, wenn du kommst.

Sei sehr umarmt von deinem Teddie

Ansichtskarte, handschriftlich, Sammlung Tobisch. – Die s/w Fotografie auf der Vorderseite wird auf der Kartenrückseite mit dem Aufdruck ausgewiesen: „Ober-Engadin / Der Gipfel des Piz Corvatsch (3456 m)“. Der letzte Satz ist vertikal am linken Kartenrand notiert.

ich habe Salzburg abgesagt: Siehe Brief 37, 39.

42 Adorno an Tobisch

LOTTE BARONIN TOBISCH
OPERNRING 8 WIEN

[Poststempel] 21.8.64 SILS SEGL MARIA

BESORGT OHNE NACHRICHT MUSSTE SALZBURG ABSAGEN BITTE DRAHTE NOCH OB UND WANN DU KOMMST ALLES ERDENKLICH LIEBE = TEDDIE

Telegramm, Sammlung Tobisch.

musste Salzburg absagen: Siehe Brief 37, 39.

43 Tobisch an Adorno

Wien, 23. August 1964

Liebster Teddie!

Eigentlich wollte ich heute bei Euch sein – aber vorgestern bekam ich einen dringenden Anruf, sofort nach Wien zu kommen, weil bei meinem letzten Fernsehen der Tonmeister ein Esel war und das ganze nachsynchronisiert werden muß. So bin ich auf raschestem Weg nachhause gefahren und heute früh hier angelangt, wo ich Deine Karte und Dein Telegramm vorfand; es ist schon ein Jammer! Wie leid es mir tut, daß nun auch Salzburg endgültig ins Wasser fällt, kann ich Dir gar nicht sagen! Aber ich geb die Hoffnung nicht auf, daß wenigstens ein Arrangement mit der Gesellschaft für Musik zustande kommt und mit dem Fernsehen; in den nächsten Tagen kommen alle Leute zurück und wird es dann leichter sein, Termine zu koordinieren. Schade, daß Du mit der Gesellschaft für Literatur nicht auf gleich kommen konntest! Bitte schreibe mir, w a n n von Dir aus ein Termin möglich wäre, ich würde mich dann doch noch mit dem Dr. [Wolfgang] Kraus darüber unterhalten: Schließlich soll er froh sein, wenn er Dich überhaupt kriegt und eben schaun, daß er einen Termin frei bekommt!

Von mir kann ich Dir wenig berichten: Deinen lieben Brief mit den weisen Ratschlägen hab ich in Jugoslawien bekommen und alles befolgt. Es war recht schön unten, aber die Armut ist bedrückend und überhaupt: Nirgends eine Spur der Fröhlichkeit, die man sonst, selbst in den ärmsten Gegenden des Südens, doch überall spürt. Wenn man diesen armen Teufeln auch noch den lieben Gott wegnimmt, bleibt eben nicht viel mehr als eine hoffnungslose Trostlosigkeit übrig. Aber das Meer war schön, und gewohnt hab ich auch recht ordentlich, ganz in der Einschicht, sehr ruhig also und soweit bequem.

Und Dir, wie geht's, was macht das Herz? Du schreibst nie, wie Gretel beisammen ist, obs ihr gut geht? Bitte laß bald von Dir hören! Ich bleib jetzt in Wien, morgen beginne ich zu synchronisieren, und dann geht das Theater ja wieder bald los und Mitte September hab ich wieder eine Fernseherei und anschließend eine Grammophonsache – Du siehst also: Ein Vergnügen jagt das andere!

Hat Dich der närrische Hilbert angerufen? Er wollte es tun, aber bei seiner Schusselei weiß man ja nie, ob ers auch wirklich macht! Liebster Teddie, erhol Dich noch gut und bitte laß mich bald Deine neuesten Pläne wissen!

Viele herzliche Grüße an Gretel und sei Du

sehr umarmt von Deiner uralten

Lotte

Typoskript, Sammlung Tobisch; gedruckter Briefkopf: Tobisch/Opernring.

bei meinem letzten Fernsehen: Es dürfte sich um eines der vielen Kindermärchen gehandelt haben (siehe Brief 49).

Arrangement mit der Gesellschaft für Musik zustande kommt: Siehe Brief 38, 39.

mit der Gesellschaft für Literatur nicht auf gleich: Siehe Brief 39.

Deinen lieben Brief mit den weisen Ratschlägen: Siehe Brief 39.

dann geht das Theater ja wieder bald los: Tobisch spielte im Akademietheater seit 11. Jänner1964 in Lernet-Holenias „Glastüren" die Patricia. In Josef Meinrads Akademietheater-Inszenierung von Hermann Bahrs „Konzert" trat auch Tobisch als Frau Dr. Kann auf.

Hat Dich der närrische Hilbert angerufen? Siehe Anmerkung und Brief 24, 38.

44 Adorno an Tobisch

Österreich

Lotte
Baronin Tobisch von Labotyn
Wien I
Opernring 8

Sils-Maria Waldhaus 30.VIII.64

Liebste Lotte, tausend Dank, Dein Brief hat mich sehr glücklich gemacht trotz der Enttäuschung, daß Du nicht kommst. Dafür werde ich, etwa vom 20. Oktober an, in Wien sein; 23. Literarische, 26. Musikalische Gesellschaft, wahrer Grund: Lotte. Was Du für uns beide, Dich und mich, in Radio und Fernsehen arrangierst, wär herrlich. Wir sind noch eine Woche hier, sei süss und schreib noch ein Wort. Gretel und mir geht's viel besser. Sei überaus umarmt von Deinem Teddie.

Ich bin arg traurig, daß Du nicht kommen konntest. [ein Wort unlesbar]
[ein Satz: sechs Worte unlesbar]
Stets Deine Gretel

Ansichtskarte, handschriftlich, Sammlung Tobisch. – Die s/w Fotografie auf der Vorderseite wird auf der Kartenrückseite mit dem Aufdruck ausgewiesen: „OBER-ENGADIN / Blick von der Fuorcla Surley gegen Bernina, Scersen u[nd?] [Teil des Namens weggelocht] seg". Die letzten drei Zeilen von Gretel Adorno sind verkehrt am oberen Rand geschrieben.

23. Literarische, 26. Musikalische Gesellschaft: Am 23. Oktober hielt Adorno den Vortrag „Jargon der Eigentlichkeit" im Redoutensaal der Wiener Hofburg, am 26. Oktober las er „Über einige Schwierigkeiten des Komponierens heute".

45 Tobisch an Adorno

PROF. DR. THEODOR ADORNO
KETTENHOFWEG 123 FRANKFURTMAIN

WIEN *11.09.64*

BIN HEUTE MIT SEHR HERZLICHEN GEDANKEN BEI DIR UND FREUE MICH SCHON SEHR AUF WIEDERSEHEN ALLES LIEBE = VON DEINER LOTTE

Telegramm, Sammlung Tobisch.

46 Adorno an Tobisch

Frankfurt, 15. September 1964

Liebste Lotte,

tausend Dank für Dein Telegramm. Um Dir einen Blick in mein schwarzes Herz zu gestatten: Ich hatte an etwas so Trauriges wie den Tod von Müthel die leise Hoffnung geknüpft, Du möchtest dazu hierher kommen – aber offenbar ist es nichts geworden, denn sonst hättest Du Dich doch gemeldet, n'est-ce pas?

Aus Sils sind wir ganz gut erholt, in wirklich merklich besserem Zustand, zurückgekommen, und ich benutze diesen Zustand zu dem Versuch, einen außerordentlich verantwortlichen Text unter Dach und Fach zu bringen. Da das Semester erst im November wieder ausbricht, habe ich mich sonst nur um das Institut zu kümmern, und dadurch ist alles etwas gemütlicher.

Am Sonntag, in dem übrigens bezaubernden und überaus sehenswerten Film von de Sica „Gestern, heute und morgen", überfiel mich in der letzten Episode ganz plötzlich, unvorbereitet, Deine Ähnlichkeit mit der Loren. Ich weiß nicht, ob man Dir das schon einmal gesagt hat, es liegt gar nicht obenauf, hat nicht das mindeste mit „Typ" zu tun – Gott sei Dank bist Du ja keiner –, sondern liegt in einer viel tieferen, gestisch-physiognomischen Schicht, die ich kaum recht präzisieren könnte. Aber ich war in den Augenblicken der Entdeckung sehr glücklich.

Meine Wiener Termine sind einstweilen: 23. Oktober literarische, 26. musikalische Gesellschaft. Bitte laß mich doch wissen, wie es mit Fernsehen und Radio steht, vor allem, ob wir, Du und ich, irgend etwas gemeinsam machen können, etwa Wiener Impressionen eines Reichsdeutschen, wobei wir uns im Fernsehen so ein bißchen über Wien unterhalten könnten. *Wäre herrlich!*

Unterdessen hörte ich in St. Moritz einen Bachabend unter Herrn von Karajan, der doch sehr enthüllend war. Darüber mündlich. Wenn jetzt es sich in der Öffentlichkeit so darstellt, als ob eine engstirnige Bürokratie einer Art Ära Mahler das Ende bereitet hätte, so ist das höchst verlogen. Bei allen Qualitäten, die ich am letzten überhöre, ist eben doch Karajan der Inbegriff jenes Musikbetriebs, den ich für das Gegenteil von Musik halte, und zwar nicht nur seinem außermusikalischen Gehabe nach, sondern bis in die innerste Zelle der Sache selbst hinein. Vielleicht ist das für Hilbert ein Trost, wenn auch, angesichts der verlogen-ethischen Campagne gegen ihn, nur ein geringer. Gehört habe ich nichts von ihm.

Sei Du aber so lieb und schreibe recht bald ein paar Zeilen, ich dürste danach.

Sei sehr umarmt von Deinem

Teddie

Typoskript, Sammlung Tobisch; gedruckter Briefkopf: Adorno/Kettenhofweg.

Tod von Müthel: Siehe Müthel, BPV.

um das Institut zu kümmern: Seit 1958 war Adorno Direktor des Instituts für Sozialforschung in Frankfurt am Main

dem übrigens bezaubernden und überaus sehenswerten Film von de Sica: „Gestern, heute und morgen" enthält drei Episoden. „Gestern" beispielsweise erzählt die Geschichte von Adelina aus Neapel, die schwarz mit Zigaretten handelt. Ihrer Schulden wegen soll sie verhaftet werden. Da sie aber schwanger ist, muss davon Abstand genommen werden. Nach der Entbindung steht der Gerichtsvollzieher erneut vor der Tür. Auch diesmal kann sie ihn abwehren – sie ist schon wieder guter Hoffnung. So soll es weitergehen, bis ihr Mann ... – Inhaltlich verbindet die drei Episoden wenig, das Verbindende sind die beiden Hauptdarsteller Sophia Loren und Marcello Mastroianni. 1964 erhielt der Film den Oscar als „bester Auslandsfilm".

Meine Wiener Termine: Siehe Anmerkung Brief 44.

als ob eine engstirnige Bürokratie einer Art Ära Mahler das Ende bereitet hätte: Adornos Formulierung meint wohl: Als ob Hilbert ein engstirniger Bürokrat gewesen wäre und Karajans Wirken eine Art Ära Mahler auferstehen hätte lassen, die von Hilbert beendet worden wäre.

verlogen-ethischen Campagne gegen ihn: In der Boulevard-Presse wurden Egon Hilberts „zwei Frauen" skandalisiert. Das kam so: Hilbert war von 1938 bis 1945 im KZ Dachau und musste dort grausame Behandlungen über sich ergehen lassen. Eine gewisse Erleichterung bedeutete für ihn, dass er von der Leiterin der KZ-Apotheke für Arbeiten, die in ihrem Einflussbereich anfielen, herangezogen wurde. Nach dem Krieg heiratete er diese Apothekerin, die durch ihre Tätigkeit während der NS-Zeit belastet war, standesamtlich. Aus Dankbarkeit, aber ohne mit ihr wirklich leben zu wollen. 1963 heiratete Hilbert dann ein zweitesmal, diesmal kirchlich und aus Liebe, im Wiener Stephansdom. Das war möglich, weil er zwar staatlich verheiratet, kirchlich aber noch ledig war. Diese verwickelten Verhältnisse sorgten im konservativen Klima der 60er-Jahre für Aufregung – und Munition im Opernstreit. (Zur weiteren Entwicklung des Falles siehe Anmerkung und Brief 138.)
Es war für Hilbert, der selten über seine KZ-Erfahrungen sprach, charakteristisch, dass die NS-Vergangenheit von Musikern bei Verpflichtungen an die Staatsoper keine Rolle spielte. Sie wurden von ihm sozusagen per Engagement auch „entnazifiziert".

Gehört habe ich nichts von ihm: Wahrscheinlich meint Adorno, dass Hilbert sich noch nicht über sein ihm vorgeschlagenes Lulu-Projekt geäußert hätte. Siehe Anmerkung und Brief 24, 38.

47 Adorno an Tobisch

LOTTE TOBISCH
OPERNRING 8/14 WIEN/1

[Poststempel] 07.10.64 FRANKFURTMAIN

MOECHTE AM 17. OKTOBER NACH WIEN FLIEGEN UND BIS 27. BLEIBEN VORTRAEGE BIS JETZT 23. UND 26. ABENDS BITTE SEI SO LIEB UND DRAHTE OB

DU DA BIST UND ETWAS FUER UNS IM RADIO ODER FERNSEHEN ARRANGIERT HA[S]T UMARMUNG = TEDDIE

Telegramm, Sammlung Tobisch.

Vortraege bis jetzt 23. und 26. abends: Siehe Anmerkung zu Brief 44.

48 Tobisch an Adorno

PROF ADORNO
KETTENHOFWEG 123 FRANKFURTMAIN

WIEN *8.10.64*

VERZEIH MEIN SCHWEIGEN BIN IN SCHWERER ARBEIT STOP FERNSEHGESPRAECH MIT HEER ARRANGIERT FREUE MICH UNGEHEUER AUF DEIN KOMMEN HERZLICHST = LOTTE

Telegramm, Sammlung Tobisch.

Fernsehgespraech mit Heer arrangiert: Siehe dazu Brief 37, 38, 49, 55, 62, 63.

49 Tobisch an Adorno

Wien, 10. X. 64

Liebster Teddie!

Mit Recht! Mit Recht bist Du wohl schon schwer vergrämt darüber, daß ich überhaupt nicht geschrieben habe! Um Dir kurz zu sagen weshalb: im Fernsehen ein Kindermärchen, allabendlich, durch vielfache Erkrankungen bedingt, im Burgtheater zu tun, außerdem noch einen Berg Arbeit als Betriebsrätin (recht geschieht mir!) im Theater, weil sich Kortner grausig aufführt und dann – zu allem Überfluß – den

Auftrag, ein Feuilleton über Trakl zu schreiben, anläßlich seines 50. Todestages. Morgen abend der erste Abend seit Wochen, an dem ich zuhause sein werde und heute der erste Tag! Nun aber ist der Artikel über Trakl fertig, ebenso das Fernsehmärchen, und jetzt bete ich zu Gott, daß auch noch die Leute gesund werden und, daß ich auf diese Tour endlich Luft bekomme und Zeit für Dich, was das Wichtigste ist! Also: Im Fernsehen ist eine halbe Stunde reserviert für ein Gespräch zwischen Dir, Heer und Dr. Hansen-Löve. (Dies wird auch anständig – für hiesige Begriffe – honoriert!) Ein Gespräch zwischen uns beiden stößt auf Schwierigkeiten, da das nur im Rahmen eines kurzen Interviews möglich ist (da meine Blödheit sich ja in einem gescheiten Gespräch mit Dir all zu sehr offenbaren würde) und diese Art Sendungen für den Interviewten als Reklame aufgefaßt werden und daher nicht, oder fast nicht, bezahlt werden! Aber wir können [es] immer noch machen, wenn Du dazu Lust hast, doch glaube ich, daß es mir wahrscheinlich nicht zukommt, offensichtlich mehr für mich Reklame zu machen durch ein öffentliches Sich-Zeigen mit Dir!

Lieber: Schreib mir gleich, ganz kurz, wann und wo Du hier ankommst! Kommt Gretel mit? Ich würde mich sehr darüber freuen!

Meinen Trakl-Aufsatz schicke ich Dir nicht, denn zum Schluß findest Du ihn derart gräßlich, daß Du mich verstößt!

Für heute alles Liebe und bitte: Schreib umgehend ein paar Zeilen!

Herzlichst Lotte

Typoskript, Sammlung Tobisch; gedruckter Briefkopf: Tobisch/Opernring.

einen Berg Arbeit als Betriebsrätin: Tobisch war zuerst Mitglied, dann stellvertretende Obfrau des künstlerischen Betriebsrates am Burgtheater, obwohl sie aus der Gewerkschaft ausgetreten war. Für diese Tätigkeit gab es damals keine Entschädigung, nur der Obmann war vom Dienst freigestellt.

weil sich Kortner grausig aufführt: Siehe Kortner, BPV.

Auftrag, ein Feuilleton über Trakl zu schreiben: Der Text erschien unter dem Titel „Gesang des Abgeschiedenen“ in der Wiener Zeitschrift Die Furche, Nr. 44/1964.

Im Fernsehen ist eine halbe Stunde reserviert: Siehe dazu Brief 37, 38, 49, 53, 55, 62, 63.

LOTTE TOBISCH OPERNRING 8 WIEN/1
[Poststempel] 13.10.64 FRANKFURTMAIN

EINTREFFE SAMSTAG FLUGHAFEN SCHWECHAT 10.55 UHR WOHNE ERZHERZOG RAINER FAENDE ES DOCH SEHR SCHOEN WENN AUCH DU UND ICH EINE FERNSEHSACHE ZUSAMMEN MACHEN KOENNTEN UMARMUNG = TEDDIE

Telegramm, Sammlung Tobisch.

51 Adorno an Tobisch

Frankfurt, 30. Oktober 1964

Liebste Lotte,

der Flug war genau so, wie Du davon gesprochen hattest: federleicht über den Wolken, schwerelos und mit einem kaum zu beschreibenden Gefühl der Sicherheit. Daß dabei, wie der blödsinnige Wissenschaftsjargon sagt, der subjektive Faktor eine große Rolle spielte, nämlich meine eigene Beglücktheit, muß ich Dir nicht eigens sagen. Wohl aber nochmals Dir danken: für alles. In der Unmittelbarkeit unserer Tage habe ich das ganz gewiß nicht so getan, wie es sich geziemt hätte. Und Deine Selbstverständlichkeit, die es mich vergessen machte, gehört selber zu dem, wofür ich dir zu danken habe. Erst während des Flugs ist mir alles so ganz zum Bewußtsein gekommen: die Art, wie Du, weiß Gott mindestens so sehr eingespannt wie ich, zu jeder Stunde für mich da warst, ohne mich auch nur fühlen zu lassen, daß das einfach technisch nicht leicht gewesen sein kann – und ich bin ja wohl auch ein nicht gerade entspannender Geselle

die symbolischen Handlungen, die Du vollbrachtest, wie an dem Abend, da Du den Fiechtner abgesetzt hattest *und* wieder in dem zu Unrecht Athen genannten Restaurant erschienst; die entzückende Einladung bei Dir oben, und schließlich, daß Du es noch fertig brachtest, mich nach Schwechat zu fahren, wofür ich Dir, glaube ich, uberhaupt nicht richtig gedankt habe. Indem ich es hiermit tue, ist das Allerschönste für mich der Gedanke daran, daß Du vielleicht findest, unsere Beziehung sei so, daß sie zwischen uns beiden des Dankes nicht bedarf; aber so darfst hochstens Du denken, und nicht ich mich danach verhalten. Ich hoffe also nur, von ganzem Herzen, daß wir uns möglichst rasch, und ausgiebig, wiedersehen; am besten irgendwo bei den Wildschweinen, wo kein

Mensch weiß, daß wir Prominente sind, was ohnehin für uns eher eine Demütigung bedeutet.

Hier ist meine große Fakultätssitzung, mit einer für unser Institut vitalen Entscheidung, ganz unerwartet gut gegangen; eher ein bißchen enttäuschend, daß all die Energie, die ich zum Kampf aufgespeichert hatte, gar nicht aktualisiert zu werden brauchte, auch die meines Freundes Max [Horkheimer] nicht, der während des ganzen kritischen Teils nicht einmal sprach, weil es dessen gar nicht bedurfte, um das zu erreichen, was wir wollten. Jetzt muß ich wieder in eine Kommissionssitzung wegen des musikwissenschaftlichen Lehrstuhls, die freilich erheblich weniger angenehm zu werden verspricht. Wenn es Dir ein Trost ist, daß die Fragen der Universitätspolitik ihrem Klima nach durch nichts von der Welt du côté des chez H. sich unterscheiden, dann kann ich Dir diesen Trost spenden; fett wird man nicht davon, aber das sollst Du ja auch nicht.

Sei lieb und schreib ein paar Worte, wie die Dinge bei Dir weitergehen. – Am Montag muß ich ein paar Tage ins Rheinland und Vorträge halten, bin aber heute in acht Tagen schon wieder da, und dann bricht das Semester aus. Ich kann es mir insofern ein bißchen leichter machen, als ich meiner Vorlesung zwei große Komplexe aus meinem neuen Buch zugrunde lege, deren Korrektur ich mit der Vorbereitung der Vorlesung verbinde. Halt mir den Daumen, daß ich nicht zu blöd bin. – Im Augenblick ist der Fritz Lang in Frankfurt, der Regisseur, den wir viel sehen, alte Zeiten heraufrufend.

Der Trakl-Plan wälzt sich in meinem Kopf hin und her.

Sei so sehr umarmt, wie irgend Du es erlaubst, von

Deinem

Teddie

Typoskript, Sammlung Tobisch; gedruckter Briefkopf: Adorno/Kettenhofweg.

da Du den Fiechtner abgesetzt hattest: Tobisch hat an dem betreffenden Abend Helmut Fiechtner (siehe BPV) mit dem Auto nach Hause gebracht.

daß die Fragen der Universitätspolitik … durch nichts von der Welt du côté des chez H. sich unterscheiden: … durch nichts von der Welt dort bei Hilbert (an der Staatsoper in Wien) sich unterscheiden

meiner Vorlesung zwei große Komplexe aus meinem neuen Buch zugrunde lege: Adornos Hauptvorlesung im WS 1964/65 trug den Titel „Zur Lehre von der Geschichte und von der Freiheit", Vorlesungen Bd. 13, Hg. Rolf Tiedemann, 2001.

Im Augenblick ist der Fritz Lang in Frankfurt: Siehe Lang, BPV.

Der Trakl-Plan wälzt sich in meinem Kopf hin und her: Adorno sprach immer wieder davon, mit Tobisch ein Fernsehgespräch über Trakl führen zu wollen. Adorno wusste, dass sie über den Lyriker publiziert hatte und dass er der Jugendfreund ihres ehemaligen Gefährten Erhard Buschbeck war. Tobisch verhielt sich gegenüber diesem Vorschlag reserviert.

52 Gretel Adorno an Tobisch

[Frankfurt,] 30. Okt 64

Meine liebe Lotte,

verzeih, wenn ich dir erst heute für die herrlichen Pralinés danke, sie sind wirklich vorzüglich. Teddie kam sehr munter von Wien zurück und daß er sich dort so wohl gefühlt hat, dürfte nicht zum geringsten dein Verdienst sein.

Ich finde es ganz herrlich, wenn du zwischen den Jahren nach Frankfurt kommen könntest. Am besten würdest du dann wohl im Hessischen Hof wohnen, der nur ein paar Minuten von unserer Wohnung entfernt ist. Was nun das Geld anlangt (Teddie sprach von ca. DM 2.000.-), das noch vom Fernsehen fällig ist, so wäre es vielleicht das Beste, wenn man es dir für ihn ausbezahlen würde, und du könntest es dann in Wien für ihn anlegen. Natürlich bräuchtest du dafür eine Vollmacht von ihm und wohl auch seine beglaubigte Unterschrift – am besten vielleicht von uns beiden, damit ich auch über das Konto verfügen kann. – Gibt es in Wien Sparguthaben?

Ich komme mir ganz dumm vor, daß ich dir einen so langweiligen geschäftlichen Brief schreiben muß.

Sei umarmt von deiner Gretel

Manuskript, Sammlung Tobisch.

53 Elfriede Olbrich an Tobisch

Frankfurt, 2. November 1964

Sehr verehrte Frau von Tobisch,

Herr Professor Adorno hat mich gebeten, Ihnen eine Information wegen des Buchs von Leo Gabriel zu geben.

In Kürschners Gelehrtenkalender von 1961 ist von Gabriel das Buch „Integrale Logik“ angeführt, das 1953 erschienen sein soll. Ein Aufsatz “Integrale Logik“ ist 1957 in Band X der Zeitschrift für philosophische Forschung veröffentlicht, in dessen Fußnoten sich jedoch kein Hinweis auf das angeblich 1953 verfaßte Buch findet.

Über nicht-Aristotelische Logik gibt es ein Buch von Gotthard Günther: „Idee und Grundriß einer nicht-Aristotelischen Logik. I. Band: Die Idee und ihre philosophischen Voraussetzungen“; Hamburg 1959. Der zweite Band ist, soweit ich sehen konnte, noch nicht erschienen.

Mit den herzlichsten Grüßen von Herrn Professor Adorno, der vor einer Stunde zu Vorträgen ins Rheinland gefahren ist, und freundlichen Empfehlungen

Ihre sehr ergebene

Elfriede Olbrich

Typoskript, Sammlung Tobisch; gedruckter Briefkopf: Adorno/Kettenhofweg mit maschinegeschriebenem Zusatz „Sekretärin von" über Adornos Namen.

wegen des Buchs von Leo Gabriel: Gabriels Buch „Integrale Logik. Die Logik des Ganzen" erschien 1965. Zu Gabriel siehe BPV.

54 Adorno an Tobisch

Lotte Baronin
Tobisch v. Labotýn
Wien I
Opernring 8
Österreich

[Düsseldorf,] 3. November 1964

Meine liebste Lotte, die kleine rheinische Vortragsreise hat mich hierher geführt, wo's wirklich hübsch ist und das deutsche Wirtschaftswunder sich mit Resten der rheinischen Leichtigkeit zu einer Illusion von Paris verbindet; ich habe Sehnsucht nach dir. Wie glücklich ich war, deine Stimme zu hören! Michael Gielens Konzert ausgezeichnet. Bin buchstäblich noch nicht zu dem Brief an Hilbert gekommen, er wird das Nächste sein. Ich muß dir nicht sagen warum. Denk immerzu an dich, die letzte Inkarnation de toutes les gloires de Vienne!

Sei umarmt von deinem Teddie

Verzeih die
bunte
Karte!

Ansichtskarte, handschriftlich, Sammlung Tobisch. – Die Farbfotografie auf der Vorderseite wird auf der Kartenrückseite mit dem Aufdruck „DÜSSELDORF AM RHEIN / Am Hofgarten" ausgewiesen. „Sei umarmt …" steht vertikal am linken Kartenrand. Ebenso wurde das Postskriptum an den unteren Kartenrand, direkt an der Grenze zur Adressfläche geschrieben.

Brief an Hilbert: Siehe Brief 60.

die letzte Inkarnation de toutes les gloires de Vienne: die letzte Verkörperung allen Glanzes von Wien

55 Tobisch an Adorno

Wien, 14. Nov. 64 / 15. Nov. 64

Liebster Teddie!

Ich hätte Dir längst geschrieben, aber es ist hier furchtbar: Ich komme überhaupt zu nichts mehr, von Tag zu Tag wird es ärger, eine Überraschung löst die andre ab und immerfort bin ich gezwungen „am Ball" zu sein – allmählich spür ichs auch wiederum gesundheitlich – ich weiß gar nicht, wie es weitergehen soll. Daß nun endlich auch der – vielfache Geldgeber der hiesigen Bagage eingelocht wurde, das hast du ja gelesen; kennst Du eigentlich m e i n e Geschichte im Zusammenhang mit seiner Person? Ich glaube sicher sie Dir – der Kuriosität wegen – erzählt zu haben! Stichwort: Chalet in der Schweiz, 10.000 Franken monatlich und „Buschbecks Werke in Bütten und Leder"!? Ja, nun also dieser Kavalier sitzt endlich, wie es ja a la longue nicht anders zu erwarten war, nur hat der gute Dr. Xxxxxxx so ungeheuere Beziehungen, daß er wohl auf irgendwelchen Umwegen aus dieser rue wieder herausfinden wird, aber, so Gott will, doch einigermaßen angeschlagen bleibt. Hier jedenfalls hat die Sache ein Erdbeben ausgelöst, das vom Thorberg-Forum bis ins Erzbischöfliche Palais, von Burg-Häussermann bis Universitätsrektor zu spüren ist! – Apropos: Vielen Dank für die Gabriel-Auskunft! (Man glaubt's ja fast nicht!)

Am Samstag, also gestern, hab ich in der Früh versucht Dich anzurufen, aber es hat sich auf Eurer Nummer niemand gemeldet; was ich Dir mitteilen wollte, wirst Du ja inzwischen erfahren haben; ich wollte Dir eigentlich nur ein wenig den Schock ersparen, davon in der Zeitung zu lesen, nämlich, daß Eduard Steuermann gestorben ist; die Gielens waren wie vom Blitz getroffen, denn sie wußten zwar, daß er schwerkrank ist, aber nicht, daß er an Leukämie leidet und sein Zustand absolut hoffnungslos ist. Schreib doch an Frau Gielen ein paar Zeilen – sie hat ihren Bruder über alles geliebt.

Im Zusammenhang mit Gielens [Josef und Rose] würde ich Dich noch um etwas bitten, beziehungsweise zum Überlegen geben: Michael [Gielen] hat doch in Stockholm gekündigt und will nun mit seiner Familie wieder nach Wien zurückkommen und von hier aus seine Gastspiele etc. unternehmen; die alten Gielens sind mit dieser Lösung – begreiflicherweise – nicht recht glücklich, und ich fände es doch recht gut, wenn Michael für ein paar Monate im Jahr seßhaft sein würde. Glaubst Du nicht, daß man ihn Hilbert dringend empfehlen sollte? Michael hat doch in den letzten Jahren einige Erfahrungen – auch im „konservativen Opernprogramm" erworben, ist also nicht mehr nur als Spezialist der Moderne zu bezeichnen und könnte somit für Hilbert, der an chronischem Dirigentenmangel leidet, doch sehr nützlich sein. (Außerdem, unter uns gesagt: Vor allem wäre *mit* Michael eben gerade auch endlich ein „Moderner" in unsere Oper einzuschmuggeln! – Davon freilich sollte man Hilbert so wenig wie möglich sagen, sonst fürchtet er sich; Michael Gielen ist für ihn sowieso nur im Zusammenhang mit 12-Ton Musik ein Begriff!) Wenn Du glaubst, Teddie, daß ich recht hab in der Angelegenheit, würde ich Dich sehr bitten, Michael dem Hilbert g'schmackig zu machen in einem kurzen Brief! Du hast bei Egon [Hilbert] das Odium des „absoluten Experten"! Und auf Dich würde er hören! (Das soll natürlich nicht heißen, daß Du nicht wirklich eben der absolute Experte bist! Gott behüte!)

Für Deine liebe Karte aus dem Rheinland danke ich Dir sehr! Ebenso für den Brief, in dem Du mir, lieber Teddie, für etwas dankst, wofür ich Dir zu danken habe! Denn ich glaube wirklich, daß die Freude, die Du mir mit Deinem Hiersein bereitet hast, viel größer war als die, die Du durch mich wiederempfangen hast! Allerdings: Du hast ein fürchterliches Übel mir hier hinterlassen: Seit unserem Besuch bei Jungks hat die Ruth einen Narren an mir gefressen, ruft täglich an, ladet mich fort und dort ein, will mich andauernd besuchen – und sie verdankt es nur den Umständen, durch die ihre Leidenschaft für mich ausgelöst wurde – unserem Besuch –, daß ich's schluck und sie nicht im Bogen hinausschmeiß!

Sonst, Lieber, ist nichts zu berichten; unsere Fernsehsache ist bis dato noch nicht gesendet worden, und wegen Deinem Geld müßtest Du mir eine Vollmacht schicken, daß ich es beheben kann. Man wird es also hier versteuern (Du wirst Dich wundern!), und ich kann es Dir auf ein Konto legen oder auch auf meines und Dir einen Scheck schicken, mit dem Du es jederzeit überall in Österreich abheben kannst. Schreib mir, wie Du das gehandhabt haben willst! – Im Jänner mach ich wieder ein Fernsehen und hoffe nur, daß ich bis dahin die erste „Studio-Aufführung" unter Dach und Fach gebracht haben kann. Halte mir die Daumen und bitte, laß bald von Dir hören! Gretelchen grüße bitte ganz besonders herzlich! Ihr Brief hat mir eine große Freude gemacht!

Für heute alles Liebe und Küsse

von Deiner

Lotte

P.S. Mitternacht ist längst vorüber: Aus diesem Grunde bitte ich vorliegende Schmierage, die orthographischen Fehler nebst falscher Interpunktion besonders zu entschuldigen! (Womit leider nicht gesagt ist, daß all diese Dinge bei Tageslicht nicht auch passieren könnten!)

Typoskript, Sammlung Tobisch; gedruckter Briefkopf: Tobisch/Opernring.

daß Eduard Steuermann gestorben ist: Zu Steuermann siehe BPV und Brief 56.

Michael [Gielen] hat doch in Stockholm gekündigt: Siehe Gielen BPV.

seit unserem Besuch bei Jungks: Siehe Jungk, BPV.

unsere Fernsehsache ist bis dato noch nicht gesendet: siehe dazu Brief 37, 38, 49, 53, 55, 62, 63.

die erste „Studio-Aufführung": Der Besetzungspolitik von Direktor Ernst Haeusserman, die durch den verstärkten Einsatz von Gastschauspielern zur Unterbeschäftigung von Ensemble-Mitgliedern führte, versuchten diese durch Schaffung zusätzlicher Aufführungen entgegenzuwirken. Es kam aber nur zu einer Inszenierung, die im Rahmen des Akademietheaters unter dem Titel „Studio des Burgtheaters" verwirklicht wurde: Am 29.3.1965 hatte Anton Tschechows Drama „Iwanow" in der Regie von Achim Benning Premiere. Tobisch trat in dem Stück nicht auf, sie war aber an dessen organisatorischer Realisierung beteiligt.

vorliegende Schmierage: Siehe Anmerkung und Brief 4.

56 Adorno an Tobisch

Frankfurt, 20. November 1964

Liebste Lotte,

Dein so lieber Brief, der die entsetzliche Nachricht mit soviel Zartheit mir zu kommunizieren suchte, hat mich, wie Du Dir denken kannst, trotzdem wie ein Schlag getroffen, und ich bin jetzt noch wie gelähmt. Ich hatte zwar gehört, Eduard sei wegen Blutungen – an denen er schon seit Jahren wiederholt gelitten hatte – ins Krankenhaus eingeliefert worden, dachte aber nicht daran, daß es so arg sein könnte. Du wirst Dir kaum eine Vorstellung davon machen, wie nahe Eduard mir stand. Seit ich, 1940, die Nachricht vom Tode Walter Benjamins empfing, hat nichts Privates mich so bis ins Innerste erschüttert; mein Leben wird von diesem Tag an nicht mehr dasselbe sein.

Wenn es etwas Tröstliches gibt – und davon zu reden, ist schon fast vermessen – dann liegt es nur darin, daß Du es warst, von der ich die Nachricht empfing. Unser Verhältnis hat ja auch dies Merkwürdige, daß es, trotz unseres Altersunterschiedes

– ich könnte doch bequem Dein Vater sein – etwas von einer Jugendfreundschaft hat durch all die Fäden, die von Dir zu meiner eigenen Jugend und deren bestimmenden Erfahrungen sich spinnen. Es hat im Namen dieser späten und anachronistischen Jugendfreundschaft etwas unendlich Sinnvolles, daß uns nun gerade der Augenblick aneinanderknüpft, in dem einer der letzten und wichtigsten Menschen mir weggerissen wurde, der noch mit der eigenen Jugend mich verbunden hat, und der, wie ich es auch von mir glaube, nichts von dem geopfert oder verraten hat, was in der Jugend ihn bewegte. Ich bin dankbar dafür, daß Du da bist und daß ich Dich habe.

Heute hörte ich am hiesigen Radio von einem Brief Michaels, aus dem hervorgeht, daß er nicht mehr mit dem Frankfurter Engagement als Opernleiter rechnet. Buckwitz hat sich nicht mir gegenüber direkt geäußert, aber ich möchte annehmen, Michael hätte nicht so reagiert, wenn er nicht den dringendsten Anlaß dazu hätte. Ich will also gern, und zwar so rasch wie nur möglich, an Hilbert schreiben; das einzige, was mich zögern machte, war eben, daß ich die immerhin relativ weit geförderte Sache hier nicht gefährden wollte. Vielleicht sprichst Du noch einmal mit den Eltern Gielen und schreibst mir dann raschestens, damit ich interveniere.

Über die Deutsch-Sache bin ich aus den Zeitungen informiert. Die Xxxxxx, die er Dir gegenüber verübt hatte, sind mir aus Deiner Erzählung aufs lebhafteste gegenwärtig. Mit Dir glaube ich, daß er aus dieser Sache wie jener Vogel Phönix, der nicht umsonst der Genius der Versicherungsanstalten ist, in vollem Glanz auferstehen wird. Welch ein Glanz. Das Ärgste dabei: daß die Alt- und Neufaschisten aus der Angelegenheit Kapital schlagen. Ein Glück, daß in die Affaire wenigsten ein alter SS-Führer verwickelt ist. Auch das hätte ich erfinden können.

Das Gretelchen beklagt sich, daß Du mit keinem Wort eingehst auf ihren Vorschlag, Du möchtest während der Weihnachtsferien hierher kommen. Wie sehr ich dieser Klage mich anschließe, muß ich Dir hoffentlich nicht sagen. Es wäre wunderschön.

Halt mir einstweilen nur die Daumen, daß ich überhaupt wieder den Kopf in die Höhe strecken kann. Und bitte schreibe ganz rasch; Grüß auch die Gielens aufs innigste, vor allem die Rusza.

Sei umarmt von Deinem

Teddie

Typoskript, Sammlung Tobisch; gedruckter Briefkopf: Adorno/Kettenhofweg.

Eduard sei wegen Blutungen: Zu Steuermann siehe BPV und Brief 1, 15, 55.

Nachricht vom Tode Walter Benjamins: Auf der Flucht vor den Nazis nimmt sich Benjamin im September 1940 das Leben.

einem Brief Michaels: Zu Gielen siehe BPV und Brief 55.

Buckwitz: Siehe BPV.

an Hilbert schreiben: Siehe Brief 55.

Über die Deutsch-Sache: Siehe Deutsch, BPV, Brief 71.

57 Tobisch an Adorno

Wien, 25. Nov. 64

Liebster Teddie!

Bin einigermaßen entsetzt, daß Du erst durch meinen Brief vom Tode Eduard Steuermanns erfahren hast! Hätte ich doch nochmals versucht Dich anzurufen!

Ich hoffe sehr, daß Dir [Georg] Solti inzwischen meine Grüße bestellt hat und Du so nicht ganz ohne Nachricht von mir bist! Ich habe nur ein paar Worte mit Solti wechseln können – es waren so viel Menschen rundherum; das Ganze war ein purer Zufall: eine Art Party anläßlich einer Fernseh-Oper, die im Auftrag von BBC mit den Wiener Philharmonikern gemacht wurde; zufällig war der BBC-Regisseur Cartier, mit dem ich schon zwei Fernsehstücke gearbeitet habe, in Wien; und so kams also, daß ich plötzlich dem Solti begegnet bin!

Mit den alten Gielens hab ich bereits gesprochen: Sie wünschen sich nichts sehnlicher, als den Michael eine Weile hier zu haben, aber Du weißt, wie zurückgezogen und fast schüchtern sie sind: Sie würden Dich nie bitten, Dich mit [Egon] Hilbert in Verbindung zu setzen! Und sie würden auch niemals selbst zu Egon gehen (was das Natürlichste von der Welt wäre!). Ich habe bei Egon schon angetippt und er war äußerst interessiert und will sich „gleich" mit Michael in Verbindung setzen, aber ich kenne ihn doch: Wenn Du ihm zwei Zeilen in dieser Sache schreibst, dann erst wird der Michael für ihn „reizvoll"!

Und nun zu Gretels Brief: Weiß Gott, daß ich gerne zu Euch käme zu Weihnachten, aber Du weißt ja, lieber Teddie, daß ich das den Hilberts nicht antun könnte! Seit Buschbecks Tod bin ich zum Heiligen Abend immer dort (vorher waren wir, Buschbeck und ich, meist beim Egon in Rom oder er bei uns in Wien) – und die Hilberts wären tödlich gekränkt, wenn ich nun ausbliebe! Außerdem: Am 25. und 26. Dezember habe ich im Theater zu tun, es *wäre* also auch zeitlich kaum zu schaffen! Aber ich verspreche Dir, wenn es irgend geht, daß ich vor meinem nächsten Fernsehen am 16. Jänner auf ein paar Tage von Wien wegfahren kann, dann komme ich Euch besuchen! – Momentan ist es hier nach wie vor schrecklich! Ich komme nicht und nicht zur Ruhe, unzählige unsinnige Beschäftigungen verleiden mir das Leben! Aber immerhin (ich weiß nicht, ob

Du davon in den deutschen Zeitungen gelesen hast): Den Herrn Dr. Franzel haben wir – viribus unitis – doch hinausekeln können! (Das war gar nicht so leicht!)

Liebster Teddie, es ist schon wieder entsetzlich spät und morgen geht's ohne Unterbrechung den ganzen Tag von Neuem los, ich werde drum jetzt Schluß machen und schicke Dir einstweilen halt eine Photographie von mir, damit Du nicht vergißt, wie ich ausschaue! (Hast Du jemals einen dümmeren Satz gelesen, wie den obigen?!)

Bitte grüße Gretel herzlich!

Deine

total vertrottelte

Lotte

Typoskript, Sammlung Tobisch; gedruckter Briefkopf: Tobisch/Opernring.

der BBC-Regisseur Cartier: Siehe Cartier, BPV.

waren wir, Buschbeck und ich, meist beim Egon in Rom: Egon Hilbert, damals Direktor der Wiener Staatsoper, war 1954 bis 1959 Leiter des österreichischen Kulturinstituts in Rom. Seine Lebensgefährtin, hier unter „die Hilberts" subsumiert, hieß Margarete Slavik. Erhard Buschbeck starb 1960.

Dr. Franzel haben wir – viribus unitis – doch hinausekeln können: Siehe Franzel, BPV.

58 Adorno an Tobisch

Frankfurt, 30. November 1964

Liebste Lotte,

tausend Dank für Deinen Brief.

Es ist jammerschade, daß Du während der Weihnachtsferien nicht hierher kommen kannst – und ich bin ebenfalls zu angebunden, als daß ich nach Wien fahren könnte. So vertröste ich mich – und freue mich – auf den Januar.

Einen Aufsatz über Eduard, den ich in der Süddeutschen Zeitung erscheinen ließ, lege ich bei; natürlich ist der blödsinnige Titel nicht von mir, aber wenigstens hat man sonst nichts geändert. Wie armselig ist doch, nicht nur was man nach dem Tode für einen Freund tun kann, sondern bereits, was man über ihn zu sagen vermag – vor allem wenn man von einer Zeitung im Raum beschränkt wird und doch auf die Zeitung Wert legen muß, der Breite der Publizität wegen.

In der Angelegenheit Gielen schreibe ich also an Hilbert und füge auch ein paar

Repertoire-Einfälle bei. Es wäre herrlich, wenn diese Sache gelingen wollte.

Ich bin unter schrecklichem Druck, auf meine Art sicher so schlimm wie Du, und wahrscheinlich mit noch mehr Ärger. Eine akademische Angelegenheit, die ich mit dem wahnsinnigsten Aufwand an Energie und Nerven durchgefochten hatte, ist in dem Augenblick gescheitert, in dem sie zum guten Ende gebracht schien – weil der, für den ich das Ganze unternahm, die Lust an der Sache verloren hatte und etwas anderes annahm, was ich ihm wiederum nicht verübeln kann. Aber mit solchen Sachen verbringe ich meine Zeit und muß meine Produktion, die ich denn doch immerhin für wichtiger halte, dem Unsinn abstehlen.

Wenn Du ein Liebes bist, so schreibe bald, wenn's auch nur ein paar Zeilen sind. Und wie ist's mit Bildern von Dir? Fotos?

Sei umarmt von Deinem

Teddie

Typoskript, Sammlung Tobisch; gedruckter Briefkopf: Adorno/Kettenhofweg.

Aufsatz über Eduard: „Nach Steuermanns Tod", GS 17, S. 311-317. Der Titel in der Süddeutschen Zeitung lautet: „Nachruf auf einen Pianisten".

In der Angelegenheit Gielen: Siehe Brief 60.

59 Adorno an Tobisch

Frankfurt, 3. Dezember 1964

Liebste Lotte,

hier einen Durchschlag meines Briefes an Hilbert.

Ich wäre froh, wenn er so seine Wirkung hätte; hoffentlich findest Du nicht, daß ich in irgendeiner Weise zu weit gegangen bin, oder mich aufgedrängt habe. Selbstverständlich kannst Du den Durchschlag Gielens zeigen.

Ich winde mich halt hier so durch, mit mehr Ärger als mir zuträglich ist, und mehr Abhaltung als meiner Arbeit zuträglich ist, aber beides kennst Du ja.

Eine Bitte noch: Könntest Du mir <u>rasch</u> mit ein paar Worten Deine wirkliche Ansicht über Killy schreiben? Es ergibt sich nämlich bei uns an der Universität eine Situation, in der ich es für denkbar halte, daß wir ihn hierher berufen, und das wird bis zu einem gewissen Grad auch von mir abhängen. Ich möchte da aber nichts tun, ohne daß ich Dein Urteil hätte. Von der negativen Haltung meines Freundes Hirsch möchte ich mich darin nicht abhängig machen, um so weniger, als Peter Szondi, auf den ich sehr viel gebe, sich sehr freundlich über Killy geäußert hat. Du wirst also sozusagen als Schiedsrichterin angerufen. Eine reizendere Porzia könnte ich mir nicht vorstellen. Bitte, ist das ein Schluß.

Sei umarmt von Deinem

Teddie

Das Gretelchen grüßt aufs schönste.

Typoskript, Sammlung Tobisch; gedruckter Briefkopf: Adorno/Kettenhofweg.

Ansicht über Killy: Walther Killy wurde nicht an die Goethe-Universität Frankfurt berufen.

meines Freundes Hirsch: Zu Hirsch siehe BPV.

Peter Szondi: Siehe BPV.

Eine reizendere Porzia könnte ich mir nicht vorstellen: Porzia ist eine Figur aus Shakespeares „Der Kaufmann von Venedig".

60 Adorno an Egon Hilbert

Frankfurt, 2. Dezember 1964

Herrn
Operndirektor
Dr. Egon Hilbert

Staatsoper
Wien

Hochverehrter Herr Direktor,

bitte empfinden Sie es nicht als eine unbillige Einmischung, wenn ich Ihnen heute, für die Oper, meinen jungen Freund Michael Gielen, den Sohn von Josef Gielen und den Neffen von Eduard Steuermann, sehr ans Herz lege. Gielen ist, wie Sie wissen, früher an der Staatsoper tätig gewesen. Daß unter dem alten Regime seine Wirkungsmöglichkeiten beschränkt waren, liegt auf der Hand. Unterdessen hat er sich, in jeder Beziehung, ganz außerordentlich entwickelt. Er ist nicht nur ein grundmusikalischer und wirklich geistiger Mensch, sondern auch jemand, der, wenn man so sagen darf, sich die Ärmel hochkrempelt und ohne jede Schonung seiner Person sich in die täglich anfallenden Aufgaben versenkt. Besonders wichtig ist, daß er nicht nur – wie heute allgemein bekannt – zeitgenössische Musik ganz hervorragend darstellt sondern ebenso auch traditionelle; unter den vielen Übeln des gegenwärtigen Musiklebens ist nicht das geringste das, daß die öffentliche Meinung jene beiden Fähigkeiten im Sinne von Spezialisierung trennt, während in Wahrheit kein Mensch Beethoven richtig dirigiert, der nicht Berg verstünde, und genau so umgekehrt. Es gibt nur eine Musik. Da ich sicher bin, daß man gegen Michael Gielen seine besonderen Meriten um die neue Musik auch noch ausspielen wird, ist es vielleicht nicht ganz unwichtig für Sie, zu wissen, daß jemand, der sich immerhin ein gewisses Urteil zutrauen kann, nicht nur von seiner Kenntnis der traditionellen Musik sondern auch von seiner Darstellungskraft wahrhaft überzeugt ist. Ich hörte jüngst von ihm eine Aufführung der mittlerweile *sechz*ig Jahre alten Fünften Symphonie von Mahler, die eine der besten war, die je an meine Ohren gedrungen ist. Sie würden an ihm nicht nur einen leidenschaftlichen, höchst qualifizierten und sein Material in jeder Hinsicht beherrschenden Dirigenten, sondern auch einen absoluten integeren Menschen gewinnen, von dem Sie nichts Intrigantenhaftes und irgend Unlauteres je zu gewärtigen haben. Weiter ist er ein Mensch, der nicht, wie sonst die Dirigenten, dauernd alle Füße in der Luft hat, sondern der so ernst und sachlich ist, daß er gewiß die Möglichkeit einer langfristigen, vorausplanenden Arbeit bei Ihnen dem üblichen Musikbetrieb vorziehen würde. Was ein neuerliches Engagement bei Ihnen für ihn selber und seine weitere Entwicklung bedeuten müßte, brauche ich Ihnen nicht zu sagen.

Vielleicht darf ich die Gelegenheit ergreifen, Ihnen ein paar Einfälle zur Repertoirebildung zu sagen. Da ist der ganze Komplex Mayerbeer. Vor ein paar Jahren hat man in der Münchener Oper die „Afrikanerin" mit außerordentlichem Erfolg neu aufgeführt; ein auf seine Weise wirklich bedeutendes Werk, außerhalb des Routinespielplans, das der Entfaltung der Stimmen große Möglichkeiten gewähren würde. Im leichteren Genre wären, bei Meyerbeer, an die „Dinorah" zu denken und vielleicht auch an die „Lakmé" von Delibes, beides originelle Stücke mit höchst verlockenden Koloraturpartien.

Dann: Ist Ihnen bekannt, daß Gustav Mahler eine Bearbeitung und Ergänzung der „Drei Pintos" von Weber herstellte, als ganz junger Dirigent, die seinerzeit mit großen Erfolg (soviel ich weiß, nicht in Wien) aufgeführt wurde? Eine Art Weber-Mahler-Premiere an der Staatsoper wäre doch wahrscheinlich eine Sache, die große Aufmerksamkeit auf sich zöge, und das Werk selber ist diese Aufmerksamkeit durchaus wert. Hinzufügen möchte ich noch einmal den Hinweis auf Alexander von Zemlinsky. Vor allem anderen käme die entzückende komische Oper „Kleider machen Leute" in Betracht, ein auf seine Weise in der deutschen Opernliteratur ziemlich einzigartiges, nach meiner festen Überzeugung durchaus lebensfähiges Werk. Der Nachteil ist nur, daß es nicht ganz abendfüllend ist; man müßte einen curtain raiser vorausschicken, aber der würde sich leicht finden lassen. Die alte Serva Padrona von Pergolesi wäre gar nicht schlecht dafür. Zu erwägen wäre auch die, soviel ich weiß letzte Oper von Zemlinsky, „Der Kreidekreis", nach dem Klabundschen Text, eine höchst originelle Synthese des Wiener Kompositionsstils mit Impulsen aus der Song-Sphäre von Kurt Weill. Das Werk ging zu Anfang des Dritten Reiches mehr oder minder unter, nach einer sehr erfolgreichen Berliner Première – auch davon würde ich denken, es sei durchaus aufzuführen, ohne den peinlichen Beigeschmack einer sogenannten Wiederbelebung. An die „Gezeichneten" von Schreker haben gewiß auch Sie gedacht. Mit Rücksicht besonders auf Zemlinsky stellte ich übrigens neulich mit Freude fest, daß Fiechtner meine Ansicht teilte.

Vor ein paar Tagen sahen wir Iris von Kaschnitz; die Ohren müssen Ihnen geklungen haben. Sie erzählte mir viel Schönes über Ihr Wirken in Rom; als Sie dort tätig waren, war der Vater von Iris dort Leiter des deutschen archäologischen Instituts, und Sie werden sich gewiß an ihn erinnern. Er war mir hier an der Universität einer der liebsten Kollegen und seinen Tod habe ich nie verwunden.

Lassen Sie mich Ihnen zum Schluß noch einmal sagen, wie schön es war, daß Sie Lotte und mir jene Stunde widmeten. Sie wird wahrhaft unvergessen sein.

In herzlicher Verehrung
stets Ihr
[Theodor W. Adorno]

Typoskript-Durchschlag (ohne Unterschrift), Sammlung Tobisch.

meinen jungen Freund Michael Gielen: Siehe BPV und Brief 54.

daß Fiechtner meine Ansicht teilte: Zu Fiechtner siehe BPV.

Iris von Kaschnitz; (…) Sie erzählte mir viel Schönes über Ihr Wirken in Rom; als Sie dort tätig waren, war der Vater von Iris dort Leiter des deutschen archäologischen Instituts: Zu Iris und Guido Freiherr von Kaschnitz siehe BPV.

61 Adorno an Tobisch

Frankfurt, 7. Dezember 1964

Liebste Lotte,

hier den Durchschlag eines Briefes an Hansen-Löve. Natürlich habe ich keine

Ahnung mehr, wie die Bedingungen wirklich waren, aber ich meine doch, sie wären viel besser gewesen. Vielleicht erinnerst Du Dich noch. Sei mir nicht böse wegen dem Mist.

Die erste Unterbrechung meiner großen Arbeit, den Lexikonaufsatz über den Begriff der Gesellschaft, habe ich mit einem wilden Handstreich diktiert und denke, er ist ganz ordentlich geworden. Jetzt kehre ich wieder zu der Hauptsache zurück.

Von Frau Gielen hatte ich ein paar Zeilen, die mir einen völlig gebrochenen Eindruck machen.

Bitte schreibe bald und sei umarmt von

Deinem

Teddie

Typoskript, Sammlung Tobisch; gedruckter Briefkopf: Adorno/Kettenhofweg.

Unterbrechung meiner großen Arbeit ... Jetzt kehre ich wieder zu der Hauptsache zurück: Die „Negative Dialektik" schrieb Adorno, abgesehen von ersten Entwürfen aus den 30er-Jahren, zwischen 1959 und 1966 (jetzt in GS 6, S. 7-408).

Lexikonaufsatz über den Begriff der Gesellschaft: „Gesellschaft", in: Evangelisches Staatslexikon, Stuttgart 1966 (s.a. GS 8, S. 9-19, hier ist der Artikel mit „1965" datiert).

Frau Gielen ... einen völlig gebrochenen Eindruck: *Siehe Brief 55.*

62 Adorno an Friedrich Hansen-Löve

Frankfurt, 7. Dezember 1964

Herrn
Friedrich Hansen-Löve
Österreichisches Fernsehen
Ronacher Gebäude

Wien 1
Schellinggasse 4

Lieber und verehrter Herr Hansen-Löve,

darf ich Sie heute mit einer finanziellen Angelegenheit belästigen – so unangenehm es mir auch ist.

Mir wurde eine Vereinbarung geschickt, derzufolge ich für das Interview

„Musiktradition und moderne Musik in Wien“ einen Betrag von 7000 Schilling erhalten soll. Wenn ich mich recht erinnere, war das Gesamthonorar, das wir seinerzeit für meine Fernsehsachen besprochen hatten, wesentlich höher; ich weiß aber nicht, ob durch diese Vereinbarung nur ein Teil dessen, was wir im Fernsehen im Oktober machten, gedeckt ist, oder das Ganze. Vielleicht haben Sie die Liebenswürdigkeit, mir deshalb ein Wort zukommen zu lassen; dann werde ich selbstverständlich den Vertrag unterschrieben zurückschicken. Auf jeden Fall möchte ich Sie bitten, den fälligen Betrag zunächst einmal bei Ihrer Kasse deponieren zu lassen; ich verfüge dann darüber.

Darf ich dem heute die Frage hinzufügen, ob Sie den „Jargon der Eigentlichkeit“ bekommen haben? Unterdessen ist mein neues Buch, der dritte Band der „Noten zur Literatur“, bereits im Umbruch. Manches daraus ist vielleicht für Sie nicht uninteressant; ich lasse es Ihnen selbstverständlich schicken.

Froh wäre ich, wenn Sie mir auch ein Wort wegen Ihres Eindrucks von „Kierkegaard noch einmal“ mitteilen wollten.

In herzlicher Verehrung
stets Ihr
gez. Th. W. Adorno

Typoskript-Durchschlag, Sammlung Tobisch. – Das Handschriftliche „gez. Th. W. Adorno“ dürfte von Elfriede Olbrich, Adornos Sekretärin, stammen.

„Jargon der Eigentlichkeit“: Siehe Anmerkung zu Brief 28.

dritte Band der „Noten zur Literatur“, bereits im Umbruch: Sie erschienen 1965 als Bd. 146 der Bibliothek Suhrkamp (jetzt in GS 11, S. 325-491).

„Kierkegaard noch einmal“: Siehe GS 2, S. 239-258.

63 Tobisch an Adorno

Wien, 11. XII. 64

Liebster Teddie,

es ist eine alte Geschichte: Man soll sich alles aufschreiben, alles schriftlich abmachen. Ich habe Dir damals den Betrag gesagt, den mir [Friedrich] Hansen-Löve genannt hat – er war jedenfalls höher als der von Dir genannte –, aber ich erinnere mich nicht mehr an die genaue Zahl. (Zu Deinem Trost: Ich habe für das „Dreiergespräch“ bis dato keinen Groschen gesehen und werde wohl auch nie mehr einen sehen; da ich aber damals, was meine Person anlangt, nichts vereinbart habe, werd ich auch nichts dergleichen tun, aber es ist trotzdem eigentlich unverschämt!) Außerdem: Der [Friedrich] Heer hat bis jetzt auch keinen Groschen gesehen!

Interessant wäre Folgendes: Steht auf Deinem Vertrag nur „Interview" oder auch „Dreiergespräch"? Falls nur eines von beiden steht, schreib dem Hansen, daß Du ihn drauf aufmerksam machst, daß es sich bei der Aufnahme doch um 2 Sendungen gehandelt hat und er daher auch 2 zu bezahlen hat! Wenn mich nicht alles täuscht, hat Hansen Dir gesagt, daß das Honorar für das „Dreiergespräch" aufgeteilt wird? Oder so was ähnliches. Also müßtest Du doch wenigstens eine Drittelgage für die 2. Sendung kriegen (wobei ich Dir liebend gerne das Drittel, was auf mich fallen würde, überlasse!).

Schreibe mir bitte, was bei der ganzen Geschichte herausgekommen ist und was ich dann mit Deinem Geld machen soll!

Dank Dir sehr für Deinen ausführlichen Brief von neulich und den Durchschlag Deines Schreibens an Hilbert. Ich hoffe sehr, daß sich Egon nun dahintersetzt: Er sagte mir, daß er Michael [Gielen] vorerst auf ein „Gastspiel" einladen will u.s.w. – nach der Palestrinapremiere, die am 16. d. s. stattfinden soll, will er Dir über alles schreiben. Dank Dir jedenfalls sehr, daß Du so lieb warst und Dich in dieser Angelegenheit bemüht hast!

Und nun wegen Killy: Ja ich kann nur sagen, ich habe zwei ganz hervorragende Vorträge von ihm gehört und bei seinem letzten Wiener Aufenthalt einen langen Abend, man kann ruhig sagen, eine ganze Nacht, mit ihm verbracht, („Abend" klingt besser – aber bei Dir brauch ich ja Mißverständnisse nicht zu befürchten!) und habe einen außerordentlich guten Eindruck von ihm gewonnen; einen viel besseren als bei meiner ersten Begegnung vor eineinhalb Jahren, einen wesentlich seriöseren, gereifteren; ein gewisses Maß an „Feschität des Erfolgreichen", das mir seinerzeit nicht gerade liebsam aufgefallen ist, ist nun auffallend gemildert (vielleicht wars nie ganz so arg, aber Du kennst meine Abneigung, ja geradezu Vorurteil, gegenüber dem Typus des permanenten Siegers!). Diesmal, wie gesagt, hatte ich einen ganz besonders guten Eindruck von Killy. – Was ist es eigentlich, das Hirsch dem Killy so übel anrechnet? Es würde mich interessieren! (Seine wissenschaftlichen Qualitäten kann ich natürlich in keiner Weise beurteilen und bezieht sich alles, worüber ich Dir eben geschrieben habe, auf meine ganz persönliche Empfindung!)

Nun, Teddie, noch etwas: Wenn es Dir Spaß macht, mir am Weihnachtsabend „Grüßgott" zu sagen, schreib ich Dir jedenfalls die Nummer von Hilberts! 82-22-52!

Sonst kann ich nichts berichten: Allerweil das gleiche Hetzen und Plagen, dazwischen ab und zu erfreuliche, gscheite und liebe Menschen, die es einem ertragen helfen! Unser Studio nimmt auch allmählich Gestalt an und hoffe ich doch zumindest diese Sache in absehbarer Zeit vorerst aus dem Kopf zu kriegen.

Laß bitte bald wieder von Dir hören und bitte schicke mir, wenn es geht, auch die

„Noten zur Literatur III“! (Bitte mich nicht vergessen, wenn es soweit ist!)

Alles Liebe für heute und viele Grüße an Gretelchen!

Hoffentlich kann ich im Jänner auf ein paar Tage weg von hier!

Herzlichst

Deine

Lotte

P.S. Dein Steuermann-Artikel war wunderschön: Die ganze Besonderheit Eduards war drin.

Typoskript, Sammlung Tobisch; gedruckter Briefkopf: Tobisch/Opernring.

Ich habe für das „Dreiergespräch“: Siehe Brief 61 und 62, zur Vorgeschichte siehe Brief 37, 38, 49, 55, 62, 63.

Durchschlag Deines Schreibens an Hilbert: Siehe Brief 60.

nach der Palestrinapremiere: „Palestrina“, musikalische Legende in drei Akten von Hans Pfitzner (1869-1949), Text vom Komponisten, Uraufführung München 1917.

Und nun wegen Killy: Siehe Brief 59.

Wenn es Dir Spaß macht, mir am Weihnachtsabend „Grüßgott“ zu sagen: Tobisch hat den Weihnachtsabend traditionell bei Egon Hilbert verbracht.

Unser Studio nimmt auch allmählich Gestalt an: Siehe Anmerkung und Brief 55.

„Noten zur Literatur III“: Der dritte Teil erschien 1965 als Band 146 der Bibliothek Suhrkamp (jetzt in GS 11, S. 325-491).

Dein Steuermann-Artikel war wunderschön: Siehe Anmerkung und Brief 58.

64 Tobisch an Adorno

Wien, 9. Jänner 1965

Liebster Teddie!

Zum erstenmal mühsam aus dem Bett – zwei Schritte zum Schreibtisch – kann ich Dir endlich danken für die wunderschönen Blumen, die Ihr mir geschickt habt! Weiße

Orchideen! Du lieber Gott! Habt tausend Dank dafür: Unverändert schön und frisch stehen sie nach wie vor am Tisch bei meinem Marterlager! Ich habe böse Tage hinter mir – hoffentlich nicht auch noch vor mir –, nicht zuletzt auch dadurch, daß ich Medikamente absolut nicht vertrage, die schrecklichsten Zustände darauf bekomme; so bleibt mir nichts übrig als liegen, liegen, liegen, und mit uralten Hausmitteln herumdoktern. (Für einen Arzt bin ich das, was man einen Albtraum nennt: In kürzester Zeit ist jeder mit seiner Weisheit am Ende; meine Hausmeisterin hingegen kann sich ausleben: Ihre Rezepte – Kräuterpasteten auf Leinenfetzerl aufgelegt und einige unheimlich stinkende Salben aus Großmutters Zeiten – schaden wenigstens nicht und geben den Trost, daß man doch irgendwas tut!) Aber ich will nicht jammern, denn, wie gesagt, jetzt kann ich sowieso schon stehen und drei Schritte tun – und morgen vielleicht schon vier u.s.w. – hoffentlich, hoffentlich! Aber wie immer es ist und kommen wird, ich habe mir vorgenommen, nie zu klagen, solange mir meine guten Augen erhalten bleiben, denn das Schrecklichste muß es sein, wenn man blind ist und einem die Bücher verstummen; in diesem Sinne kann ich also nur sagen, daß ich die vergangenen drei Wochen viel, viel Freude gehabt habe, endlich die 10 Bände Karl Kraus gelesen habe (vieles kannte ich natürlich längst), endlich die „Noten zur Literatur I u.II" gelesen habe (Balzac, Eichendorff, Bloch hat mich hingerissen!), Deine Hegelstudien (zu gescheit für mich!), die „Eingriffe" (insbesondere „Aufarbeitung der Vergangenheit" und „Meinung Wahn Gesellschaft", „Geisteswissenschaft und Bildung", hat mich begeistert), außerdem hab ich noch *aus* [Walther] Killys „Wirklichkeit und Kunstcharakter" [1963] ein paar Kapitel gelesen (weil mich vor allem das [Adalbert] Stifter Kapitel interessiert hat, das schon sehr gut ist!), und last no least einige „Brenner"-Hefte! – Wenn wir uns wiedersehen, mein lieber Teddie, wirst Du mich also um Einiges gebildeter vorfinden – ob auch gescheiter: das wäre allerdings die Frage?!

Schreib bitte wieder einmal! Ob ich nach Frankfurt kommen kann und wann, ob ich mein Fernsehen machen kann – all das ist noch nicht abzusehen; derzeit sieht es nicht so aus, als ob die Schmerzen jemals wieder aufhören würden, aber sie sind jedenfalls schon weniger arg geworden, und das ist immerhin schon etwas.

Für heute mach ich Schluß! Grüße Gretel allerherzlichst!

Und nochmals Dank für die feinen Blumen!

Deine Lotte

P.S. Wie wenig ich bei der Karl Kraus Lektüre gelernt habe, magst Du an meinen Satzzeichen und der Rechtschreibung erkennen!

Ich sage ja: „gebildeter – aber gescheiter"?!

Typoskript, Sammlung Tobisch; gedruckter Briefkopf: Tobisch/Opernring. – Der letzte Satz wurde vertikal am linken Blattrand notiert.

die 10 Bände Karl Kraus: Es handelt sich dabei um die ersten zehn Bände der im Kösel-Verlag von Heinrich Fischer herausgegebenen Ausgabe (2. Auflage 1955 ff.).

„Noten zur Literatur" 1. u. 2.: Sowohl Band I, erste Auflage 1958, als auch Band II 1961 erschienen in der Reihe Bibliothek Suhrkamp mit den Ziffern 47 und 71 (jetzt in GS 11, S. 9-321). Band I enthält den Text „Zum Gedächtnis Eichendorff", Band II „Balzac Lektüre" und „Blochs Spuren". Adorno schenkte Tobisch je ein Exemplar und versah diese mit einer Widmung vom 6. August 1963.

Deine Hegelstudien: „Drei Studien zu Hegel", erschien 1963 in der Reihe edition suhrkamp. Tobisch erhielt ein Exemplar mit Widmung vom Oktober 1963 (jetzt in GS 5, S. 247-381).

„Eingriffe": „Eingriffe. Neun kritische Modelle", erschien 1963 als Bd. 10 der edition suhrkamp (jetzt in GS 10.2, S. 455-594). Darin enthalten: „Was bedeutet: Aufarbeitung der Vergangenheit", „Meinung Wahn Gesellschaft" und „Notiz über Geisteswissenschaft und Bildung". Tobischs Exemplar enthält eine Widmung vom 18. Juni 1963.

einige „Brenner"-Hefte: Siehe Ficker, BPV.

magst Du an meinen Satzzeichen und der Rechtschreibung erkennen: Siehe Anmerkung zu Brief 4.

65 Tobisch an Adorno

Wien, 28. Februar 1965

Liebster Teddie!

Gestern hab ich abends in Deinen „Noten zur Literatur III" gelesen, und plötzlich hab ich gedacht, mich trifft der Schlag! (Vor Freude natürlich!) Oh Teddie! Weißt Du überhaupt, wie groß die Freude ist, die Du mir damit gemacht hast, daß Du gerade diesen Aufsatz mir gewidmet hast?! Ich kann Dir gar nicht sagen, wie sehr ich Dir danke!

Eben haben wir miteinander gesprochen! Also: Wenn es irgend geht, komm ich auf drei Tage Dich besuchen; leider Gottes ist mein Kollege Auer immer noch krank und hängen dadurch sämtliche Betriebsratsgeschäfte allein an mir – aber ich hoffe doch, daß er diese Woche wiederkommt und ich mich dann wenigsten drei Tage loseisen kann. Die letzten drei Wochen waren eine Hölle – täglich acht Stunden beim Fernsehen und dann noch mindestens drei Stunden im Theater – einfach schrecklich.

Sonst kann ich Dir nur noch berichten, daß die alten Gielens [Josef und Rose] vorgestern nach New-York gefahren sind, zu Frau Steuermann, ein paar Wochen wollen sie dann noch von dort aus zur Tochter nach Buenos-Aires fliegen, und erst anfangs

April werden sie wieder in Wien sein; hoffentlich überstehen die zwei Alten die Reise gut, beide waren ein bissl angeschlagen von Grippen und hab ich ein wenig Sorge.

Lieber, für heute mach ich Schluß,
hoffentlich klappt es mit unserem Rendezvous!

Alles, alles Liebe
Deine Lotte

Typoskript, Sammlung Tobisch; gedruckter Briefkopf: Tobisch/Opernring.

daß Du gerade diesen Aufsatz mir gewidmet hast: Adorno hat den Aufsatz „Sittlichkeit und Kriminalität, Zum elften Band der Werke von Karl Kraus" mit den Worten „Für Lotte von Tobisch" ebendieser gewidmet. Enthalten ist der Text in dem 1965 erschienenen Band „Noten zur Literatur III" (jetzt in GS 11, S. 367-387). Das Tobisch zugeeignete Exemplar enthält außerdem eine handschriftliche Widmung vom 22. Februar 1965.

mein Kollege Auer: Siehe Auer, BPV.

sämtliche Betriebsratsgeschäfte: Siehe Anmerkung zu Brief 29, 49.

Frau Steuermann: Clara Steuermann war die Frau des Pianisten Eduard Steuermann. Siehe Steuermann, BPV; vgl. Anmerkung zu Brief 1, 15.

zur Tochter nach Buenos-Aires: Carola Gielen war auch eine Schulkollegin von Lotte Tobisch am Realgymnasium in der Billrothstraße.

66 Adorno an Tobisch

Eingelangt 6.III.65
paris

baronin tobisch opernring 8 wien 1

bitte drahte ob und wann du kommst deinem erwartungsvollen
teddie

Radiogramm, Sammlung Tobisch.

paris: Im März hielt Adorno Vorträge in Paris.

67 Adorno an Tobisch

LOTTE TOBISCH OPERING 8/14 WIEN

13.3.65 FRANKFURTMAIN

PARISER ADRESSE HOTEL PONT ROYAL TELEFON LITTRE 4250 HOFFENTLICH KOMMST DU ALLES ERDENKLICH LIEBE = TEDDIE +

Telegramm, Sammlung Tobisch.

68 Tobisch an Adorno

WIEN [ohne Datum]

PROF ADORNO HOTEL ROYAL PARIS

ERFAHRE SONNTAG ABEND OB GEPLANTER ABFLUG MONTAG MITTAG MOEGLICH DRAHTE NOCH GENAU SONNTAG ABEND HERZLICHST
LOTTE

Telegramm, Sammlung Tobisch.

69 Tobisch an Adorno

WIEN [ohne Datum]

PROF ADORNO HOTEL PONT ROYAL PARIS

ALLE HOFFNUNG VERGEBLICH KANN NICHT WEGFAHREN WEGEN THEATER STOP BRIEF FOLGT STOP AUF WIEDERSEHEN IN BADEN BADEN HERZLICHST LOTTE

Telegramm, Sammlung Tobisch.

WIEDERSEHEN IN BADEN BADEN: Adorno verbrachte dieses Jahr seinen Urlaub in Baden-Baden.

70 Tobisch an Adorno

Wien, 15. März 65

Liebster Teddie!

Hier geht es drunter und drüber – ich bin ganz verzweifelt; an dem unglücklichen Sonntag, an dem ich Dir absagen mußte, hat es sich endgültig entschieden, daß mein Kollege Erich Auer bis Ende der Saison für uns nicht mehr zur Verfügung stehen wird – damit ist eine Katastrophe über uns hereingebrochen. An ein Wegfahren ist augenblicklich nicht zu denken, doch hoffe ich, daß bis Mitte April sich irgend ein Wunder ereignet, das mich nach Baden-Baden führt. – Eines jedenfalls ist sicher: Es dauert nicht mehr lange, und ich bin am Ende meiner Kräfte angelangt; dennoch bring ich's nicht übers Herz, meine Leute [als Betriebsrätin] im Stich zu lassen, die Leut' und – vor allem – die Sache. Wie schwer alles ist, magst Du daraus ersehen, daß ein solcher Bulle von Mann, wie's Auer ist, mit totalem Nervenzusammenbruch auf der Strecke blieb; oh Teddie! Dieses Land der Älplerphäaken bringt einen um, so oder so: Entweder man erstickt an den Backhendeln oder man wird von ihren Knochen begraben.

Ich denke sehr an Dich! Falls Du irgendwann nach München kommst, laß mich's gleich wissen: Dort wäre ein Rendezvous noch am leichtesten möglich! *Herzlichst – für heute!*

Lotte

Typoskript, Sammlung Tobisch; gedruckter Briefkopf: Tobisch/Opernring.

daß mein Kollege Erich Auer … nicht mehr zur Verfügung stehen wird: „Die Schauspieler haben Ernst Haeussermann längst durchschaut. Eines Tages schließlich, als im Dezember nicht zu erfahren war, was man im Jänner proben würde, wer dann also gebraucht werde, handelte der Obmann des

Betriebsrates. Ans Schwarze Brett nagelte Erich Auer seine Meinung über Ernst Haeussermann: ‚Die immer wieder zutage tretende völlige Planlosigkeit, die offensichtliche Mißwirtschaft in finanziellen Belangen und die unzureichende Beschäftigung vieler Ensemblemitglieder zwangen den Betriebsrat des künstlerischen Personals, der Direktion des Burgtheaters das Mißtrauen auszusprechen.' Doch Hauessermann nahm auch diese Hürde spielend. Er plauderte so lange vor sich hin und herum, bis Erich Auer, dem Nervenzusammenbruch nahe, einen Erholungsurlaub antrat." (Top Public 4/1967, S. 8)

71 Adorno an Tobisch

Frankfurt, 18. März 1965

Liebste Lotte,

tausend Dank für all Deine Nachrichten – es war arg schade, daß Du nicht nach Paris kommen konntest, und noch trostloser finde ich, daß es nicht einmal mit Baden-Baden ganz sicher ist. Wir fahren am 1. April dorthin, wohnen wie immer in Brenners Parkhotel, fahren am 15. zurück; länger geht es nicht, weil man dann dort, der Osterfeiertage wegen, keine Zimmer mehr hat. Es wäre sehr lieb, wenn Du mir möglichst bald Bescheid gäbest, ob und wann es wird, damit man im Brenner rechtzeitig disponieren kann.

Die Zeit in Paris war unbeschreiblich reich und bunt, aber auch über alles Maß anstrengend. Meine Hoffnung, dort mich ein wenig zu erholen, war völlig illusorisch. Ich bin arg erschöpft und ramponiert zurückgekommen und halte jetzt, in diesen Tagen, sehr gegen meine Gewohnheit, mit meinen Kräften haus, kaum viel anderes tuend als jeden Tag ein paar Stunden an meinem großen Buch diktieren und sonst Institutssachen erledigen. Zu allem anderen hatte ich meinen dicken Kopf gegen eine Glastür gerannt, die ich nicht sah, und offenbar eine leichte Gehirnerschütterung davon getragen, deren Folgen sich erst nach der Rückkehr bemerkbar machten, jetzt freilich abzuklingen beginnen. Vor lauter Wut, daß Du nicht kamst, bin ich in Paris mit allen erdenklichen Duchessen und Princessen zusammen gewesen, Du hättest mich sicher arg verspottet. Zufällig war auch eine Wienerin dabei, Aliette, die Tochter der Gretel Rohan, die dort eine mondäne Existenz mit der einer Angestellten mit viel Haltung, aber offenbar unbeschreiblicher Anstrengung kombiniert. Sonst habe ich ein paar Menschen gesehen, an denen mir wirklich sehr viel liegt, wie Beckett, den alten Marcel Jouhandeau und den Dichter Jouve; und natürlich alle Musiker. Joseph Breitenbach hatte sich des mondänen Teils meiner Existenz in wahrhaft mütterlicher Weise angenommen. Die Vorträge waren überfüllt, wie ich es nicht für möglich gehalten hätte; wirklich stolz aber war ich, daß ich improvisierenderweise zwei Seminare auf französisch in der Sorbonne halten konnte, die man mir in der letzten Sekunde aufpackte, und daß man danach mein fehlerfreies Französisch rühmte. Und das ist, im doppelten Sinn, meine schwächste Stelle. Ich glaube, Du hättest an allem doch auch Deinen Spaß gehabt – Du warst selbstverständlich, vorsorglich, zu allem bereits eingeladen –, wenn es auch wahrscheinlich für Dich genau so anstrengend gewesen wäre wie für mich. Wenn Du nach Baden-Baden kommst, wird es zwar weniger ereignisreich werden, aber ganz sicher friedlicher, und vor allen: Wir werden mehr voneinander haben. Ich bitte Dich herzlich und inständig, es doch möglich zu machen. Es ist ja oft mit solchen Verpflichtungen so, daß sie einem unentrinnbar scheinen, solange man darin steht, daß man aber, wenn man sich mit einem Ruck frei macht, ganz gut davon loskommt, mir jedenfalls ist es so gegangen. – Ganz gut bin ich in Paris in der Frage der französischen Ausgabe meiner Sächelchen [Bücher] vorwärts gekommen; praktisch war das einer der Hauptgründe. Aber definitiv abgeschlossen ist immer noch nichts, und bei den unsäglichen literarischen Intrigen dort weiß man natürlich nicht, was passiert, sobald man den Rücken wendet. Ja, ich vergaß: Auf einer der Cocktailparties lief ich einer Baronin Hatvanyi in die Arme, einer Deutsch-Geschädigten, mit der ich lange über die Affäre sprach, die sie hauptsächlich der Torheit ihrer Verwandten zuschiebt. Da ich unterdessen gehört hatte, die Verurteilung des Gentleman [Dr. Hans Deutsch] sei überaus ungewiß, habe ich die Arme ein bißchen beruhigen können. Auf derselben Party übrigens lernte ich die ungemein sympathische Nichte von Marcel Proust, Madame Mante, kennen, eine ältere Dame, mit der ich mich recht gut verstand.

Aus New York schrieb mir Clara Steuermann vom Besuch der Gielens [Josef und Rose]. Rührend, daß sie dahin gefahren sind. Ich tue hier alles was ich nur kann für Michael [Gielen], beurteile aber die Chancen als nicht zu günstig, ohne daß ich die Gründe selber recht sehen könnte; wahrscheinlich ist es doch einfach der Stempel: zu modern. Vielleicht kann man ihm wenigstens die Stelle Löwleins verschaffen.

Von Dir selber, Deinem Gesundheitszustand, dessen Verhältnis zu Deinen theaterpolitischen Angelegenheiten schreibst Du kein Wort. Sei doch lieb und sag mir etwas darüber; ich bin natürlich immer noch beunruhigt. Aber vor allen: Komm, komm, komm. Der Bitte schließt auch das Gretelchen sich an.

Sei ganz umarmt von Deinem sehnsüchtigen

Teddie

Typoskript, Sammlung Tobisch; gedruckter Briefkopf: Adorno/Kettenhofweg.

an meinem großen Buch: Die „Negative Dialektik" erschien 1966.

Du hättest mich sicher arg verspottet: Siehe dazu die Bemerkung von Tobisch im BPV unter Tobisch, Lotte.

Aliette, die Tochter der Gretel Rohan und des Herzogs von Bouzillon und Montbazon, lebte zunächst in Wien, später in Paris. Siehe dazu auch Aliette Rohan, BPV.

Menschen gesehen, an denen mir wirklich sehr viel liegt, wie Beckett …: Adorno hat Samuel Beckett 1958, 1961, 1967 und 1968 getroffen. 1965 trafen sie sich im Hotel Pont Royal. „Adorno", schreibt Elisabeth Lenk, „vergaß alles um sich her, wenn Beckett eintrat. ‚Haben Sie gesehen', flüsterte er mir im Hotel Port Royal zu, ‚er hat mir zuliebe die Brille abgenommen?'" Über das Treffen 1967 schreibt Adorno an Lenk: „… wieder mit Beckett zusammen, und das Gespräch, das wir führten, gehört zu dem Unvergeßlichsten, was mir seit Jahren widerfuhr. (…) ich habe sogar, ganz gegen meine Gewohnheit, Notizen darüber gemacht." (Lenk, 2001, S. 55, 125)

den alten Marcel Jouhandeau: Siehe Jouhandeau, BPV.

den Dichter Jouve: Siehe Jouve, BPV.

Joseph Breitenbach siehe Breitbach, BPV.

Die Vorträge waren überfüllt: Adorno war im März mehrere Verpflichtungen eingegangen: Zunächst sprach er im Deutschen Haus in der Cité Internationale „Über einige Schwierigkeiten des Komponierens heute" (GS 17), dann trug er im Amphithéatre Descarte de la Sorbonne seinen Karl Kraus-Text „Sittlichkeit und Kriminalität" (GS 11) vor.

Baronin Hatvanyi … einer Deutsch-Geschädigten: Siehe Deutsch, BPV.

Nichte von Marcel Proust: Der begüterte, in Paris lebende Schriftsteller Joseph Breitbach hat Adorno zuliebe 1968 „eine Party gegeben, zu der lauter Nachkömmlinge derjenigen Adeligen eingeladen waren, die bei Proust vorkommen". (Lenk, S. 137 f.)

Clara Steuermann: Siehe Eduard Steuermann, BPV; vgl. Anmerkung zu Brief 1, 15, 65.

die Stelle Löwleins: Der Dirigent Hans Löwlein, Jahrgang 1906, war Mitte der 60er-Jahre stellvertretender Generalmusikdirektor des Opernhauses in Frankfurt und Chefdirigent des Orchesters der Musikhochschule Frankfurt.

72 Theodor & Gretel Adorno an Tobisch

LOTTE BARONIN TOBISCH
OPERNRING 8 WIEN /1

4.4.65 BADENBADEN

ERWARTEN DICH SEHNLICHST WANN KOMMST DU BRENNERS PARK HOTEL = HERZLICHST TEDDIE UND GRETEL

Telegramm, Sammlung Tobisch.

73 Adorno an Tobisch

Lotte Baronin
Tobisch von Labotyn
Wien I
Opernring 8

April 1965. Liebste Lotte, dem Stolz auf die Baronin (nicht Baroine); der Hoffnung, daß Du Dich rasch vom [ein Wort unleserlich] der [ein Wort unleserlich] erholst, gesellt sich knirschende Wut, daß Du nicht hier bist und ich nicht nach München kann. Wie lange will eigentlich das Schicksal solchen Schabernak mit uns treiben! Ach Lotte! Auf bald! Sei sehr umarmt und geküßt von Deinem Teddie

Es hätte Dir sehr gut hier gefallen und auch gut getan, mit uns herumzulaufen im ersten Frühlingsgrün. Ich hoffe, doch auf sehr bald. Innigst Deine Gretel

Ansichtskarte, handschriftlich, Sammlung Tobisch. – Die s/w Fotografie auf der Vorderseite ist auf der Kartenrückseite durch den Aufdruck „BADEN-BADEN – Brenners Parkhotel, Kurhof" ausgewiesen.

74 Adorno an Tobisch

Frankfurt, 21. April 1965

Liebste Lotte,

Gretel und ich sind von Baden-Baden zurück, recht gut erholt und guter Dinge. Um so mehr sind meine Gedanken bei Dir. Ob Du wohl von der Attacke der Nazibestie Dich erholt hast, und wann endlich wir uns wiedersehen? Besonders blöd war, daß sich München nicht hat arrangieren lassen. Aber ich mußte zwei Tage vor Ostern wieder hier sein, um einige Greuel zu verhindern.

Du, mir ist eine Idee gekommen. Karajan vertritt doch dauernd öffentlich, daß Operntheater heute eigentlich nur als Gastiertheater möglich sei, während Liebermann in Hamburg das lebendige Gegenbeispiel dafür liefert. Hier liegt vielleicht wirklich eine schwache Stelle des Herrn von Karajan. Und ich habe gedacht, ob man nicht im nächsten Jahr das sogenannte Europa-Gespräch in Wien auf das Problem der Oper zentrieren könnte und so, daß dabei die Karajan entgegengesetzte Konzeption sich geistig wirklich rechtfertigt. [Egon] Hilbert müßte das zu organisieren suchen, vor allem auch die

Auswahl der Teilnehmer. Unter diesen würde ich dringend Liebermann vorschlagen, vielleicht auch den römischen Opernleiter Massimo Bogianckino (einen Freund von mir). Ich selbst würde gern kommen (dreimal darfst Du raten, warum) und ein großes Referat halten. Von Musikwissenschaftlern kämen Rudolf Stephan und Carl Dahlhaus, beides ausgezeichnete jüngere Leute, in Betracht; vielleicht auch [Pierre] Boulez, [Hans Werner] Henze und die [Ingeborg] Bachmann. Und meinetwegen könnte man, pro forma, einen Karajananhänger ebenfalls zu Wort kommen lassen, damit er nicht sagen kann, daß seine Position nicht sich äußern dürfe – mit dem werden wir schon fertig werden. Sprich doch die Sache mit Hilbert einmal durch. Eine weitere Möglichkeit wäre übrigens auch Nicolas Nabokov, der Leiter der Berliner Festwochen und musikalische Berater des dortigen Bürgermeisters. Es könnte ganz munter werden.

Bitte vergiß nicht, und vergiß es auch nicht Hilbert zu sagen: Vorsicht mit Herrn von Matacic. Er betrachtet sich als Exponenten von Karajan, und da er sich offenbar erhofft, daß dieser seine absinkende Karriere stützt, wird er sicher zu allem bereit sein, was jener will, das heißt, wenn er in der Oper Fuß faßt, dort Intrigen größten Stils inszenieren.

Du siehst, ich nehme auch aus der Ferne an Deinen konkreten Problemen teil.

Jetzt benutze ich die paar ausgeruhten Tage zu dem wilden Versuch, die schwierigen Probleme meines großen philosophischen Buches zu lösen – wenn sie sich lösen lassen.

Sei lieb und schreib doch wirklich ein paar Zeilen. Und sei sehr umarmt von

Deinem

Teddie

Ich hätte gern dem wirklich ehrwürdigen Baron von Ficker gratuliert, konnte es aber nicht, weil ich die Adresse nicht habe. Vielleicht schreibst Du ihm ein Wort. – Ob Du wohl wieder den Heidegger dort getroffen hast? –
Selbst im Brief fällt mir's noch schwer, mich von Dir zu trennen! Du sehr Schöne. –

Sind Gielens gesund zurück?

Typoskript, Sammlung Tobisch; gedruckter Briefkopf: Adorno/Kettenhofweg. – Der letzte Satz wurde vertikal am linken Blattrand notiert.

Attacke der Nazibestie: Siehe Borodajkewycz, BPV.

Du, mir ist eine Idee gekommen … Es könnte ganz munter werden: Harald Goertz von der Gesellschaft für Musik reagierte auf Adornos Initiative mit dem Vorschlag, die Diskussion in zwei Abschnitte zu gliedern: „Einmal in eine Veranstaltung mit Referaten der von uns speziell eingeladenen Hauptteilnehmer und Diskussion zwischen diesen. Nach diesem gewissermaßen auf höchster Ebene stattgefundenem Meinungsaustausch dächte ich für den nächsten Tag an eine Publikums-Diskussion. Dieses Publikum stelle ich mir nicht nur aus Besuchern aus dem Wiener musikalischen Publikum bestehend vor, sondern auch aus Fachleuten, die wir aus den östlichen Staaten interessieren könnten etc., und die auf Grund der am Vortag gehörten Ergebnisse nun ihrerseits Beiträge und Fragen formulieren könnten. Hiedurch wäre einer sonst vielleicht einseitig westlich orientierten Teilnehmerauswahl ein Gegengewicht gegeben. Denn ebenbürtige Diskussions-Teilnehmer für das erste Gespräch werden aus den östlichen Staaten wegen der dort ganz verschiedenen Voraussetzungen für musikalisches Theater schwer zu finden sein." Als Teilnehmer schlägt er neben den seine Zustimmung findenden Personen, Boulez und Liebermann, Georg Solti und A. Ghiringelli [Intendant] von der Mailänder Scala vor. „Vielleicht sollten von österreichischer Seite Herr v. Einem [Gottfried/Komponist] und Helmut Fiechtner teilnehmen? Wie schätzen Sie die Stellung von Sellner [Gustav Rudolf/Regisseur, Schauspieler, Intendant] und die von Stuckenschmidt [Hans Heinz/Kritiker, Musikschriftsteller, Komponist] zu dem Thema ein?" Um die finanzielle Basis für eine solche Unternehmung zu stärken, die staatlichen Subventionsverhältnisse für die kommende Saison waren noch ungeklärt, nimmt er eine Idee von Tobisch auf, die an die „Einschaltung des deutschen Fernsehens" dachte. (Schreiben von Harald Goertz an Adorno vom 24.9.1965, in: Sammlung Tobisch, Typoskript-Kopie, gez. Goertz) – Zu den tatsächlich eingeladenen Teilnehmern und den Auswirkungen dieser Podiumsdiskussion siehe Anmerkung und Brief 105.

Liebermann in Hamburg: Zu Liebermann siehe BPV.

Europa-Gespräche: Ein jeweils mehrtägiges Symposion im Rahmen der Wiener Festwochen, organisiert vom Kulturamt der Stadt Wien. Von 1958 bis 1968 fand es jährlich statt, später alle zwei Jahre.

Massimo Bogianckino siehe BPV.

Rudolf Stephan siehe BPV.

Carl Dahlhaus siehe BPV.

Nicolas Nabokov siehe BPV.

Vorsicht mit Herrn von Matacic: Siehe BPV.

meines großen philosophischen Buches: „Negative Dialektik" (1966)

Ich hätte gern dem wirklich ehrwürdigen Baron von Ficker gratuliert: Über Tobisch kam es zwischen Ludwig von Ficker und Adorno zu einem kleinen Briefverkehr. Ficker feierte am 13. April 1965 seinen 85. Geburtstag.

Ob Du wohl wieder den Heidegger dort getroffen hast: Da Tobisch wusste, dass Adorno Heidegger sehr kritisch gegenüberstand und an einer grundsätzlichen Kritik an dessen Sprache arbeitete („Jargon der Eigentlichkeit"), hatte sie ihm einmal mit frohlockendem Unterton berichtet, dass sie beinahe Heidegger getroffen hätte, als sie Ficker einen Besuch abstattete (siehe Brief 15). – Zum Verhältnis Heidegger/Ficker siehe Heidegger, BPV.

Sind Gielens gesund zurück: Josef und Rose Gielen besuchten nach dem Tod des Pianisten Eduard Steuermann, dem Bruder von Rose, dessen Frau Clara Steuermann in New York (siehe Brief 71).

75 Tobisch an Adorno

Wien, 5. Mai 1965

Liebster Teddie!

Dank Dir sehr für Deinen ausführlichen Brief! Über Deinen Vorschlag wegen einem Opern-Europagespräch habe ich mit [Egon] Hilbert noch nicht gesprochen, weil es mir vernünftiger erscheint, darüber zuerst mit dem Festwochenintendanten zu reden, dem ja das „Europagespräch" unmittelbar untersteht, der das jeweilige Thema zu bestimmen hat. Sobald ich näheres erfahre, berichte ich Dir darüber! Hilbert ist jedenfalls dafür zu haben – da besteht kein Zweifel –, aber es ist besser, wenn eine Initiative diesbezüglich nicht von ihm ausgeht, weil man da zu sehr die Absicht merkt, was bekanntlich verstimmt!

Ich bin augenblicklich wieder einigermaßen mit Arbeit eingedeckt, durch die fortdauernde Erkrankung meines Betriebsratskollegen ist alles momentan ein bissl eingefroren, bin ich mit Dingen überlastet, die getan werden müssen, aber ganz außerhalb dessen liegen, was der eigentliche Sinn und Zweck meiner Bemühungen ist; hoffentlich ändert sich dieser Zustand bald! Die Nestroy-Proben sind auch recht öd, mit einen Wort: Alles ist mühsam, langweilig – aber leider Gottes notwendig.

Gielens [Josef und Rose] sind seit zwei Wochen wieder im Lande, unglaublich gut beinander und recht vergnügt – sie lassen Dich sehr grüßen! – Mein Aufenthalt in Innsbruck war eine einzige Freude für mich; der alte Herr von Ficker ist ein leibhaftiges Wunder an Menschlichkeit, und die Zuneigung, die er mir entgegenbringt, hat etwas sehr Beglückendes, denn sie kommt – weiß Gott – aus einer besseren Welt, so unverdient und unerwartet – ein Geschenk, wahrhaftig, bei dem ich mich immer wieder frage, wieso es grad mir gegeben wird. Wenn Du dem Alten [L.v. Ficker] schreiben willst, wird es ihn sicher sehr freuen! Seine Adresse ist L.v.F. Innsbruck /Mühlau, Kirchgasse 11. (Heidegger war nicht dort, ich höre, daß er Freiburg nicht mehr verläßt und sich immer mehr abschließt ... na ja!) Weil ich es Dir versprochen habe, schick ich Dir meinen Artikel und kann nur wieder einmal um Deine Milde beim Lesen bitten!!

Sonst, lieber Teddie, gibt's nichts zu berichten; mein Kopf ist wieder heil, dem Dagobert geht's gut, und ich bringe allmählich meine seit Monaten herumschleichende Grippe aus mir heraus! Am 25. Mai beginne ich wieder mit einer Fernseherei, und dann hab ich nur ein Bedürfnis: weg von hier! – Was hast Du im Sommer vor? Lasse mich es wissen, denn ich möchte Euch doch jedenfalls besuchen!

Noch etwas: Falls der Curd Jürgens auch nach Frankfurt kommt mit seinem „Freud"-Stück und Du dazu aufgelegt bist, Dir den blühendsten Unfug anzusehen, den Du jemals zu Gesicht bekommen hast, dann schau Dir den Abend an; andernfalls laß Dich durch nichts verleiten hinzugehen! Es ist wirklich beispiellos, was man heutzutag den Menschen vorzusetzen wagt! Ich hatte solch einen Zorn hernach, daß ich mir nicht anders helfen konnte, als postwendend ins Sacher zu gehen und mich dort einzuladen auf das Feinste vom Feinen an kulinarischen Genüssen samt einer Flasche französischen Champagner, um mir damit irgendeinen Beweis von vorhandener Kultur zu verschaffen.

Schreib bald wieder und grüße Gretel bitte herzlichst!

Alles Liebe für heute!

Deine

Lotte

Typoskript, Sammlung Tobisch; gedruckter Briefkopf: Tobisch/Opernring.

Erkrankung meines Betriebsratskollegen: Zu Auer siehe BPV und Brief 65, 70.

Heidegger war nicht dort: Siehe Brief 74.

schick ich Dir meinen Artikel: „Der Brenner: Paß und Feuer. Ludwig von Ficker zum 85. Geburtstag", in: Die Furche, Nr. 16/1965.

Dagobert geht's gut: Zu Dagobert siehe Anmerkung zu Brief 15.

Curd Jürgens auch nach Frankfurt kommt mit seinem „Freud"-Stück: Es handelte sich um Henry Denkers Drama „A far Country" („Verbotenes Land"), dessen französische Fassung „Le fil rouge" in der Bearbeitung von Pol Quentin im Rahmen des Burgtheaters gezeigt wurde. Denkers „Weites Land", heißt es im Programmheft, „hat zum Thema das dramatische Ringen Freuds (1893) um die Befreiung einer Kranken, Elisabeth von Ritter (‚Der Fall E. von R.' in seinen ‚Studien über die Hysterie'). Im Durchbruch in die verdeckten seelischen Tiefen dieses schönen Mädchens gelingt ihm der Durchbruch zum eigenen Lebenswerk." Curd Jürgens (1915-1982) spielte Sigmund Freud. Das Stück wurde an drei Abenden im Mai 1965 als Gastspiel einer George Herbert-Produktion/Paris aufgeführt.

postwendend ins Sacher zu gehen: zum Hotel Sacher siehe Sacher, BPV.

76 Adorno an Tobisch

Frankfurt, 20. Mai 1965

Liebste Lotte,

hab tausend Dank für Deinen Brief.

Ich bin sehr gespannt, wie Hilbert auf meine Anregung reagieren wird, wenn Du mit ihm sprichst – übrigens habe ich mich gewundert, daß man mich diesmal zum Europa-Gespräch nicht eingeladen hat. Weißt Du einen besonderen Grund dafür? Ernst Bloch ist ja einer meiner ältesten und engsten Freunde. Ob Du ihn wohl kennengelernt hast?

Hätte ich eine Ahnung gehabt, daß er nach Wien kommt, so hätte ich dafür gesorgt, daß er Dich anruft, und Ihr etwas ausmacht. Ihn kennenzulernen, ist nun wirklich der Mühe wert.

Was Deinen Ärger anlangt, so habe ich höchstens den Trost, daß der meinige vermutlich noch größer ist; mit welchem Maß an Mediokrität ich mich, indem ich versuche, die einfachste Vernunft durchzusetzen, in der Fakultät [der Goethe-Universität] herumschlagen muß, das übersteigt wirklich das Maß des Vorstellbaren, und wenn Du an diesen Erfahrungen teilnähmst, so würdest Du gewiß manches, was Du Wien zuschreibst, jenem allgemein Menschlichen zuschreiben, das die Menschen zu Unrecht für ein Positivum halten. Innerhalb der nächsten Wochen wird sich entscheiden, ob ich wenigstens mit all der Einbuße an Nervenkraft etwas erreiche, nämlich die Berufung von ein paar wirklich guten Leuten.

An Herrn von Ficker schicke ich heute den dritten Band der „Noten" [zur Literatur] und schreibe ihm ein paar Zeilen dazu. Deinen Aufsatz über Ficker finde ich warm und menschlich und schön formuliert, nur eine Nuance zu katholisch im Ton. Aber ich verstehe nur zu gut, daß man, einem Menschen zuliebe – und im Wesen ist ja Dein Aufsatz ein Brief an ihn –, gleichsam etwas von dessen eigenem Wesen annimmt, wenn man ihm schreibt; ich beobachte das auch an mir selbst immer wieder.

Der Heidegger kann ja schließlich nicht immer dort herumhocken, wenn Du hereintrittst. Auch der göttlichen Vorsehung darf man nicht zuviel zumuten. Allerdings ihr etwas nachhelfen. Und damit komme ich zum Wichtigsten.

Wir sind den ganzen August, und die ersten Septembertage, wieder oben in unserem Stall in Sils Maria. Ich hoffe von ganzem Herzen, daß Du heraufkommst, nicht zu einem flüchtigen Besuch, sondern möglichst während der ganzen Zeit. Ich zittere, daß Du auch wirklich kommst, und daß nicht Dein Herz deswegen zittert, weswegen wiederum nur das meine zittern würde. Also gibt mir doch recht bald Bescheid. Vorher werde ich von hier kaum mehr wegkommen, außer das kommende Weekend, wo ich in Berlin eine Reihe von Sachen habe, drei Vorträge; aber das wäre nicht ganz das richtige für uns. Sollte dagegen, wie es nicht ausgeschlossen ist, bis dahin sich eine Sache in München realisieren, würde ich Dich sofort anrufen und sehen, ob Du auch hinkommen kannst.

Ich habe mit viel Freude Deine Formulierung gelesen, daß Du Dich im Sacher zu gutem Essen und einer Flasche französischen Champagner eingeladen hast. Während ich schon darauf hoffe, daß ich das das nächste Mal mit Dir tun kann, glaubte ich die Erinnerung an jenen denkwürdigen Abend herauszulesen, der mit der Götterdämmerung begann, Herrn Kortner als Intermezzo hatte, und in Deiner Wohnung [am Opernring 8] beschlossen ward.

Grüß mir die Gielens [Josef und Rose] aufs allerschönste; der Clara [Steuermann] bin ich einen Brief schuldig, schreibe ihn, sobald ich ein bißchen zu mir komme.

An meinem großen Buch arbeite ich trotz fast prohibitiver Zeitschwierigkeiten konsequent weiter; das einzige, worauf ich wirklich ein bißchen eingebildet bin, ist eine Konzentrationsfähigkeit, die es mir erlaubt, selbst für eine halbe Stunde oder eine ganze die Umwelt zu vergessen und mich in die schwierigsten Dinge ganz zu versenken. Sonst ging's aber auch wirklich nicht.

Also, liebste Lotte, schreib bald, und lieb, und sei schön, nimm alles Liebe von Gretel, und sei ganz umarmt von

Deinem

Teddie

Sehr bewegt hat es mich, als ich in Deinem Aufsatz auf den Namen Karl Dallago stieß. Ich wußte übrigens gar nicht, daß er noch so lange gelebt hat. Mir haben sich seine Sachen aus der Zeit vor vierzig, fünfundvierzig Jahren sehr eingeprägt, und unauslöschlich ist es mir, daß ich im Jahr 1949, wenige Wochen nach meiner Rückkehr aus Amerika, in Regensburg, auf ein Devotionaliengeschäft stieß, dessen Besitzer denselben Namen trug – damals hatte ich, fast schockhaft, das überdeutliche Gefühl, nun wirklich wieder in Europa zu sein.

Typoskript, Sammlung Tobisch; gedruckter Briefkopf: Adorno/Kettenhofweg.

diesmal zum Europa-Gespräch nicht eingeladen: Adorno hatte zweimal am Europagespräch teilgenommen. 1960 hielt er den Vortrag „Musik und Tradition" und nahm an einer Forumsdiskussion zum Thema „Die gesellschaftliche Bedeutung des modernen Theaters" teil. 1963 referierte er über „Laienkunst – organisierte Banausie?". (Siehe auch Anmerkung zu Brief 74 und Steinert, S. 152 ff., 239.)

Deinen Aufsatz über Ficker: Siehe Anmerkung zu Brief 75.

Der Heidegger kann ja schließlich nicht immer dort herumhocken: Siehe Anmerkung und Brief 74, 75.

in unserem Stall in Sils Maria: Adorno logierte immer im Hotel Waldhaus.

wo ich in Berlin eine Reihe von Sachen habe: Adorno hielt in Berlin einen Vortrag über den Begriff der Gesellschaft.

Deine Formulierung: Siehe Brief 75.

die Erinnerung an jenen denkwürdigen Abend: Siehe Anmerkung zu Brief 4.

meinem großen Buch: „Negative Dialektik" (1966)

auf den Namen Karl Dallago stieß: Siehe BPV Dallago und Ficker.

77 Egon Hilbert an Adorno

Wien, 26. Mai 1965

1 Kopie: Dir. Dr. Hilbert
" Frau Lotte Tobisch

Lieber und hochverehrter Herr Professor!

um es Ihnen gleich ehrlich zu sagen, diese Zeilen schreibe ich in Anwesenheit unserer Lotte. Durch die Tatsache, daß unsere gemeinsame Freundin [Lotte Tobisch] hier bei mir sitzt, ist es mir möglich, mich bei Ihnen schriftlich zu entschuldigen und ich bitte Sie, mir zu glauben, daß ich weder taktlos noch größenwahnsinnig bin, daß ich auf Ihre herzlichen Zeilen noch nicht geantwortet habe. Magister peccavi.

Nach der Erteilung der Absolution darf ich mich nun an die Sache selbst wenden.

Ich finde Ihre an Lotte gerichteten Zeilen grandios betreffend Europagespräch. Ich habe Lotte gebeten und ermächtigte sie, Ihnen das persönlich mitzuteilen und für Ihr Interesse und Hilfe zu danken.

Lotte hat bei meiner derzeitigen Überarbeitung das einzig richtige getan, indem sie die Sache im Einvernehmen mit Ihnen, sehr verehrter Herr Professor, in die Hand genommen hat und zu einem guten Ende bringen wird. Ich denke, daß wir recht bald die Sache grundsätzlich angehen und auch die Personenauswahl, die von Ihnen vorgeschlagen worden ist, finde ich großartig.

Herr Henze, von dem ich übrigens in der Saison 1966/67 ein Ballett uraufführe (mit Nurejew), soll dabei als Repräsentant einer anderen Auffassung als unsere zu Wort kommen.

Und nun, lieber und hochverehrter Herr Professor, danke ich Ihnen für Ihr liebes Interesse und Ihr Zugetansein, welches ich bestimmt nicht immer verdiene, aber erhalten Sie mir Ihr Wohlwollen.

Mit vielen herzlichen Grüßen
bin ich Ihr verehrungsvollst
ergebener
Hilbert

Herrn
Univ. Prof. Dr. Theodor Adorno
Kettenhofweg 123
Frankfurt/Main

Typoskript-Durchschlag, Sammlung Tobisch. – Die Unterschrift am Durchschlag stammt nicht von Hilbert.

Magister peccavi: Herr, ich habe gesündigt.

Herr Henze, von dem ich … 1966/67 ein Ballett uraufführe: Hans Werner Henze hat sein Ballett „Pas d'action" (1952) zurückgezogen. Daraus entstand die Suite „Tancredi" für Orchester. Die Neufassung nannte er „Tancredi e Cantilena" (1964), sie wurde 1966 an der Staatsoper uraufgeführt.

79 Tobisch an Adorno

Wien, *Mai 1965*

Liebster Teddie!

Heute erst komme ich dazu, Dir für Deinen lieben Brief zu danken! Inzwischen wirst Du ja Hilberts Schreiben erhalten haben und dadurch wissen, daß ich eben dabei bin, meine Fühler wegen des Europagespräches 1966 auszustrecken! Also halte die Daumen, daß der maßgebliche Stadtrat für die Sache zu gewinnen ist! Es wäre ja zu schön!

Ludwig von Ficker schrieb mir gestern einen zauberhaften Brief, in dem er sich – meinerseel – bei mir bedankt für die große Freude, die ihm durch Dein Buch ins Haus geschneit ist! Er hat sich sichtlich riesig gefreut darüber! Laß Dir nun also von mir dafür danken! (Er wird Dir inzwischen ja sicherlich schon geantwortet haben!)

Vorgestern rief mich – völlig verzweifelt – wieder einmal die Minna von Alth an – und, da ich es ihr versprochen habe, Dir davon Mitteilung zu machen, gebe ich pflichtgemäß ihre Klage an Dich weiter!! Die Tochter [Michaela] hat plötzlich den Fimmel, ihre Stellung bei Dir aufzugeben und sich ganz und gar dem häuslichen Glück zu widmen, worüber wiederum die Minna in höchste Verzweiflung geraten ist! Nun glaube ich tatsächlich, daß die Michaela so einen Schritt über kurz oder lang sehr bereuen würde und wäre ich Dir dankbar, wenn Du sie zu halten versuchen würdest! Es wäre ja wohl wirklich jammerschade, wenn dieses hochbegabte Wesen sich nur noch dem Windelwaschen hingeben würde!

Sonst kann ich Dir wenig berichten, unsere Premiere ist gut vorbei gegangen und am ersten Juni kommt mein Kollege Auer wieder, und ich hoffe sehr, daß ich dann ein bissl mehr Luft haben werde und endlich die vielen Sachen werde erledigen können, die sich bei mir aufgestapelt haben! –

Nun wegen des Sommers: Meine Grünzweig hat mir mit ihren Urlaubsdispositionen nun glücklich einen großen Teil meiner Pläne zusammengehaut: Ihr Liebster hat nur im Juli Zeit, und so kann ich meinen Dagobert also erst im August unterbringen und dadurch nicht, wie ich beabsichtigte, im Juli ans Meer fahren. Schreib mir, liebster Teddie, wo ihr im Juli sein werdet! Wie gesagt, das Problem ist der Hund, der unbedingt mitfahren muß! Wenn Ihr im Juli irgendwo in Deutschland seid, kann ich Euch jedenfalls besuchen, denn da finde ich schon ein Quartier, wo Dagobert geduldet wird! Aber im Ausland gibt's da immer kolossale Schwierigkeiten! Im August will ich dann 14 Tage ans Wasser und, wenn es nicht im Juli geht, dann am Rückweg vom Süden Euch – so um den 20. herum – in Sils besuchen! Schreib bitte bald, damit ich mich dann danach einrichten kann!

Hast Du jemals Verse von Christine Lavant gelesen? Wenn nicht, dann tu es doch bitte einmal: Ich finde die Gedichte einfach großartig! Das ist eine ganz unglaubliche Person!

Sei für heute herzlichst umarmt
und grüße Gretel viel, vielmals!
Deine alte
Lotte

P.S. Gielens [Josef und Rose] geht es gut, sie grüßen Dich sehr!

Typoskript, Sammlung Tobisch; gedruckter Briefkopf: Tobisch/Opernring. – Auf der ersten Seite hat Gretel Adorno eine – nicht transkribierte – Bemerkung, notiert, die wohl mit Dispositionen, ein Wiedersehen betreffend, zu tun haben. Wahrscheinlich stammt auch das handschriftlich festgehaltene Datum am Briefkopf von ihr.

der maßgebliche Stadtrat: Der Sozialdemokrat Hans Mandl war damals Kulturstadtrat.

Minna von Alth: Siehe BPV und Brief 25, 26, 31, 33.

Die Tochter hat plötzlich den Fimmel: Die Michaela hat plötzlich die leidenschaftliche Begeisterung.

unsere Premiere ist gut vorbei gegangen: Siehe Anmerkung zu Brief 55.

mein Kollege Auer: Zu Erich Auer siehe BPV und Brief 65, 70, 75. – Die Unterstreichung stammt wahrscheinlich von Gretel Adorno und steht in Zusammenhang mit den Dispositionen für ein angestrebtes Treffen mit Tobisch.

Meine Grünzweig: Frau Grünzweig war die Bedienerin von Tobisch. Adorno, berichtet Tobisch, konnte Tränen lachen über deren Kommentare. Als Frau Grünzweig eines Tages erzählte, dass ihre Tochter nun flügge würde und sich für Burschen und diese sich für sie interessieren würden, erklärte sie sich diesen Umstand damit, dass die junge Dame nun halt in der „Bubität" wäre.

ein Quartier, wo Dagobert geduldet wird: Von Gretel Adorno stammt die mit Hand geschriebene Randbemerkung „in Sils sind Hunde" auf Seite zwei des Briefes.

Christine Lavant siehe BPV.

Frankfurt, 4. Juli 1865

Liebste Lotte,

tausend Dank für Deinen Brief. Ich antworte Dir ganz rasch.

Zunächst wegen der Minna. Wenn Michaela nicht verrückt geworden ist und umgefallen, ist das reiner Unsinn. Sie hat vor einer Woche mit einem meiner Assistenten fest vereinbart, am 15. Juni bei uns einzutreten, nur mit der Einschränkung, daß sie zunächst halbtägig arbeiten will, weil sie noch einen Übergang ihrer saarländischen Verpflichtungen hat, den sie erledigen will. Sie sei glücklich, endlich an etwas Vernünftiges zu kommen. Ich selbst brauche sie wegen des Abschlusses einer wirklich wichtigen Studie, die sich viel zu lange hinausgezögert hat, wie einen Bissen Brot. Ich nehme an, daß das Ganze eine hysterische Phantasie der Minna ist; Du kannst diese bis auf weiteres beruhigen. Wenn die Michaela anderen Sinnes geworden wäre, hätte sie sich ja wohl an mich gewandt. Aber so wie mir ihre Ehe beschaffen scheint – ihr Mann hat sich noch nie getraut in ihrer Gegenwart auch nur den Mund aufzumachen –, kann ich mir den Entschluß, sich auf dem häuslichen Altar braten zu lassen, schlechterdings nicht vorstellen.

Von Ficker hatte ich einen wirklich reizenden Brief.

Nun wegen der Dispositionen: Den ganzen Juli über bin ich hier, höchstens einmal einen Abend, um einen Vortrag zu halten, in Darmstadt. Und es wäre herrlich, wenn Du uns besuchtest – wenn es Dich nicht stört, daß ich im Juli noch Vorlesungen und Seminare habe, zu welchen Du hiermit, wenn Dir's nicht fad wird, aufs herzlichste eingeladen bist. Den ganzen August, und die ersten Septembertage, sind wir wieder oben im Waldhaus in Sils. Da dort wiederholt schon Hunde freundlich aufgenommen worden sind, kann ich mir nicht vorstellen, daß es mit dem Hundeengel Dagobert nicht ebenso sein sollte. Ich glaube nur, er müßte dann irgendwo separat essen, nicht im Speisesaal, aber selbst das läßt sich vielleicht umgehen; ich meine mich zu erinnern, daß das vor ein paar Jahren einer Freundin von Gretel, die uns besuchte, mit ihrem allerdings sehr kleinen Hund gelang. Nur herzlich bitten möchte ich Dich, doch so zu disponieren, daß Du auch wirklich ein bissel Zeit hast, nicht gleich wieder hinwegeilst.

Dir zum Trost kann ich sagen, daß ich während der letzten Wochen sicherlich mit meiner Fakultät nicht weniger Ärger hatte als Du am Theater; allerdings habe ich eine sehr dringende Sache erreicht, eine andere aber werde ich nur gegen die Fakultät erzwingen können, und das hat wieder allerhand unangenehme Perspektiven.

Wenn der Plan eines Europagesprächs über die Oper in Wien im nächsten Jahr sich realisieren würde, so wäre das herrlich. Ich denke, wenn wir uns dazu einen Nachmittag in die Bar vom Silvrettahaus setzen, wird uns noch allerhand Hübsches dazu einfallen. Aber wir sehen uns ja schon vorher.

Sei so süß wie Du bist und schreib wieder ganz schnell Deinem Dich umarmenden

Teddie

Alles Herzliche von der Gretel!

Typoskript, Sammlung Tobisch; gedruckter Briefkopf: Adorno/Kettenhofweg.

Wenn Michaela nicht verrückt geworden ist: Zu Minna und Michaela von Alth siehe BPV und Brief 25, 26, 31, 33, 79.

81 Adorno an Tobisch

Frankfurt, 18. Juni 1965

Liebste Lotte,

dies nur, zu sagen, daß am Dienstag die Michaela, ganz brav wie verabredet, ihre Arbeit im Institut aufgenommen hat, und daß sie traurig darüber ist, zunächst nur halbtags bei uns arbeiten zukönnen, weil sie von ihrem bisherigen Job noch einen Überhang hat. Du kannst also die Minna [von Alth] gänzlich beruhigen. Übrigens bat mich die Kleine, verständlicherweise, sie mit ihrer Mutter nicht zu identifizieren.

Hier ist ein fürchterlicher Wirbel, vor allen deshalb, weil ich den großen Eröffnungsvortrag bei Gelegenheit des neuen Programms des Insel Verlags halten mußte, eine um so heiklere Angelegenheit, als einerseits mein Freund Hirsch aus der Insel ausgeschieden ist, andererseits aber der jetzige Besitzer, Unseld, im weitesten Maß den Verlag nach meiner Konzeption führen wird; worüber nun wieder der Hirsch röhrt. Kurz, auch in diesem Sektor, wie man neudeutsch sagt, ist es nicht eben einfacher als in Deinem.

Wie sieht denn die Frage des Europa-Gesprächs aus? Wenn sich die Idee realisieren sollte, würde ich gern einen Programmentwurf ausarbeiten, an dem man dann dort weiterarbeiten müßte. Hauptattraktion: daß ich dann zu Dir käme, ohne in Wien als Tourist zu sein, was ich, wie du weißt, nicht so schrecklich gern mag.

Übersiehst Du, wann etwa Du im Juli hierher kommst? Ich freue mich schrecklich ~~darauf~~, und natürlich schon gar darauf, daß Du nach Sils[-Maria] kommst.

Mit meinem großen Buch komme ich, fast unbegreiflicherweise, weiter ganz gut vorwärts, obwohl die Konzentration bei all dem, was so an mir zerrt, schwierig ist. Aber mich konzentrieren, das scheine ich nun einmal wirklich zu können.

Sei sehr umarmt von
Deinem
Teddie

Typoskript, Sammlung Tobisch; gedruckter Briefkopf: Adorno/Kettenhofweg.

die Michaela … ihre Arbeit im Institut aufgenommen hat: Siehe Michaela Alth, BPV, und Brief 80.

den großen Eröffnungsvortrag: „Über Tradition", Inselalmanach auf das Jahr 1966, dann in „Ohne Leitbild. Parva Aesthetica", edition suhrkamp Bd. 201, 1967, jetzt in GS 10.1, S. 310-320.

mein Freund Hirsch aus der Insel ausgeschieden: Zu Hirsch siehe BPV.

der jetzige Besitzer, Unseld: Siehe Unseld, BPV.

die Frage des Europa-Gesprächs: Siehe Anmerkung und Brief 74, 75, 76, 77, 79, 80.

Mit meinem großen Buch: „Negative Dialektik" (1966)

82 Tobisch an Adorno

Wien, 16. Juli 65

Liebster Teddie!

Nun hat sich wieder alles ein bissl auf den Kopf gestellt: Ich mußte meinen Tiroler Aufenthalt abblasen, weil ich dringend nach Basel muß und komme dann direkt von dort zu Euch – ein paar Tage früher, als geplant war. Allerdings muß ich auch früher weg, weil ich am 24. Aug. in Salzburg sein muß – aber, wie gesagt: Ich komme schon am 12., und so bleiben es wiederum 10-11 Tage, wie ichs versprochen hab!

Ich hoffe, Du bist nicht böse, daß Du mich nun schon eher siehst, als erwartet!

Alles Liebe Euch!

Herzlichst Deine strapazierte

Lotte

P.S. Laß Dir nochmals sagen, wie sehr ich mich über Deinen Anruf neulich gefreut habe!!

Typoskript, Sammlung Tobisch; gedruckter Briefkopf: Tobisch/Opernring. – Das Postskriptum wurde vertikal am linken Blattrand geschrieben.

83 Tobisch an Adorno

Wien, 27. August 65

Liebster Teddie!

Am Freitag bin ich wieder hier angelangt – noch ist Wien schön, weil die Wiener noch nicht im Lande sind! Allsamt hocken sie in Salzburg [bei den Festspielen], das ich aus diesem Grunde fluchtartig verlassen habe, nachdem ich mir rasch nur den „Boris" angesehen habe: eine Monster-Show mit musikalischer Untermalung – mit der üblichen Karajanischen Perfektion – beängstigend in jeder Beziehung, nicht zuletzt wegen des großen Eindruckes, den der Abend hinterläßt … Gestern war [Egon] Hilbert lange bei mir; gottlob hat er sich sichtlich derfangen, ist er imstande, wenigstens ein bissl zuzuhören und leidet nicht mehr an ununterbrochener Telefonitis! – Ich habe ihm alles gesagt, worüber wir gesprochen haben; allerdings behauptet er, daß es einfach unmöglich ist, einen ersten Mann ganzjährig als eine Art „Generalmusikdirektor" zu bekommen, und daß die höchstmögliche Zeit 4 Monate ist; die kommende Saison hat er [Josef] Krips 4 Monate und [Karl] Böhm drei und dazu noch eine Menge anderer Dirigenten zwischendurch. Zu der Anregung, doch mal [Alexander von] Zemlinsky zu bringen und einmal eine interessante Ausgrabung zu machen – etwa [Giacomo] Meyerbeer – sagte er, daß er daran erst in zwei bis drei Jahren denken könnte, weil das derzeitige Repertoire der Oper derart unvollständig sei, also etwa keine anständige „Cosi"[fan tutte], kein [Le nozze di] „Figaro" [beide Mozart], keine „Elektra" [Richard Strauss] u.s.w. zur Verfügung steht, und er zu allererst ja für einen Stock stehender Vorstellungen zu sorgen habe; Opern wie „Die Afrikanerin" [Meyerbeer] zu bringen sei fast unmöglich, weil die ersten Sänger solche Partien einfach nicht lernen wollen, weil die damit nicht gastieren können (so hat sich zum Beispiel Frau [Birgit] Nils[s]on geweigert, „Rienzi" [Wagner] zu lernen, weil sie „damit nichts anfangen könnte" u.s.w.). Sicher ist jedenfalls, daß Hilbert die „Lulu" [Berg] übernächste Saison bringt; zu diesem Zwecke hat er wieder einmal mit Helene Berg gesprochen wegen der Orchestrierung des fehlenden Teils, doch Frau Berg lehnt nach wie vor – aus den bekannten Gründen – ab: „der Alban sagt nein"!!! – Aber ich denke, daß man nochmals mit ihr reden sollte und immer wieder, denn die „Lulu" an der Staatsoper ist immerhin eine Garantie dafür, daß dieses Werk durch Jahre immer wieder aufgeführt wird, in einer Aufführung, die dem Werk würdig ist und *es* weitesten Kreisen zugänglich macht. Ich habe Hilbert empfohlen, sich über diese Angelegenheit doch mit Dir in Verbindung zu setzen – vielleicht fällt Dir dazu was ein!

Nun, lieber Teddie, laß Dir nochmals herzlich danken dafür, daß Du mir soviel Deiner kostbaren Zeit geopfert hast! Es war schön in Sils-Maria – wunderschön! Beiliegend ein kleines Bilderl als Erinnerung für Dich und Gretel! – Ich hoffe, daß Du das Büchel mit der Rede Fickers für die Lavant bekommen hast: Du hättest Deine Freude daran gehabt, wenn Du den Alten hättest hören können, wie er bei meinem

Innsbrucker Aufenthalt über Deine Schriften gesprochen hat, über das, was Du über Hölderlin sagtest! Weißt Du, was der Alte (wie er sagt „zur Entspannung, nach meinen Lernstunden bei Adorno") mit größter Leidenschaft liest: Walter Benjamin! Wenn die Briefe herauskommen, dann bitte ich Dich sehr, sie ihm zu schicken: Damit hätte er eine Riesenfreude!

Mit Gielens [Josef und Rose] hab ich gesprochen und heute, abends, sehe ich sie; wegen Michael: Josef sagt, daß sich Michael noch nicht entschieden hat – aus tausend Gründen und weil er eine Menge Angebote hat, daß er aber doch sehr erwägt, mit Kiel abzuschließen – nun ja, man wird sehen! Hoffentlich überlegt er sichs nicht so lange, bis es zu spät ist!

Teddie, laß bitte bald von Dir hören und erholt Euch noch gut in Sils! Grüße die Brentanis – die sind wirklich liebe Menschen! Auch den großen Scholem grüße ehrerbietig (wenn er Dich zu Wort kommen läßt!).

Alles Liebe Dir und Gretel

von Deiner

alten Lotte

Typoskript, Sammlung Tobisch; gedruckter Briefkopf: Tobisch/Opernring.

nur den „Boris" angesehen: „Boris Godunow", musikalisches Volksdrama von Modest Mussorgskij, Text nach Aleksander Puschkin.

Ich habe ihm alles gesagt, worüber wir gesprochen haben: Tobisch bezieht sich im Folgenden auch auf die Inhalte von Adornos Brief an Staatsoperndirektor Egon Hilbert (siehe Brief 60).

hat er [Hilbert] wieder einmal mit Helene Berg gesprochen wegen der Orchestrierung des fehlenden Teils: Siehe dazu Anmerkung und Brief 4, 24.

Beiliegend ein kleines Bilderl als Erinnerung für Dich und Gretel: Tobisch fotografierte Adorno viermal während des gemeinsamen Sommerurlaubs in Sils-Maria. Eine erste qualifizierte Veröffentlichung von zwei der drei Adorno-Aufnahmen findet sich in der Zeitschrift Wespennest 117/2000, Cover und S. 89. Ebendort ist erstmals auch ihr NDR-Gespräch mit Adorno publiziert worden. Das dritte Adorno-Foto, ein Porträt aus derselben Serie, wurde in der Wochenzeitung Falter 17/1989, S. 11 veröffentlicht. Mit dem „kleinen Bilderl" meint Tobisch wahrscheinlich die vierte Aufnahme. Sie zeigt Theodor und Gretel Adorno während einer Wanderung am Boden sitzend, Adorno im Sonnenlicht, Gretel im Schatten. Veröffentlicht wurde dieses Foto ebenfalls in der Zeitschrift Falter (S. 10); s.a. Bildteil S. 15.

das Büchel mit der Rede Fickers für die Lavant: Wahrscheinlich handelt es sich dabei um Fickers Laudatio anlässlich der Trakl Preisverleihung an Christine Lavant am 9. November 1964 in Salzburg.

wie er … über Deine Schriften gesprochen hat, über das, was Du über Hölderlin sagtest: Wahrscheinlich handelt es dabei um den Text „Parataxis. Zur späten Lyrik Hölderlins", Vortrag

Berlin, 7. Juni 1963; veröffentlicht in: Neue Rundschau, 75, 1964, Heft 1; Noten zur Literatur III, 1965; GS 11, S. 447-491.

Wenn die Briefe herauskommen: Adorno bereitete gemeinsam mit Gershom Scholem eine Auswahl von Benjamins Briefen vor. Der Band „Walter Benjamin: Briefe" erschien 1966.

Josef sagt, daß sich Michael noch nicht entschieden hat: Zu Michael Gielen BPV.

Grüße die Brentanis: Siehe BPV.

Auch den großen Scholem grüße ehrerbietig (wenn er Dich zu Wort kommen läßt!): Tobisch spielt auf das schnoddrige Talent des Gelehrten im Umgang mit Menschen an. Dieses Talent unterschied Scholem von Adorno, den Scholems Schnoddrigkeit immer wieder befremdet hat. Die zwei kleinen Texte Adornos über Scholem bezeugen jedoch seinen großen Respekt vor ihm: „Gershom G. Scholem", GS 20.2, S. 477-478, und „Gruß an Gershom G. Scholem", ebenda, S. 478-486.

84 Adorno an Tobisch

Österreich
Lotte Baronin
Tobisch von Labotýn
Wien I
Opernring 8

Sils-Maria 31. August 1965

Liebstes Lotterl, tausend Dank für den Brief und das Lavant-Heft. Nicht einmal daß das Wetter so schlecht wurde daß du wenig Spaß hättest vermag mich über dein Verschwinden zu trösten. Ich denke unendlich viel an dich – die Ohren müssen dir klingen. Bald mehr. Alles erdenkliche Liebe Dein Teddie

In der Hoffnung, Sie das nächste Mal, hier oder anderswo, kennen lernen zu dürfen, statt nach Ihnen anzukommen – Ihr P. Szondi

Wo ist denn das reizende Bild aufgenommen? Du fehlst mir sehr. Alles Liebe
Deine Gretel

Ansichtskarte, handschriftlich, Sammlung Tobisch. – Die s/w Fotografie auf der Vorderseite ist ebendort durch den Aufdruck „5852 Die Seen des Oberengadin" ausgewiesen. – Zusätze von Peter Szondi und Gretel Adorno.

tausend Dank für den Brief und das Lavant-Heft: Siehe Anmerkung und Brief 83.

Wo ist denn das reizende Bild aufgenommen?: Siehe Anmerkung zu Brief 83.

85 Adorno an Tobisch

<u>Österreich</u>
Baronin Lotte
Tobisch von Labotýn
Wien I
Opernring 8

2.IX.
65

Liebstes Lotterl, denk Dir, heute hat es Schnürl geregnet, und ich habe mit einem Handstreich die kleine Sache über den Himbeerpflücker diktiert. Denke, es ist ganz ordentlich. Muß es natürlich in Frankfurt durchredigieren, bis es nach Zürich geht. Bist Du wirklich eine Muse?! Sei umarmt von Deinem alten dummen Teddie

Dies als Ersatz der Karte vom Corvatsch. Meine Schuster haben uns nach Abona zur Kur geschickt. Wir sind trotz des Wetters ganz vergnügt. Hoffentlich zuzzelst Du Dich nicht zu sehr ab.

Alles Liebe Deine Gretel

Ansichtskarte, handschriftlich, Sammlung Tobisch. – Die s/w Fotografie auf der Vorderseite ist auf der Kartenrückseite durch den Aufdruck „208 Nietzsche-Haus. / Sils-Maria, Oberengadin./ Hier sann und schaffte 1881-1888 / Friedrich Nietzsche, * 15.10.1844. † 25.8.1900“

die kleine Sache über den Himbeerpflücker: Der Text „Reflexion über das Volksstück“, in dem sich Adorno mit Fritz Hochwälders „Der Himbeerpflücker“ (1964) beschäftigte, wurde für das Programmheft „Schauspielhaus Zürich 1965/66“ geschrieben (jetzt in GS 11, S. 693-694). Die politisch-satirische Komödie dreht sich um unbelehrbare Nazis, die zur Selbstverteidigung um die Gunst eines vermeintlichen früheren KZ-Mörders rivalisieren. Der jedoch stellt sich schließlich als einfacher Dieb heraus. – Die Uraufführung der „Himbeerpflücker“ fand am 23. September 1965 statt.

Meine Schuster: meine Ärzte

Wien, 3. September 65

Liebster Teddie!

So kurz als möglich möchte ich Dir rasch das Folgende berichten: Gestern war ein junger Regisseur namens Otto Taussig bei mir, der im kommenden Jänner den „Talisman“ von Nestroy bei Buckwitz macht; nun möchte der Taussig unbedingt, daß ich in diesem Stück die „Constantia“ spiele, und dazu ist zu sagen, daß der Buckwitz wiederum diese Rolle mit einem Ensemblemitglied seines Theaters besetzen will – um Geld zu sparen; ich für meinen Teil bin weder an der Rolle interessiert noch verspreche ich mir davon einen Geldgewinn, aber die Möglichkeit, einmal 4 Monate in Eurer Nähe zu sein und Herrn Häussermann nirgends begegnen zu müssen, bringt mich dazu, Dir von dieser Sache zu schreiben. Falls Du meinst, daß es einen Sinn hat (Du kennst den Buckwitz ja besser als ich), wenn man dem Buckwitz einredet, daß ich diese Rolle spielen muß, dann würde ich Dich sehr bitten, ihn irgendwie zu sprechen und mich gewissermaßen bei ihm zu protegieren – wie gesagt; das Ganze hat natürlich nur einen Sinn, wenn es D i r Spaß machen würde, mich 4 Monate „am Hals“ zu haben, denn für mich ist die ganze Angelegenheit (das darfst Du B. natürlich nicht sagen!!) ja nur im Zusammenhang mit Dir von Interesse! (Zumal ja die geplante Sündenfall-Tournee zur gleichen Zeit wäre und damit ins Wasser fiele.) – Dem Otto Taussig habe ich gesagt, daß er mir in spätestens vier Wochen Nachricht geben soll, ob B. von seinem „Ensemblegeist“ heruntersteigt oder nicht, jedenfalls habe ich nicht „nein“ gesagt, weil ich da doch zuerst Dir davon berichten wollte: Schreib mir also bald, was Du von der Sache hältst!

Hier ist der Wirbel bereits losgegangen; gestern hab ich mir [Josef] Gielens „Sappho“ angesehen – eine recht gute Aufführung bis auf zwei unzureichende Besetzungen; heute und morgen hab ich öde Sitzungen – mühsame Verhandlereien u.s.w. – und das nächste Fernsehen steht auch schon vor der Tür. – Gestern warens fünf Jahre, daß mir Erhard gestorben ist, und Du kannst Dir wohl denken, wie grenzenlos traurig ich bin ...

Habt noch vielen Dank für Eure liebe Karte! Die Aufnahme, die ich Euch geschickt habe, ist hinter der Maloja-Ruine (Blick ins Bergell) aufgenommen, und nächstens schick ich Euch Kopien von zwei anderen reizenden Bildern – bitte nur um ein bissl Geduld!

Für heut mach ich Schluß: Ich hoffe, daß Ihr Euch noch herrlich erholt habt und Frankfurt nicht zu vehement auf Euch herunterbricht!

Herzliche Küsse von Deiner

alten Lotte

Typoskript, Sammlung Tobisch; gedruckter Briefkopf: Tobisch/Opernring.

ein junger Regisseur namens Otto Taussig: Siehe BPV.

den „Talisman" von Nestroy bei Buckwitz: Buckwitz siehe BPV.

und Herrn Häussermann nirgends begegnen zu müssen: Zu Ernst Haeusserman, Direktor des Wiener Burgtheaters, siehe BPV und Brief 19, 29, 30.

die geplante Sündenfall-Tournee: Das Stück „Nach dem Sündenfall" von Arthur Miller erschien 1964.

Gestern warens fünf Jahre, daß mir Erhard gestorben ist: Zu Erhard Buschbeck, Tobischs ehemaligem Gefährten, siehe BPV.

Die Aufnahme, … ist hinter der Maloja-Ruine (Blick ins Bergell) aufgenommen: Der Ferienort Maloja, am Südende des Silversees gelegen, verbindet das Engadin mit dem Bergell.

nächstens schick ich Euch Kopien von zwei anderen reizenden Bildern: Siehe Anmerkung zu Brief 83.

87 Adorno an Tobisch

Frankfurt, 8. September 1965

Liebstes Lotterl,

tausend Dank für Deinen Brief.

Den Aufsatz über den Himbeerpflücker muß ich nur noch korrigieren, dann sende ich ihn sofort an Dich, und auch an den Hochwälder – hoffentlich wird er erträglich. *(Der Aufsatz, mein ich!)*

Die Aussicht, daß Du für ein paar Monate hierher kommst, um zu spielen, ist herrlich, und ich bin natürlich bereit, alles dafür zu tun, was ich nur kann. Aber ich meine doch, daß ich Dir sagen muß, daß ich nicht sicher bin, ob eine Intervention bei [Harry] Buckwitz wirklich hilft und nicht vielmehr schadet. Ich hatte, wie Du wohl weißt, mich bis aufs Äußerste für Michael Gielen eingesetzt und mit absolut negativem Effekt, ohne daß im übrigen Buckwitz mir die Gründe sagte; ich hörte nur indirekt von Rudolf Hirsch, mit dem ich damals noch gut war, daß Buckwitz den heftigsten Widerstand gegen Michael hege. Ich könnte mir denken, daß B. die Intellektuellenfurcht vieler Theaterleute hat und von vornherein allem, was von mir kommt, mißtraut. Dazu kommt, daß Rudolf Hirsch mit ihm und seiner Frau aufs engste befreundet ist. Gretel meint, daß Frau B., mit der ich übrigens äußerlich immer auf gutem Fuß stand, ihn gegen mich aufgehetzt habe, aus Gott weiß welchen Gründen (ich bin mir keiner Schuld bewußt). Sollte diese Vermutung zutreffen, und leider hat das Gretelchen in solchen Dingen einen nur allzu guten Instinkt, dann wäre das für meine Intervention kein gutes Vorzeichen. Andererseits hat Buckwitz wiederholt sich an mich wegen Ratschlägen für den Spielplan gewandt. Überleg Dir die Sache also erst noch einmal. Wenn Du meinst, daß meine Intervention nur nützen und nichts schaden kann, nehme ich natürlich sofort das Telefon in die Hand. Es ist zu blöd, daß ich den Rudolf in der Sache nicht einsetzen kann, dessen Stimme dort sicher viel größeres Gewicht hat als meine.

Wir waren in Basel, aßen dort mit den Brentanis im Euler zu Nacht, fuhren am Montag gemütlich zurück, und ich kann sagen, daß ich mich insgesamt doch ausgeruht und erholt, wenn auch akut durch den Klimawechsel und schlechten Schlaf müde fühle. *Wesentlich Dein Verdienst!*

Ich kann Dir nicht sagen, wie schön die Tage mit Dir waren. Es ist der pure Egoismus, wenn ich mir wünsche, daß Du für längere Zeit hierher kommst. Mir fällt noch ein, daß Du vielleicht durch die Lola Müthel herausbekommen könntest, ob die Intervention von mir Aussichten hätte.

Schreib ganz bald, und sei aufs innigste umarmt von

Deinem alten

Teddie

Typoskript, Sammlung Tobisch; gedruckter Briefkopf: Adorno/Kettenhofweg.

Den Aufsatz über den Himbeerpflücker: Siehe Anmerkung zu Brief 85.

aßen dort mit den Brentanis im Euler zu Nacht: Das 1865 erbaute Euler, ein elegantes „kleines Grand Hotel“ im Zentrum von Basel.

Lola Müthel war Schauspielerin und die Tochter von Lothar Müthel. Zu diesem siehe BPV.

88 NDR an Tobisch

NORDDEUTSCHER RUNDFUNK
2 Hamburg 13. Rothenbaumchaussee 132-134

Frau
Lotte Tobisch von Labotýn

W i e n 1
Opernring 8
ÖSTERREICH

HA Wort-Zentralred.
Hg/hh den 13.9.1965

Sehr verehrte gnädige Frau,

entschuldigen Sie bitte, dass ich mich erst jetzt für das mit Herrn Prof. Adorno geführte Gespräch bedanke, aber es dauerte einige Zeit, bis es von Sils Maria nach Hamburg kam. Da es etwas länger wurde als vorgesehen, können wir das Honorar auf DM 500.-- erhöhen, wir werden es auf das Konto von Professor Adorno überweisen lassen.

Noch einmal herzlichen Dank, das Gespräch ist wirklich so lebendig und instruktiv geworden, wie wir es erhofft hatten.

Mit freundlichen Grüssen
I h r
sehr ergebener
Rainer Hagen
(Rainer Hagen)

Typoskript, Sammlung Tobisch; gedruckter Briefkopf: NDR/Hamburg.

das mit Herrn Prof. Adorno geführte Gespräch: Das im Sommer 1965 im Hotel Waldhaus in Sils-Maria geführte Gespräch wurde unter dem Titel „Wiener Skandale um die Neue Musik. Ein Gespräch zwischen Theodor W. Adorno und Lotte Tobisch" in der Zeitschrift Wespennest 117/2000, S. 88-100, publiziert. Flankiert wird diese Veröffentlichung von fünf Fotografien. Zwei davon zeigen Adorno, fotografiert von Lotte Tobisch. – Siehe dazu auch Anmerkung zu Brief 83.

88 A Adorno an Tobisch

[Frankfurt,]13. September 1965

Ma trés Chère,

ich weiß nicht, ob Du meinem Brief bekommen hast. Und ich schicke Dir heute Deine Seiten, die mich hell begeistert haben, zurück, eigentlich nur als Vorwand, Dir zu schreiben.

Bitte sei doch so lieb, mich auf jeden Fall bald im Institut anzurufen, damit wir etwas ausmachen können.

Alles Herzliche
[Teddie]

Typoskript-Durchschlag (ohne Unterschrift), Theodor W. Adorno Archiv.

89 Adorno an Tobisch

Frankfurt, 14. September 1965

Liebstes Lotterl,

lange Unterhaltung mit Buckwitz. Er war ungeheuer freundlich und nett, und ich hatte den Eindruck, daß er ~~ungemein~~ *nach wie vor* positiv zu mir steht. So war auch seine Reaktion. Er sagte mir, wenn Taussig Dich für die Rolle haben möchte, so seist Du selbstverständlich engagiert. Nur meine er sich zu erinnern, T. habe für diese Rolle (er nannte die Salome, und ich weiß nun freilich nicht, ob sie mit der von Dir genannten identisch ist) ein Fräulein Schmuck genannt und hinzugefügt, hoffentlich störe es ihn, Buckwitz, nicht, daß das Fräulein Schmuck seine Gattin sei. Wenn er aber Dich nehmen wollte, so sei damit die Sache positiv erledigt. Möglich immerhin, daß die für Dich in Aussicht genommene Rolle eine andere ist; ich wollte die Sache nicht durch Rückfragen deshalb komplizieren, meine aber, daß, wenn Taussig auch in diesem Fall energisch sich für Dich einsetzt, keine Schwierigkeiten bestehen. Buckwitz hat mich ausdrücklich autorisiert, Dir in diesem Sinn zu schreiben.

Dies in äußerster Hast. Mach den Taussig mobil und laß recht bald hören und sei sehr geküßt von

Deinem

Teddie

Hochwälder und das Züricher Theater haben auf meine zwei Seiten ebenso reagiert wie Du. Die Sache für Ficker wird nicht vergessen.

Typoskript, Sammlung Tobisch; gedruckter Briefkopf: Adorno/Kettenhofweg. – Die beiden Unterstreichungen wurden von Hand vorgenommen.

lange Unterhaltung mit Buckwitz: Siehe Brief 87.

Hochwälder und das Züricher Theater: Zu Adornos Text siehe Anmerkung zu Brief 85.

Die Sache für Ficker wird nicht vergessen: Tobisch hatte, nachdem im Mai 1965 über ihre Vermittlung ein brieflicher Kontakt zwischen Ficker und Adorno hergestellt war, Adorno dazu animiert, einen Text über Ludwig von Ficker zu schreiben.

Wien, 7. Nov. 65

Liebster Teddie!

Du hast lange, lange nichts Schriftliches von mir gehört, denn was ich Dir hätte berichten können, war ja weder erfreulich noch interessant; augenblicklich gehts mir besser, aber von gut ist keine Rede, und ich denke halt darüber nach, was ich noch alles versuchen könnte, damit diese Quälerei endlich aufhört – aber, wie gesagt, das ist weder interessant noch erfreulich. Erfreulicher ist, daß die erste Bombe in unserem korrupten Kulturbetrieb nun endlich in die Luft gegangen ist und der hauptverantwortliche Mann im Unterrichtsministerium wegen Korruption angeklagt ist; man kann nur hoffen, daß, da nun der Herzog gefallen ist, der Mantel bald nachfolgt.

Was da nun eigentlich mit Buckwitz los ist, entzieht sich meiner Kenntnis, und ich fürchte, daß die Sache ins Wasser fällt, denn schließlich müßte ich ja allmählich irgendwas von ihm hören! Den Taussig kann ich nirgends finden – aus Köln ist er bereits abgereist –, doch hat er mir beim letzten Telefongespräch versichert, daß er mich unbedingt haben möchte, daß aber sein Vorschlag vom zuständigen Dramaturgen abgelehnt wurde, den Buckwitz hätte er bei seinem kurzen Frankfurter Aufenthalt allerdings nicht erreichen können … Wie dem auch sei, ich kann der Sache natürlich nicht nachrennen, sonst glauben die alle am Ende, daß ich auf sie angewiesen bin – aber nach wie vor: Wenn man sich an mich wendet, werde ich nicht nein sagen, und wenn man sich nicht an mich wendet, dann tut mir nur leid, daß ich Euch nicht in meiner Nähe haben kann! – Nachdem ich bis jetzt überhaupt nichts Berufliches machen konnte, hab ich nun für Dezember ein Fernsehen zugesagt und hoffe nur, daß ich nicht wiederum das ganze Gesicht voll Pletschen bekomme – aber ich muß jetzt irgendwas machen, weil ich das Gefühl habe, daß das Nichtstun auf die Dauer den Zustand eher verschlechtert. Also: Laß' ma es drauf ankommen! – Die Tournnee mach ich keinesfalls, weil das eine derartige Strapaz ist, daß ich dieses Risiko nicht eingehen möchte. Vom Norddeutschen Rundfunk hab ich nichts mehr gehört, aber ich hoffe, daß die mir gelegentlich das Geld schicken – ich könnt es augenblicklich ganz gut brauchen! Ich schreib Dir meine Kontonummer bei der Creditanstalt (falls die nicht wissen, wohin sie es senden sollten!): 50-26422 Zweigstelle Kärntnerring Creditanstalt-Bankverein, Wien I. (Du lieber Gott, ist das alles kompliziert!) Nun, liebster Teddie, möcht ich gerne wissen, wie weit Du mit Deinem Buch bist?! Bist Du sehr angehangt in der Universität? Ich habe immer Angst, daß Du Dich überforderst! Du hast zwar eine beneidenswerte Gesundheit – aber bitte: Sündige nicht zuviel darauf!!!!!

Anfang Dezember kommen Gabriel Marcel und Ficker nach Wien, und ich freu mich schon, die zwei Alten zu sehen – vor allem natürlich Ficker, den Wunderbaren!

Neulich traf ich Dr. Görz von der Gesellschaft für Musik, und er sagte mir, daß er mit Dir in Verbindung ist, aber noch nichts Genaueres weiß: Bitte lasse mich wissen, wie Deine Pläne diesbezüglich sind! Wenn schon Frankfurt nicht klappt, will ich doch wenigstens die Hoffnung haben können, Dich in absehbarer Zeit in Wien zu sehen!

Bitte grüß' Gretelchen auf das Herzlichste!

Und sei Du umarmt von Deiner
recht miesen
Lotte

Typoskript, Sammlung Tobisch; gedruckter Briefkopf: Tobisch/Opernring.

erste Bombe in unserem korrupten Kulturbetrieb: Zur Weikert-Affaire siehe Weikert, BPV.

Was da nun eigentlich mit Buckwitz los ist … Den Taussig kann ich nirgends finden: Siehe Brief 86, 87, 89.

daß ich nicht wiederum das ganze Gesicht voll Pletschen bekomme: Tobisch litt an einer Allergie, die größere Flecken (Bletschen) in ihrem Gesicht erzeugte.

Die Tournee mach ich keinesfalls: Siehe Anmerkung und Brief 86.

Vom Norddeutschen Rundfunk hab ich nichts mehr gehört: Siehe Anmerkung und Brief 88.

wie weit Du mit Deinem Buch bist?!: Die „Negative Dialektik" erschien 1966.

Anfang Dezember kommen Gabriel Marcel und Ficker nach Wien: Der Grund des Treffens war das Erscheinen des dritten Bandes der Schriften Ferdinand Ebners. Aus diesem Anlass sprach Ficker am 14.12. auf einer Veranstaltung der Österreichischen Gesellschaft für Literatur in Wien, Gabriel Marcel hielt die Festrede. – Zu Ebner siehe BPV.

Neulich traf ich Dr. Görz: Zu Goertz siehe BPV.

91 Tobisch an Ficker

[Lieber, verehrter Herr von Ficker!]

(…) Teddie Adorno hat sich über Ihren Brief – bezüglich der Trakl-Lieder – enorm gefreut und ich finde es so schön, daß Sie, lieber Herr von Ficker, (Sie werden das wohl kaum wissen) in die eiskalte Welt Adornos so etwas wie einen Hauch von Wärme aus einer besseren Gegend gebracht haben; wie deutlich dies Adorno empfindet spricht allerdings auch sehr für ihn –: es ist wohl das erstemal, daß er nicht ganz weiß warum, weshalb und wodurch er von etwas bewegt wurde. –

[Ihre Lotte]

Erstveröffentlichung: Ficker 1996, S. 597.

Teddie Adorno hat sich über Ihren Brief – bezüglich der Trakl-Lieder – enorm gefreut: Tobisch dürfte Adorno Fickers Brief an sie vom 3.9.1965 (Ficker 1996, S. 389) vorgelesen oder in Kopie zugesandt haben. Dort berichtet Ficker Tobisch von einem Gespräch mit dem „Musiksachverständigen Dr. Pirckmayer von der Akademie der Tonkunst in Wien", der unter dem Namen Georg Pier auch als Komponist hervortrat: „Theoretisch, glaube er, habe sich Adorno bereits von diesen frühen Einflüssen der Wiener Schule [Berg, Schönberg] heute entfernt, und man könne gespannt sein, wohin er mit seiner tiefen Ein- und Voraussicht in fluktuierende Elemente des Musikgeschehens noch gelange." – Vgl. Clytus Gottwald, Der Ketzer der Wiener Schule, in: Theodor W. Adorno - Der Komponist, Musik-Konzepte Heft 63/64, 1989, S. 111, und Dieter Schnebel in „Adorno und die Musik", 1979, hg. von O. Kolleritsch.

92 Adorno an Tobisch

Frankfurt, 25. November 1965

Liebstes Lotterl,

tausend Dank für Deinen Brief. Ich habe ein sehr schlechtes Gewissen, daß wir uns so lange nicht gesprochen haben, zumal angesichts Deines hartnäckig schlechten Gesundheitszustands. Zur Entschuldigung habe ich nur anzuführen, daß ich ein paarmal telefoniert habe, daß es mir aber nicht gelang, Dich zu erwischen. Und ich selbst stehe unter einem geradezu unvorstellbaren Druck wegen meines Versuchs, die Arbeit an meinem Buch weiter mit den Vorlesungen [an der Universität] und der Institutsleitung zu kombinieren. Ich habe den Antrag gestellt, mich für das nächste Sommer- und das darauffolgende Wintersemester an der Universität zu beurlauben, damit ich endlich einmal atmen kann, aber, wie die Dinge schon gehen – wahrscheinlich wird, bis es soweit ist, das Buch nun doch fertig sein. Halt mir die Daumen – ich komme ganz gut weiter vorwärts, nur gefällt mir jetzt, in der abschließenden Phase, manches von dem, was ich am Anfang geschrieben habe, nicht mehr so gut, und ich muß deshalb gerade an den ersten Teilen noch allerhand tun. Sonst aber modelliert sich die Sache immer deutlicher heraus.

Bitte laß mich doch wissen, ob ich beim Buckwitz noch einmal intervenieren soll. Ich tue es natürlich mit Freuden. Aber ich möchte auch nichts verbocken, und vor allem mir nicht die Antwort holen, er wolle ja, habe aber von Taussig nichts gehört. Es wäre deshalb vielleicht doch gut, wenn Du vorher eine Klärung bei Taussig herbeiführen könntest. Wenn Du das aber nicht für gut oder *für* unmöglich hältst, so werde ich sofort mir den Buckwitz vornehmen; ich denke, am nächsten Dienstag treffe ich ihn ohnehin bei einer Henze-Premiere in den Kammerspielen. Vielleicht bist Du so lieb, mir bis dahin ein Wort zukommen zu lassen.

Wegen des Honorars habe ich in Hamburg sofort noch einmal interveniert; hoffentlich klappt es endlich. Es soll am 13. November angewiesen worden sein. Morgen abend habe ich eine Radiodiskussion mit Boulez, bei der auch Dr. Bächli, für den wir unser Sils-Marianisches Gespräch geführt haben, zugegen sein wird. Ich werde auch mit ihm noch einmal sprechen. Natürlich kommt die Sache in Ordnung.

Lotterl, bitte glaub' mir, daß die Spärlichkeit meiner Briefe aus den letzten Monaten nicht aus Mangel an Liebe kommt, sondern daß ich ganz einfach unter einer solchen Last dahinkrieche, daß ich manchmal mich kaum lebend fühle. *Auch ich habe gesundheitliche Probleme, immer noch die zeitraubende Furunkulose.* Ich war Dir besonders dankbar für Deinen Brief, weil er so etwas wie eine Situation der Selbstbesinnung geschaffen hat, und mich aus dem unverschuldeten Zustand der Entmenschlichung aufrüttelte. Ich hoffe, ich muß Dir nicht sagen, wie sehr, wie von ganzem Herzen ich Dir, uns, wünsche, daß Du mit dem Gesundheitsproblem rasch und gründlich fertig wirst. Übrigens hat es in derselben Dimension auch mit dem Gretelchen einige Sorge gegeben. Sie hatte ein Magengeschwür, zum Glück harmlos. Sie hat sich ganz brav gehalten und gut auskuriert, ist jetzt wieder bei der Arbeit, hat ein paar Pfund zugenommen. Allerdings muß sie im Dezember sich einer leichten Operation unterziehen wegen eines Polypen im Hals, der zwar ebenfalls nichts Schlimmes ist, aber Heiserkeit verursacht.

Wenn doch nur Deine Frankfurter Pläne klappen wollten!

Sei umarmt, mein Schönes und gar nicht Mieses, von Deinem manchmal wirklich alten

Teddie

Typoskript, Sammlung Tobisch; gedruckter Briefkopf: Adorno/Kettenhofweg. – Die handschriftliche Ergänzung hat Adorno auf Seite eins des Briefes am linken Blattrand unten notiert.

die Arbeit an meinem Buch: „Negative Dialektik" (1966)

ob ich beim Buckwitz noch einmal intervenieren soll: Siehe Brief 86, 87, 89.

Wegen des Honorars: Siehe Anmerkung und Brief 88.

Morgen abend habe ich eine Radiodiskussion mit Boulez: Das Konzept des Gesprächs stammt offensichtlich von Adorno, da dieser gleichzeitig als Moderator auftritt. Gesprochen wird über zwei Aufnahmen des „Pierrot lunaire" von Arnold Schönberg. Die eine Aufnahme wurde 1941 unter Schönberg mit Erika Wagner-Stiedry, die andere 1961 unter Boulez mit Helga Pilarczyk eingespielt. Der zweite, 25 Minuten dauernde Teil des Gesprächs dreht sich um die „Auswirkungen und Einflüsse des ‚Pierrot lunaire'". Die beiden Teile wurden am 26.11.1965 für den NDR aufgezeichnet.

Dr. Bächli, für den wir unser Sils-Marianisches Gespräch geführt haben: Zu Bächli siehe BPV, zum Gespräch siehe Anmerkung und Brief 88.

93 Tobisch an Adorno

Wien, 16. Dezember 65

Liebster Teddie!

Dank Dir für Deinen langen, lieben Brief! Der Dagobert hat vor einiger Zeit das Telefon heruntergeschmissen, und seither ist damit irgendwas los, immer wieder höre ich, daß ich nicht zu erreichen bin, und nur so kann ich's mir erklären, daß auch Du mich nicht erwischen konntest, denn ich bin nach wie vor viel zu Hause, weil ich noch immer nicht wirklich in Ordnung bin – zu allem Überfluß eine Mordsgrippe hatte u.s.w. – Ich hoffe sehr, daß ich noch vor Weihnachten das bestellte neue Telefon kriege (Du kannst Dir nicht vorstellen, was unsere Telefonverwaltung für Gnaden macht!) – inzwischen wurde das alte notdürftig zusammengeflickt, aber wie gesagt, es ist ein Krampf damit!

Von Freunden aus Berlin hörte ich, daß unser Gespräch bereits gesendet wurde und daß es recht gut angekommen ist! (Das Geld ist auch schon gekommen – danke für Deine Mühe!) Mit einiger Beängstigung lese ich immer aus Deinen Briefen, wie viel Du arbeitest und kann Dich nur bitten, Dich nicht zu übernehmen, doch irgendwie zu schauen, daß Du die leidigen Fakultätsmiseren wenigstens ein bissl abschieben kannst! Ich weiß von mir selbst, daß gerade das administrative Zeug einen aufreibt und die Gesundheit untergräbt: Paß auf Dich auf, Teddie – ich bitte Dich! Und auch das Gretelchen soll seine Magensache nicht verschlampen, sonst kann sie jahrelang sich damit herumquälen; obwohl es ja an und für sich nichts Gefährliches ist: Magen schlägt sich mit der Zeit aufs Gemüt – drum unbedingt dazuschauen, daß alles restlos in Ordnung kommt!!! Und bitte laß mich wissen, wie es mit Gretels Polypen im Hals steht; keinesfalls soll sie eine Zeitlang nach der Operation nicht rauchen!!!!!!

Beiliegend ein kleines seidenes Halstücherl für „post operationem" gewissermaßen (es ist das gleiche, das Gretel heuer im Sommer an mir gefallen hat – hoffentlich findet sie's nun nicht allzu scheußlich!). – Von Buckwitz hab ich nie mehr was gehört, schade, denn es wäre zu schön gewesen, bei Euch zu sein! Aber vielleicht klappt es ein andermal! Wenn Du den Taussig zufällig kennenlernst, dann rede doch mit ihm über Schnitzler und ob wir da nicht was zusammen machen könnten! Teddie, mein Lieber, laß bald von Dir hören! Hier geht das Gerücht um, daß Du in absehbarer Zeit herkommst?! Wieso weiß ich denn davon gar nichts Näheres?!

Der Ludwig von Ficker war tatsächlich in Wien, und ich verbrachte ein paar hinreißende Stunden mit ihm – einfach wunderbar! Gabriel Marcels [Ferdinand] Ebner-Vortrag war recht mäßig; woran liegts? Ich bin zu blöd dazu, um dies definieren zu können; erstens zu blöd und zweitens irgendwie voreingenommen gewesen, da ich vor dem Vortrag mit ihm und Ficker beisammen war und dieses Gespräch zwischen den zwei Alten mich sehr berührt hat, so daß der Vortrag Marcels *für mich* – nolens volens – eine Enttäuschung werden mußte, weil das Wesentliche schon vorweggenommen war.

Nun also werde ich schließen für heute! Ich bin am heiligen Abend zuhause, denn Frau Hilbert ist krank, und zu irgend jemand anderem will ich nicht gehen; offiziell bin ich drei Tage nicht in Wien – damit keiner beleidigt ist; zu allem Überfluß kommt morgen der Maurer zu mir, weil mir ein Trumm Verputz vom Plafond auf den Kopf gefallen ist (beim letzten Erdbeben hat sich das gelockert), und so werde ich halt die Feiertage als meine eigene „Raumpflegerin" den Mist, den der Maurer hier hinterlassen wird, wegschaffen!

Verbringt schöne Feiertage, vor allem aber geruhsame! Und schreib bald wieder einmal!

Tausend Küsse von Deiner

Lotte

P.S. Am 20.ds. hat [Josef] Gielen seinen 75. Geburtstag!!
Adresse: Goethegasse 1!

Typoskript, Sammlung Tobisch. – Das 17,5 mal 26,7 Zentimeter große, in der Mitte gefaltete Blatt wurde auf der Seite mit den Aufdruck „Frohe Weihnachten und ein glückliches Neues Jahr" ganz, auf der Rückseite zur Hälfte beschrieben. Elfriede Olbrich, Adornos Sekretärin, hat dort, wo sich üblicherweise der gedruckte Briefkopf befindet, aus archivarischen Gründen von Hand den Namen Tobisch hingeschrieben.

Der Dagobert hat vor einiger Zeit das Telefon heruntergeschmissen: Zu Dagobert siehe Brief 15.

unser Gespräch: Siehe Anmerkung und Brief 88.

Von Buckwitz hab ich nie mehr was gehört … Wenn Du den Taussig zufällig kennenlernst: Siehe Anmerkung und Brief 86, 87, 89, 92.

Ficker war tatsächlich in Wien … Gabriel Marcels Ebner-Vortrag war recht mäßig: Wahrscheinlich handelt es sich bei der Festrede anlässlich des Erscheinens des dritten Bandes der Ebner-Ausgabe um jenen Vortrag, den Marcel bereits am 4.12.1965 in Salzburg hielt: „Die geistige Entwicklung des österreichischen Philosophen Ferdinand Ebner". Adornos Einschätzung Marcels siehe Brief 94, zum Treffen siehe auch Anmerkung zu Brief 90.

denn Frau Hilbert ist krank: Tobisch nennt die Lebensgefährtin von Staatsoperndirektor Egon Hilbert, Margarete Slavik, „Frau Hilbert". Siehe dazu Anmerkung zu Brief 46.

ein Trumm Verputz: ein großes Stück Verputz

94 Adorno an Tobisch

Frankfurt, 23. Dezember 1965

Liebstes Lotterl,

ganz rasch nur vorm Ausbruch der Feiertage ein paar Worte, um Dir für Deinen so lieben Brief zu danken. Die Gretel hat die Operation gut überstanden, der Polyp war wirklich ganz harmlos. Aber die Sache hat sie doch sehr mitgenommen; sie hat *von der Narkose* einen gewissen Rückfall ihrer Gastritis und ist deshalb doch etwas deprimiert. Mit dem Schal hat sie sich schrecklich gefreut; was war das für eine reizende Idee von Dir.

Ich hatte Gelegenheit, den Buckwitz zu sprechen, dem ich in einer für ihn wichtigen Sache einen Hinweis geben konnte, der ihm nutzen wird. So etwas ist, wie man auf neudeutsch sagt, immer der beste Aufhänger. Was ich erfuhr, war sonderbar: Herr Taussig habe ihm gesagt, daß er Dich als Schauspielerin kaum kenne und deshalb in der Sache nicht insistiere. Buckwitz hat über den T. mit einem Wiener Ausdruck sich geäußert, den ich Dir nicht wiederholen könnte, den Du Dir aber denken kannst. Wer von den beiden gelogen hat, ist für mich nicht entscheidbar; abscheulich ist's auf jeden Fall. Weniger wegen des Innenlebens der beteiligten Herren, über das wir uns ja wohl wenig Illusionen machen, als ~~wohl~~ [ein unleserliches Wort] dadurch die Chance, daß wir länger zusammen sein werden, wieder einmal sich hinauszögert. Kurz, ich war wütend. Wenn es Dir möglich ist, dem Taussig die Meinung zu sagen, ohne daß dabei herauskommt, was der Buckwitz mir erzählt hat, fände ich das doch ganz gut. Mein Gott, in was für einer Welt leben wir! Und bilde Dir nicht etwa ein, die Universität sei in solchen Dingen im mindesten anders als das Theater.

Mit dem [Gabriel] Marcel hast Du wieder einmal einen ausgezeichneten Instinkt gehabt. Das ist ein lieber Mann, aber philosophisch arg, arg unerheblich, ein Ehrengreis, den alle deshalb so mögen, weil er's mit dem Positiven hat, das heute nichts anderes ist als ein Deckbild des Schlechten. Es hat etwas ungemein Bestätigendes, daß Du auf solche Leute selbst dann nicht hereinfällst, wenn sie Dir von so integeren Menschen wie Ficker präsentiert werden.

Ein Jammer, daß wir die Feiertage nicht zusammen sind; da Du nicht bei [Egon]

Hilbert bist, wäre das doch vielleicht möglich gewesen. Und Du schreibst diesmal gar nicht, wie es Dir gesundheitlich geht - ich hoffe, Du bist wieder ganz in Ordnung, vor allem auch die Grippe los. Und der Dagobert soll ein Einsehen haben und Dein Telefon nicht molestieren.

Ich selber bin todmüde, glücklich, zehn Tage meine Ruh zu haben, und ganz besonders glücklich, daß es Dich gibt. Ich denk sehr an Dich.

Tausend Küsse von Deinem

Teddie

Was meine Wiener Pläne anlangt, so sind es keine andern als die zwischen uns besprochenen eines möglichen europäischen Gesprächs über die Oper. Aber ich habe in der Sache unterdessen nichts mehr gehört, vielleicht kümmerst Du Dich doch einmal wieder darum, wenn Dir danach ist und Du nicht von zuviel anderen Sachen beschlagnahmt wirst.

Alles erdenklich Liebe!

Glaubst du denn, ich dächte auch nur an irgendetwas in Wien, ohne daß du es als Erste erführest? Dummes Lotterl!

Typoskript, Sammlung Tobisch; gedruckter Briefkopf: Adorno/Kettenhofweg.

Gretel hat die Operation gut überstanden: Siehe Brief 92.

Ich hatte Gelegenheit, den Buckwitz zu sprechen: Siehe Anmerkung und Brief 86, 87, 89, 92, 93.

Was meine Wiener Pläne anlangt: Siehe Anmerkung und Brief 74, 75, 76, 77, 79, 80.

95 Tobisch an Adorno

Wien, 10. Februar 1966

Liebster Teddie!

Erst heute komme ich dazu, Dir sehr für Deinen lieben Brief zu danken! Ich hoffe, daß Gretel inzwischen wieder ganz in Ordnung ist – bitte grüße Sie sehr, sehr herzlich!

Neulich wurde ich von Herrn Peter Jirak, der Dir ja sicherlich bereits geschrieben hat, um Deine Privatadresse gebeten: Da er mir sagte, daß die Zentralsparkasse die Absicht hat, Dich einzuladen im Rahmen ihres Monsterkulturprogrammes einen

Vortrag zu halten, gab ich ihm Deine Anschrift in der Hoffnung, Dich vielleicht doch nach Wien zu bringen! Sei also nicht böse deshalb! Außerdem: Die Gesellschaft für Musik hat ein Musik-Symposion (oder so was Ähnliches) zwischen dem 9. und 19. Mai angekündigt, bei dem Du *als* das Glanzstück präsentiert *wirst*; ich rief vor drei Tagen Dr. Görz an und frug ihn, wie er sich das Zustandekommen dieser Veranstaltung wohl denkt, da Du – meines Wissens – von keinem Termin irgendwas wüßtest und ihm seinerzeit nichts anderes zusagtest, als gegebenenfalls bei einer derartigen Veranstaltung mitzumachen. Drauf hat er tief geseufzt und mir gesagt, daß der [Georg] Solti und der [Max] Liebermann u.s.w. ja nur damit herzulocken wären, ~~wenn~~ *daß* er eine verbindliche Zusage von Dir hätte: Das ganze ist also eine Katze, die sich in den Schwanz beißt! – Das Fernsehen [ORF], das bei der Angelegenheit mitmachen würde (und aus finanziellen Gründen mitmachen muß), will aber vor Abschluß begreiflicherweise eine komplette „Besetzungsliste" haben, bevor es ja sagt. Also, lieber Teddie, schreib dem Görz zwei Zeilen – so oder so (wenn möglich so, daß Du kommst!!!!) –, damit die Sache in Schwung kommt! Vielleicht ließe sich dieses „Gespräch" gleich koppeln mit der Zentralsparkasse! Ich sagte jedenfalls dem Jirak, daß eine Wahrscheinlichkeit besteht, daß Du im Mai in Wien bist.

Sonst kann ich Dir nur berichten, daß es mir endlich wieder gut geht! Ich habe meine Sünden nun anscheinend abgebüßt … weiß Gott, das hab ich wirklich! Hab sehr viel zu tun nebst einigen Zores mir der Frau Mama – damit die Bäume nicht in den Himmel wachsen. Ist der Benjamin Brief-Band schon gediehen? Wenn er erscheint: Bitte schicke mir ein Exemplar! – Ich hoffe sehr, daß Du mit Deiner Arbeit gut weiterkommst und in Ruhe, fern des Institut-Betriebes, dran arbeiten kannst! – Bitte laß bald von Dir hören, wie es Dir geht – und Gretel!

Was Du über die angeblichen Äußerungen von Herrn Taussig bei Buckwitz geschrieben hast, hat mich recht geärgert – es ist geradezu eine Unverschämtheit – und der gute Taussig kann sich freuen darauf, was er von mir erlebt, wenn er mir in absehbarer Zeit über den Weg läuft! (Ehrlich gesagt, ich kanns fast nicht glauben, und vielleicht ist auch eine Portion Ausrede von B. dabei: aber immerhin – möglich ist alles bei diesem Gesindel; ich bin ja nur froh, daß mich der Theaterbetrieb an sich bereits derart anödet, daß mich derartige Vorfälle schlimmstenfalls ein bissl ärgern – aber im übrigen doch recht Wurst sind!)

Sei herzlichst gegrüßt und geküßt für heut

von Deiner uralten

Lotte

Typoskript, Sammlung Tobisch; gedruckter Briefkopf: Tobisch/Opernring.

daß die Zentralsparkasse die Absicht hat, Dich einzuladen: Die Zentralsparkasse der Gemeinde Wien (später Bank Austria, heute Bank Austria Creditanstalt AG) hatte damals als Kunstbeauftragten Dr. Karl Vak, den nachmaligen Generaldirektor des Instituts. Er wollte ein neues, modernes Kulturprogramm für die „Z" entwickeln und sprach darüber mit dem Philosophiestudenten und Maler Peter Jirak, von dem er schon mehrere Bilder für sein Bankhaus gekauft hatte. Jirak entwarf ein Programm, das sich über mehrere Jahre den Themen „Fortschreiten, Bewahren, Verändern" widmen sollte. Jirak erinnert sich an drei realisierte Programmteile: ein Konzert des Ensembles Die Reihe, das Pierre Boulez' „Le Marteau sans maitre" für Alt und sechs Instrumentalisten unter Friedrich Cerha und mit Marie-Theres Cahn vortrug, eine Proust-Lesung mit Michael Heltau und den Auftritt von Adorno, der eingeladen wurde, um über den Begriff des Fortschritts zu referieren, es jedoch vorzog, aus der gerade erschienenen „Negativen Dialektik" zu lesen, sodass das Thema auf den bereits gedruckten Einladungskarten handschriftlich korrigiert werden musste. Der Vortrag fand am 17. Mai 1966, um 20 Uhr wahrscheinlich im Anstaltsgebäude der Zentralsparkasse der Gemeinde Wien statt.

Die Gesellschaft für Musik hat ein Musik-Symposion … angekündigt: Siehe auch Brief 90.

Frau Mama: Zu Nora Tobisch siehe BPV.

Ist der Benjamin Brief-Band schon gediehen?: Siehe Anmerkung zu Brief 83.

aber im übrigen doch recht Wurst: recht wurscht (= gleichgültig, egal)

96 Tobisch an Adorno

Wien, 29. März 1966

Liebster Teddie!

Ich möchte Dir nur sagen, wie sehr es mich freut, daß alles so gut klappt, was mit Deinem Kommen hierher zusammenhängt! Gestern rief mich Dr. Jirak an und fragte – sehr verlegen –, was ich denn meine, wieviel „Gage" Du verlangen würdest! Schreib mir bitte, was Du Dir diesbezüglich vorstellst! (Ich brauche Dir nicht zu sagen, daß ich – nach Möglichkeit. den Betrag aufrunden werde!) – Mit Prof. Fiechtner sprach ich auch schon – wegen Radio – und [es] ist dabei das einzige Problem: die niederen Honorare des Österr. Rundfunks!

Bitte schreib doch einmal wieder, wie es Dir und Gretel geht! Wir haben nun endlich den Häussermann so weit gebracht, daß er „selber" geht – und nun hoffen wir, daß wir uns mit Paul Hoffmann einen besseren Direktor ausgesucht haben; wenn Hoffmann gelegentlich nach Frankfurt fährt, möchte ich gerne, daß Du ihn Dir ansiehst und mir dann sagst, was Du von ihm hältst, als Persönlichkeit, als Mensch; schreib mir, ob es Dir recht ist, wenn ich ihm Deine Telefonnummer gebe und ihm sage, daß er Dich anrufen möge, um Dir Grüße von mir zu bestellen: Wenn Du dann Zeit und Lust hast, kannst Du ja mit ihm irgendwo Kaffee trinken und ihn „besichtigen"! Mach Dich aber nichts wissen von der ganzen Intrige hier: Ich möchte keinesfalls, daß der Paul, den ich schätze, sich irgendwie verpflichtet fühlt gegen mich, denn erstens hat mein Urteil über ihn – als Theatermann – nichts mit meiner persönlichen Sympathie für ihn zu tun, und zweitens gehört er zu den Leuten – als Mensch –, von denen ich glaube, daß sie Verpflichtungen – persönlicher Art – eher übel vermerken; ich glaube nicht, daß er zu den Menschen gehört, die „nehmen" können!

Im Augenblick bin ich – nach langer Zeit – hauptsächlich mit privat-leben beschäftigt, da beruflich nichts besonders los ist: Es tut mir ganz gut, einmal Zeit zum Nachdenken und zum Lesen zu haben, alte Freunde öfter zu sehen und mit einem Neuen ein bissl zu flirten!

Jetzt hoffe ich nur, daß die Mitte im Mai auch so friedlich ist und ich Tag und Nacht Zeit für Dich habe! Ich freu mich schrecklich, daß Du kommst! – Der Hochwälder ist derzeit in Wien und hat hier schon eine Menge angestellt, randaliert und einige Leute ehrenbeleidigt und mir damit allerlei Vermittlertätigkeit aufgehalst; bei ihm frage ich mich oft: Wie hat nur soviel Unglücklichsein Platz in einem so kleinen Menschen? Aber es hat ja eben keinen Platz, sonst würde er nicht immerfort explodieren!

Grüß Gretelchen und sei umarmt für heute!

Deine alte
Lotte

P.S. Bitte schreibe das genaue Datum Deines Vortrages in Pressburg!!!
Ich muß mir ein Visum besorgen!!!

Typoskript, Sammlung Tobisch; gedruckter Briefkopf: Tobisch/Opernring.

Gestern rief mich Dr. Jirak an: Gemeint ist Peter Jirak, der damals noch nicht promoviert hatte (siehe auch Brief 95).

Mit Prof. Fiechtner sprach ich auch schon: Zu Fiechtner siehe BPV.

Wir haben nun endlich den Häussermann so weit gebracht, daß er „selber" geht – und nun hoffen wir, daß wir uns mit Paul Hoffmann einen besseren Direktor ausgesucht haben: Ernst Haeusserman war von September 1959 bis August 1968 Direktor des Burgtheaters. Laut Tobisch-Biographie trat er zurück und das „Ensemble setzte schließlich die Ernennung ihres in Ehren ergrauten Kollegen Paul Hoffmann durch" (Meysels, S. 108)

mit einem Neuen ein bissl zu flirten: Siehe dazu Brief 98.

Der Hochwälder ist derzeit in Wien und hat hier schon eine Menge angestellt: Eine Anekdote finden sich bei Meysels (S. 74 f.). „Übrigens hatte auch Haeusserman ... seine Schwierigkeiten mit dem cholerischen Hochwälder. Bei einer Diskussion über eines seiner Stücke geriet er in Rage, begann zu brüllen und stürzte wutschnaubend aus dem Direktionszimmer. Worauf Haeusserman feststellte: ‚Sie sind der zweitunangenehmste Tapezierer, der mir je untergekommen ist.'"

97 Adorno an Tobisch

Baden-Baden, Brenners Parkhotel, 6.IV.66

Liebstes Lotterl, tausend Dank für den Brief. Also, ich komm am 14. Mai nach Wien, bleibe bis zum 21., hoffentlich wird dir's nicht zu viel. Wohne im Erzherzog Rainer. In Prag sind wir vom 22. bis 29. April d.h. in der Tschechei; welche Tage dann in Preßburg, weiß ich noch nicht, doch wohl gegen Ende, ich geb dir natürlich raschestens Bescheid. Hier noch bis 15., dann wieder in Frankfurt. Wenn du so lieb bist, bei dem Jirak zu intervenieren – ich dächte, das Äquivalent von 300 DM müßte herausschaun, lieber mehr, doch überlasse ich das ganz deiner Diplomatie. Ich freu mich Herrn Hoffmann kennenzulernen, mehr noch über den Triumph über Häußermann. Wir erholen uns gut, ich arbeite jeden Tag so 1, 2 Stunden, mein Buch kommt gut vorwärts, auch die abschließende Korrektur – bei der kein Stein auf dem anderen bleibt – auch das Register macht noch Arbeit. Ich bin froh, wenn ich das Ding endlich hinter mir habe, eine Sisyphusarbeit! – Muß ich wegen dem Flirt noch eifersüchtig sein? Einstweilen halte ich mich an das Tag und Nacht Zeit haben – und freu [mi]ch unendlich auf dich, da du doch die raison d'etre der ganzen Unternehmung bist! Bitte schreib bald. Ich telegraphiere, sobald ich die genauen Zeiten weiß. Das Gretelchen grüßt auf's liebste.

Du sei ganz umarmt, richtig, von deinem Teddie

Ansichtskarte, handschriftlich, Sammlung Tobisch (siehe Abbildung). – Die s/w Fotografie auf der Vorderseite wird auf der Kartenrückseite durch den Aufdruck „BADEN-BADEN / Josephinenbrunne[n] [ein Wort durch Lochung verloren] den Gönneranlagen" ausgewiesen. Der vorliegende Text füllt die gesamte Kartenrückseite aus. Die letzte Zeile wurde vertikal am linken Rand der Karte notiert. Die Anschrift von Tobisch hat sich also am Kuvert befunden, das, wie die meisten Kuverts, nicht mehr vorhanden ist.

In Prag sind wir vom 22. bis 29. April d.h. in der Tschechei: Siehe Anmerkung Brief 102.

das Äquivalent von 300 DM müßte herausschaun, lieber mehr: Siehe Anmerkung und Brief 98.

98 Tobisch an Adorno

Wien, 20. IV. 66

Liebster Teddie!

Zuerst einmal: Dank für Deine liebe Karte! Hoffentlich hast Du Dich gut erholt

– um ein Haar wär es möglich gewesen, daß ich bei Euch vorbei schau –, aber dann hat man mir zu Ostern wiederum eine Vorstellung angesetzt, und so gings halt nicht. Aber nun bist Du ja bald da! Mit Jirak habe ich verhandelt und, da ich fand, daß Dein Vorschlag von 300 DM viel zu wenig ist, hab ich ihm erklärt, unter 5000 S geb ich Dich nicht her (das sind cirka 750 DM) – ich denke, daß Du damit zufrieden bist! Der Jirak wird Dir ja inzwischen geschrieben haben; versteuern brauchst Du das auch nicht, denn ich habe noch nie gehört, daß man bei der Zentralsparkasse diesbezüglich jemals Schwierigkeiten hatte.

Nun hat mich gestern wiederum der Dr. Görz angerufen (von der Gesellschaft für Musik) und mir gesagt, daß der Ruppel abgesagt hätte und er nun den Herrn Hommel von der Frankfurter Zeitung einladen möchte und eventuell Herrn Melchinger aus Stuttgart – außerdem jammerte er sehr, daß Solti einfach nicht zu gewinnen ist und er keinen ersten Dirigenten auftreiben kann; könntest Du nicht Solti zwei Zeilen schreiben, ob er nicht doch kommen könnte? Und bitte schreib dem Görz – oder mir –, ob Dir der Hommel recht wäre und der Melchinger! Ich schlug dem Görz vor – jedenfalls – den Michael Gielen, der zu dieser Zeit in Wien ist, aufzufordern an dem Gespräch teilzunehmen – sozusagen als Vertreter der Jungen, und ich nehme an, daß Du da nichts dagegen hast; Görz wollte auch [Egon] Hilbert bitten, aber da bin ich entschieden dagegen, denn Hilbert macht sich bei solchen Gelegenheiten i m m e r unmöglich; ich schlug ihm vor, damit man die Oper nicht sichtlich übergeht, den neuen Chef der Bundestheater – als oberste Instanz der Oper – einzuladen; da kann der Hilbert nicht beleidigt sein, und man verhindert dennoch, daß er Unsinn quatscht. Besagter Chef heißt Dr. Thalhammer, ist recht intelligent (hält vor allem den Mund, wenn er etwas nicht versteht) und kann jedenfalls irgendwelche Fragen tachletischer Natur ebenso beantworten wie Hilbert, außerdem ist er ein netter Mensch und sehr hübsch und steht sich mit der Presse gut und ist dem Hilbert äußerst wohlgesonnen (dies alles ist hierzulande augenblicklich nicht unwichtig, da Hilbert insbesonders von schreibenden Damen entsetzlich zur Sau gemacht wird – und der Thalhammer gerade diese in die „Tasche" steckt!). Im übrigen erspart man sichs, durch die Anwesenheit Dr. T., auch noch den blödsinnigen Direktor der Wiener Volksoper durch Nichtaufforderung zur Gesprächsteilnahme zu beleidigen.

Ja, mein lieber Teddie – sonst kann ich Dir im Augenblick nichts berichten – möglicherweise kann ich Dir Paul Hoffmann im Mai in Wien vorführen, andernfalls werde ich mir also gestatten, Dir – bei Gelegenheit – Grüße von mir durch ihn zu schicken! – Gielens [Josef und Rose] sind gerade in Köln und kommen Ende der Woche retour – es geht ihnen ganz gut, nur die Ruscha [Rose] macht mir Sorge: Sie vergißt alles und ist oft ganz verloren, weiß nicht, was gestern war und findet nicht nachhause …: ich befürchte da Schlimmes a la longue … aber bitte mach Dich davon nichts wissen!

Nun warte ich auf Deine Benachrichtigung, wann und w o Du in Pressburg zu finden bist! Kommt Gretel auch nach Wien mit? Ich würde mich schrecklich freuen,

Euch beide zu sehen! Noch etwas – und zwar sehr Wichtiges: Bitte sprich mit der Michaela Freyholt-Alth! Sie hat von mir Vollmacht, sich um eine Sache zu kümmern, die äußerst unangenehm ist für mich, und ich wäre Dir sehr verbunden, wenn Du mir diesbezüglich raten würdest und der Michaela „hilfst"; Näheres erfährst Du von ihr – es ist schrecklich! Bitte auch den Brief, den ich an Hirsch schrieb, lesen! Wie konnte das nur passieren! Bitte sehr um Deine Unterstützung in der Angelegenheit!

Für heute mach ich Schluß! Sei umarmt, wie eh und je, (der Flirt ist ganz unwichtig!)
von Deiner alten
Lotte

Typoskript, Sammlung Tobisch; gedruckter Briefkopf: Tobisch/Opernring.

unter 5000 S geb ich Dich nicht her: Tobisch wusste, dass Adorno es nicht schätzte, als Tourist in Wien zu sein, weshalb sie und er seine Reisen in der Regel mit Auftritten kombinierten.
Adorno achtete darauf, das höchst mögliche Entgelt für seine Vorträge zu erhalten. Er argumentierte aber nicht direkt über seinen Marktwert, sondern über die Korrelation Geld-Gesundheit: „Wenn aber, für jene Wiener Tage," schrieb er am 26. 6.1964 an Wolfgang Kraus, „ein bißchen mehr [an Auftritten, d.h. Honoraren] zustande käme, so daß ich es mir dort auch einigermaßen angenehm machen kann, wäre ich sehr froh. Da mein Gesundheitszustand, in allem Ernst, nicht zufriedenstellend ist – ich habe, zum ersten Mal in meinem Leben, wirkliche Schwierigkeiten mit meinem Herzen –, ist das vielleicht kein ungebührlicher Egoismus, und ich bitte um Ihr Verständnis." (Siehe Briefwechsel Adorno/Kraus im Archiv der Österreichischen Gesellschaft für Literatur: Briefe vom 26.6.1964, 17.3.1966, 14.4.1966, 18.5.1966.)

daß der Ruppel abgesagt hätte: Die Absage Ruppels betraf die von Adorno initiierte Diskussion über die Oper (siehe u.a. Anmerkung und Brief 74, 77). – Zu Ruppel siehe BPV.

und eventuell Herrn Melchinger: Zu Melchinger siehe BPV.

Besagter Chef heißt Dr. Thalhammer: Ministerialrat Dr. jur. Erwin Thalhammer, Jahrgang 1916, war seit dem Auffliegen der Weikert-Affäre 1965 Leiter der Bundestheaterverwaltung.

Fragen tachletischer Natur: Fragen geschäftlicher Natur

Direktor der Wiener Volksoper: Zu Moser siehe BPV.

Michaela Freyholt-Alth! Sie hat von mir Vollmacht, sich um eine Sache zu kümmern: Möglicherweise handelte es sich dabei um Verwicklungen den „berühmten Brief" betreffend. Siehe dazu Anmerkung und Brief 101; zur Vorgeschichte siehe Anmerkung und Brief 1, 2, 3, 23, 25, 27, 34, 35, 36, 37.

den Brief, den ich an Hirsch schrieb: Zu Rudolf Hirsch siehe u.a. Anmerkung und Brief 1, 37.

99 Adorno an Tobisch

LOTTE TOBISCH
OPERNRING 8/14 WIEN/1

21.4.66. FRANKFURTMAIN

ADRESSE PRAG AB FREITAG HOTEL INTERNATIONAL PRAG DEJVICE WAHRSCHEINLICH BRATISLAVA LAUF DER NAECHSTEN WOCHE WERDE RECHTZEITIG TELEGRAFIEREN ALLES ERDENKLICH LIEBE = TEDDIE +

Brieftelegramm, Sammlung Tobisch.

ADRESSE PRAG: Siehe dazu Anmerkung Brief 102.

100 Adorno an Tobisch

LOTTE VON TOBISCH
OPERNRING 8 WIEN1

25.4.66.

PRAHA

[EI]NTREFFEN BRATISLAVA DONNERSTAG MITTAG WOHNEN HOTEL DEVIN ALENHERZLICHST TEDDIE

Telegramm, Sammlung Tobisch.

[EI]NTREFFEN BRATISLAVA: Siehe dazu Anmerkung Brief 102.

Dr. Gretel Adorno

6 Frankfurt a.M., 3. Mai 1966
Kettenhofweg 123

Frau
Lotte Tobisch von Labotýn

Wien 1
Opernring 8

Liebe Lotte,

es war ein Jammer, daß neulich die Verständigung so schlecht war, aber auf alle Fälle bin ich sehr froh, daß Ihr gut nach Hause gekommen seid.

Ich habe heute die kleine Alth gesprochen. Sie hat den berühmten Brief nicht, entweder ist er schon bei Dir gelandet, oder die Minna muß ihn noch haben. Falls ich also Rudolf Hirsch am Freitag sehe, kann ich ihm nur die ganze Angelegenheit versuchen zu erklären, ohne Unterlagen. Es tut mir leid, daß ich Dir keine bessere Auskunft geben kann, aber mir scheint das ein verbreugter Leubusch zu sein. Ich hoffe, daß die Angelegenheit trotz all des Durcheinanders doch noch in Ordnung kommt.

Alles Liebe von uns beiden,

stets Deine

Gretel

Typoskript, Sammlung Tobisch; Briefkopf: maschinegeschrieben wie abgebildet.

Sie hat den berühmten Brief nicht: Offensichtlich hat Rudolf Hirsch in Frankfurt Michaela von Alth einen Brief von Rilke an Erhard Buschbeck, den ihm Tobisch zur Verfügung gestellt hatte, zwecks Rückerstattung übergeben. Michaela sollte also den Brief persönlich nach Wien mitnehmen und ihn dort ihrer Mutter Minna aushändigen, damit ihn diese, auch sie arbeitete am Burgtheater, wiederum Tobisch übergeben konnte. „Äußerst unangenehm" war Tobisch die „Sache", da sie als ehemalige Gefährtin von Buschbeck zwar Besitzerin, aber nicht Eigentümerin war. Die im Nachlass befindlichen Briefe gehörten Buschbecks Kindern. Da der „berühmte Brief" sich später doch noch fand, löste sich die Angelegenheit nach einigen Verwicklungen in Wohlgefallen auf.

Frankfurt, 3. Mai 1966

Liebstes Lotterl,

alle Veranstaltungen und Flüge sind glatt gegangen, und wir sind gut hierher zurückgekommen. Schade, daß Du bei meinem Zirkus in Bratislava nicht dabei warst; ich glaube, ich hätte Dir Ehre gemacht, es ist wirklich gut gegangen.

Der Andi hat mir gesagt, daß man für das Geld, das man einwechseln muß, völlig legal Einkäufe machen könnte; so hoffe ich denn auch, daß Ihr ohne jede Behelligung zurückgekehrt seid. Vielleicht bist Du so lieb, und schreibst mir deshalb ein Wort. *Durchs Telephonat überholt!* Ich selbst wurde am Freitag telefonisch um dreiviertel sieben in der Früh geweckt, und dachte schon, es hätte mit den drei Polizeispitzeln zu tun, die am nächsten Tisch saßen; doch als ich mich meldete, gab es keine Antwort. Man hat mir erklärt, es handele sich wahrscheinlich um eine Kontrolle darüber, ob ich auch wirklich im Hotel sei. So hat man sich das Reich der Freiheit auch nicht vorgestellt.

Der Hommel ist ein sehr netter und vernünftiger Mann; von Melchinger halte ich weniger, habe aber nichts gegen ihn, zumal ich selbst eine bessere Lösung nicht weiß. Der Solti hat sich in eine solche Primadonna verwandelt, daß ich längst keinen Einfluß mehr auf seine Entschlüsse habe. Wenn der Michael [Gielen] mitmacht, ist es großartig.

Es war so schön, daß Du gekommen bist – und so lieb.

Ich weiß gar nicht, wie ich Dir danken soll.

Sei sehr, aber schon sehr geküßt von

Deinem

Teddie

Typoskript, Sammlung Tobisch; gedruckter Briefkopf: Adorno/Kettenhofweg. – Die handschriftliche Ergänzung wurde oben am linken Blattrand geschrieben.

alle Veranstaltungen und Flüge sind glatt gegangen: Elisabeth Lenk schrieb Adorno über seine Reise: „Gretel und ich waren in der Tschechoslowakei, wo es, wie man so sagt, sehr interessant, aber, wie man unter progressiven Leuten weniger sagt, unbeschreiblich deprimierend war." (26. Mai 1966)

Der Andi hat mir gesagt: Siehe Razumovsky, BPV.

Der Hommel ist ein … vernünftiger Mann; von Melchinger halte ich weniger: Zu Melchinger siehe BPV, zu Hommel siehe Brief 98, zur Idee der Veranstaltung siehe Brief 74.

103 Adorno an Tobisch

LOTTE TOBISCH VON LABOTYN
OPERNRING 8 WIEN

9.5.66 FRANKFURTMAIN

EINTREFFE SCHWECHAT SAMSTAG 1545 UHR +

Brieftelegramm, Sammlung Tobisch.

104 Gretel Adorno an Tobisch

Pfingsten

Liebe Lotte,

hab tausend Dank für das Zigarettenetui, es ist eifrig in Gebrauch.

Von dem guten Aprikosenschnaps haben wir auf dein Wohl getrunken

Hast Du unterdessen etwas von Hirsch gehört? Ich sehe ihn ja jetzt nur sehr selten, vielleicht, wenn Teddie so gegen den 23. Juni in Berlin ist.

Laß es dir gut gehen, hetz dich nicht zu sehr.

Alles Liebe

stets

Deine Gretel

Manuskript, Sammlung Tobisch. – Karte, 9 mal 11,70 Zentimeter, hellblaues Papier höherer Grammatur, Kuvert nicht mehr vorhanden.

Hast Du unterdessen etwas von Hirsch gehört?: Siehe Brief 98.

[Wien,] 22. Mai 1966

Sehr verehrter, lieber Herr Doktor! *Nenning*

Wie ich hörte, waren Sie in der vergangenen Woche verreist, und darum nehme ich an, daß Sie die beiliegende Kritik der Frau Dr. Löbl über T.W. Adorno nicht gelesen haben.

Ich sende Ihnen diesen Artikel, weil ich leider Gottes zu blöd bin, um es wagen zu dürfen – und zu können –, öffentlich die Sache Adornos entsprechend zu vertreten (andererseits nicht blöd genug bin, um dem gezielten Schwachsinn der Fr. Dr. Löbl – in dem ihr angemessenen Jargon – zu erwidern) und weil ich glaube, daß Sie, lieber Herr Doktor, der einzige Mensch sind, der dazu geeignet ist, diese Kulturschande für Österreichs Intellektuelle aus der Welt zu schaffen.

Ich hoffe sehr, daß Sie mir meine Zudringlichkeit nicht übel nehmen: Aber ich bin wirklich der Ansicht, daß man diese Angelegenheit nicht auf sich beruhen lassen kann, zumal der „Express" als eine Art „Vox populi" der österreichischen Linken gilt, die sich doch – weiß Gott! – nicht leisten darf, in dieser Tonart einen der bedeutendsten Repräsentanten der eigenen Richtung (pardon l'expression!) zur Sau zu machen.

Ich habe die Diskussion, auf die sich Fr. Löbl bezieht, sowie auch die 2 weiteren Vortragsabende von Adorno selbst gehört und stehe Ihnen natürlich mit jeder Auskunft diesbezüglich zur Verfügung.

Mit herzlichen Grüßen bin ich Ihre

ergebene

L. Tobisch

Typoskript-Durchschlag, Sammlung Tobisch. – Die Ergänzung des Namens „Nenning" in der Anrede und der Unterschrift „L. Tobisch" am Ende des Briefes stammen nicht von Tobischs Hand. Sie dürften aus archivarischen Gründen durchgeführt worden sein. Die Unterstreichung im ersten Absatz des Durchschlags wurde händisch vorgenommen.

die beiliegende Kritik der Frau Dr. Löbl über T.W. Adorno: Die Österreichische Gesellschaft für Musik griff, über Vermittlung von Tobisch, eine Idee Adornos auf (s. Brief 74) und veranstaltete am 16. Mai eine Podiumsdiskussion zum Thema „Stagione- oder Ensembleoper" im Großen Saal des Palais Palffy. Unter der Leitung des Furche-Redakteurs Helmut Fiechtner sprachen der Kammersänger Hans Hotter, der Direktor des Züricher Opernhauses Hermann Juch, der Intendant der Hamburgischen Staatsoper Rolf Liebermann, der Kulturredakteur des Kurier Herbert Schneiber, der Chef der Bundestheaterverwaltung Erwin Thalhammer und Adorno. (Seine Gedanken zur Stagione- und Ensembleoper hat Adorno 1969 in dem Aufsatz „Konzeption eines Wiener Operntheaters" zusammengefasst und Staatsoperndirektor Egon Hilbert gewidmet – GS 19, S. 496-515.)

Über den Abend – an dem übrigens nie die Wiener Synonyme der beiden einander widersprechenden Richtungen fielen: Karajan und Hilbert – schrieb Hermi Löbl in der Tageszeitung Express eine längere Glosse, deren polemischer Gehalt, berichtet Tobisch, Adorno traf: „... ich war nur aus einem Grund gekommen: Ich wollte Deutschlands Kulturpapst Adorno sehen und hören. So wie ich in die Oper gehe, um etwa Corelli oder Ghiaurov zu sehen und zu hören. (...) Er begann zu lesen. Leise und vergeistigt. Es klang wie das Evangelium. (...) Daß ich nicht zuhören konnte, war wieder mein Fehler, denn auf eine Vorlesung war ich nicht vorbereitet. Ich dachte, eine Diskussion sei eine Aussprache, frei von der Leber weg. (...) Und die gepflegten Hände nicht zu vergessen. Adornos Hände faszinierten mich: kleine weiße Chirurgenhände. (...) Aber der Professor für Sozialforschung gibt nicht auf. Die Große Oper habe einen falschen und zirkushaften Nimbus ... Überhaupt diese sogenannte Perfektion! ... Das sei nicht mehr als hochgeputschtes Funktionieren, Streamlining! (...) Jetzt, denke ich, müßte es genug sein. Aber es kommt unter anderem noch das Schlagwort vom kulinarischen Theater. Warum das so verachtenswert sei, habe ich noch immer nicht begriffen. Denn anderen kulinarischen Genüssen sind selbst die größten Geister nicht abgeneigt. Auch Professor Adorno hat, hoffe ich, in Wien gut gegessen. Das sanfte Aufstoßen unter der Hand läßt diesen Schluß zu. (...) Adornos Abgang zu sehen, ist mir nicht gelungen. Ich hätte ihn gern mit Hut gesehen. Man sagt, der soll sehr bemerkenswert sein." Solche „Vulgärkritik", schrieb Otto Basil, „der Adorno in Wien auf Schritt und Tritt begegnete ... findet nur der Ausländer anstößig, der gelernte Österreicher versteht es als soziologisch determinierbares Faktum und Fatum."

zumal der „Express" als eine Art „Vox populi" der österreichischen Linken gilt: Die Wiener Boulevardzeitung Express, 1958 bis 1971, wurde von Fritz Molden und Gerd Bacher gegründet. Zunächst parteiunabhängig, kam sie 1960 in den Besitz der SPÖ. Zehn Jahre später wurde sie von Kurt Falk und Hans Dichand übernommen und 1971 mit der Neuen Kronen Zeitung fusioniert.

die 2 weiteren Vortragsabende von Adorno: Adorno las am 17. Mai im Rahmen eines größeren Kulturprogramms der Zentralsparkasse Wien aus seiner „Negativen Dialektik" (siehe Anmerkung zu Brief 95) und hielt am 18. Mai wiederum im Palais Palffy einen Vortrag über „Funktionalismus heute" (jetzt in GS 10.1, S. 375-395). Letzterer, veranstaltet von der Österreichischen Gesellschaft für Literatur, fand im Großen Saal statt und wurde „in die beiden anderen Säle im 1. Stock mit Lautsprecher übertragen". In der Einleitung zu diesem Vortrag, hieß es in der Tageszeitung Die Presse, musste Professor Friedrich Hacker zunächst „die Luft vom Mief jener publizistischen Küchenabfälle" reinigen, die Adorno aus den Spalten des Boulevardblatts Express „vor die Füße geschüttet wurden". Gemeint war damit die Glosse von Hermi Löbl, der Frau des Karajan-Journalisten Karl Löbl, anlässlich der Podiumsdiskussion über die Oper am 16. Mai (siehe obige Anmerkung).

106 Günther Nenning an Tobisch

Neues FORVM
Österreichische Monatsblätter für kulturelle Freiheit

Frau
Lotte Tobisch v. Labotyn
Opernring 6
W i e n I

Wien, 25. Mai 1966

Hochverehrte gnädige Frau,

den Gazetten solle man nur erwidern, wenn sie behaupten, man habe silberne Löffeln gestohlen, sagte Goethe zu Eckermann. Halten wir uns dran! Für den „Express" ist der mir eingesandte Aufsatz ein erstaunlich alphabetisches Produkt, inhaltlich ist er einfach läppisch, aber auch nicht mehr als diese ganze Zeitung.

Hingegen habe ich mich sehr gefreut, auf diesem Wege wieder einmal von Ihnen zu hören und ich benutze die Gelegenheit, Ihnen von Herzen alles Gute und Schöne zu wünschen.

Respektvolle Empfehlungen

Ihres ergebenen
Nenning
(Günther Nenning)

Typoskript, Sammlung Tobisch. – Der gedruckte Briefkopf trägt außerdem die zwei Zeilen: HERAUSGEGEBEN UND REDIGIERT VON GÜNTHER NENNING / IN VERBINDUNG MIT ALEXANDER LERNET-HOLENIA, RENE MARCIC, ELISABETH STENGEL

107 Adorno an Tobisch

Frankfurt, 26. Mai 1966

Liebstes Lotterl,

diese hastigen Zeilen wollen Dir nur noch einmal danken für alles, aber auch wirklich alles. Ach, wenn wir doch nur allein gewesen wären! Hoffentlich ist Deine Zahngeschichte gut gegangen, und der Abend im „Konzert", und Du hast Dich von den Anstrengungen unserer Woche einigermaßen erholt. Mich rief vorhin der Hacker an, nicht nur um mich seiner Loyalität zu versichern sondern auch weil er was wollte. Da kann man halt nix machen. Aber da er mir sagte, er hätte meine hiesige Telefonnummer von Dir und Du hättest ihm Grüße aufgetragen, habe ich mich trotz allem gefreut. Und was er wollte, ist, unterm Gesichtspunkt unseres Instituts, nicht einmal uninteressant.

Unterdessen habe ich mich wie ein Wilder wieder in meine Arbeit gestürzt, und mein Buch kommt viel besser vorwärts, als ich zu hoffen auch nur gewagt hätte. Wenn nichts Unerwartetes geschieht, müßte ich mit dem endgültigen Manuskript im Laufe des Juni zu Rande kommen. Unvergeßlich ist mir unser Tag in Fischamend und Petronell. Wie war das schön, und wie sehr warst Du, sans phrase, mit der Landschaft identisch. Auch dafür nochmals tausend Dank.

Bitte meine Verehrung an Dagobert, meine Hochachtung, und alles, was sonst dazu gehört.

Du aber sei ganz und gar umarmt von

Deinem

Teddie

Typoskript, Sammlung Tobisch; gedruckter Briefkopf: Adorno/Kettenhofweg.

Ach, wenn wir doch nur allein gewesen wären!: Adorno hatte seinen mehrtägigen Wiener Aufenthalt Mitte Mai an drei Vortragsverpflichtungen gebunden (siehe Anmerkung Brief 105).

Hoffentlich ist Deine Zahngeschichte gut gegangen, und der Abend im „Konzert": Es dürfte sich hier um Hermann Bahrs Stück „Das Konzert" handeln, das in der Regie von Josef Meinrad im Akademietheater aufgeführt wurde. Möglicherweise ist Tobisch kurzfristig eingesprungen, denn laut Besetzungsliste spielt sie die Gabriela Badura nur 1964.

Mich rief vorhin der Hacker an: Zu Hacker siehe BPV.

mein Buch: „Negative Dialektik" (1966)

Unvergeßlich ist mir unser Tag in Fischamend und Petronell: Adorno machte mit Tobisch einen größeren Ausflug zu den beiden an der Donau gelegenen Orten östlich von Wien. Über einen solchen Ausflug schrieb Adorno: „In den Donau-Auen, an einem Werktag. Rätselhaft die große Einsamkeit am Strom, nur wenige Kilometer von Wien. Von Landschaft und Flora, hier schon östlich, hält ein pußtahafter Bann die Menschen fern, als wollte der ins Unendliche offene Raum nicht gestört werden. (…) Zum Dorfnamen Petronell assoziiert man den Petronius, aber auch ein Gewürz, das es gar nicht gibt. Dort, wo die Fischa in die Donau mündet, liegt Fischamend, mit einem berühmten Fischgasthaus, in dem man sich zu Hause fühlt wie nur am Ende der Welt." („Wien, nach Ostern 1967", in: GS 10.1, S. 430 f.)

wie sehr warst Du, sans phrase, mit der Landschaft identisch: wie sehr warst Du, ohne Übertreibung, mit der Landschaft identisch

Frankfurt, 1. Juni 1966

Liebstes Lotterl,

zur Orientierung zitiere ich Dir hier eine Stelle aus dem letzten Brief von Boulez:

„Merci beaucoup de me donner toutes ces précisions sur l'éventuelle du 3e acte de Lulu. Je suivrai votre conseil et écrirai dans quelque temps au Dr. Egon Hilbert, en lui montrant tout le prestige qu'il y aurait á donner une version complète de Lulu pour la première fois: je n'aurai pas besoin d'inventer d'arguments, car je trouve que le fait lui-même est suffisamment parlant pour se passer de considérations oiseuses."

Für besonders wichtig halte ich, daß man möglichst bald mit Helene zu terms kommt, und ich wäre froh, wenn Du den Kontakt mit ihr bald wieder aufnähmest. Bitte verzeih, daß ich noch auf die Entfernung Dein Plagegeist bleibe. Aber es gehört zu den wenigen Dingen des äußeren Lebens, die ich mir vorgesetzt habe, so wie ich das oeuvre von Benjamin gerettet habe, für die Fertigstellung der Lulu in einer menschenwürdigen Form Sorge zu tragen, ganz einfach aus dem Gefühl der Verpflichtung den Toten gegenüber, und das verstehst Du ganz gewiss.

Unterdessen habe ich, auf dem Umweg über Gretel–Rudolf Hirsch, gehört, daß Solti trotz der Dämlichkeit, daß er [Egon] Hilbert von der Sekretärin schreiben ließ, aufs Äußerste an Wien interessiert ist. Es wäre wohl gut, das Hilbert zu sagen; freilich müßte man bei der Verhandlung Sorge dafür tragen, daß Solti nicht seinerseits als Karajan II. sich installiert, beziehungsweise nicht installiert sondern in der Welt herumfliegt. Dank seiner Scheidung dürften dafür jedoch die Chancen nicht einmal schlecht sein.

Apropos, hat es in der Angelegenheit des gezielten Schwachsinns irgend etwas Neues gegeben? Mit dem „Spiegel" habe ich noch nicht telefoniert, tue das erst, wenn Du es für richtig und notwendig hältst. Dagegen hatte ich einen reizenden Brief von Nenning.

Damit wäre nun erledigt, was der Geistesgeschichte angehört, falls etwa ein solches Monstrum existieren sollte. Sonst laß mich Dir nur sagen, wie sehr Du mir fehlst, wie dankbar ich Dir bin und wie sehr ich mich auf die sei's noch so kargen Tage in Sils freue.

Ich stecke, wie ich Dir schrieb, bis über den Kopf in meiner Arbeit, und ich denke, am 15. Juli ohne Hypothek in Ferien gehen zu können. Aber bis dahin werden wir uns gewiß noch öfters telefonisch sprechen.

Sei sehr umarmt von

Deinem

Teddie

Typoskript, Sammlung Tobisch; gedruckter Briefkopf: Adorno/Kettenhofweg.

hier eine Stelle aus dem letzten Brief von Boulez: Frei übersetzt antwortete Pierre Boulez Adorno: Vielen Dank für alle näheren Angaben über die eventuelle Erschaffung/Kreation des 3. Aktes von Lulu. Ich werde Ihrem Rat folgen und in Kürze Dr. Egon Hilbert schreiben, ihn auf das ganze Ansehen hinweisen, das er erlänge, wenn er zum ersten Mal eine vollständige Version von Lulu aufführen würde: Es ist nicht notwendig Argumente zu erfinden, weil ich glaube, dass die Tatsache [der Vollendung] alleine ausreicht und man auf überflüssige Überlegungen verzichten kann.

daß man möglichst bald mit Helene zu terms kommt: Seit 1949 versuchte Adorno Alban Bergs Witwe Helene davon zu überzeugen, dass die Fertigstellung des dritten Aktes der „Lulu" für das Überleben der Oper unabdingbar wäre (siehe dazu Anmerkung und Brief 24).

daß Solti … aufs Äußerste an Wien interessiert ist: Adorno hatte mit Georg Solti nicht nur wegen der Fertigstellung von Alban Bergs unvollendeter Oper „Lulu" Kontakt (s. Anm. und Brief 24), er versuchte auch, ihn Direktor Egon Hilbert als künstlerischen Kodirektor schmackhaft zu machen (siehe Brief 37 A).

in der Angelegenheit des gezielten Schwachsinns: in der Angelegenheit Hermi Löbl (siehe Anmerkung und Brief 105, 106)

Mit dem „Spiegel" habe ich noch nicht telefoniert: Laut Auskunft des Spiegel-Archivs hat Adorno zwischen Juni 1966 und September 1967 im Spiegel weder einen Beitrag veröffentlicht noch hat er dem Hamburger Nachrichtenmagazin ein Gespräch gegeben.

Dagegen hatte ich einen reizenden Brief von Nenning: Siehe Anmerkung und Brief 105, 106.

ich denke, am 15. Juli ohne Hypothek in Ferien gehen zu können: Adorno hatte sich vorgenommen, die „Negative Dialektik" bis zum Antritt seines Urlaubs „unter Dach und Fach zu haben".

108 A Adorno an Nenning

[Frankfurt,] 1. Juni 1966

Herrn
Dr. Günther Nenning
Redaktin des FORVM
Wien A-1070
Museumstraße 5

Lieber und verehrter Herr Dr. Nenning,

tausend Dank für Ihren Brief, der mir, gerade nach der Rempelei, die mir im „Expreß" von der Dame Löbl widerfuhr, besonders wohlgetan hat.

Selbstverständlich möchte ich beim FORVM weiter mittun und freue mich darauf. Nur bin ich während der nächsten Wochen noch so vollständig vom Abschluß meines großen Buches absorbiert, daß bis dahin kaum an etwas Vernünftiges zu denken ist. Aber immerhin, mir ist eine Idee gekommen, gerade im Zusammenhang mit der Löbl-, will sagen Karajan-Affäre. Nämlich einen Essay zu schreiben: Die Musik und die Stimme, in dem ich, was ich über diesen Komplex denke, doch viel differenzierter und verantwortlicher darzustellen hoffe, als es in einer Podiumsdiskussion möglich war. Seien Sie doch so freundlich, mich wissen zu lassen, ob Sie an diesem gewiß sehr wienerischen Thema interessiert wären. Vor Herbst freilich wird es nicht möglich sein, daß ich es in Angriff nehme, aber es könnte einen Auftrieb bedeuten, zu wissen, daß Sie es gern haben möchten.

Mit freundlichsten Grüßen
Ihr wahrhaft ergebener
[Theodor W. Adorno]

Typoskript-Durchschlag (ohne Unterschrift), Theodor W. Adorno Archiv.

nach der Rempelei, die mir im „Expreß“: Siehe Anmerkung zu Brief 105.

Abschluß meines großen Buches: „Negative Dialektik“ (1966)

Die Musik und die Stimme: Aus Adornos Idee resultierte der Essay „Konzeption eines Wiener Operntheaters“, den er 1969 in den Studien zur Wertungsforschung 2/1969 veröffentlichte (jetzt in GS 19, S. 496-515).

109 Tobisch an Adorno

Wien, 4. Juni 1966

Liebster Teddie!

Vor allem hab Dank für Deine beiden Briefe! Seit Du hier davon gefahren bist, bin ich pausenlos mit den abenteuerlichsten Dingen beschäftigt, darum hast Du noch keine Nachricht von mir erhalten. Also: [Egon] Hilbert kam ins Spital, um sich dort ein Kröpferl herausschneiden zu lassen, was ganz plötzlich und unerwartet geschehen mußte (soweit mir meine Sbirren berichten, ist es tatsächlich nichts anderes, und man kann nur hoffen, daß diese Auskünfte stimmen). Vorher hat er sich bei Frau Berg angesagt, diese hat aber abgelehnt, mit ihm zu sprechen – Hilbert hat Dir ja schon davon berichtet; ich habe vorgestern mit Frau Berg gesprochen und schien sie mir merkwürdig erregt und nahezu total ablehnend in Sachen Lulu, da sie sich inzwischen mit der Universal-Edition, Herrn Dr. Schlee, beraten hat und man ihr von dieser Seite anscheinend vehement abgeraten hat. Meine Meinung dazu: Ich glaube, daß die U.E. schlicht und einfach finanzielle Bedenken hat, also fürchtet, gegebenenfalls ihre vorhandenen Lulupartituren nicht mehr anbringen zu können *oder dergleichen*, falls es eine zweite, vollständige gibt; Frau Berg gegenüber wird natürlich alles „in memoriam" Alban künstlerisch motiviert. Ich kenne Herrn Schlee nicht – aber vielleicht hast Du die Möglichkeit, mit ihm in direkten Draht zu kommen und ihm klar zu machen, daß sich bei dem gigantischen Bundestheaterbudget von 370,000.000 [Schilling] ohne Zweifel ein Weg finden wird, der U.E. derartige Bedenken abkaufen zu können! Freilich bin ich nicht ermächtigt, diesbezüglich irgendwas zuzusagen – aber ich kenne ja meine Brüder, und mit einiger Diplomatie und dem nachdrücklichen Hinweis darauf, welche Sensation die vollendete Lulu für die Wiener Staatsoper bedeuten würde, müßten finanzielle Schwierigkeiten zu lösen sein. Natürlich sind derartige Andeutungen entsprechend geschickt anzubringen, daß Herr Dr. Schlee nicht etwa daraus den Schluß ziehen ~~kann~~ *darf*, daß sich die U.E. bei dieser Gelegenheit, beziehungsweise m i t dieser Gelegenheit, derart sanieren kann, daß alle Funktionäre sich nun auf Staatskosten Swimmingpools bauen können!!!

Sehr interessieren würde mich der Brief, den Dir Nenning. geschrieben hat: Beiliegend den Durchschlag eines Briefes von mir an ihn und die drauf erfolgte Antwort; ich nehme an, daß Nennings Brief mit dem meinen was zu tun hat; ich an seiner Stelle hätte anders gehandelt, aber er ist der Klügere, und wahrscheinlich hat er recht – jedenfalls würde ich gerne wissen, was er nun Dir geschrieben hat! (Nur um in Zukunft zu wissen, woran man eigentlich bei ihm ist!) Du bekommst Deinen Brief natürlich postwendend zurück – und ich bitte Dich, mir auch die zwei beiliegenden gelegentlich zu schicken! – Im übrigen sind die Löbels seit dem denkwürdigen Ereignis nicht mehr gesichtet worden, woraus zu schließen ist, daß sich die Sache als ein Bumerang größeren Ausmaßes für die Herrschaften auswirkt! Falls sich Frau Löbel dennoch in den nächsten Wochen in die Öffentlichkeit wagen sollte und sie das Glück hat, mir zu begegnen, dann werde ich Dir berichten, was dabei passiert ist – denn da wird was passieren!

Nun zum Spiegel: Es wäre schon sehr, sehr gut, wenn Du Deinem Freund [beim Nachrichtenmagazin Der Spiegel] wegen der Sache Willnauer-Berg ein paar Zeilen schreiben würdest mit dem Hinweis darauf, daß es zwischen Helene Berg und Willnauer zu einem Prozess kommen wird! Frau Berg leidet nach wie vor geradezu unter einem Spiegeltrauma, – sie fing sofort wieder von der Sache zu reden an vorgestern, und ich glaube, daß, wenn man in dieser Angelegenheit etwas für sie tun könnte, möglicherweise ihr Vertrauen in der Lulusache nicht mehr so leicht zu erschüttern wäre, wie es jetzt ja sichtlich allerweil der Fall ist! Eine Frage noch: Ich will Ende nächster Woche Frau Berg besuchen, ohne direkte Absicht, einfach so – soll ich ihr Deinen Brief zeigen mit der Stellungnahme Boulez'? Oder willst Du mir einen Brief schreiben, der so gehalten ist, daß ich ihn ihr ohne Risiko zu lesen geben kann und damit eine vertraulichere Atmosphäre zwischen ihr und mir schaffen kann, sozusagen als Gegengewicht zu den Pollnauers und Schlees und Ratzen?!

Leider drängt die Zeit schon sehr, denn der Juni wird ja so rasch vorbeigehen, und dann kommen zwei Monate, mit denen nichts anzufangen ist, weil alle Welt zerstreut ist und man erst im September alles wieder angehen kann.

Ich fahre am letzten Juno via Griechenland und komme am 13. Aug. nach Wien zurück; am 17. August, früher gehts nicht, weil der 14. und 15. Feiertage sind und ich einen Wochentag für Wien zwischen Griechenland und Schweiz brauche, fahre ich durch Sils-Maria in Richtung Tessin; falls ich Euch dort doch noch erwischen könnte, wäre ich natürlich sehr, sehr froh und könnte auch 2-3 Tage bleiben! Bitte schreibe mir, ob Ihr nicht vielleicht doch bis 20. Aug. in Sils seid und sich alles also ausgeht!

Am 28. Aug. fahre ich zurück, (wieder über Sils, aber da seid Ihr ja keinesfalls mehr dort – leider!) übernachte in Innsbruck bei Herrn von Ficker, und bin am 29. retour in Wien. So sehen also nun, mehr oder minder, endgültig die Sommerpläne aus – wenn nicht irgendwelche Elementarereignisse eintreten, die alles über den Haufen schmeißen. Jedenfalls m u ß ich, was immer geschieht, mich ausgiebig erholen, denn das nächste Jahr wird nicht weniger hart sein, wie das vergangene, und, wie Du ja mit Deinen liebenden Augen bemerkt hast, bin ich sehr am Rand meiner Kraftreserven angelangt. (Das bißchen Kuhstallduft, das Du mir nachrühmst, ist halt doch zu wenig für die Roßnatur, die ich bräuchte, um alles zu bewältigen, was man von mir erwartet!)

Sei umarmt mein Lieber, und vor allem: Sei bedankt noch und noch dafür, daß Du mir das Manuskript der „Meditationen" hiergelassen hast: Ich lese es immer wieder, und diese Stunden sind meine glücklichsten derzeit.

Herzlichst Deine
Lotte

P.S. Von Hirsch hab ich nichts gehört – und fürchte das Schlimmste: daß der Rilke-Brief auf Nimmerwiedersehen verschwunden ist und mir die Angelegenheit noch viel Ärger und Sorgen bereiten wird, wenn die lieben Buschbeck-Kinder draufkommen

Typoskript, Sammlung Tobisch, gedruckter Briefkopf: Tobisch/Opernring. – Am linken Blattrand auf Seite zwei befindet sich eine ganz kurze, hier nicht wiedergegebene Notiz von Gretel Adorno zu Tobischs Dispositionen.

soweit mir meine Sbirren berichten: Dass Tobisch über „Spitzel" in der Staatsoper verfügte, ist wohl nur als nicht ernst gemeinte Übertreibung zu werten.

total ablehnend in Sachen Lulu, da sie sich inzwischen mit der Universal-Edition, Herrn Dr. Schlee, beraten hat: Helene Berg war als Erbin schon seit Jahrzehnten für eine Vollendung des 3. Aktes von Alban Bergs Oper „Lulu" nicht mehr zu gewinnen. Zu den Verwicklungen, zum Engagement Adornos und zu den tatsächlichen Vorgängen, die schließlich in der Fertigstellung des 3. Aktes mündeten, siehe Anmerkung und Brief 24. – Zu Schlee siehe BPV.

der Brief, den Dir Nenning geschrieben hat: Siehe Brief 105, 106.

Beiliegend den Durchschlag eines Briefes von mir an ihn und die drauf erfolgte Antwort: Siehe Brief 105, 106.

Im übrigen sind die Löbels seit dem denkwürdigen Ereignis nicht mehr gesichtet worden: Das „denkwürdige Ereignis" war Hermi Löbls Polemik gegen Adorno anlässlich der Operndiskussion (siehe Anmerkung und Brief 105, 106).

wegen der Sache Willnauer-Berg: Siehe Willnauer, BPV.

Frau Berg leidet nach wie vor geradezu unter einem Spiegeltrauma: Das Hamburger Nachrichtenmagazin Der Spiegel veröffentlichte einen Helene Bergs Herausgebermethoden kritisierenden Artikel mit dem Titel „Kusserl vom Floh" (Ausgabe 4/1966, S. 84). Näheres dazu siehe Willnauer, BPV, sowie die folgende Anmerkung.

ich glaube, daß, wenn man in dieser Angelegenheit etwas für sie tun könnte, möglicherweise ihr Vertrauen in der Lulusache nicht mehr so leicht zu erschüttern wäre: Adorno hat damals zweimal für Helene Berg Partei ergriffen: 1. Im Zuge der Auseinandersetzungen um die Herausgabe der Briefe von Alban Berg (siehe Willnauer, BPV) hatte der mit der Kommentierung der Briefe beauftragte Wissenschaftler Franz Willnauer Adorno gebeten, in dem von Erich Alban Berg gegen ihn angestrengten Ehrenbeleidigungsprozess als Zeuge der Verteidigung auszusagen. Daraufhin antwortete ihm Adorno mit den Worten: „Ihr Brief hat mich ganz außerordentlich bestürzt. (...) Daß Sie mich in Ihre Angelegenheit mit Frau Berg und ihrem Neffen hineingezogen haben, ist mir schlechterdings unverständlich, nachdem ich Ihnen wiederholt gesagt habe, wie eng meine mehr als vierzig Jahre alte Beziehung zu Frau Berg, die niemals die leiseste Trübung erfuhr, ist. (...) Sollte mich irgendjemand in dieser Angelegenheit vernehmen, so könnte ich nur mit allem Nachdruck unterstreichen, daß Frau Berg schließlich allein das Recht hat, darüber zu befinden, was aus den Briefen veröffentlicht wird und was nicht. Am Wortlaut hat sie, wie sie mir neulich erklärte, nichts geändert, nur einzelne Stellen weggelassen, die lebende Personen kränken könnten. Das ist, bei der Herausgabe von Briefen, allgemeiner Gebrauch und völlig legitim. Auch das würde ich nachdrücklich sagen." (Schreiben vom 9. Mai 1966, Typoskript-Durchschlag, Musiksammlung der ÖNB Wien, Signatur F21 Berg 2190-2191.)
2. Adorno hat sich auch gegenüber dem Nachrichtenmagazin Der Spiegel zu dieser Sache geäußert. Reichlich verspätet dankte ihm Helene dafür mit den Worten: „Sehr geehrter Herr Professor! (...) Ihr Brief an den ‚Spiegel', hat mich tief gerührt und erfreut, da Sie so liebe, schöne Worte fanden, die Schmach, die man mir, (als Frau von Alban Berg) antat, zu kritisieren u. zu verurteilen. (...) Sie ahnen ja nicht, wie viel mir Ihr Schreiben an den ‚Spiegel' bedeutet, denn ich habe in einer Welt gelebt, wo solcher Schmutz noch nie an mich herankam – daran kön[n]en Sie ermessen, wie tief mich diese Beschimpfung schmerzt und wie hoch ich Ihren Protest zu schätzen weiß!" (Schreiben von Helene Berg an Adorno vom 9.8.1966, in: Musiksammlung der ÖNB Wien, Signatur F21 Berg 2190-2191.)

Vertrauensstärkend, wie Tobisch hoffte, war Adornos Engagement für Helene in Sachen Willnauer und Spiegel allerdings nicht (siehe Brief 177). – Zum Fall der Berg-Briefe siehe Willnauer, BPV.

als Gegengewicht zu den Pollnauers und Schlees und Ratzen: Allem Anschein nach haben Tobisch und Adorno die Herren Schlee, Ratz und Polnauer als Gegner in Sachen Herstellung des 3. Aktes der "Lulu" betrachtet. Was die beiden damals noch nicht wussten, war, dass der UE-Direktor Alfred Schlee und Friedrich Cerha schon vor Jahren die Herstellung beschlossen und begonnen hatten – unter strikter Geheimhaltung und Umgehung von Helene Berg. Und dass auch Polnauer, nachdem ihn Cerha detailliert über die Sachlage unterrichtet hatte, schlussendlich seinen Segen dazu gab. Lediglich Erwin Ratz war dagegen. Er wurde, berichtet Gertraud Cerha, seines stürmischen Temperaments wegen, von ihrem Gatten nicht eingeweiht (s. a. Brief 111). Schlee und Polnauer waren also bloß Nebenbuhler um die Gunst der Witwe und – da Adorno stets einen anderen Komponisten im Auge hatte – Konkurrenten in einer gemeinsamen Mission: Zunächst dachte Adorno nämlich an Leibowitz, dann an Boulez als Vollender der Oper (siehe Anmerkung zu Brief 24 und Brief 111). – Zu Josef Polnauer, Ratz, Schlee und deren Position zur „Lulu" siehe BPV.

das Manuskript der „Meditationen": Die „Meditationen zur Metaphysik" sind der dritte Teil des dritten Teils der „Negativen Dialektik" (jetzt in GS 6, S. 354-400).

Von Hirsch hab ich nichts gehört: Zur Geschichte des damals als verlorenen gegoltenen Rilke-Briefs an Buschbeck siehe Anmerkung zu Brief 102, vergleiche auch Brief 33.

110 Adorno an Tobisch

Frankfurt, 30. Juni 1966

Liebstes Lotterl,

gestern bin ich, Du wirst es nicht glauben, mit meinem Buch fertig geworden, und bin froh, Dir heute ein paar Worte schreiben zu können. Hoffentlich bist Du noch nicht in die arkadischen Trümmerfelder [Griechenland] abgefahren. Es ist wunderbar, daß Du auf eine Woche nach Sils kommen wirst, ich denke, es bleibt bei der Zeit vom 7. bis 14. August. In Sils herrscht jetzt schon, wie die Wiener Presse schreiben würde, gespannteste Erwartung. Diesmal wird auch Peter Szondi oben sein. Und er hat sogar von Deinem Kommen unmittelbaren Vorteil: Seine Freundin, die reizende Lexi Kluge, die sich sonst gegen das Hochgebirge sträubt, hat die Absicht, diesmal mit ihm hinaufzukommen, nur um Dich kennenzulernen. Wenn das kein Nimbus ist!

An [Egon] Hilbert, von dem ich einen reizenden Brief hatte, habe ich gleichzeitig geschrieben und lege Dir, der Einfachheit halber, einen Durchschlag bei. Wie wir in der Sache weiter verfahren, müssen wir in Sils besprechen. Hoffentlich ist es mit dem armen Boulez wirklich nichts Schlimmes.

Hat es unterdessen, außer den mir bekannten Dokumenten, in der Angelegenheit Löbl etwas Neues gegeben? Ich habe unterdessen einen furchtbaren Racheakt gegen Karajan verübt: ich werde nicht in sein Konzert in St. Moritz gehen. Ob er das wohl je verwinden wird, wo er mich doch gar nicht kennt? Schade ist, daß Du nicht früher nach Sils kommst, denn im Anfang unseres Aufenthalts, so um den 20. Juli herum, wird mein Freund Kolisch oben sein und mit uns zusammen seinen siebzigsten Geburtstag feiern (es sieht so freilich im Augenblick aus, ganz sicher ist man bei seiner praktischen Desorganisiertheit nie). Ich hätte arg gern, daß Du ihn träfest; er ist einer der mir nächsten Menschen, und nach meiner tiefsten Überzeugung der bedeutendste Kammermusiker, der überhaupt existiert. Die Rusza und den Michael [Gielen] kennt er sehr gut.

Ich selber befinde mich in einem Zustand, den man am besten als euphorische Leere bezeichnen kann; glücklich, diese Last endlich abwerfen zu können, aber auch mit jenem Gefühl von Vergeblichkeit, wie man es etwa nach bestandenen Examina hat; und ich weiß, bei dem ganz maßlosen inneren Anspruch, den meine Sache stellt, ohne im mindesten prätentiös aufzutreten, noch nicht einmal, ob das Examen nun auch wirklich bestanden ist. Aber, um das früheste Lotterl zu zitieren, da kann man auch nix machen. Jedenfalls habe ich den Kopf frei genug, um mit unendlicher Dankbarkeit und innigster Sehnsucht an unsere Wiener Woche zu denken und auf die in Sils Maria mich zu freuen.

Sei sehr umarmt von

Deinem

Teddie

Typoskript, Sammlung Tobisch; gedruckter Briefkopf: Adorno/Kettenhofweg.

mit meinem Buch fertig geworden: „Negative Dialektik" (1966)

Diesmal wird auch Peter Szondi oben sein: Die Adornos verbrachten in diesem Jahr zum letzten Mal ihren Sommerurlaub in Sils-Maria. Zu Szondi siehe BPV.

die reizende Lexi Kluge: Zu Kluge siehe BPV.

Angelegenheit Löbl: Siehe Anmerkung und Brief 105, 106.

mein Freund Kolisch: Zu Kolisch siehe BPV.

um das früheste Lotterl zu zitieren: In dem Tobisch zugeeigneten Aufsatz „Wien, nach Ostern 1967" (GS 10.1, S. 423) schrieb Adorno: „L.[otte] erzählt, als Kind von sieben oder acht Jahren, im Sacré Coeur, habe sie unordentlich geschrieben, Kleckse in die Hefte gemacht. Die unterrichtende Schwester mahnte sie: ‚Wenn du so weitermachst, dann kränkt sich das liebe Jesulein.' Sie antwortete: ‚Da kann man auch nichts machen'; man hat sie deswegen aus der frommen Schule entfernt. Aber sie verlieh einzig der Wiener Metaphysik als vollkommenes Echo Ausdruck. Weder am lieben Jesulein zweifelte sie noch daran, daß es sich um die Sauberkeit ihres

Schreibhefts kümmerte. Nur selten stellte sie sich, über der katholischen Ordnung, eine höhere vor, undurchdringlich hierarchisch, eine Wienerische Moira der Lässigkeit, gegen die nichts ankann. Fatalität jenseits der Gottheit lenkt das Dasein. Nicht rüttelt Skepsis am Absoluten, Skepsis selber wird als Absolutes inthronisiert. Der Weltlauf sei unverbesserlich wie zugesperrte Ämter; vor ihm muß jeglicher sich neigen.“

111 Adorno an Hilbert

Frankfurt, 30. Juni 1966

Lieber und hochverehrter Herr Direktor, *Hilbert*

mit meinem herzlichen Dank für Ihren Brief vom 30. Mai verbinde ich die Bitte um Nachsicht für die Verspätung meiner Antwort. Ich befand mich während der letzten Wochen unter einem Druck, den vielleicht nur Sie ganz nachfühlen können; ich hätte, um eine Terminverpflichtung einzuhalten, das letzte bißchen Energie dem Abschluß eines großen philosophischen Buches – es heißt „Negative Dialektik“ – zuzuwenden. Gestern bin ich damit fertig geworden und bin froh, in der buchstäblich ersten freien Stunde, die ich habe, Ihnen schreiben zu können.

Daß Frau Berg, die im Gespräch mit Lotte und mir sich ungemein aufgeschlossen zeigte, ihre Position wieder umgewendet hat, betrübt mich, überrascht mich aber nicht sehr. Daß vor allem [Erwin] Ratz, ein höchst integrer, aber nicht durchweg rational sich verhaltender Mensch, in dem von Ihnen angedeuteten Sinn agiert, wundert mich nicht, nachdem er mir zu meinem Entsetzen nach der Lulu-Premiere im Theater an der Wien während der Pause sagte, man müsse es als ein wahres Glück betrachten, daß das Werk unvollendet geblieben sei; gerade so sei es vollendet. Welche Theaterfremdheit in einem solchen Urteil sich bekundet, muß ich Ihnen am letzten sagen; kein Fragment, und wäre es Goethes Pandora und Kleists Robert Guiskard, hat je auf der Bühne sich halten können, und bei einem so durchkonstruierten, als ganzes organisierten Gebilde wie der Lulu ist es vollends undenkbar. Wenn die Universal-Edition das nicht einsieht, schädigt sie auf die Dauer nur ihr eigenes Interesse. Daß sie eine derartige Haltung einnimmt, ist mir übrigens neu, sonst würde ich [Alfred] Schlee in Wien aufgesucht haben. Der Vergleich mit der Zehnten Symphonie von Mahler ist aus all den Gründen, die Sie anführen, abwegig. Hinzu kommt noch, daß bei der Lulu, als einem Zwölftonstück, ja fast notwendig jede Note im Particell bezeichnet sein muß; sollten sich wirklich Passagen finden, wo Berg nur die Hauptstimmen schrieb, so würde ein wirklicher Komponist wie Boulez das Notwendige ganz gewiß zu tun vermögen. Berg schrieb mir noch kurz vor seinem Tod geradezu enthusiastisch über die große Szene mit Casti-

Piani, die er vollendet habe und für das Beste halte, was ihm je gelungen sei; allein diese Äußerung, die ich gern bald wörtlich veröffentlichen möchte, sollte doch genügen, alle diese gewaltsamen und wahrhaft destruktiven Bedenken zu beseitigen.

Die Frage ist nun, was tun? Selbstverständlich kann ich an Frau Berg wieder schreiben – sie sagte mir noch bei unseren letzten Zusammensein, als Lotte zugegen war, ich sei ihr einziger Freund. Trotzdem halte ich das nicht für den besten Weg. Auf jeden Fall sollte Lotte den Kontakt mit Frau Berg pflegen; diese hat Lotte offensichtlich sehr gern; zumal Buschbeck mit Alban offenbar wirklich befreundet war. Und ich selbst habe mir ausgedacht, einen kleinen Aufsatz über die Mahler-Ausgabe von Ratz zu schreiben und in der Frankfurter Allgemeinen Zeitung zu veröffentlichen (mit gutem Gewissen, denn Ratz leistet da wirklich etwas Außerordentliches). Ein solcher Aufsatz könnte vielleicht doch auch die Geister beeinflussen, die da so hartnäckig knacken. Im Übrigen ist die Angelegenheit nicht so dringend, wie wir noch im Mai dachten, und zwar aus einem recht traurigen Grund: Boulez ist ziemlich schwer erkrankt, zwar nicht so arg, wie wir zunächst befürchteten. Aber immerhin doch so, daß er für geraume Zeit sich von allem zurückziehen mußte (es handelt sich um eine Hautgeschichte). Und ich kann mir nicht vorstellen, daß er vor einem halben Jahr an die Instrumentation der Lulu, deren Idee ihn sehr lockte, sich zu begeben in der Lage wäre. Das gibt uns, leider, eine Atempause. Und ich werde weiter alles versuchen, was ich nur kann. Leicht ist's auch für mich nicht, weil ich weder die Loyalität zu Frau Berg noch das Interesse des Werkes und meines toten Freundes verletzen möchte, und zwischen beidem gibt es ja gewisse Konflikte. Aber an mir soll es nicht fehlen.

Es ist einige Hoffnung, daß ich irgendwann im Oktober, einer Einladung der Literarischen Gesellschaft folgend, in Wien auftauche. Sehr glücklich wäre ich, wenn der Plan sich realisierte, und wir dann Gelegenheit hätten, diese Angelegenheit und die Strategie weiter zu besprechen.

In herzlicher Verehrung

Ihr stets und wahrhaft ergebener

Th. W.A.

Typoskript-Durchschlag (ohne Unterschrift), Sammlung Tobisch. – Offenbar aus archivarischen Gründen wurden von Hand der Name „Hilbert" bei der Anrede und die Initialen Adornos am Ende des Briefes festgehalten.

kein Fragment, und wäre es Goethes Pandora und Kleists Robert Guiskard: Adorno unterscheidet hier zwischen der Aufführbarkeit eines Fragments, die er wohl als unbestritten möglich voraussetzt, und dem dauerhaften Erfolg eines aufführbaren Fragments. – Goethes Festspielfragment „Pandora" (1810) fehlt der zweite Aufzug, von dem nur ein in Stichworten hingeworfenes Schema existiert, das aber die Größe des Planes erahnen lässt. Kleist hingegen hat, nach wiederholt vernichteten Ansätzen, sein fast fertiges Trauerspiel „Robert Guiskard, Herzog der Normänner" 1803 verbrannt. 1807/08 plante er erneut die Vollendung des politischen Dramas und publizierte die ersten zehn Auftritte mit insgesamt 524 Blankversen.

Der Vergleich mit der Zehnten Symphonie von Mahler: Von der Symphonie Nr. 10 (1909/10) lag nur der erste Satz als Orchesterskizze vor, geplant waren fünf. Zunächst stellte Ernst Krenek vom zentralen Abschnitt der Symphonie eine Aufführungspartitur her. Die Fragmente der anderen Sätze vervollständigte später der Musikwissenschaftler Deryck Cooke zusammen mit dem Komponisten Berthold Goldschmidt. Die Uraufführung der vollendeten Aufführungspartitur fand 1964 statt. Spätestens seit Simon Rattles zweiter Einspielung (1999) hat sich das Werk endgültig durchgesetzt. Adorno schrieb dazu in der „Notiz" am Schluss seines Buches „Mahler. Eine musikalische Physiognomik": „Danach neigt der Autor der Ansicht zu, es solle, gerade wer die außerordentliche Tragweite der Konzeption der Zehnten spürt, auf Bearbeitungen und Aufführungen verzichten. Auch Skizzen von Meistern zu unausgeführten Bildern wird, wer sie versteht und wer sich ausmalt, wie etwa sie vollendet worden wären, lieber in eine Mappe legen und sie für sich betrachten, als sie an die Wand hängen." (S. 319)

Berg schrieb mir noch kurz vor seinem Tod geradezu enthusiastisch: Vergleiche Brief 131, 134, 136, in: Berg/Adorno.

sollten sich wirklich Passagen finden, wo Berg nur die Hauptstimmen schrieb: Friedrich Cerha gibt in seinen „Arbeitsberichten" genauestens Auskunft über die Quellenlage.

zumal Buschbeck mit Alban offenbar wirklich befreundet war: Zu Buschbeck siehe BPV.

Ein solcher Aufsatz konnte vielleicht doch auch die Geister beeinflussen: Möglicherweise eine Anspielung auf Helene Bergs spiritistische „Gespräche" mit ihrem verstorbenen Mann (siehe dazu Anmerkung zu Brief 4).

112 Tobisch an Adorno

Herrn u. Frau
Prof. Dr. T. W. ADORNO
Hotel Waldhaus
SILS-MARIA /Engadin
HELVETIA

[Griechenland,] 20.VII.66

Lieber Teddie - liebe Gretel!

Heute bin ich hier, – in Epidaurus –, es ist überwältigend schön – aber auch überwältigend heiß! – Ich höre, daß es auf den Alpenpässen schneit?! Hoffentlich habt Ihr es in Sils nicht zu kalt! Am Sonntag dem 7. Aug gegen Mittag bin ich bei Euch – wenn's recht ist?! Vor meiner Abreise aus Wien telefonierte ich mit Hochwälder – und er sprach davon, daß er auf 3 Wochen nach Sils-Maria fahren wolle: falls Ihr ihn seht: viele Grüße von mir! – Sehr habe ich einen Brief von Teddie vermißt: er war angekündigt und kam aber nicht: bist du bös auf mich, Lieber? – Für heute alles Liebe! Eure

Lotte

Ansichtskarte, handschriftlich, Sammlung Tobisch. – Die s/w Fotografie auf der Vorderseite wird ebendort durch den Aufdruck „EPIDAURUS THEATRE" ausgewiesen. Zwischen Adresse und Kartentext wurde vertikal ein Stempel, der Auskunft über die Unterkunft gibt, angebracht: „LAGONISSI" / HOTEL BUNGALOWS / AND SEA SIDE RESORT / P.O.B. 1111 – OMONI / ATHENS - GREECE

Hochwälder ... sprach davon, daß er auf 3 Wochen nach Sils-Maria fahren wolle: Vergleiche Anmerkung zu Brief 85.

113 Ficker an Tobisch

Innsbruck-Mühlau, 13. September 1966

Liebe, verehrte Lotte!

Nun hab' ich Sie lange genug warten lassen. Aber – von meinen sonstigen Zwischenverpflichtungen abgesehen –: die Lektüre der Adorno'schen Meditationen hat mir zunächst ungeheuere Schwierigkeiten bereitet; was bei meinem schrecklichen Defizit an Wissen und Verstandeskräften ja an sich auch kein Wunder ist. Aber mehr und mehr wurde ich dann kapabel [= fähig], in das ungemein stringente Dickicht und Ausholzungsbedürfnis seiner Gedanken- und Beweisführung einzudringen, bis sich in mir selbst manches gelichtet und das meiste, womit ich mich selbst oft rat-, ja ahnungslos herumgeschlagen hatte, Konturen gewann, vor denen jeder Zweifel verstummen mußte. Wohl ist es wahr, daß ein Rest von Resignation bleibt, der sozusagen seine Hände von Hüben und Drüben ausstreckt, und was meine Reaktion auf solche Wahrnehmung betrifft: ich bin eben von manchem ergriffen, das Adorno nur unter stärkstem Vorbehalt gelten läßt – doch immer so, daß es unter dessen Begründung auch mir wiederum bis auf den Grund einzuleuchten beginnt. Wie auch nicht?, wenn wir bei Adorno auf einen Kapitalsatz wie diesen stoßen: „Nichts kann unverwandelt gerettet werden, nichts, das nicht das Tor seines Todes durchschritten hätte." Wie wahr! Wie unbedingt wahr, wenn wir uns Zeit- und Weltläufe im Medium absoluter Denknotwendigkeiten vor Augen halten. Das heißt: am Ende brauchen wir uns da beide, er und ich, in einer Sphäre seltsamster Tautologieentsprechungen, die eben in dieser ihrer Denkwürdigkeit nicht auszuschöpfen sind, soll Erfahrung uns nicht bestimmen, sie wie einen heißen Brei zu umgehen.

Lassen Sie sich's, liebe Lotte, an diesen Andeutungen vorerst genügen! Es ist und muß doch immer Zuversicht sein, die unser Fatales überflügelt, mag es hin und wieder noch so niederdrückend scheinen. Daran halte ich mich, auch und gerade jetzt in der Freude der Erwartung, mit der wir Adornos wohl wichtigstem Buch entgegensehen dürfen. Sie wissen, wie unkritisch ich veranlagt bin, aber ich vertraue unser aller Witterungsvermögen. Es hat etwas für sich.

Mit allen guten Wünschen bin ich

Ihr Ludwig v. Ficker

Manuskript (Fotokopie), Sammlung Tobisch. – Der Brief wurde erstmals in Ficker, 1996, S. 404, veröffentlicht.

Lektüre der Adorno'schen Meditationen: Tobisch hatte Ficker ihren von Adorno mit einer Widmung vom 21. Mai 1966 versehenen Manuskript-Durchschlag „Meditationen zur Metaphysik" zur Lektüre zur Verfügung gestellt. Die „Meditationen" bilden das Schlusskapitel der 1966 erschienenen „Negativen Dialektik" (jetzt in GS 6, S. 354-400).

„Nichts kann unverwandelt gerettet werden …": Siehe „Negative Dialektik", GS 6, S. 384.

der Erwartung, mit der wir Adornos wohl wichtigstem Buch entgegensehen dürfen: „Negative Dialektik" (1966, jetzt in GS 6, S. 7-412).

114 Tobisch an Adorno

Wien, 28. Sep. 66

Liebster Teddie!

Vor Allem: Dank Dir sehr für den „Jargon" – es ist wirklich lieb, daß Du nicht drauf vergessen hast! – Sehr traurig bin ich darüber, daß Du – wie ich höre – im Oktober nicht nach Wien kommen wirst; ich hatte sehr gehofft, daß Du es irgendwie schaffen wirst, aber wahrscheinlich ist es Dir einfach zuviel geworden! Laß doch von Dir hören, wie Deine weiteren Pläne sind! Wann wirst Du denn nach Frankfurt zurückkommen? – Neulich war Paul Hoffmann bei mir und fragte mich, ob er es wirklich wagen könne, Dich in Frankfurt anzurufen! „Freilich, freilich", hab ich ihm geantwortet, und so wird er es wohl nächstesmal tun, wenn er dort ist!

Vor einigen Tagen erhielt ich einen reizenden Brief Ludwig von Fickers, dessen

Photocopie ich Dir beilege, weil der Inhalt des Briefes sich ja so ganz mit Dir beschäftigt und Dich gewiß interessieren wird! Ich habe Dir ja erzählt, daß ich Ficker das Manuskript Deines hiesigen Vortrages – auf seinen Wunsch – zu lesen gab, und es ist doch wunderbar, wie der uralte Mann sich damit auseinandergesetzt hat!

Von Hirsch hab ich keinerlei Nachricht – und bin langsam recht böse auf ihn; für mich ist ein derartiges Verhalten einfach unbegreiflich, und daher stehe ich der Sache auch hilflos gegenüber: Ich weiß wirklich nicht, was ich nun anfangen soll.

Liebster Teddie, bitte laß bald von Dir hören, schreib ein paar Zeilen, wo Du bist, damit ichs weiß – denn es ist ja immer möglich, daß ich durch Zufall irgendwo in der Gegend bin, und ich würde mich schrecklich ärgern, wenn ich dann hörte, daß Du nebenan warst und ich nichts davon wußte!

Sei umarmt für heute und grüß Gretel herzlich!

Deine alte

Lotte

P.S. Scholem schrieb mir reizend aus Paris: Er ist doch eigentlich schon sehr nett! Er ist auch auf Vortragstour und fliegt in der Welt herum!

Typoskript, Sammlung Tobisch; gedruckter Briefkopf: Tobisch/Opernring. – Am oberen Blattrand schrieb Adorno eine Notiz für seine Sektretärin Elfriede Olbrich: *„Bitte ihr [Tobisch] die italienische Adresse mitteilen"* (dazu siehe Brief 114).

Dank Dir sehr für den „Jargon": Adornos Buch „Jargon der Eigentlichkeit. Zur deutschen Ideologie" erschien 1964 (jetzt in GS 6, S. 413-526).

Sehr traurig bin ich darüber, daß Du … im Oktober nicht nach Wien kommen wirst: Adorno unternahm im Oktober 1966 eine Italienreise, die ihn nach Rom, Neapel und Palermo führte.

Neulich war Paul Hoffmann bei mir: Siehe dazu Anmerkung und Brief 96.

reizenden Brief Ludwig von Fickers: Siehe Brief 113.

Von Hirsch hab ich keinerlei Nachricht: Zu Hirsch und den Brief-Angelegenheiten siehe Anmerkung und Brief 1, 2, 3, 23, 25, 27, 34, 35, 36, 37, 101, 109.

Scholem … ist doch eigentlich schon sehr nett: Zu Scholem siehe BPV.

Lotte Baronin
Tobisch von Labotýn
Opernring 8
Wien I
Österreich

Bern, 2. Oktober 1966

Liebstes Lotterl, Dein Brief kam gerade vor der Abreise. Ich hatte fest vor nach Wien zu kommen, bin aber von einer Grippeattacke so mitgenommen, dass die ganze italienische Reise eine Nervenprobe ist und ich einfach froh bin, wenn ichs hinter mir hab – verzeih! Der Brief von F[icker] ist rührend und beschämt mich – nur seltsam, gerade die Stelle, die er rühmt war mir als zu „positiv" so problematisch daß ich bis zuletzt zögerte, sie im Text zu lassen. – Rudolf ist mir schlechthin unverständlich! Hier ist's wunderschön, nur arg föhnig, dass einem schwindelt. Jetzt nach Basel, Mailand, Neapel, Palermo, Rom.

Sei ganz umarmt und kränk Dich nicht über den Klex, wo man doch auch nix machen kann!

Ganz Dein Teddie

Ansichtskarte, handschriftlich, Sammlung Tobisch. – Die s/w Fotografie auf der Vorderseite ist ebendort durch den Aufdruck „2236 Bern, Altstadt mit Münster u. Kornhausbrücke" ausgewiesen. Der Poststempel enthält den Zusatz: „GUTE / ENTLÖHNUNG / GESUNDE / WIRTSCHAFT". Der vorletzte Satz des Schreibens wurde vertikal am linken Kartenrand notiert, die Abschiedsformel am Kopf stehend am oberen Rand.

Rudolf ist mir schlechthin unverständlich!: Zu Rudolf Hirsch siehe Anmerkung und Brief 1, 2, 3, 23, 25, 27, 34, 35, 36, 37, 101, 109, 114.

kränk Dich nicht über den Klex: Anspielung auf eine Stelle des Tobisch zugeeigneten Aufsatzes „Wien, nach Ostern 1967" (siehe Anmerkung zu Brief 110).

116 Adorno an Tobisch

Frankfurt, 3. Oktober 1966

Frau
Lotte Tobisch von Labotýn
Wien I.
Opernring 8/14

Sehr geehrte Frau von Tobisch,

Herr Professor Adorno bittet mich, Ihnen seine verschiedenen italienischen Adressen mitzuteilen.

Vom 6. bis 10. Oktober: Neapel, Hotel Continental; vom 10. bis 14.: Palermo, Villa Igiea und vom 14. bis 24: Rom, Hotel Quirinale, Via Nazionale 7.

Mit verbindlichen Grüßen
Ihre
Elfriede Olbrich

Typoskript, Sammlung Tobisch; gedruckter Briefkopf: Adorno/Kettenhofweg mit maschinegeschriebenem Zusatz „Sekretärin von" über Adornos Namen.

117 Tobisch an Adorno

Wien, 26. Okt. 66

Liebster Teddie!

Dank für Deine liebe Karte und für die Mitteilung Deiner Adressen durch Deine Sekretärin! Da ich alle drei Tage die Cheristane im „Verschwender" mimen mußte, war an ein Wegkommen von Wien nicht zu denken: Es ist schon ein Jammer! Irgendwie bin ich froh, daß Du nicht in Wien warst, denn es wäre doch zu ärgerlich gewesen, wenn ich dann so wenig Zeit gehabt hätte, – trotzdem tut es mir natürlich unsagbar leid, daß Du nicht kommen konntest, denn Canetti war im Lande und Hochwälder und der Wotruba hat auch Deiner geharrt, und so hättest Du auch ohne mich ein paar schöne Tage hier haben können. – Nun muß ich Dir ja gleich berichten, daß der Rilke-Brief endlich doch hier angelangt ist – mit einem Schreiben von Hirsch – und da ich weiß, daß es wohl vor allem Deine Autorität im Hintergrund war, die den guten Rudolf endlich in Trab setzte: Laß Dir tausendmal danken für alles! Und Dank an Gretel, die sich in dieser Angelegenheit so für mich eingesetzt hat! Angeblich war der Brief versehentlich nach Amerika geraten u.s.w. – nun, wie immer dem sei: Er ist da, und das ist die Hauptsache!

Lieber, bitte schreibe ein paar Zeilen, wie es um Deine Gesundheit steht! Wie ich hörte, hast Du nicht zuletzt der angegriffenen Gesundheit wegen Wien abgesagt: Was ist los? Bitte sehr um Nachricht!

Bei Helene Berg hab ich zweimal versucht anzurufen – aber sie scheint noch nicht hier zu sein, denn es hat sich niemand gemeldet; inzwischen ist auch ein Ereignis eingetreten, das mich ein bissl hemmt: Nach 17 Jahren Freundschaft mit Hilbert hat er sich nun endlich so herzlich schlecht gegen mich benommen, daß ich im Augenblick nicht anders kann, als ihn – sozusagen – im eigenen Fett schmoren lassen; Du weißt, wie sehr ich Egon mag und wirst Dir drum denken können, daß ich mich sehr kränke über die Sache; und es ist mir auch kein Trost, daß ich völlig schuldlos bin, denn es ist eine merkwürdige Tatsache, daß es letztlich ganz egal ist, wer die Schuld dran hat, wenn eine Freundschaft in die Brüche geht: Um die Freundschaft trauert man. Freilich weiß ich, daß der Egon – sobald er wieder einmal „untendurch" ist – wieder in mein Haus hereinschneien wird, aber ich wollte, er wüßte, daß man die Freunde, wenn man in Glanz und Gloria ist, noch nötiger hat, weil sie die Einzigen sind, die einem die Wahrheit sagen und ohne Neid sind. So hat sich halt wieder einmal der Satz bewahrheitet, den ich so gerne zitiere „mit meinen Feinden werd ich selber fertig – Gott schütze mich vor meinen Freunden" – beziehungsweise „Jede gute Tat rächt sich auf Erden". Ich brauche Dir nicht zu sagen, daß ich nicht möchte, daß durch mich jemand erfährt, wie sich der Egon benommen hat, da dies nur Wasser auf die Mühle für seine Feinde wäre, denn jeder weiß ja, was ich für ihn alles getan habe und ist Egons Verhalten gegen mich nur schlechte Reklame für ihn selbst: Ich habe aus diesem Grunde auch Thalhammer gegenüber kein Wort über das alles verloren und fürchte nur, daß der Egon dumm genug ist es zu tun, was wiederum nur Wasser auf die Thalhammermühle wäre, der immer wieder von mir beruhigt wird, wenn er fast zerspringt über Egons Größenwahn! Dennoch: Egons Fähigkeiten stehen außer Zweifel und muß man ihm helfen, wo es geht – auch wenn er es einem reichlich schwer macht.

Nun, lieber Teddie, werde ich Schluß machen: Schreib bald und grüß Gretel sehr!

Und Dank für alles!

Deine alte

Lotte

Typoskript, Sammlung Tobisch; gedruckter Briefkopf: Tobisch/Opernring

alle drei Tage die Cheristane im „Verschwender" mimen mußte: Diese Rolle in Raimunds Zaubermärchen (Regie Kurt Meisel) spielte Tobisch nur im Jahr 1966.

denn Canetti war im Lande und Hochwälder und der Wotruba hat auch Deiner geharrt: Durch ihre Arbeit am Theater, durch ihre langjährige und tiefe Freundschaft mit Erhard Buschbeck war Tobisch mit einer Reihe von Künstlern, Wissenschaftlern und Politikern bekannt und befreundet. Unter anderem mit Carl Zuckmayer, Fritz Hochwälder, Wander Bertoni, Fritz Wotruba, Oskar Werner, Josef und Michael Gielen, Friedrich Heer, Ludwig von Ficker, Günther Anders, Richard Neutra und Bruno Kreisky.
Elias Canetti hat Tobisch über Adorno kennengelernt, der ein gemeinsames Treffen während eines seiner Wienbesuche arrangierte. (Meysels, S. 116) Der Bildhauer Fritz Wotruba und der Dramatiker Fritz Hochwälder kannten sich ihrerseits. – Siehe dazu die „weinselige Episode", an der auch Buschbeck beteiligt war, bei Meysels S. 74 f.; zu Hochwälder siehe BPV und Anmerkung zu Brief 96.

der Rilke-Brief endlich doch hier angelangt ist: Zu Rudolf Hirsch und die Briefsache siehe Anmerkung und Brief 1, 2, 3, 23, 25, 27, 34, 35, 36, 37, 101, 109, 114, 115.

Bei Helene Berg hab ich zweimal versucht anzurufen: Helene Berg lebte wie schon seit ihrer Heirat mit Alban Berg zeitweise auf dem Familiengut „Waldhaus" in Auen am Wörthersee, Kärnten.

Nach 17 Jahren Freundschaft mit Hilbert hat er sich nun endlich so herzlich schlecht gegen mich benommen: Tobisch meint retrospektiv, dass es wohl nicht ganz so schlimm gewesen sein kann, wenn sie sich heute nicht mehr daran erinnern könne. Das könnte insofern zutreffen, als sich die beiden kurze Zeit später wieder ausreichend verstanden haben. Bei den nicht enden wollenden Angriffen auf seine Person in Sachen Staatsoper konnte Hilbert weiterhin auf die Unterstützung von Tobisch (und Adorno) zählen.

auch Thalhammer gegenüber kein Wort: Zu Thalhammer, Chef der Bundestheaterverwaltung, siehe BPV.

Egons Größenwahn!: Tobisch hat in einer Rezension den interessanten Versuch unternommen, das Phänomen „Hilbert" in seiner Widersprüchlichkeit zu bestimmen (siehe Hilbert, BPV, Stichwort „Der Opernnarr").

118 Adorno an Tobisch

Frankfurt, 1. November 1966

Liebstes Lotterl,

hab tausend Dank für Deinen Brief. Ich bin ganz beschämt, daß ich Dir unterdessen nicht geschrieben habe. Aber Du machst Dir keine Vorstellung von der Welle von Eindrücken und Menschen, die über mich in Italien hinrollte und die mir nicht einmal jenes Minimum an Selbstbesinnung ließ, das notwendig ist, wenn man den allernächsten Menschen etwas schreiben will. Also bitte, verzeih. Ob das Saldo der Reise mehr Erschöpfung ist oder doch, durch die totale Veränderung der Lebensumstände, eine Art von Erholung, kann ich noch nicht entscheiden, aber sanguinisch, wie ich schon – im Kontrast zu dem von mir Gedachten – bin, möchte ich doch eher Erholung unterstellen. Vorher ging es mir wirklich sehr mäßig, und ich hatte einfach Angst vor der Anstrengung der Wiener Tage. Nach dem italienischen Zirkus wäre es einfach nicht mehr zu schaffen gewesen. Doch geht es mir jetzt, von dem ständigen Problem der Unterschlafenheit abgesehen, ganz gut, und Du brauchst Dir keine Sorgen zu machen. Auch das Gretelchen, das die italienische Reise nicht sich zutraute, ist in recht gutem Zustand.

Die Sache mit Egon Hilbert tut mir sehr leid. Gerade in Rom, und dann auch hier, hatte ich viel mit Sattler über ihn gesprochen – dieser kennt ihn ja aus der gemeinsamen römischen Zeit sehr gut. Ich meine, man muß ihm eben doch allerhand vorgeben. Vielleicht schreibst Du mir, was eigentlich zwischen Euch vorgefallen ist. *(wenn Du magst!)* Natürlich würde ich jederzeit intervenieren, nur ist Deine Beziehung zu ihm so viel näher, daß das etwas Absurdes hätte. Aber wie Du meinst. Übrigens dürfte er durch den Tod von Wieland Wagner, der ja doch im Musikleben ein gewisses Gegengewicht gegen Karajan bildete, einen sehr empfindlichen Schlag empfangen haben; vielleicht hat auch das zu den Irrationalitäten, die bei ihm potentiell immer schon vorhanden sind, beigetragen.

Daß wir, wäre ich in Wien gewesen, so wenig von einander gehabt hätten, ist immerhin eine Art von perversem Trost *darüber*, daß ich nicht dort war. Ist denn das Gespräch in der Literarischen Gesellschaft überhaupt zustande gekommen?

In den allernächsten Tagen kommt die „Negative Dialektik" heraus; Gott allein weiß, was ihr Schicksal sein wird. Ich beschäftige mich damit, ein kleines Bändchen, „Ohne Leitbild. Parva Aesthetica" fertig zu machen, das zwar aus lauter bereits existenten Sächelchen besteht, aber doch noch einiger Koordination bedarf. Mein Hauptgeschäft jedoch ist die Schematisierung des großen Buches, vor dem ich mir so gern einige Ruhe gegönnt *hätte*, das sie mir aber offensichtlich nicht gönnt.

Unterdessen hat mein Freund Friedeburg sein Amt als Mitdirektor des Instituts angetreten, und das dürfte nicht nur dem Institut neue Impulse geben sondern auch mich in vielem erleichtern.

In Rom hat sich Michael Marschall, der sich meiner in einer geradezu mütterlichen Weise annahm, besonders herzlich nach Dir erkundigt; Du hast großen Eindruck auf ihn gemacht. Auch Fanja Scholem, die ich einmal gemeinsam mit der [Ingeborg] Bachmann zum Lunch hatte, sprach sehr begeistert von Dir. Es wäre doch arg schön gewesen, wenn Du erschienen wärest. Zu den größten Eindrücken zählt – außer Paestum, wo ich vor mehr als vierzig Jahren gewesen bin – eine Fahrt von dort nach Ravello, und dann, in Sizilien, Selinunt und Segesta.

Sei nun auch lieb und schreibe recht bald – auch über die Möglichkeit, wann und wo wir uns sehen. Und sei ungemein umarmt von

Deinem

Teddie

Typoskript, Sammlung Tobisch; gedruckter Briefkopf: Adorno/Kettenhofweg.

Welle von Eindrücken und Menschen, die über mich in Italien hinrollte: Zur Reise siehe Brief 115, 116.

in Rom, … hatte ich viel mit Sattler über ihn [Hilbert] gesprochen: Staatsoperndirektor Egon Hilbert war von 1954 bis 1959 Leiter des Österreichischen Kulturinstituts in Rom. Zu Sattler siehe BPV.

durch den Tod von Wieland Wagner, … einen sehr empfindlichen Schlag empfangen haben: Hilbert wurde zu einer Zeit Direktor der Wiener Staatsoper, als diese sich in einer schweren Krise befand. Es war u.a. das Engagement des Regisseurs Wieland Wagner, das mithalf, den Ruf des Hauses wieder herzustellen. Zu Wagner siehe BPV.

„Ohne Leitbild. Parva Aesthetica“ erschien zuerst 1967 als Band 201 der edition suhrkamp, dann in erweiterter Form 1968 (jetzt in GS 10.2, S. 289-453).

Mein Hauptgeschäft jedoch ist die Schematisierung des großen Buches: Im Mai 1961 begann Adorno mit dem Diktat einer ersten Version der „Ästhetischen Theorie“. Er unterbrach diese Arbeit jedoch zugunsten der „Negativen Dialektik“. Nachdem diese im Sommer 1966 beendet war, nahm er die Arbeit zur Erstellung einer neuen Version seiner Ästhetik wieder auf. „Große Anstrengung“, heißt es im editorischen Nachwort (GS 7, S. 539), wurde auf die „Schematisierung“ des Textes verwandt.

Unterdessen hat mein Freund Friedeburg sein Amt als Mitdirektor des Instituts angetreten:

Zu von Friedeburg siehe BPV.

Auch Fanja Scholem, … sprach sehr begeistert von Dir: Fanja Scholem, geborene Freud, war mit Gershom Scholem (siehe BPV) seit 1936 verheiratet.

Michael Marschall, der sich meiner in einer geradezu mütterlichen Weise annahm: Zu Marschall siehe BPV.

Wien, 14. XII. 66

Liebster Teddie!

Meinerseel: Es ist ein Skandal, wie lange ich Dir schon nicht geschrieben habe! Aber die letzten Wochen gings wieder einmal drunter und drüber: Ich hatte Proben fürs Theater, drei Vortragsabende, eine kleine Fernseherei, außerdem neuerlich eine scheußliche Bronchitis und überdies (als Betriebsrat) unentwegt mit Kortnergreuel zu tun. So kams, daß ich eben zu nichts kam!

– Zu meinem letzten Brief an Dich kann ich Dir nun mitteilen, daß Hilbert reumütig zurückgekehrt ist in meine Arme, na ja! Was soll man nur mit diesem Menschen machen?! Es ist schrecklich, zusehen zu müssen, wie er sich selber das Wasser abgräbt. Deine Muschi traf ich neulich in einem Reihe-Konzert, Du solltest ihr mal schreiben, sie machte keinen sehr glücklichen Eindruck. Habe ich Dir eigentlich schon geschrieben, daß ich mit großem Interesse und großem Vergnügen nun endlich Dein Mahlerbuch gelesen habe? Dank Dir sehr, sehr dafür!

Vor ein paar Tagen traf ich Dr. [Wolfgang] Kraus wieder einmal und hörte von ihm, daß Du mit – mehr oder weniger – Sicherheit im April nun endlich doch nach Wien kommen wirst! Weißt D U das eigentlich auch schon?! Schreib mir, lieber Teddie, wie es um diese Sache steht und natürlich auch, wie es Euch geht, ob alles in Ordnung ist! Und ist Dein Buch [die „Negative Dialektik"] schon erschienen? Mein Freund [Gerhart] Baumann aus Freiburg erzählte mir, daß der Briefband Benjamin so gut gelungen ist: Hast Du ein überzähliges Exemplar? (Nicht böse sein über diese unverschämte Frage, aber meine Finanzlage ist wieder einmal triste, und ehe ich mir das Buch bestelle, frag ich drum ergebenst an, ob Du vielleicht ein übriges hast!)

Noch etwas: Kennst Du einen Dirigenten Peter Lacovich? Er ist mir ungeheuer empfohlen worden, und ich würde gerne wissen, was Du von ihm künstlerisch und auch menschlich hältst; er ist derzeit in Wiesbaden, und ich würde ihn, wenn es Dir recht wäre, einmal zu Dir schicken und Dich bitten, Deinen Eindruck von ihm zu schreiben! Laß mich wissen, ob das möglich ist – irgendwann!

Teddie, Lieber, für heute schick ich Dir viele Grüße *und tausend gute Wünsche!*

Deine Lotte

Alles, alles Liebe an Gretel!
Geht's ihr gut?

Weihnachtsbillett, mit Schreibmaschine, Sammlung Tobisch. – Dem einmal gefalteten Billett aus höhergrammigem blauem Papier (Faltformat 12x15 Zentimeter) ist ein weißes, dünnes, eng beschriebenes Blatt gleichen Formats eingeklebt. Die Frontseite der Wunschkarte ziert ein in Schmucktypographie gesetzter Aufdruck: „EINE FROHE / WEIHNACHT / UND EIN GUTES

/ NEUES JAHR". Jedes Wort ist aus unterschiedlich großen Buchstaben gebildet, die nicht wie üblich auf einer gedachten Grundlinie angeordnet sind, das heißt, einem etwas höher stehenden Buchstaben folgt ein etwas tiefer stehender, dem wieder ein etwas höher stehender folgt usw. Damit wird der Eindruck erweckt, dass Buchstaben und Worte – vor Freude? – tanzen. – Die letzten zwei, mit der Hand geschriebenen Zeilen wurden vertikal auf der Innenseite des Billetts notiert.

Ich hatte Proben fürs Theater: Tobisch probte für die Rolle der Emma in Carl Sternheims „Die Kassette". Regie führte Ulrich Erfurth, die Premiere fand am 10. Dezember 1966 statt.

(als Betriebsrat) unentwegt mit Kortnergreuel zu tun: Tobisch spielte zwar nicht unter Fritz Kortner, hatte aber als Mitglied des künstlerischen Betriebsrats mit dem Regisseur zu tun (s.a. Anmerkung und Brief 49.) Kortner inszenierte damals Shakespeares „Othello". Einen ungefähren Eindruck, um was es ging, skizzierte Werner A. Perger für die Zeitschrift Top Public 4/1967: „Kortner, schon reichlich alt und müde, schlief während der Probenarbeit immer wieder ein. Er schlief so gut, daß die Premiere zweimal verschoben werden mußte. (...) Schauspieler, Bühnenbildner Schneider-Siemssen und die Werkstättenleitung bestürmten ihren Theaterdirektor, dem Chaos ein Ende zu bereiten. Daraufhin ließ Haeussermann Kortners Gattin wissen, der Fritz solle doch ruhig einmal zwei Tage Urlaub nehmen. Heinrich Schweiger und seine Kollegen sollten inzwischen fleißig proben." Dem Ensemble gab Direktor Haeusserman den Ratschlag: „Tun S' halt jetzt mit dem Kortner, aber am Abend in der Vorstellung spielen S' halt, wie es Ihnen paßt." Die Premiere fand am 6. Dezember 1966 statt.

daß Hilbert reumütig zurückgekehrt ist in meine Arme: Siehe Anmerkung und Brief 117.

Deine Muschi traf ich neulich in einem Reihe-Konzert: Tobisch sagt, *Muschi* würde sich von „la mouche", dessen Aussprache es nahekommt, ableiten. Tobisch betont die Bedeutung „Fliege" (es meint auch Kinnbärtchen und Schönheitspflästerchen). Gemeint habe sie damit eine Wiener Freundin Adornos, die Adelige Elisabeth-Charlotte von Martiny, der er den Aufsatz „Wien" gewidmet hat (GS 16, S. 433-453). – Zu *die reihe* siehe Cerha, BPV.

Dein Mahlerbuch: „Mahler. Eine musikalische Physiognomik", erste Auflage 1960, korrigierte und erweiterte zweite Auflage 1963, ist jetzt in Band 13 der GS, S. 149-319, abgedruckt.

daß Du ... im April nun endlich doch nach Wien kommen wirst: Siehe Anmerkung zu Brief 127.

der Briefband Benjamin: 1966 erschien die zusammen mit Gershom Scholem herausgegebene, zwei Bände umfassende Auswahl von Briefen des gemeinsamen Jugendfreundes Walter Benjamin.

Kennst Du einen Dirigenten Peter Lacovich?: Siehe BPV.

120 Adorno an Tobisch

Frankfurt, 23. Dezember 1966

Liebstes Lotterl,

tausend Dank für Deinen Brief. Das Bücherpaket mit den Benjaminbriefen und meinem eigenen Buch war schon verpackt, als ich ihn erhielt, unsere Gedanken haben sich also wörtlich gekreuzt.

Was Du mit dem [Fritz] Kortner für Sorgen hast, kann ich, der ich ihn genau kenne, mir vorstellen; doch scheint er ja wirklich Außerordentliches zustande gebracht zu haben. – Daß Hilbert zurückgekommen ist, hatte ich nicht anders erwartet. Unterdessen sprach ich mit Solti, der mir sagte, er habe weitergehende Angebote für Wien abgelehnt, weil sie nicht klar genug gewesen seien, auch bereits Zugesagtes wieder zurückgezogen worden sei. Das mag sich verhalten, wie es wolle – jedenfalls sehe ich für den ganzen Komplex der Oper à la longue schwarz. Wenn ich mir, was Du über Hilbert sagst, mit dem im Hintergrund lauernden Karajan zusammendenke, so kommt keine gute Prognose heraus.

Die Muschi schrieb mir, nett, ich werde ihr antworten.

Von dem neuen Plan mit Dr. [Wolfgang] Kraus habe ich nichts gewußt, es ist mir aber sehr wichtig, ihn von Dir zu erfahren. Denn Gretel und ich spielen sehr mit dem Gedanken, diesmal im Frühjahr nicht nach Baden-Baden sondern für ein paar Wochen nach Wien zu fahren; wobei wir ganz gern diesmal nicht im Hotel wohnen würden. Vielleicht ließe sich das mit dem Plan Kraus, und anderem, kombinieren. Es müßte eine Zeit zwischen dem 15. März und Ostern sein, unter Umständen blieben wir sogar über Ostern; doch muß ich auf jeden Fall am 15. April wieder in Frankfurt sein, weil hier das Semester um vierzehn Tage früher anfängt – und auch aufhört. Jetzt habe ich ja die letzten Monate meiner schönen Freiheit.

Diese habe ich gründlich ausgenutzt, nämlich zur Arbeit, deren Begriff freilich mit der Freiheit nicht durchaus vereinbar ist. Nach dem Abschluß der „Negativen Dialektik“ habe ich, aus schon Bestehendem, ein kleines Buch komponiert, das den Titel „Ohne Leitbild“ trägt, mit dem Untertitel „Parva Aesthetica“, und das im Frühjahr in der „edition suhrkamp“ erscheinen wird. Es ist eine ziemlich ausgewogene Mischung zwischen theoretischen Abhandlungen, darunter einigen recht belasteten, und losen Folgen unmittelbarer Erfahrungen ästhetischer Art, durchwegs ziemlich hintergründig; darunter Stücke über Sils Maria, Amorbach, Lucca und Paris. Ich denke, es ist ein ganz artiges Büchlein geworden. Und nun stecke ich tief im Schematisieren meines nächsten großen Projekts. Ich muß mich dranhalten, wenn ich, was ich für meine Sache halte, schaffen will, solange ich sicher sein kann, noch nicht vertrottelt zu sein.

Peter Lacovich kenne ich nicht, würde mich freuen, ihn kennenzulernen. Unter Umständen wäre das auch nicht ohne praktische Wichtigkeit, da es nicht unwahrscheinlich ist, daß mein Freund Klaiber, derzeit Intendant in Kiel, die Leitung des Wiesbadener Theaters übernimmt. Doch bitte ich Dich, das Lacovich noch nicht zu sagen, denn wenn so etwas herumkommt, werden gar zu leicht Gegenminen gelegt – das weißt Du besser als ich. Vielleicht kann er mich im Institut Anfang Januar anrufen; die Tage zwischen den Jahren sind unbeschreiblich vollgepackt.

Etwas erschreckt hat mich, was Du über Deine finanzielle Situation schreibst; aber ich bin sicher, daß es sich dabei um eine momentane Ebbe handelt, vergleichbar jener Situation, über die [Peter] Altenberg einmal an seinen Bruder schrieb: Ich habe mein letztes Geld auf mein Bankkonto überwiesen und stehe nun völlig mittellos da. En tout cas halte ich Dir den Daumen.

Und damit bin ich beim Wünschen – ich werde mit all meinen Gedanken über die Weihnachtstage bei Dir sein, traurig, daß wir gerade diese Tage nicht in der Schnitzlerschen Tradition in Wien miteinander verbringen können – es müßte doch schön sein, mit Dir, der in einen warmen Pelz Eingekuschelten, über die Kärntner Straße zu gehen und die berühmten Einkäufe zu machen. So wird es bei mir hauptsächlich bei sogenannten sozialen Verpflichtungen bleiben und dem Versuch, mich satt zu schlafen.

Ich bin arg müde, auch durch allerhand Probleme überreizt, aber es ist, wie ich es nenne, lauter unbeseeltes Unglück, Technisches, Auswendiges, das nicht unter die Haut geht. Der Gedanke an ein relativ rasches und ausgiebiges Wiedersehen hat etwas ungemein Tröstliches. Sei doch ein Liebes und Schönes und schreibe mir recht bald ein paar Worte.

Das Trachodon grüßt aufs schönste.

Ich aber umarme Dich ganz

Dein

Teddie

Typoskript, Sammlung Tobisch; gedruckter Briefkopf: Adorno/Kettenhofweg

Daß Hilbert zurückgekommen ist: Siehe Brief 117, 119.

Solti … Angebote für Wien abgelehnt: Siehe Anmerkung und Brief 102, 108.

Die Muschi schrieb mir: Siehe Anmerkung zu Brief 119.

im Frühjahr … ein paar Wochen nach Wien: Siehe Anmerkung zu Brief 127.

„Ohne Leitbild": Siehe Anmerkung zu Brief 118.

Schematisieren meines nächsten großen Projekts: Siehe Anmerkung zu Brief 118.

mein Freund Klaiber: Siehe BPV.

En tout cas halte ich Dir den Daumen: Auf jeden Fall halte ich Dir die Daumen.

Das Trachodon grüßt aufs schönste: Von Adorno verwendeter Kosename für seine Frau Gretel.

Laut Tobisch eine Kombination aus „Drache" und „Mastodon", eine ausgestorbene Elefantenart des Tertiär. Elfriede Olbrich, Adornos Sekretärin, berichtet, dass er auch gerne eine Kurzform des Namens verwendete. „Tracho!" rief er mittags über den Gang, wenn er seiner Frau das bevorstehende gemeinsame Essen ankündigen wollte.

121 Adorno an Tobisch

Frankfurt, 1. Februar 1967

Liebstes Lotterl,

ich bin etwas beunruhigt, gar nichts von Dir zu hören – auch nicht, ob Du die „Negative Dialektik" und die Benjaminbriefe richtig erhalten hast. Gewöhnlich, wenn Du schweigst, geht es Dir gesundheitlich nicht gut – ist das wieder der Fall? Bitte sei doch so lieb, und laß mir unmittelbar ein Wort zukommen, wär's auch nur eine Karte.

Unterdessen habe ich Herrn Lacovich ausgiebig gesehen, auch einen netten Brief von ihm erhalten; mein Eindruck war nicht schlecht. Lustig der komplizierte Zusammenhang über Sissy. Ich habe ihm geraten, zunächst von Wiesbaden noch nicht wegzugehen, wo ja der Intendantenposten offen ist, – es *besteht* eine gewisse Chance, daß mein Freund Jochen Klaiber ihn erhält. Andererseits ist Lacovich schwer zuzumuten, unter den gegenwärtigen, völlig verfahrenen Bedingungen in Wiesbaden zu bleiben.

Heute nun eine Bitte. Das Gretelchen und ich haben vor, zusammen im Frühjahr nach Wien zu kommen, für ein paar Wochen. Der früheste Termin ist der 15. März, zurück sein muß ich spätestens am 15. April, weil dann der ganze Vorlesungsbetrieb wieder anfängt. Es ergibt sich nun die Frage des Quartiers. Wir haben wenig Lust, in einem mäßigen Hotel wie dem [Erzherzog] Rainer länger Aufenthalt zu nehmen, und die ersten sind, für uns von der Sparwelle betroffene Beamte, doch arg teuer. Wir spielen daher mit dem Gedanken an eine wirklich gute Pension – zwei ruhige Einzelzimmer mit Privatbad. Wüßtest Du etwas? Und könntest Du uns unter Umständen eine Reservation verschaffen? Oder macht das zuviel Mühe? Jedenfalls bitten wir beide Dich um Schutz, Hilfe und Rat. Eine Alternative wäre, etwas außerhalb zu wohnen, fern vom Stadtlärm und doch nahe genug, um jederzeit, etwa auch abends nach dem Theater, mühelos wieder zurückzukommen. Auch wenn Du dazu eine Idee hättest, wäre es herrlich. Eine dritte Möglichkeit ist eine Kombination: daß wir erst ungefähr acht Tage in der Stadt bleiben, auch um dort einiges erledigen zu können, und dann noch acht Tage herausfahren, als Ersatz für Baden-Baden. Ich bin nun doch, seit einem Jahr, des Vorlesungsbetriebs entwöhnt, fürchte mich vor dem Wiederbeginn der Tretmühle und würde gern vorher noch ein paar Reserven tanken. Zumal ich nach wie vor die relativ freie Zeit bis aufs äußerste für die Arbeit ausnutze.

Mit der Situation hängt auch zusammen, daß ich ganz gern ein paar Dinge in Wien tun würde. Etwa einen Vortrag in der Literarischen Gesellschaft – zur Verfügung stünde der „Zum Klassizismus von Goethes Iphigenie", den ich für ganz besonders gelungen halte; ich probierte ihn vorige Woche in der Goethe-Gesellschaft in Hamburg aus. Dann auch, etwa in der Musikgesellschaft, den über Schwierigkeiten in der Auffassung neuer Musik. Unbekannt und noch ungedruckt sind zwei weitere Vorträge von mir: „Der mißbrauchte Barock" (damit eröffnete ich die Berliner Festwochen) und „Die Kunst und die Künste". Die Sache über Tradition, mit der ich den neuen Inselverlag hier einweihte (Grund der Empörung von [Rudolf] Hirsch), schickte ich an Kraus; auch das käme in Betracht. Und beim [Peter] Jirak könnte man sich auch etwas ausdenken; natürlich könnte ich auch ins Radio blöken, mit oder ohne Fiechtner. Was meinst Du zu all dem?

Sonst geht es uns ganz gut. Die „Negative Dialektik" scheint einigermaßen auf dem Niveau rezipiert zu werden, das mir das angemessene erscheint, das ist viel wichtiger als Zustimmung oder Ablehnung. *Gestern wurde mir im Verlag gesagt, sie sei eine Art best seller. An der Wiege wurde ihr das nicht gesungen.* Unendlich viel Zeit habe ich mit Administrations- und Budgetfragen des Instituts zubringen müssen, das von der neuen deutschen Sparwelle schwer betroffen wurde. Ich habe aber jetzt Hoffnung, daß ich es durch die Schwierigkeiten hindurchsteuere. Ein wahrer Segen ist, daß ich nun Ludwig von Friedeburg, den Du ja auch seinerzeit hier kennenlerntest, als Mitdirektor [am Institut für Sozialforschung] habe. – Das kleine Büchlein „Ohne Leitbild" [1966] ist mittlerweile schon gesetzt.

Das Gretelchen grüßt schönstens. Und Du sei wahrhaft umarmt von

Deinem

Teddie

Typoskript, Sammlung Tobisch; gedruckter Briefkopf: Adorno/Kettenhofweg. – Die beiden von Hand geschriebenen Sätze wurden nachträglich am linken Blattrand auf Seite zwei des Briefes notiert.

„Zum Klassizismus von Goethes Iphigenie" erschien zuerst in Neue Rundschau 78/1967, jetzt in GS 11, S. 495-514.

Schwierigkeiten in der Auffassung neuer Musik: „Schwierigkeiten – II. In der Auffassung neuer Musik", Vortrag für Radio Bremen am 6. Mai 1966 (jetzt in GS 17, S. 273-291).

„Der mißbrauchte Barock": Der Vortrag, gehalten im Rahmen der Berliner Festwochen am 22. September 1966, erschien erstmals vollständig 1966 in dem Sammelband „Ohne Leitbild" (jetzt in GS 10.1, S. 401-422).

„Die Kunst und die Künste“: Vortrag, gehalten in der Berliner Akademie der Künste am 23. Juli 1966, erschien 1967 in „Anmerkungen zur Zeit“, Nr. 12, und in dem Sammelband „Ohne Leitbild“ (jetzt in GS 10.1, S. 432-453).

Die Sache über Tradition: „Über Tradition“ wurde im „Inselalmanach auf das Jahr 1966“ veröffentlicht und findet sich auch in dem 1966 erschienenen Sammelband „Ohne Leitbild“ (jetzt in GS 10.1, S. 310-320).

122 Adorno an Tobisch

LOTTE TOBISCH
OPERNRING 8 WIEN

10.2.67 FRANKFURTMAIN

BITTE MIETE WENN MOEGLICH KLEINES FLAT 29. MAERZ BIS 12.APRIL
TAUSEND DANK
UMARMUNG = TEDDIE

Brieftelegramm, Sammlung Tobisch.

123 Tobisch an Adorno

Wien, 12. II. 67

Liebster Teddie!

Wie ich Dir kurz am Telephon schon berichtete, so ist es derzeit: Seit vor Weihnachten spiele ich täglich, und tagsüber hatte ich zuerst eine Fernseherei und dann Proben für das nächste Stück, dazu der leidige Betriebsrat und zwei üble Grippen mit schwerer Bronchitis, die ich einfach nicht loswerden kann, weil keine Zeit zum Auskurieren ist; vergangenen Mittwoch war nun endlich Premiere, und jetzt versuche ich mit allen Kunststücken die Husterei anzubringen, aber da ich weiterhin jeden Abend Vorstellung habe, kann ich nicht wegfahren, und ohne Luftveränderung oder drei, vier Tage Bettruhe sehe ich keine reale Chance, auf gleich zu kommen. Oft glaub ich schon, daß irgendwo der Wurm in mir sitzt, denn meine Anfälligkeit für Erkältungen ist ja nicht mehr normal, und die ewige Husterei reduziert mich entsetzlich, zumal ich ja immer mit Medikamenten vollgeladen bin, die das Fieber herunterdrücken. Natürlich bin ich auch ein Riesentrottel und lasse mich dann noch überreden, so unsinnige Dinge zu tun wie etwa den Opernball zu besuchen oder sonstiges offizielle Klumpert [= Gerümpel], und das rächt sich dann auch prompt: Aber schließlich kann man ja nicht nur arbeiten und dafür Pulver schlucken, wenn schon, dann möchte man dafür halt auch mal in altem Glanz erscheinen und ein wenig Spaß dran haben, daß die anderen Leute zerspringen, daß es einem noch immer gelingt (mit größeren Anstrengungen!).

Ja, lieber Teddie, nun aber zu Dir: Ich werde um den 25.d.s. wissen, ob ich das Appartement für Euch bekomme oder nicht (ich denke aber, daß es klappen wird), die Schwierigkeit liegt bei der kurzen Zeit; mit der Gesellschaft für Literatur hab ich gesprochen und ist man dort sehr bestürzt, da man Dich unbedingt für 24.– 26. März dort haben möchte, Dir diesbezüglich auch schrieb, aber eine (mehr oder minder) Absage erhielt; man hat auch versucht, das ganze zu verschieben, aber das ist nicht gelungen, da ja 26 Teilnehmer dieser Diskussion ihre Termine ändern müßten, und das ist mit bestem Willen nicht möglich zu machen gewesen. Vielleicht schreibst Du ein paar Zeilen an Dr. [Wolfgang] Kraus, ob es Dir nicht doch möglich wäre, wenigstens zum Schlußsymposion am 26.III. nach Wien zu kommen oder Deinen Aufenthalt irgendwie zu verschieben: Ich weiß, daß dies fast unmöglich ist wegen des neuen Semesters… Dumm ist auch, daß weder die Gesellschaft für Literatur, noch die für Musik für Anfang März Vortragstermine frei hat; freilich ist da noch nicht das letzte Wort gesprochen, aber jedenfalls sieht es nicht günstig aus augenblicklich. So bliebe nur Radio (und die zahlen bekanntlich sehr schlecht) und eventuell ein Vortrag bei Dr. Hoffmann im Museum des 20. Jahrhunderts.

Gestern rief mich Dr. Breicha an, der die Festschrift für Wotruba herausgibt, und jammerte sehr, weil er von Dir keine Nachricht hat! Der Termin würde drängen u.s.w.: Sei lieb und schreib ihm, wann er mit Deinem Beitrag rechnen kann!! (Armer Teddie!)

Hab noch vielen Dank, daß Du Dir die Zeit genommen hast, den Lakovich zu empfangen; wie ich höre, ist ihm seither wohler, und er will nicht mehr unbedingt nach Wien, was ja augenblicklich auch gar keinen Sinn hätte. Apropos: [Egon] Hilbert plagt sich unendlich, bringt manches auf die Beine, aber nach wie vor leidet alles an der Dirigentenmisere; überdies ist er in keiner guten gesundheitlichen Verfassung; leugnet dies zwar – und macht mir Sorgen …

Liebster Teddie, nun hoffe ich, daß ich – bis Du kommst – bald mehr Zeit haben werde und endlich dazukomme, Dein Buch zu lesen und die Benjaminbriefe; in den Briefen hab ich schon geblättert, natürlich auch in der „Negativen Dialektik" [GS 6], aber so geht das halt nicht: Ein Depp wie ich muß zu solcher Lektüre ein paar Tage völlige Ruhe und Konzentration haben, sonst *dringt* sie nicht in das Spatzenhirn. Damit Du aber siehst, daß andere Leute viel gescheiter sind als wir alle zusammen, schick ich Dir unsere Akademikerzeitung vom Jänner, in der Du lesen kannst, welch Geistes Kind man sein muß, um innerhalb eines Jahres (notabene im Alter von 50 Jahren) die Matura und das philosophische Doktorat zu absolvieren – in Österreich.

Und für heute sag ich Dir lebwohl!

Herzlichst Deine Lotte

Typoskript, Sammlung Tobisch; gedruckter Briefkopf: Tobisch/Opernring.

Seit vor Weihnachten spiele ich täglich: Eine Aufstellung aller Rollen als Ensemblemitglied des Wiener Burgtheaters findet sich im Anhang unter Tobisch, Lotte.

Mittwoch war nun endlich Premiere: Siehe Anmerkung zu Brief 124.

so unsinnige Dinge zu tun wie etwa den Opernball zu besuchen: 1980 wurde Tobisch die Organisation des Wiener Opernballs angeboten. sie leitete diesen bis 1996.

bei Dr. Hoffmann im Museum des 20. Jahrhunderts: Siehe BPV.

Gestern rief mich Dr. Breicha an, der die Festschrift für Wotruba herausgibt: Ein Grund, weshalb Breicha davon ausgehen konnte, Adorno für einen Beitrag zu gewinnen, war wohl, dass unter den wenigen Bildern, die der Philosoph besaß, eines von Fritz Wotruba war, das dieser mit einer Widmung versehen hatte. – Zu Breicha und Wotruba siehe BPV.

den Lakovich zu empfangen: Siehe Anmerkung und Brief 119, 120, 121.

die Benjaminbriefe: Siehe Anmerkung zu Brief 119.

unsere Akademikerzeitung vom Jänner: „Top Public. Die Zeitschrift der österreichischen Akademiker" erschien insgesamt viermal. Im ersten Jahrgang 1966 wurden die Ausgaben 1 bis 3 publiziert, im zweiten Jahrgang die von Tobisch im Brief angesprochene Ausgabe 4 vom Jänner 1967. Eigentümer, Herausgeber und Verleger war der Wahlblock „Union Österreichischer Akademiker" (Herbert Schuster), die Studentenorganisation der ÖVP. Als verantwortlicher Redakteur fungierte Werner Vogt. Finanziert wurde die „gut redigierte, kritische Zeitschrift", die man als Vorgänger, wenn nicht Vorbild der ersten Jahrgänge des Wiener Nachrichtenmagazins Profil ansehen könnte, von der Österreichischen Volkspartei. Die sorgte jedoch auch für rasche Einstellung der Zeitschrift, da die kritische Berichterstattung nicht vor der eigenen Klientel Halt machte. Die Adorno zugesandte Ausgabe beschäftigte sich mit Ungereimtheiten in der Karriere von Burgtheaterdirektor Ernst Haeusserman (siehe dazu Haeussermann, BPV).

innerhalb eines Jahres die Matura und das philosophische Doktorat zu absolvieren: Unter dem Titel „Jungakademiker Ernst Häussermann – Lebensumstände eines Wiener Plauderers" widmete sich das Studentenmagazin Top Public in der Ausgabe vom Jänner 1967 ausführlich der Karriere des damals fünfzig Jahre alten Burgtheaterdirektors: „Österreichs berühmtester Werkstudent … hatte geschafft, was wenigen vergönnt ist: Innerhalb von 4 Semestern errang er Matura und Doktorat." Der Artikel, verfasst vom heutigen „Zeit"-Autor Werner A. Perger, zeigt die Verbindungen Haeussermans zu seinem Freund und Doktorvater Heinz Kindermann, der im Dritten Reich davon schwärmte, „daß künftig das ganze Großdeutsche Reich als Pate und Auftraggeber des Burgtheaters in Erscheinung treten wird". Und er bietet *eine* Erklärung für das Zustandekommen von Hauessermans Dissertation. Helene Thimig „sandte eines Tages Manuskripte, Briefe und Schriften ihres Gatten, Max Reinhardt, aus dessen Amerikazeit an den Deutsch-Verlag, mit der Bitte, ein Buch daraus zu machen. Ein Jahr blieb sie ohne Antwort, wiewohl sie immer wieder eine solche urgierte. Spät aber doch erhielt sie ihre Unterlagen zurück. Das von ihr geplante Buch ‚Max Reinhardt in Amerika' sollte also nicht erscheinen. Dafür wartet die Öffentlichkeit gespannt auf die Veröffentlichung der Haeusserman-Dissertation. Ihr Thema: ‚Max Reinhardt in Amerika'. (...) Der Haeussermann aller Haeussermänner", behauptete Top Public, „erschrieb sich so sein Doktorat." Haeusserman unterließ es übrigens, den Autor des Artikels zu klagen. – Zu Haeusserman siehe auch Brief 19, 29, 30, 55, 86, 123.

124 Tobisch an Adorno

Wien, *I.III.67*

Liebster Teddie!

Seit Tagen will ich Dir schreiben – aber ich bin so eingedeckt mit Arbeit, dass ich bis dato nicht dazu gekommen bin: Verzeih also, dass Du noch keine Nachricht von mir hast. Deine Wohnungsfrage habe ich bis jetzt noch nicht lösen können, da das Quartier am Stephansplatz sich, nach Besichtigung, als zu klein für Euch beide erwiesen hat; aber ich habe inzwischen von Freunden gehört, dass der Josef Schwarzenberg in seinem Palais eine Art Pension eingerichtet hat, und da ich ihn recht gut kenne, hoffe ich, dort für Euch was Passendes zu finden. Der Schwarzenberg ist augenblicklich nicht in Wien, kommt aber in den nächsten Tagen, und dann werde ich mich gleich mit ihm treffen und um Protektion zwecks zahlbarem Preis bitten!

Nun bitte ich Dich sehr, Dich mit folgenden Leuten in Verbindung zu setzen – oder auch mir Verbindliches zu schreiben, das mich befugt, „ja" oder „nein" zu sagen:

Wie ich Dir schon schrieb, sind hier einige Schwierigkeiten mit Terminen für Vorträge ebenso auch in finanzieller Hinsicht, da *über* das Budget der einzelnen Vereine u.s.w. größtenteils bis Ende der Saison schon verfügt ist. Man ist natürlich bereit, dennoch was nur irgend möglich ist zu tun, um die Gelegenheit Deiner Anwesenheit in Wien zu nützen! Also: Dr. Werner Hoffmann, der Direktor des Museums für moderne Kunst, würde furchtbar gerne Dich für einen Vortrag über Stilfragen oder dergleichen gewinnen, zahlen kann er maximal 2000 S (er hat 1500 gesagt – ich 2000, und ich nehme an, dass es dabei bleibt – erfahrungsgemäß!). Termin wäre (der einzig freie) Freitag 7.

April; die Gesellschaft für Musik möchte Dich zu einem Vortrag über Alban Berg (das Manuskript hättest Du schon mal dort gehabt?!) für eine Zeitschrift; ich habe nicht ganz begriffen, *worum* es sich da gehandelt hat, aber Du wirst schon wissen, worum sich's dreht! – Der einzig freie Termin ist der 10. April (ein Montag), zahlen tun sie ebenfalls 2000 (mit dem Seufzer „woher wirs nehmen werden, wissen wir noch nicht", aber das ist ja nicht unsere Sorge!). Ferner (und dies scheint mir aber wichtiger und würde ich Dich sehr bitten, Dir die Sache gut zu überlegen, bevor Du es ablehnst): Die Vereinigung sozialistischer Studenten (die einzig achtbare Studentenvereinigung) bittet Dich um zwei bis drei Vorträge, gewissermaßen Vorlesungen über die Problematik der Manipulation, Gesellschaft und Entfremdung, Sexualtabus oder dergleichen – Soziologisches also!) Die Studenten reißen sich drum, da ja die Soziologie bei uns ganz im Argen ist an der Universität. Das Äußerste, was sie zahlen können ist – alles in allem – 5000 S (aber, wiederum erfahrungsgemäß, 6000 werden auch aufzutreiben sein!). Termin wäre nach den Osterfeiertagen, also ab l. April.

So, mein lieber Teddie, mehr kann ich Dir für heute nicht bieten, aber ein Rundfunk steht jedenfalls noch ins Haus!

Von mir muß ich Dir leider berichten, daß mich nun der Faust II. ereilt hat, der Helenachor u.a.m., Premiere: 6. April. Ob ich will oder nicht, im Faust II. sind alle Schauspieler des Burgtheaters drin, und so kann ich nicht aussteigen, notabene als Betriebsrat nicht, es ist zum Verzweifeln; schauerlich mühsam – und persönlich völlig unergiebig. Die letzte Premiere hab ich gut hinter mich gebracht und mit einer Dreckrolle den einzigen Erfolg des Abends geerntet.

Bevor ich weiterschreibe: Verzeih dieses Schreibmaschinengeschmier, aber meine Maschine ist kaputt und diese hier ist grauenhaft, uralt und noch wesentlich schlechter als meine eigene, und schreiben kann ich ja auch nicht: Alles also ein einziges Malheur!

Durch den Faust werde ich die ersten Tage Deines Aufenthaltes hier gar keine Zeit für Dich haben, und ich brauch Dir und Gretel ja nicht zu sagen, wie scheußlich das für mich ist! Aber ich hoffe, dass die Premiere nicht verschoben wird und daß dadurch wenigstens die letzten Tage Eures Aufenthaltes mir ungetrübt verbleiben!

Schreib bitte bald, Teddie, wie und wozu Du Dich entschlossen hast! Und grüße Gretel sehr, sehr herzlich!

Auf bald also und alles Liebe für heute!

Deine
Lotte

P.S. Der Chef der soz. Stud. ist der Sohn vom Dr. [Bruno] Kreisky, dem Ex-Außenminister, jetziger Sozichef; Adresse der Vereinigung: [Peter] Kreisky, Verband Sozialistischer Studenten, Sektion Wien, Werdertorgasse 6/4, Wien 1.

Typoskript, Sammlung Tobisch; gedruckter Briefkopf: Tobisch/Opernring.

dass der Josef Schwarzenberg in seinem Palais eine Art Pension eingerichtet hat: Zu Schwarzenberg siehe BPV, zu Palais und Pension Schwarzenberg siehe Anmerkung zu Brief 125.

Vortrag über Alban Berg … für eine Zeitschrift: Adorno hielt am 10. April 1967 einen Vortrag mit dem Titel „Alban Berg". Der Text wurde in der Reihe „Beiträge der Österreichischen Gesellschaft für Musik", Bärenreiter, veröffentlicht. „Alban Berg", ursprünglich ein Vortrag für den NDR, wurde zuvor in der Zeitschrift Merkur 7/1956 publiziert (jetzt in GS 16, S. 85-96).

Die Vereinigung Sozialistischer Studenten … bittet Dich um zwei bis drei Vorträge: Siehe Anmerkung und Brief 125.

daß mich nun der Faust II. ereilt hat: Lindtberg inszenierte „der Tragödie zweiter Teil", Tobisch war Teil des Helena-Chors und spielte eine der fünf Lamien (in der römisch-griechischen Antike Gespenster, denen man nachsagt, dass sie Kinder fressen würden). Die Premiere fand am 6. April 1967 statt.

Die letzte Premiere hab ich gut hinter mich gebracht und mit einer Dreckrolle: Am 7. Februar wurde „Christin-Theres" von Otto F. Beer im Akademietheater uraufgeführt. Regie führte Edwin Zbonek, Tobisch spielte eine Fernsehreporterin.

125 Adorno an Tobisch

[Frankfurt,] 6. März 1967

Liebes Lotterl,

hab tausend Dank für Deinen Brief. Mein Gewissen ist diesmal arg belastet vom Gedanken, Dir, die Du derart in die Arbeit eingespannt bist, nun auch noch mit praktischen Dispositionen zusätzliche zu machen. Aber das kommt halt davon, daß Du mich so verwöhnt hast, und Du kennst meinen Widerstand dagegen, so als Tourist zu reisen – übrigens habe ich das auch das letzte Mal in Italien nicht getan. Dazu kommt, daß ich, angesichts der fürchterlichen Sparwelle in Deutschland, auch ein bißchen an die materiellen Dinge denken muß. Also: verzeih mir.

Die Idee mit dem Palais Schwarzenberg finden wir herrlich. Heute muß ich für ein paar Tage nach Schloß Dhaun, wo die deutsche Studienstiftung so eine Art Tagung über die „Negative Dialektik" abhält, bei der ich mich in die Speere zu werfen habe. Im Anschluß daran Vortrag in Bremen. Freitag bin ich wieder hier – vielleicht hast Du bis dahin ein paar Zeilen geschrieben, wie es mit dem Schwarzenbergplan steht.

Dr. Goertz von der Gesellschaft für Musik hat unterdessen geschrieben, und ich habe ihm den Vortrag über Alban Berg zugesagt, für den von ihm vorgeschlagenen

Termin, den 10. April. In dem Museum für moderne Kunst könnte ich entweder den Berliner Vortrag über den mißbrauchten Barock oder den „Die Kunst und die Künste" halten; beides wäre mir gleich recht. Nur muß ich Dir dazu sagen, daß diese beiden Texte in dem Bändchen „Ohne Leitbild" [GS 10.1] stehen, das in diesen Tagen herauskommt – ich schicke es Dir, sobald ich meine Exemplare habe. Immerhin meine ich, daß bei dem bekannten Gefälle zwischen Deutschland und Österreich das Ding in Wien bis zum Termin meines Vortrags noch nicht unter die Leute gekommen sein wird; doch müßte darüber wohl [Werner] Hoffmann entscheiden. Etwas anderes könnte ich dem Museum für moderne Kunst nicht bieten, es sei denn den Vortrag „Über einige Relationen von [zwischen] Musik und Malerei" [GS 16], wenn ich den nicht schon in Wien gehalten habe – worauf ich mich schlechterdings nicht besinnen kann. Aber der wäre schlimmstenfalls auch verfügbar, ist freilich ein bißchen schwierig, doch, so scheint mir, sehr gelungen.

Nun die sozialistischen Studenten. Das möchte ich natürlich sehr gern machen: zwei Mal – drei Mal wäre wohl zuviel –, mit Diskussion.

Themenvorschlag: 1. Zum Problem des sozialen Konflikts heute,

2. Aspekte des neuen Rechtsradikalismus.

Natürlich gibt es den Text über Strafrecht und Sexualtabus – hoffentlich ist er Deiner Mutter nicht in die Hände gefallen –, aber der steht in den Eingriffen, und die sind mittlerweile in so hoher Auflage verbreitet, daß man wirklich damit rechnen muß, daß er gerade in diesem Kreis bekannt ist.

Was das Radio anlangt, so könnte man natürlich wieder eine Diskussion mit dem guten [Helmut] Fiechtner veranstalten; wir müßten uns nur rechtzeitig über ein Thema verständigen. Sehr gern dagegen hätte ich im Radio eine Diskussion mit György Ligeti, über die ihm und mir gemeinsamen Interessen, etwa: Formprobleme der neuen Musik oder: Materialfragen der neuen Musik, meinetwegen auch beides. Dafür müßten nur die Radioleute uns Zeit genug zur Verfügung stellen; in einer halben Stunde ist so etwas schlechterdings nicht zu machen.

Am allerliebsten wäre es mir natürlich, wenn wir, Du und ich, etwas zusammen im Fernsehen machen könnten. Vielleicht etwas, was nicht sich auf schon kulturell Vorgegebenes bezieht, sondern etwas Unmittelbares, wie: Bleibt Wien Wien? Wir könnten uns auch über das geistige Verhältnis von Österreich und Deutschland unterhalten, wenn Du magst.

In all diesen Dingen hast Du plein pouvoir [unbeschränkte Vollmacht], etwas zu vereinbaren, und ich wäre Dir von Herzen dankbar, wenn Du es tätest, weil erfahrungsgemäß solche Dinge ja nun einmal an Ort und Stelle viel besser sich erledigen lassen als brieflich. Dazu nur noch eine Bitte: daß Du den Atti Auer davon verständigst, daß wir erst am 29. März in Wien sein werden.

Daß Du die ersten Tage nicht verfügbar bist, ist trist. Da gilt halt die von Dir früh entdeckte Wienerische Weisheit, und Gott sei Dank bleiben wir ja länger.

Sonst ist wenig zu berichten. Mit meinem neuen Buch [„Ästhetische Theorie", GS 7] komme ich quantitativ ganz gut voran, qualitativ ist es noch ein furchtbarer Sauhaufen, aber so sehen meine ersten Fassungen immer aus, offenbar muß ich die Wut gegen meine eigene Dummheit aufstacheln, um etwas halbwegs Gescheites zustandezubringen. Die „Negative Dialektik" geht wie warme Semmeln, ohne daß ich es mir recht erklären könnte. Jedenfalls wird sie einen bestimmten Typus von Argumenten mundtot machen, aber schon wächst ein neuer ersichtlich nach.

Nochmals, verzeih die Betriebsamkeit dieses Briefs – Du weißt, daß, wenn wir zusammen sind, der Betrieb spurlos verschwindet. Das Gretelchen grüßt aufs allerschönste.

Auf sehr bald also. Sei sehr umarmt von

Deinem getreuen

Teddie mußte schon wegfahren, alles Liebe

Deine Gretel

Typoskript, Sammlung Tobisch; ohne gedruckten Briefkopf. – Der Brief dürfte, da ihm der für Elfriede Olbrichs Stil typische, aus etwa acht Leerzeichen bestehende Einzug des ersten Satzes jedes Absatzes fehlt, von Gretel Adorno in die Schreibmaschine getippt worden sein. Außerdem wurde er nicht auf dem für die vorliegende Korrespondenz typischen privaten Briefpapier Adornos geschrieben.

Die Idee mit dem Palais Schwarzenberg finden wir herrlich: Das Palais Schwarzenberg, in der Nähe zur Wiener Innenstadt gelegen, wurde von Lukas von Hildebrandt und Fischer von Erlach (Vater und Sohn) zwischen 1697 und 1732 erbaut. Dem Palais ist ein 7,5 ha großer Privatpark angeschlossen. 1962 wurde im Palais eine Hotel-Pension eröffnet.

für ein paar Tage nach Schloß Dhaun: Die Tagung in der Heimvolkshochschule Schloss Dhaun war für den 5. bis 10. März 1967 anberaumt worden. Das Thema der Tagung lautete „Aufklärung und Mythos".

Nun die sozialistischen Studenten: Am 5. April las Adorno „Zum Problem des sozialen Konflikts heute", am drauffolgenden Tag über „Aspekte des neuen Rechtsradikalismus". Die beiden Abende fanden im Rahmen einer neuen Veranstaltungsreihe der Wiener Sektion des Verbandes Sozialistischer Studenten (VSStÖ) statt. „Bedeutende Soziologen … sollten zu Problemen der Gesellschaft Stellung nehmen", stand auf der Einlandung, „um sowohl kritisches Bewußtsein (zu) ermöglichen, als auch den etablierten österreichischen Wissenschaftsbetrieb, der überwiegend apologetischen Charakter besitzt, zur Konfrontation zu zwingen".

Text über Strafrecht und Sexualtabus – hoffentlich ist er Deiner Mutter nicht in die Hände gefallen: Die „Eingriffe" erschienen erstmals 1963 (jetzt GS 10.2), der darin enthaltene Text „Sexualtabus und Recht heute" findet sich ebendort auf den Seiten 533 bis 554. Die Erwähnung von Nora Tobisch (s. BPV) ist eine Anspielung auf den Text „Sittlichkeit und Kriminalität" (GS 11), den Adorno Lotte Tobisch widmete. Als Mutter Tobisch sah, mit welchen Themen, und sei es auch nur qua Widmung, der Philosoph ihre Tochter in Zusammenhang brachte, reagierte sie indigniert.

daß Du den Atti Auer davon verständigst: Zu Auer siehe BPV.

die von Dir früh entdeckte Wienerische Weisheit: „Da kann man auch nichts machen." (GS 10.1, S. 423)

125 A Olbrich an Tobisch

Sekretärin von
[Prof. Dr. Theodor W. Adorno]

[Frankfurt,] 21. März 1967

Sehr geehrte Frau Tobisch,

Herr und Frau Professor Adorno fliegen hier am Mittwoch, dem 29. März, mit einer Maschine der PAA um 11.15 nach Wien, kommen – falls das Flugzeug keine Verspätung hat, was immerhin möglich sein könnte, da diese Maschine um die Welt fliegt (so lautete die Auskunft des Reisebüros) – 12.30 Uhr in Schwechat an.

Mit den freundlichsten Grüßen
Ihre
[Elfriede Olbrich]

Typoskript-Durchschlag, Theodor W. Adorno Archiv.

126 Tobisch an Adorno

Wien, 29. III. 67

Liebste Gretel, liebster Teddie!

Seid herzlich willkommen in Wien! Ich rufe nach der Probe – zwischen 4 - 5 ^{h} an –, bitte laßt eine Nachricht!

Herzlichst Eure
Lotte

Manuskript, Sammlung Tobisch; gedruckter Briefkopf: Tobisch/Opernring.

127 Adorno an Tobisch

Frankfurt, 13. April 1967

Liebstes Lotterl,

es war ein wahres Unglück, als ich Dich heute früh anrief, gab Dein Telefon keine Antwort, und als Du mich anriefst, sprach gerade die Lore-Marie mit mir. Und ich wußte nicht, wo ich Dich erreichen konnte. So habe ich nicht einmal Deine schöne Stimme mehr gehört.

Diese Zeilen wollen nichts, als Dir sagen, wie traurig ich darüber bin, und Dir nochmals danken für diese Tage, die ja wahrhaft Deine Tage gewesen sind. Ich weiß, daß dieser Dank beinahe die Spontaneität Deiner Freundschaft verletzt, und insofern möchte ich mich zugleich dafür entschuldigen. Aber andererseits will ich Dir doch sagen, wie mir's ums Herz ist. Die Freiheit der Meinungsäußerung, die ich den Herren Ratz und Polnauer gegenüber in Anspruch genommen habe, wirst Du Gewährende mir ganz gewiß nicht versagen.

Das Gretelchen grüßt schönstens.

Sei umarmt von

Deinem

Teddie

Typoskript, Sammlung Tobisch; gedruckter Briefkopf: Adorno/Kettenhofweg.

sprach gerade die Lore-Marie mit mir: Zu Loremarie Schönburg-Hartenstein siehe BPV.

Die Freiheit der Meinungsäußerung, die ich den Herren Ratz und Polnauer gegenüber in Anspruch genommen habe: Im Zuge seines Wiener Aufenthalts (s. vorige Anmerkung) sprach Adorno auch mit Ratz und Polnauer und schrieb Rudolf Kolisch (s. BPV) am 17. Juli 1967: „Daß ich mich über Ratz und Polnauer in Wien sehr geärgert habe, weißt Du wohl. Schlimmer, als daß sie mich daran hindern wollten, meine Überzeugung auszudrücken, daß die *Lulu* zu Ende instrumentiert werden muß, ist, daß in der anschließenden Diskussion ihr wahres Motiv zutage kam: sie halten, nach Polnauers Worten, den Text für eine ‚Schweinerei'. Was ist das für ein verworrenes Leben, in dem man Menschen zu Freunden hat, die wirklich in vielem Ernsten mit einem übereinstimmen, und die dann einen solchen Unsinn von sich geben und vor allem: von solchen trüben Instinkten getrieben werden." (Frankfurter Adorno Blätter VI, S. 59 f.) – Siehe dazu auch Ratz und Polnauer, BPV, sowie Anmerkung zu Brief 24, 109.

128 Gretel Adorno an Tobisch

[Frankfurt,] 15. April 67

Liebe Lotte,

heute möchte ich Dir noch einmal danken, für all Deine Mühe, die Du Dir besonders mit mir gegeben hast. Ich bin zwar sehr für Unabhängigkeit, aber in einer fremden Stadt ist man ja doch ohne freundliche Hilfe ganz verloren.

Der Flug war angenehm, das Gepäck kam brav + schnell.

Seit Freitag sind wir wieder mitten in der Arbeit, Teddie hat sich trotz des Trubels doch entspannt: Nächste Woche fangen die Vorlesungen an + damit der Hauptbetrieb.

Laß es Dir gut gehen + grüß den Dagobert sehr von mir.

Ich umarme Dich
immer
Deine Gretel

Manuskript, Sammlung Tobisch – Der Brief ist auf blauem, höhergrammigem Papier geschrieben, das zum Kuvert gefaltet wurde. Die Innenseite des Briefpapiers trägt den Text, die Außenseite Anschrift und Absender.

Nächste Woche fangen die Vorlesungen an + damit der Hauptbetrieb: Adorno war im Sommersemester 66 und Wintersemester 66/67 von der Lehrtätigkeit beurlaubt gewesen.

Deine Mühe, die Du Dir besonders mit mir gegeben hast: Siehe Anmerkung zu Brief 127.

129 Adorno an Tobisch

Frankfurt, 18. April 1967

Liebstes Lotterl,

von den hiesigen Glücks hör ich, daß in der Presse ein äußerst freundlicher Aufsatz über meine Bergrede gestanden hat. Wenn Du das, oder sonst was an Presse hast, oder eine Deiner dienenden Feen-Assistentinnen es auftreiben kann, so wäre ich Dir sehr dankbar, wenn Du es mir verschaffen könntest. *Nicht mehr nötig – eben [tru]delt er ein!* Aber bitte nur, wenn es Dir wirklich nicht die leiseste Mühe macht. An der allgemeinen Lotte-Herzjagd möchte ich mich um keinen Preis beteiligen. Die mit mir hat unterdessen angefangen, das dürfte für uns beide genügen.

Heute schrieb ich an den Lindlau, vom Münchener Fernsehen, wegen unseres

Trakl-Planes, wie ich denke, ganz geschickt, und hoffe auf baldige Antwort. Ob wir die Sendung in München machen, was vielleicht für Dich bequemer wäre, oder in Frankfurt, was wiederum ich aus manchem Grunde vorzöge, müssen wir sehen. *Du hast den Vorrang!* Selbstverständlich müßte Dir das Fernsehen auf jeden Fall Reise und Aufenthalt zahlen; es zahlt, nach meiner Erfahrung, sehr anständig.

Diesmal fallt's mir wirklich schwer, mich wieder einzugewöhnen.

Sei umarmt von Deinem

Teddie

Typoskript, Sammlung Tobisch; gedruckter Briefkopf: Adorno/Kettenhofweg. – Die beiden handschriftlichen Ergänzungen wurden an den linken Briefrand geschrieben.

von den hiesigen Glücks hör ich: Zu Gustav und Liesl Glück siehe BPV.

meine Bergrede: Siehe Anmerkung zu Brief 124.

Lindlau, vom Münchener Fernsehen: Siehe BPV.

wegen unseres Trakl-Planes: Siehe Anmerkung zu Brief 49, 51.

130 Adorno an Tobisch

Frankfurt, 20. April 1967

Liebstes Lotterl,

soeben bin ich von einem Herrn Dr. Baier eingeladen worden, zu dem Almanach der diesjährigen Salzburger Festspiele den Leitartikel zu schreiben. Natürlich sind im Programm auch ein paar Karajan-Aufführungen. So repräsentativ die Sache ist, habe ich das Gefühl, daß ich sie nicht annehmen kann, ohne mich in eine schiefe Situation zu begeben. Ich habe auch meine Bedenken dem im übrigen nicht nur freundlichen sondern auch kultivierten Baier gesagt, mir aber die Entscheidung noch offen gehalten. Ich wäre Dir unendlich dankbar, wenn Du mir Deine eigene Reaktion sagen wolltest. Erschwert wird die Sache noch dadurch, daß Baier, connaissant mon coeur, mir quasi als Bedingung stellte, der Artikel dürfe nicht den präsumtiven Festspielbesuchern eine aufs Dach geben, sondern müsse – das mir! sagt König Marke – irgendwie positiv sein. Kurz, es ist kein Segen an der Sache, so sehr sie auch der Eitelkeit schmeichelt. Also sei so lieb und gib mir bald ein Wort.

Sei umarmt von Deinem

Teddie

Typoskript, Sammlung Tobisch; gedruckter Briefkopf: Adorno/Kettenhofweg.

Dr. Baier: Zu Bayr siehe BPV.

Erschwert wird die Sache noch dadurch, daß Baier, connaissant mon coeur: ... dass Bayr, der weiß, was von mir zu erwarten ist ...

das mir! sagt König Marke: In Wagners Oper „Tristan und Isolde" bekommt Tristan den Auftrag, im Namen seines alten Oheims, König Marke, um die Hand Isoldes zu werben und sie alsdann nach Cornwall zu bringen, damit dieser sie heiraten kann. Unterwegs trinken die beiden statt eines Todestranks einen Liebestrank, wodurch sie einander verfallen. König Marke fragt vergeblich nach dem Grund des unfassbaren Treuebruchs seines treuesten Freundes: „Marke (mit tiefer Ergriffenheit): Mir dies? / Dies, Tristan, mir? (...) wohin ist Tugend / nun entflohn, / da meinem Freund sie flieht, / da Tristan mich verriet?"

131 Tobisch an Adorno

Wien, 24. April 67

Liebster Teddie!

Nur ganz kurz, denn wenn alles klappt, so hoffe ich Dich heute abends telefonisch zu erwischen, – beiliegend den „Presseausschnitt"! Wie Du siehst, war er schon in mein Adorno-Archiv eingeordnet! Desgleichen der Kurierartikel; wenn möglich, dann schick mir beides bitte wieder retour, oder lasse es abziehen für mich, bitte!! Auch mir hats sehr leid getan, daß ich Deine liebe Stimme nicht mehr vernehmen konnte! Ich wollte nochmals anrufen – aber ich konnte nicht mehr raus aus dem Sitzungssaal. Wegen Salzburg sprech ich heute abends mit Dir: wenn überhaupt, dann nur Grundsätzliches über Festspiele (ähnlich wie Du Dich damals bei Hochwälder aus der Affäre gezogen hast). Andernfalls würdest Du Dich – so glaub ich – plötzlich von der bewußten Clique [Karajan/Haeusserman] eingefangen sehen. (Möglicherweise hat die ganze Angelegenheit sogar unmittelbar mit Deinem Zusammentreffen mit Häussermann zu tun. (Bis dato hab ich noch keine Zeit gehabt, dieser Vermutung nachzugehen – aber es wird schon so sein!)

Wegen Eurer Wien Übersiedlung hab ich noch nichts Verbindliches in der Hand, noch keine Zeit gehabt, habe aber bereits mit unserem Anwalt telefoniert und mich angesagt und von ihm gehört, daß es grundsätzlich möglich ist, wenn Ihr Deviseninländer werdet (dann gibts automatisch Dauerarbeitsgenehmigung?) – Näheres und Genaueres demnächst!

Sei für heute umarmt und grüß Gretelchen sehr, der ich herzlich für Ihre lieben Zeilen danke!

Deine uralte

Lotte

P.S. Heute schickte mir jemand beiliegenden Zeitungsausschnitt über mich, der vor ein paar Monaten hier erschienen ist: Zu Deiner Unterhaltung sei er Dir hiemit überreicht!

Typoskript, Sammlung Tobisch; gedruckter Briefkopf: Tobisch/Opernring.

beiliegend den „Presseausschnitt": Wahrscheinlich handelt es sich um den in der Sammlung Tobisch erhaltenen Artikel von Manfred Scheuch „Wie belehrbar sind Rechtsradikale? Adorno als Gast des VSStÖ", erschienen in der Arbeiterzeitung vom 7. oder 8. April 1967.

wie Du Dich damals bei Hochwälder aus der Affäre gezogen hast: Siehe Anmerkung zu Brief 85.

Wegen Eurer Wien Übersiedlung: Adorno wollte sich nach seiner Emeritierung in Wien als Komponist niederlassen. Ein erstes Gespräch darüber dürfte er mit Tobisch während seines längeren Wienaufenthalts im April geführt haben.

132 Adorno an Tobisch

Frankfurt, 28. April 1967

Liebstes Lotterl,

hab tausend Dank für Deinen so lieben Brief mit den cuts, und dafür, daß Du unserer Dinge Dich so rührend annimmst. Den Aufsatz über Dich, mit dem Bild, darf ich ja wohl behalten.

Heute kam, wie ich es erwartet hatte, eine prinzipielle Zusage von [Dagobert] Lindlau vom Bayrischen Fernsehen wegen unserer Trakl-Sendung. Da Lindlau heute in Ferien geht, dauert es noch ein bißchen, bis die Details festgelegt werden; am Zustandekommen der Sache ist aber nicht zu zweifeln. Ich schreibe Dir das deshalb jetzt schon, damit Du Dir bereits Gedanken über die Sache machst, etwa auch Material für die Sendung zusammenstellst. Abgesehen von diesen Materialien denke ich mir, daß wir eine Reihe von Gedichten auswählen, daß Du sie liest und ich etwas über die einzelnen Gedichte sage. Nicht unmöglich erschiene es mir, die Sendung mit den unvergleichlichen Webernschen Kompositionen Traklscher Gedichte für eine

Singstimme und Kammerorchester zu verbinden. Wenn es nur eine bessere Aufnahme gäbe als die scheußliche unter Robert Craft.

Ich arbeite brav an meinem großen Text [„Ästhetische Theorie"] weiter, oder vielmehr nicht brav, sondern diktiere wie ein Wildschwein drauflos, dessen Zähmung erst im nächsten Arbeitsgang erfolgen kann. Außerdem habe ich mich einer Aufforderung des deutschen PEN-Clubs nicht entziehen können, eine Reihe Thesen über die Frage „Ist die Kunst heiter?" zu formulieren, mit denen ich die interne Tagung des Clubs am Sonntag in Darmstadt einleite. Dann habe ich, mit einer Mitarbeiterin hier, den Vortrag über sozialen Konflikt heute definitiv abgeschlossen, den ich, in etwas vorläufiger Form, in Wien hielt. In die Vorlesungen bin ich kopfüber hineingesprungen, und es geht schon wieder ganz gut. Beim freien Vortrag hat man während der ersten Stunden immer eine gewisse Nervosität, aber die scheint nun doch hinter mir zu liegen. Daß über all dem für das sogenannte Leben nicht gerade viel Zeit bleibt, liegt auf der Hand, ist aber vielleicht gar nicht so schlimm. Im Sinne jener Anekdote über Balzac, der, 1848 durch den Lärm der Revolution auf die Straße gerufen, sogleich wieder an die Arbeit sich begab mit den Worten: „Kehren wir zur Wirklichkeit zurück".

Aber wie schön ist diese doch in Wien gewesen.

Du sei umarmt, und hoffentlich auf sehr bald,

Dein

Teddie

Typoskript, Sammlung Tobisch; gedruckter Briefkopf: Adorno/Kettenhofweg.

wegen unserer Trakl-Sendung: Siehe Anmerkung zu Brief 49, 51, 129.

Webernschen Kompositionen Traklscher Gedichte … die scheußliche unter Robert Craft: Zu Craft und seiner Webern-Einspielung siehe BPV.

„Ist die Kunst heiter?" ist ein Text, resümiert Elisabeth Lenk (S. 16), „der eher einem Musikstück ähnelt als einem Diskurs. Man spürt etwas vom Glück, das Adorno hier ins Zentrum seiner Kunstdefinition rückt: Kunst sei eine Quelle von Lust, nur so habe sie sich so lange im bloßen Dasein, dem sie widerspricht und widersteht, erhalten können; wenn etwas an der Heiterkeit dran sei, so liege sie eben in dieser Freiheit der Kunst vom bloßen Dasein." (Jetzt in GS 11, S. 599)

Vortrag über sozialen Konflikt heute: Siehe Anmerkung zu Brief 127.

In die Vorlesungen bin ich kopfüber hineingesprungen: Adorno war im Sommersemester 66 und Wintersemester 66/67 von der Lehrtätigkeit beurlaubt. Im laufenden Sommersemester las er über „Ästhetik I", hielt zusammen mit Max Horkheimer ein Hauptseminar über die „Negative Dialektik", weiters ein Proseminar über „Soziologische Zentralbegriffe" und zusammen mit Ludwig von Friedeburg ein soziologisches Privatissimum.

133 Gretel Adorno an Tobisch

[Frankfurt,] 2. Mai 1967

Liebe Lotte,

tausend Dank für Deine Zeilen vom 24. April. Ich habe aber dazu noch einige Fragen. Was bedeutet genau Deviseninländer? Daß man in Österreich Steuern zahlt? Gibt es einen Vertrag zwischen Deutschland und Österreich, so daß eine Doppelbesteuerung wegfällt? Muß man wenigstens einen Teil des Geldes dazu in Österreich haben oder kann das Geld auch im Ausland, ganz offiziell, Schweiz oder Deutschland bleiben? Das Ganze käme ja überhaupt erst nach Teddies Emeritierung in Betracht, und sein Emeritengehalt würde dann immer von Frankfurt überwiesen. Arbeitserlaubnis bezöge sich wohl nur auf seine Tätigkeit als freier Schriftsteller oder Komponist, ein Abkommen mit der Wiener Universität scheint mir aussichtslos und wohl auch nicht so erstrebenswert.

Jetzt habe ich Dich genug mit dem dummen Zeug gelangweilt. Ich denke immer noch voller Sehnsucht an die schönen Fahrten, die wir mit Dir gemacht haben. Hier ist jetzt wieder Hochbetrieb. Ich habe einen kleinen Rückfall der Gastritis, die sich oft dafür den Frühling aussucht, aber ich arbeite trotzdem, habe mich nur am 1. Mai etwas ausgeruht.

Mir tut es immer noch leid, daß ich Herrn [Egon] Hilbert nicht näher kennen gelernt habe, unter uns gesagt, hat er mir viel besser gefallen als der „schöne" [Erwin] Thalhammer, aber Du brauchst es diesem nicht gleich zu erzählen.

Brentanis waren im Schwarzwald auf der Bühlerhöhe, aber es klappte leider nicht mit ihrem Frankfurter Besuch. Ich habe versucht, sie auch zu Crans [in der Schweiz] zu überreden, bin aber sehr skeptisch, ob es mir gelungen ist.

Wenn Du Zeit hast, sieh Dir doch einmal das Theaterstück „Saved", auf deutsch „Gerettet" von Bond durch, übersetzt von Claus Reichert, erschienen bei Suhrkamp. Mir hat es einen großen Eindruck gemacht, was ich leider nicht von vielem sagen kann.

Nochmals schönen Dank für die Mühe, die Du Dir mit uns machst.

Alles Liebe, auch von Teddie, stets

Deine

Gretel

Typoskript, Sammlung Tobisch.

Brentanis waren im Schwarzwald: Siehe BPV.

sieh Dir doch einmal das Theaterstück „Saved", ... von Bond durch: Zu Bond und „Saved" siehe BPV.

134 ADORNO AN TOBISCH

Frankfurt, 8. Mai 1967

Liebstes Lotterl,

schon wieder eine Sache, in der ich Deinen Rat brauche, und die möglicherweise mit Dir zusammenhängt. Ich habe den einliegenden Brief des Kösel-Verlags empfangen und dilatorisch geantwortet, ich würde prinzipiell die Sache gern machen, aber nur unter der Bedingung, daß ich nicht fingieren müßte, bis Juni das – recht umfangreiche – Buch von Ficker wirklich studiert zu haben. Bitte sei doch so lieb und schreibe mir Deine Meinung zu der Angelegenheit, vor allem auch, ob sie auf einen Wunsch Fickers zurückgeht, *vielleicht gar auf Deinen,* oder ob ein überkluger Kathole sie sich ausgedacht hat. Tausend Dank, und verzeih dem literarischen Quälgeist.

Das Gretelchen grüßt schönstens.

Sei umarmt von Deinem

Teddie

Typoskript, Sammlung Tobisch; gedruckter Briefkopf: Adorno/Kettenhofweg.

Kösel-Verlag … Buch von Ficker wirklich studiert zu haben: Siehe Anmerkung und Brief 135.

135 TOBISCH AN ADORNO

Wien, Samstag, 20.V.67

Liebster Teddie!

Endlich, endlich komme ich dazu Dir zu schreiben, zu danken für all Deine lieben Grüße und Dir auf Deine Fragen – hoffentlich wunschgemäß – zu antworten! Zuerst einmal folgendes: Zwischen Österreich und Deutschland gibts ein Steuerabkommen, wonach die in Deutschland entrichteten Steuerzahlungen hier angerechnet werden; hat man nun seinen ständigen Wohnsitz in Österreich und bleibt dabei aber deutscher Bundesbürger, hat man sein aus Deutschland bezogenes Einkommen in Deutschland zu versteuern, muß aber das Einkommen <u>hier angeben</u>, ebenso die hier im Lande verdienten Gelder (welche nun hier zu versteuern sind) und muß hier vom errechneten Gesamteinkommen, abzüglich der bereits in Deutschland gezahlten Steuer, Steuer zahlen; da nun die Einkommensteuer in Österreich jedenfalls höher ist wie in Deutschland, muß man also noch was draufzahlen (was ja schon durch die hier übliche

Steuerprogression sich ergibt). Vermögenssteuer von ausländischem Besitz läßt man mit Hilfe eines guten Steuerfachmannes unter den Tisch fallen. Diesen oben erwähnten Vorgang nennt man Deviseninländer-sein, was nötig ist, wenn man seinen Wohnsitz endgültig hierher verlegt; all dies kann man sich aber ersparen, wenn man einen „ständigen Wohnsitz" in der Bundesrepublik behält, der ja auch ein Untermietzimmer sein kann! – Eine Arbeitsgenehmigung ist – in Deinem Falle – hier nicht vonnöten, da Du weder Angestellter noch Arbeiter bist, also kein „Sozialversicherungsträger". Erkundigen mußt Du Dich in Deutschland, ob man von dort Deine Pensionsbezüge anstandslos ad libitum – ins Ausland überweisen kann! Bei uns ist dies nicht gestattet – aber es ist ja möglich, daß es bei Euch diesbezüglich keine Schwierigkeiten gibt!

Wegen der Traklsache mußt Du Dich ein bissl gedulden, da ich im Augenblick sämtliche Briefe u.s.w. in Göttingen liegen habe; ich habe Killy geschrieben, daß ich die Sachen brauche (ohne Angabe wozu natürlich) und ihn gebeten mir alles ehebaldigst zu schicken.

Der Kösel-Verlag kann nur durch mich wissen, beziehungsweise von Ficker gehört haben, daß ~~dieser~~ *Ficker* über mich mit Dir in Kontakt getreten ist; ich erinnere mich, *daß* bei einem Empfang, der anläßlich der Ebnerausgabe von Kösel gegeben wurde, davon auch die Rede war; da*rüber* nämlich, daß [Ludwig von] Ficker erzählte, mit wieviel Interesse er Adorno lese, und, wie er sagte, „mit dem mich ja auch privat eine Art eifersüchtige Freundschaft verbindet, da ich ihm die Besuche unserer Lotte verdanke – wenn sie auf dem Weg nach Sils Maria ist"! – Ich glaube also nicht, daß irgendwelche eifrige Katholen sich mausig machen wollen, sondern, daß der Verlag schlicht und einfach die Gelegenheit beim Schopfe packt, mit Dir den denkbar attraktivsten Rezensenten (oder wie man das nennen soll) für seine Neuerscheinung zu gewinnen! – Wenn *es* für Dich möglich ist, dem Wunsch des Verlages nachzukommen, so wäre das für mich – in memoriam Ludwig Fickers – eine große Freude; aber ich glaube auch, daß Du Dir das Buch schon gut ansehen mußt, um dann darüber zu entscheiden, *ob* in Deiner Welt dafür noch Platz ist.

Beiliegend sende ich Dir, was Dich interessieren wird: Leo Gabriel hat also seine integrale Logik offensichtlich als Spätzünder endlich doch noch steigen lassen!!

Wenn Du das Buch lesen solltest, würde es mich interessieren, was Du dazu zu sagen hast! (Denn die Kritik von Herrn Rintelen scheint mir am Kern der Sache vorbei zu gehen.)

Hingegen scheint die Berliner Ring-Kritik, nach allem was man so hörte, ins Schwarze zu treffen.

Inzwischen hab ich meine Ohren auch in Bezug Musikwissenschaftler aufgetan, und eigentlich gibt es hier (wie mir Fachleute versichern) nur drei diskutable Männer: Prof. Uhl, Prof. Schieske (beide eher – *nicht nur natürlich* – konservativ) und Prof. Jelinek aus Graz (Zwölftöner!). Wo immer ich herumhöre, landet's immer bei diesen drei Namen: scheint also sonst nichts zu geben!

Ja, nun glaub' ich, hab ich alle Deine Fragen beantwortet und hoffe nur, daß Du daraus erfahren konntest, was Du wissen wolltest! Bitte grüße Gretelchen sehr herzlich! Danke sehr für ihren lieben Brief! Ihre Gastritis ist doch schon wieder gut, nicht wahr? – Hilbert ist gesundheitlich wieder recht schlecht beisammen, aber mit unglaublicher Energie hält er sich und das Opernwerkel immer noch zusammen; ich frage mich, ob der kommende Sommer ihm die erhoffte Erholung bringen wird, oder ob nicht das Gegenteil eintreten muß, wenn die Arbeitsspannung ausgeschaltet sein wird: Ich habe Sorge um ihn und bin traurig, wenn ich ihn so sehe.

Sonst kann ich Dir nicht viel berichten: immer zu tun, Hetzerein u.s.w., wieder viele Abendvorstellungen und zwischendurch Besuche aus aller Welt! Von unserem Wotruba hab ich gar nichts mehr gehört, auch die Festschrift, die er mir versprochen hat, ist nicht eingetroffen – aber sonst scheints ihm gut zu gehen andernfalls hätte er sich schon gemeldet! – [Friedrich] Heer hat laufend 39-40 Grad Fieber und ist lieb und nett und verrückt und läßt Dich grüßen (ich sah ihn gestern!).

Leb wohl für heute, lieber Teddie! Im Sommer werden wir uns heuer wohl nicht sehen können, aber im Herbst sieh zu, daß Du vielleicht doch ein paar Tage bei uns im Lande bleiben kannst, nicht nur für einen Tag in Graz! Ich bin von 12. Juli bis 28. in Bregenz und will im August zwei, drei Wochen ans Meer, schwimmen gegen meinen Rheumatismus, mit Salzluft gegen meinen Bronchialkatharr losgehn. Laß mich aber jedenfalls wissen, wo ihr genau Euch aufhalten werdet, Hotel etc! Ich möchte heuer – nicht zuletzt wegen Egon [Hilbert] – nicht zu weit wegfahren, um leicht erreichbar zu bleiben; aber vielleicht kann ich – von Bregenz aus – bei Euch einen kurzen Besuch in der Schweiz machen – wenn's erwünscht ist natürlich nur!

Sei umarmt und grüße Gretelchen sehr herzlich!
Deine
Lotte

Typoskript, Sammlung Tobisch; gedruckter Briefkopf: Tobisch/Opernring.

auf Deine Fragen – hoffentlich wunschgemäß – zu antworten: Siehe Anmerkung und Brief 131, 133.

Wegen der Traklsache: Siehe Anmerkung und Brief 49, 51, 129.

Der Kösel-Verlag kann nur durch mich wissen, beziehungsweise von Ficker: Tobisch meint die Veranstaltung der Österreichischen Gesellschaft für Literatur anlässlich des Erscheinens des dritten Bandes der Ferdinand Ebner-Ausgabe. Sie fand im Beisein von Ficker, der als Redner auftrat, statt.

Leo Gabriel hat also seine integrale Logik … doch noch steigen lassen: Siehe Anmerkung und Brief 23, 53.

Herrn Rintelen: Siehe BPV.

nur drei diskutable Männer: Prof. Uhl, Prof. Schieske und Prof. Jelinek: Zu Uhl, Schiske und Jelinek siehe BPV.

wieder viele Abendvorstellungen: Tobisch spielte damals in den Stücken „Die Kassette“ von Carl Sternheim, in „Christin-Theres“ von Otto F. Beer und in „Faust – Der Tragödie zweiter Teil“.

Von unserem Wotruba hab ich gar nichts mehr gehört: Siehe Brief 123.

Ich bin von 12. Juli bis 28. in Bregenz: Das Burgtheater führte bei den Bregenzer Festspielen im Theater am Kohlmarkt am 21., 25. und 27. Juli Shakespeares „Wie es Euch gefällt“ auf. Regie führte Josef Gielen, Tobisch spielte „Eine Person, die Hymen vorstellt“.

136 Gretel Adorno an Tobisch

[Frankfurt,] 21.5.67

Liebe Lotte,

tausend Dank für Deine ausführliche Auskunft. Das genügt ja im Augenblick.

Wir denken viel an Dich, Teddie hat ganz eine kleine Sache über Wien geschrieben, Dagobert kommt auch darin vor.

Wie geht es Dir?

Wir wollen, wenn alles klappt, 19. Juli in Crans sein.

Ich muß mich nur noch über alle Zolldetails erkundigen, das ist im Wallis aber schwieriger als im Engadin. Hoffentlich hast Du es in Bregenz hübsch.

Es wäre herrlich, wenn wir uns im Juli wiedersehen.

Alles Liebe stets

Deine Gretel

Manuskript, Sammlung Tobisch. – Der Text wurde auf einem hellgrünen, einmal gefalteten Briefbogen (Faltformat 11,3 mal 11,5 cm) notiert. Nachdem die Autorin die erste Seite vollgeschrieben hatte, drehte sie, bevor sie auf einer zweiten Seite weiterschrieb, die Position des Blattes um 90 Grad. Das Kuvert ist nicht erhalten.

Teddie hat ganz eine kleine Sache über Wien geschrieben: Adorno hat den Text „Wien, nach Ostern 1967“ (GS 10.1, S. 423) Tobisch gewidmet. Siehe dazu Anmerkung zu Brief 15, 21, 110.

Frankfurt, 26. Mai 1967

Liebstes Lotterl,

tausend Dank für Deinen Brief, der mich endlich erreichte.

Dem Kösel Verlag habe ich zugesagt, auch große Teile der Fahnen des Buchs von Ficker gelesen. Ich habe das Gefühl, daß ich über ihn durchaus etwas schreiben kann, ohne eigene Positionen dabei preiszugeben.

Das folgende Weekend, vom 2. bis 4. Juni, werde ich im Rheinland sein und in Düsseldorf mit Frau Henkel und deren Schwester Hete (die mit dem Bruder von Barbara Coudenhove verlobt war, aber die Verlobung löste) mich treffen. Bitte laß mich doch wissen, ob ich dort etwas von Dir sagen soll, und was. Ich bin zu allem bereit, möchte aber andererseits auch nicht Geschirr zertrümmern, da zuweilen Interventionen, die über den Kopf von Verwaltungen hinweg ganz oben stattfinden, die Verwaltungen verstimmen und eher das Gegenteil anrichten. Das kannst nun wirklich Du besser beurteilen als ich; sei also so lieb und gib mir Bescheid.

Von München habe ich wegen der Traklsache noch nichts gehört; der zuständige, übrigens sehr nette Mann [Dagobert Lindlau] ist noch in Urlaub auf Elba. Ich werde Dich sofort verständigen, wenn es drängt, telegraphisch. Neben anderem lockt natürlich außerordentlich die Aussicht, daß wir uns auf diese Weise bald, vor der projektierten Österreichreise im Herbst, sehen.

Wegen der anderen Dinge hat die Gretel Dir geschrieben, sich auch bei Dir bedankt; laß mich das noch einmal wiederholen.

Du sei sehr umarmt von

Deinem

Teddie

Typoskipt, Sammlung Tobisch; gedruckter Briefkopf: Adorno/Kettenhofweg.

Dem Kösel Verlag habe ich zugesagt: Siehe Anmerkung und Brief 89, 134, 135.

Frau Henkel und deren Schwester Hete (die mit dem Bruder von Barbara Coudenhove verlobt war: Zu Henkel, Coudenhove-Kalergi und ihrem Bruder siehe BPV.

mit Frau Henkel … mich treffen …, ob ich dort etwas von Dir sagen soll: Adorno bezieht sich hier wahrscheinlich auf Tobischs damaliges Interesse, als Schauspielerin auch in Deutschland Fuß zu fassen (siehe Brief 86).

wegen der Traklsache noch nichts gehört: Siehe Anmerkung und Brief 129, 132.

Wien, 30. Mai 67

Liebster Teddie!

Dank Dir sehr für Deinen lieben Brief! Ich freue mich sehr, daß Du Kösel zusagen konntest und schicke Dir beiliegend eine kurze Rede Ludwig v. Fickers, die dieser anläßlich des Ebner-Vortrages von Gabriel Marcel bei seinem letzten Wiener Aufenthalt gehalten hat; bitte, lieber Teddie, schicke mir das Manuskript wieder gelegentlich retour, da es mir gewidmet ist, wie Du ja sehen kannst!

Nun etwas anderes: Du wirst in den nächsten Tagen ein Büchlein über den Komponisten Apostel erhalten, das in der Reihe „Bücher Österr. Komponisten des 20. Jahrhunderts" erschienen ist; *in* dieser Buchreihe, die vom hiesigen Unterrichtsministerium unterstützt wird, soll nun ein Bändchen über Berg erscheinen, und die Macherin dieses Verlages, Frau Lisl Lafite, ist an mich herangetreten (ich kenne sie schon eine Ewigkeit) mit der schüchternen Frage: ob ich glaube, daß Du zusagen könntest, wenn der Verlag diesbezüglich sich an Dich wenden würde! – Ich sagte Frau Lafite, daß sie Dir zuerst einmal einen Band aus dieser Reihe schicken soll, damit Du sehen kannst, wie die Sachen aufgezäumt sind, und daß sie im übrigen warten soll, bis sie von mir irgendwas hört!

In Anbetracht dessen, daß Du mit dem Gedanken kokettierst, Dich einmal in Wien niederzulassen (was ich natürlich Frau Lafite nicht gesagt habe!), gebe ich Dir diese Sache zum Überlegen, obwohl die Bezahlung äußerst schlecht ist, normalerweise 8-10.000 Schilling, in Deinem Falle hab ich gleich gesagt, daß 2.000 Mark, also cirka 13.000 Schilling, die unterste Grenze wäre (die auch akzeptiert wurde – mit Seufzern). Es handelt sich um ein Büchlein von etwa 80-*90* Seiten inklusive der Notenbeispiele und etwaiger Illustrationen (beides könnte man entsprechend üppig gestalten!). – Ich weiß natürlich nicht, ob Deine Verpflichtungen bei Suhrkamp ein derartiges Buch für einen Österr. Verlag überhaupt möglich machen; die Terminfrage ist unerheblich und bliebe Dir überlassen. Wie gesagt: Das Ganze ist meines Erachtens vor allem für den Fall, daß Ihr Euch mal hier niederlassen wollt, zu überlegen!

Sonst nichts von Bedeutung, immer viel zu tun – und allerlei Zores; Hilberts Verfassung läßt zu wünschen übrig, vor allem nervlich, was kein Wunder ist, da die Treibjagd gegen ihn unglaubliche Formen annimmt: Die Journaille hat nun auch seine Schlafzimmertüren aufgestoßen und Schlagzeilen wie „Operndirektor hat zwei Frauen und ist kein Bigamist" prangen auf den Boulevardblättern: Es ist zum Kotzen, und man möchte täglich den seligen Karl Kraus ausgraben, der dieser „Politik der offenen Hosentüren" entsprechend entgegentritt. Ich fürchte sehr, daß ich mich demnächst hinreißen werde lassen zu einer schallenden Ohrfeige für Herrn Xxxx xxxx Xxxxxxxxx. Nun ja, es wäre ja – bekanntlich – nicht die erste, die ich zu vergeben hätte.

Für heute, liebster Teddie, küsse ich Dich herzlich! Es ist schon entsetzlich spät und so mach ich Schluß!

Alles Liebe für Gretel!

Deine

Lotte

Typoskript, Sammlung Tobisch; gedruckter Briefkopf: Tobisch/Opernring.

Rede Ludwig v. Fickers: Siehe Anmerkung zu Brief 90.

Büchlein über den Komponisten Apostel erhalten: Harald Kaufmann, Hans Erich Apostel. Eine Studie, Wien 1965 (Band 4 der Reihe Österreichische Komponisten des 20. Jahrhunderts, Lafite-Verlag/Österreichischer Bundesverlag). – Zu Apostel siehe BPV.

die Macherin dieses Verlages, Frau Lisl Lafite: Siehe BPV.

kokettierst, Dich einmal in Wien niederzulassen: Siehe Anmerkung und Brief 131, 133, 135.

Hilberts Verfassung läßt zu wünschen übrig, … da die Treibjagd gegen ihn unglaubliche Formen annimmt: Ein Jahr nach Hilberts Tod fasste Marcel Prawy, Karajan-Mann und „Opernführer der Nation", das letzte Jahr des auf tragische Weise Verstorbenen launig so zusammen: „1967 wuchsen die Attacken der Presse. Gleichzeitig verfiel Dr. Egon Hilbert körperlich von Tag zu Tag in gespenstischer Weise. Ein totales Chaos drohte. Dem neuen Leiter der Bundestheaterverwaltung, Ministerialrat Dr. Erwin Thalhammer, fiel die schwere Aufgabe zu, Hilbert den freiwilligen Rücktritt nahezulegen. Schon vom Tode gezeichnet, begleitete der Direktor seine Staatsoper noch im Sommer 1967 zum Gastspiel bei der ‚Expo' in Montreal. Bei dem grausigen Wettrennen mit dem Tod hatte Hilbert noch eine Hürde zu überspringen: die Versorgung seiner dritten Frau, Gretl [Slavik], an der er mit großer Liebe hing. Seine tragische Ehegroteske wurde ja damals in aller Öffentlichkeit breitgetreten. Er war mit der ersten Frau kirchlich getraut und heiratete die zweite auf dem Standesamt, nicht in der Kirche, noch bevor der Vatikan die Ehe mit der ersten annulliert hatte. Dann heiratete er Gretl in der Kirche, nicht auf dem Standesamt, ohne von der zweiten geschieden zu sein. Was für Prüfungsfragen für angehende Juristen! Der ‚Fledermaus'-Frosch hatte schon sein Extempore bereit, das er aber im letzten Moment aus Taktgründen hinunterschluckte: ‚Die beiden Damen auf Zelle 13 wollen sich von mir nicht heiraten lassen!'" (Marcel Prawy, Die Wiener Oper. Geschichte und Geschichten, 1969, S. 205 f.) – Siehe dazu auch Anmerkung und Brief 46 sowie Hilbert, BPV.

Ohrfeige … es wäre ja … nicht die erste, die ich zu vergeben hätte: Anspielung auf Burgtheaterdirektor und Regisseur Adolf Rott, den Tobisch „persönlich weniger charmant" fand. „Er hatte auf mich ein Auge geworfen und war richtig anlässig. Ich habe ihm einmal wirklich [öffentlich] eine Ohrfeige verabreicht, weil ich mir das nicht bieten ließ." (Meysels, S. 70)

Frankfurt, 5. Juni 1967

Liebstes Lotterl,

hab tausend Dank für Deinen Brief.

Die Sache mit dem kleinen Buch über Berg würde sich machen lassen unter bestimmten Voraussetzungen. Nämlich: es gibt von mir eine ganze Reihe detaillierter Berganalysen aus dem unter dem Namen von Reich 1937 erschienenen Buch, die seit der Zeit nicht mehr gedruckt worden sind und einen Grundstock abgäben. Weiter einen Aufsatz aus der Zeitschrift „23", der den Titel trägt „Erinnerungen an den Lebenden", recht geeignet anstelle einer biographischen Einleitung. Dann die Rede, die ich jüngst in Wien hielt, die zwar Herr von Goertz drucken will, aber doch wohl an einem mehr oder minder apokryphen Ort, und die als Einleitung ins kompositorische Schaffen geeignet wäre. Außerdem gibt es noch meine Rede über die Lulu und eine ungedruckte Sache über das Kammerkonzert, sowie etwas ebenfalls Verschollenes, ich dächte ganz Anständiges über den Wozzeck. Wenn man mir also gestattete, das Buch, mit den notwendigen redaktionellen Eingriffen und eventuell auch Ergänzungen, aus diesen Sachen zu montieren, was zwar keine ganz geringe, aber auch keine unmäßige Arbeit ist, so wäre ich mit dem Honorarvorschlag von 2000,00 DM sogar einverstanden. Ich würde das Manuskript im Laufe des nächsten Jahres abliefern und bäte dann sogleich um das Honorar. Vielleicht bist Du so lieb, den Leuten das auseinanderzusetzen, damit sie sich dann an mich wenden; nur wenn sie am Honorar herumhandeln oder andererseits Gott weiß was an Neuem von mir verlangen würden, würde ich nicht darauf eingehen. Du kannst sie aber ganz darüber beruhigen: die Beiträge, um die es sich handelt, finden sich in keinem meiner Bücher, und gerade bei den Analysen besteht eine lebhafte Nachfrage, daß sie doch wieder zugänglich werden sollen. Ausbedingen würde ich mir auch eine größere Anzahl von Freiexemplaren. Wenn Frau [Elisabeth] Lafite bereit ist, auf die Sache einzugehen, muß ich nur noch pro forma mit [Siegfried] Unseld sprechen, der zwar keine Rechte auf diese Dinge hat, den ich aber doch prinzipiell immer erst frage, wenn ein Buchprojekt außerhalb seines Verlags auftaucht. Doch glaube ich nicht, daß sich da im Ernst Schwierigkeiten ergeben werden.

Du bist ein wahrer Engel, daß Du Dich um diese Sachen kümmerst, und ich habe höchstens ein schlechtes Gewissen, daß ich Dich auch in absentia soviel Zeit koste. Übrigens wird in den nächsten Wochen eine kleine Sammlung von Aufzeichnungen über den Wiener Aufenthalt im Frühjahr in der Süddeutschen Zeitung erscheinen, die Dir gewidmet ist; Du erhältst das sofort.

Das Weekend war ich bei den Henkels, es war recht nett, nur ist es doch immer wieder beängstigend, wie wenig die allerreichsten Leute, zu denen sie zählen, eigentlich dazu kommen, sich wirklich das Leben schön zu machen, und unter welchem Druck sowohl Konrad wie Gabriele Henkel existieren. Man kommt sich wirklich wie ein Repräsentant der Volksschulweisheit vor, daß Reichtum allein nicht glücklich macht. Dabei waren alle besonders nett, auch die Schwester von Frau Henkel, ein sehr hübsches Mädchen, und ein gleich mir als Gast eingeladener Prinz Thurn und Taxis; die Henkels haben ihn und mich mit Erfolg von einem gleichzeitig stattfindenden Familientag isoliert und waren mit uns sozusagen on stolen time zusammen. Ich hatte auch Gelegenheit, von Dir nachdrücklich zu reden, und Herr Henkel sagte sofort, er wisse von Dir. Ich denke, das ist nicht auf schlechten Boden gefallen.

Bitte laß mir noch ein bißchen den Ebner-Aufsatz von Ficker; selbstverständlich bekommst Du ihn zurück, sobald ich ihn studiert habe. Ich habe unterdessen sehr viel im Ficker gelesen, bin von der *Denk*-Qualität nicht überwältigt, wohl aber von der Anständigkeit. Ich habe auch eine Idee, nach der ich das, was ich dazu [über Ficker] schreiben will, einrichten werde.

Daß die Bande jetzt auch noch auf diese Weise über Hilbert herfällt, ist gräßlich. Bitte versichere ihn doch meiner Sympathie. Selbst wenn der Karajan so gut wäre, wie er keineswegs ist, richtet er sich dadurch, daß er seiner Meute gestattet, wenn nicht sie animiert, solche Sachen zu machen.

Unsere Sommerpläne haben jetzt konkrete Gestalt angenommen. Wir werden ins Wallis gehen, nach Crans, ins Hotel L'Etrier. Ich hoffe, daß es bei der Tradition bleibt und Du heraufkommst. Sicherlich wird man ungestörter sein als in Sils, wo es nachgerade wegen der Leut' kaum mehr zu ertragen ist.

Wir machen uns schreckliche Sorgen wegen Israel. Armer [Gershom] Scholem. In einem Eck meines Bewußtseins habe ich mir immer vorgestellt, daß das auf die Dauer nicht gut gehen wird, aber daß sich das so rasch aktualisiert, hat mich doch völlig überrascht. Man kann nur hoffen, daß die Israelis einstweilen immer noch militärisch den Arabern soweit überlegen sind, daß sie die Situation halten können.

Mit der Arbeit geht's ganz gut, obwohl man bei all diesen Dingen, und auch den Vorgängen an der Berliner Universität, nicht ganz so konzentriert ist, wie man es sonst zuwege bringt.

Auf sehr bald also, hoffe ich.

Du sei umarmt von Deinem wahrhaft getreuen

Teddie

Typoskript, Sammlung Tobisch, gedruckter Briefkopf: Adorno/Kettenhofweg.

dem kleinen Buch über Berg: „Berg. Der Meister des kleinsten Übergangs" wurde 1968 gemeinsam vom Verlag Elisabeth Lafite und dem Österreichischen Bundesverlag herausgebracht. Das Buch erschien als Band 15 der Reihe „Österreichische Komponisten des XX. Jahrhunderts". Der Nachdruck in den GS, Band 13, S. 321-494, enthält nicht das „Verzeichnis von Arbeiten des Autors über Alban Berg", da es unvollständig ist und falsche Angaben enthält.

unter dem Namen von Reich 1937 erschienenen Buch: Willi Reich, Alban Berg. Mit Bergs eigenen

Schriften und Beiträgen von Theodor Wiesengrund-Adorno und Ernst Krenek, Wien-Leipzig-Zürich 1937. – Adorno steuerte die folgenden Texte bei: Klaviersonate op.1, Vier Lieder op.2, Sieben frühe Lieder, Streichquartett op.3, Vier Stücke für Klarinette und Klavier op. 6, Lyrische Suite für Streichquartett, Konzertarie „Der Wein". – Adorno hat über die in seiner Berg-Monographie (jetzt in GS 13, S. 321-494) wiederverwendeten Texte in der „Vorrede" und in den Bemerkungen „Zum Text" alle notwendigen Angaben gemacht. – Zu Reich siehe BPV.

Zeitschrift „23": „23 – Eine Wiener Musikzeitschrift" wurde 1932 als Korrektiv der damals üblichen Musikkritik gegründet. Eigentümer, Herausgeber und Verleger des Magazins, das sich zu einer Art musikalischer „Fackel" entwickeln sollte, war der Berg-Schüler Willi Reich (s. BPV). Der Name bezog sich auf § 23 des Pressegesetzes. Mit ihm konnte die Berichtigung von den Tatsachen widersprechenden Zeitungsbeiträgen erzwungen werden. Schon nach der ersten Ausgabe strengte der Kritiker Julius Korngold einen Ehrenbeleidigungsprozess gegen Reich an, der schließlich mit einem Freispruch endete.

die Rede, die ich jüngst in Wien hielt: Siehe Anmerkung zu Brief 124.

kleine Sammlung von Aufzeichnungen über den Wiener Aufenthalt: „Wien, nach Ostern 1967", in Süddeutsche Zeitung, 10./11.6.1967, dann in „Ohne Leitbild", 1967, jetzt in GS 10.1, S. 423-431, enthält eine gedruckte Widmung an Tobisch.

Das Weekend war ich bei den Henkels: Konrad und Gabriele Henkel sowie deren Schwester Hete Hünermann (siehe BPV).

den Ebner-Aufsatz von Ficker: Siehe Anmerkung zu Brief 90.

schreckliche Sorgen wegen Israel: Im Frühjahr 1967 spitzte sich die Lage zwischen Ägypten und Israel immer mehr zu. Als Oberst Nasser, Präsident der Arabischen Republik, seine Truppen in Alarmzustand setzte, den Abzug der UN-Streitkräfte von der ägyptisch-israelischen Grenze forderte, wo sie ein Jahrzehnt den Frieden im Nahen Osten sichern konnten, und Ende Mai den Golf von Akaba sperrte, eröffnete Israel am 5. Juni 1967 den Kampf gegen Ägypten, Syrien und Jordanien. Der sogenannte Sechstagekrieg endete mit der vollständigen Niederlage der Araber. Israel besetzte die Halbinsel Sinai bis zum Suezkanal, der stillgelegt wurde, das Westjordanland und die Golanhöhen.

den Vorgängen an der Berliner Universität: Adorno meint die Studentenunruhen, die ihn schon ein Monat später persönlich betreffen werden: Im Juli 1967 wird erstmals ein Vortrag, den er an der Freien Universität Berlin hält, von Studentengruppen gestört. Siehe dazu Anmerkung zu Brief 144.

Wien, 2. Juli 67

Liebster Teddie!

Bis heute bin ich nicht dazu gekommen, Dir zu schreiben, wie sehr ich mich über Deinen Artikel in der Süddeutschen gefreut habe!!! Dagobert folgt seither überhaupt nicht, weil er findet, daß ein Hund, den ein so berühmter Mann wie Du es bist, namentlich als Persönlichkeit, als Exempel anführt, zu höheren Zwecken geboren ist, als zu dem, „dem Menschen untertan" zu sein. Das beiliegende Bild diene Dir als Beweis dafür, daß er macht, was er will und rauft ohne Rücksicht auf die eigenste Person.

Die letzten Wochen waren sehr arg; große Sorgen mit [Egon] Hilbert, der nun vor drei Tagen schwer operiert wurde; außerdem hatte ich die Idee, eine Prominentenmatinee für Israel zu organisieren, was mir ungeahnte Plage machte, weil es nichts Schlimmeres gibt, als 60 Theatermenschen auf einen Nenner zu bringen: So prominent kann keiner sein, daß er gewillt wäre, sich selbst einmal nicht in Scene zu setzen: unerträglicher Jahrmarkt der Eitelkeit. Das Ganze war aber ein Riesenerfolg für die gute Sache, und ich persönlich gelte seither als Organisationsgenie (was natürlich nicht stimmt, da ich ja in diesem Falle nicht derart strapaziert wäre, da einen ja das, was man wirklich kann, nicht so leicht fertig macht!).

Von [Gershom] Scholem bekam ich vorgestern einen reizenden Brief aus Zürich; er schreibt mir, daß er Dich „Heute" sieht?! Ich wußte gar nicht, daß Du unterwegs bist! Schreib mir doch bitte ein paar Zeilen, wie Du Fania [Scholem] vorfandest! Wenn es mir möglich ist, werde ich von Bregenz über einen Tag nach Zürich fahren, um sie zu besuchen.

Ich bleibe diese Wochen wegen Egon [Hilbert] noch in Wien und fahre erst am Montag, den 10. zuerst nach München (Adresse Reichenhallerstrasse 31 bei Frau König und dann, am 14. Nachmittags [wegen der Festspiele], nach Bregenz, wo ich bis 27. Juli bei Frau v. Hoppe, Landstrasse 32, zu erreichen bin; am 28. fahr ich nach Innsbruck meine Däubler-Post holen, die für das Brenner-Archiv gebraucht wurde, und bleibe dort bis 3. Aug., Adresse bei Ficker, Mühlau - Innsbruck, Kirchgasse 11; und dann mach ich endlich Urlaub in Lido di Jesolo, Hotel Colorado. Leider Gottes wird sichs heuer einfach nicht machen lassen, daß wir uns sehen – aber Du bist ja im Oktober wieder in Österreich, und vielleicht kannst Du Dir es einrichten, daß aus den beabsichtigten 2 Tagen eine Woche wird!! Wie immer aber es sei: In Graz oder Wien – wir sehen uns so lang als möglich!

Bitte schreib bald und sei nicht böse über mein langes Schweigen!

Für heute umarme ich Dich und Gretelchen!

Eure alte

Lotte

Typoskript, Sammlung Tobisch; gedruckter Briefkopf: Tobisch/Opernring.

Dagobert … Das beiliegende Bild diene Dir als Beweis: Das Foto zeigt Dagobert, nach einer tätlichen Auseinandersetzung mit eingefaschtem Kopf selbstbewusst in die Kamera blickend. Adorno gab dem Bild den Titel: „Nach der Schlacht!". Abgedruckt ist es bei Meysels auf Seite 8 des Bildteils. Der Text findet sich in Band 10.1 der GS, Seite 423 ff.

Prominentenmatinee für Israel: Am 27. Juni schrieb der Kurier unter dem Titel „Ansturm auf die gute Sache – Gestern im Volkstheater: Riesenerfolg für die Israel-Matinee der Wiener Künstler": „Im Haus: wildes Gewurl. Jedes Plätzchen besetzt. Hinter der Bühne trat man einander vor lauter Eifer auf die Zehen, Lotte Tobisch als ‚Morgen-Regisseuse' stand vor Aufregung (und Hitze) der Schweiß auf der Stirn. Dennoch: Alles gelang wie am Schnürl. Ein schönes, kostbares, bei aller Improvisation feinst abgestimmtes Akademie-Programm rollte, applausumtost, auf der Bühne ab." Auch finanziell wurde die Matinee als Erfolg gewertet. Insgesamt rund 100.000 Schilling [heutiger Geldwert 400.000 öS] konnten Tobisch und ihre Kollegin Eva Kerbler dem israelischen Botschafter Michael Simon überreichen. (Meysels, S. 126)

nach Innsbruck meine Däubler-Post holen: Tobisch stellte Ludwig von Ficker die Briefe Theodor Däublers an Erhard Buschbeck zur Verfügung.

141 Adorno an Tobisch

Frankfurt, 4. Juli 1967

Liebstes Lotterl,

ohne Antwort auf meinen letzten Brief, weiß ich gar nicht, ob er Dich erreicht hat. Oder – Du bist doch nicht etwa krank? Bitte schreibe mir auf jeden Fall ein Wort.

In jenem Brief hatte ich Dir übrigens prinzipiell die Sache über Berg für Frau [Elisabeth] Lafite zugesagt, vorausgesetzt, daß ich sie aus (in keinem meiner Bücher enthaltenen) Sachen montieren und redigieren kann; Frau Lafite hat mir aber bis heute noch nicht geschrieben.

Heute nun dies: Eine gute Bekannte von uns, die Baronin Marilène Bethmann, ihres Zeichens Schauspielerin, derzeit ohne festes Engagement und herumgastierend, interessiert sich für Wien. Ich sagte ihr, ich könne ihr weder zu- noch abraten, und der einzige Mensch, von dem sie einen absolut loyalen Rat einholen könne, wärest Du. Sie wäre nun bereit, nach Bregenz zu kommen, um Dich aufzusuchen, würde bei dieser Gelegenheit auch gern die Bekanntschaft von Gielens machen, und ich wäre Dir sehr dankbar, wenn Du sie empfangen wolltest. Sie ist eine durchaus seriöse, wahrscheinlich ernsthaft begabte Frau – eine Dame; Du dürftest Dich gut mit ihr verstehen. Materiell ist sie gänzlich unabhängig, so daß gar kein Druck in dieser Richtung besteht; sie ist wirklich rein künstlerisch interessiert, übrigens auch am Film.

Laß mich nun die Gelegenheit ergreifen, Dir unsere Pläne mitzuteilen. Wir fahren diesmal, wegen der Vorverlegung der Semester, früher ab als sonst, schon am 18. Juli, und sind vom 20. an in Crans sur Sierre, Hotel L'Etrier. Dort wollen wir zwischen vier und fünf Wochen bleiben, und rechnen fest damit, daß Du dorthin findest. Ganz sicher bleiben wir diesmal von Untermenschen wie Frau Hxxxxxxxxxxx [im Waldhaus in Sils-Maria] verschont. Übrigens sah ich *hier* vor ein paar Tagen [Gershom] Scholem, der hochinteressant und blitzgescheit erzählte, sonst aber mir arg auf meine überreizten Nerven fiel; als das einzig Positive empfand ich die Art, in der er von Dir sprach.

Unterdessen haben sich auch meine Wiener Pläne konkretisiert. Ich fahre am 9. nach Wien, bin dann vom 12. bis 15. in Graz. Vielleicht, daß Du dorthin mitkommst. Auf jeden Fall sollten wir soviel voneinander haben wie nur möglich.

Über das Semester bin ich, trotz der Studentengeschichten, die unendlich viel Zeit und Nervenkraft kosten, ganz gut hinweg gekommen, nur allmählich doch sehr müde, aber mehr im Sinn eines maßlosen Schlafbedürfnisses als in dem einer geistigen Erschöpfung; im Gegenteil, ich produziere ganz munter.

Die Einleitung zu Fickers Arbeiten habe ich noch nicht geschrieben, tue es aber noch vor der Abreise, sobald ich aus Berlin zurück bin, wohin ich übers Weekend fliege, wegen eines Vortrags und einer Radiodiskussion, natürlich wieder über Studentenzeug.

Grüß die Gielens [Josef und Rose] auf's allerherzlichste von mir.

Alles Liebe, auch von der Gretel. Und Du selber sei umarmt von

Deinem wahrhaft getreuen

Teddie

Der Brief war kaum diktiert, als der Deine kam – tausend Dank! Ist es denn wirklich ganz unmöglich, daß Du nach Crans kommst – ? Ich hatte so fest damit gerechnet.

Herrlich das Bild von Dagobert – hoffentlich geht es ihm wieder ganz gut. Ich fürchtete schon, Du, oder er, sei böse auf mich wegen der Wiener Suite. Um so besser daß Du sie mochtest.

Alles Liebste!

Typoskript, Sammlung Tobisch; gedruckter Briefkopf: Adorno/Kettenhofweg.

Eine gute Bekannte von uns, die Baronin Marilène Bethmann: Siehe BPV

Studentengeschichten, die unendlich viel Zeit und Nervenkraft kosten: Es war zunächst Adornos enger Freund, der damals bereits emeritierte ehemalige Direktor des Frankfurter Instituts für Sozialforschung, Max Horkheimer, der im Mai 1967 wegen seiner „Solidarisierung mit Johnsons Amerika" angegriffen wurde. Nachdem am 2. Juni der Student Benno Ohnesorg bei einer Demonstration gegen den Schah von Persien von einem Polizisten erschossen wurde, nimmt Adorno erstmals in einem soziologischen Proseminar am 5. Juni dazu Stellung, indem er erklärt:

„Die Studenten haben so ein wenig die Rolle der Juden übernommen." Tags darauf leitet er seine Vorlesung „Ästhetik I" mit den Worten ein: „Es ist mir nicht möglich, die Vorlesung heute zu beginnen, ohne ein Wort zu sagen über die Berliner Vorgänge, so sehr diese auch beschattet werden von dem Furchtbaren, das Israel, der Heimstätte zahlloser vor dem Grauen geflüchteter Juden, droht. (...) Nicht nur der Drang, den Opfern Gerechtigkeit widerfahren zu lassen, sondern die Sorge darum, daß der demokratische Geist in Deutschland, der wahrhaft erst sich bildet, nicht durch obrigkeitsstaatliche Praktiken erstickt wird, macht die Forderung notwendig, es möchten die Untersuchung in Berlin Instanzen führen, die mit denen, die da geschossen und den Gummiknüppel geschwungen haben, organisatorisch nicht verbunden sind und bei denen keinerlei Interesse daran, in welcher Richtung die Untersuchung läuft, zu beargwöhnen ist ..."

Am 9. Juni kommt es auf dem großen Kongress „Hochschule und Demokratie" zu einer scharfen Auseinandersetzung zwischen Rudi Dutschke und Hans-Jürgen Krahl auf der einen Seite und Jürgen Habermas, der Dutschkes „utopischen Sozialismus", sofern dieser aus ihm praktische Konsequenzen zu ziehen wünscht, „linken Faschismus nennen muss". Am 10. Juni erscheint anlässlich einer Polemik des Schriftstellers Rolf Hochhuth gegen Adorno ein Offener Brief Adornos in der FAZ. Am 12. Juni diskutieren Horkheimer und Adorno mit SDS-Studenten über Theorie und Praxis. Adorno meint, die studentischen Aktionen glichen „den Bewegungen eingesperrter Tiere, die nach Auswegen suchen. (...) Die Linke neigt dazu, den Gedanken einer Zensur zu unterwerfen im Hinblick auf den Zweck". Im Juli wird Horkheimer und Adorno vorgeworfen, bei der von ihnen autorisierten italienischen Ausgabe der „Dialektik der Aufklärung" dem Text an zahlreichen Stellen die „Stacheln" gezogen zu haben.
(Die Zitate stammen aus Wolfgang Kraushaar, Hg., Frankfurter Schule und Studentenbewegung, 1998, Bd. 1, S. 251-263)

Die Einleitung zu Fickers Arbeiten: Siehe Anmerkung und Brief 89, 134, 135, 137.

Wiener Suite: Der Tobisch gewidmete Essay „Wien, nach Ostern 1967" (GS 10.1, S. 423 ff.) war eine Folge von vierzehn lose zusammenhängenden Textstücken.

142 Adorno an Tobisch

Autriche

Freiin
Lotte Tobisch von Labotýn
Opernring 8
Wien I
bitte nachsenden

Hotel de l'Etrier
Crans-sur-Sierre (Valais)
3. August 1967

Liebstes Lotterl, es will gar nicht in meinen Kopf, daß Du uns diesmal nicht besuchen kommst (– und die Scholemsche ja!!!). Ist denn Dein Entschluß unwiderruflich? Hier ist man großartig untergebracht, und es ist sehr schön, zumal wenn man motorisiert ist. Das Geleitwort zum Ficker hab ich brav zusammengehochstapelt [?] und es scheint den Leuten zu gefallen. Wie war's in Bregenz? Laß doch bald ein Wort von dir hören! Sei umarmt von Deinem Teddie

Liebe Lotte, wo steckst du? Wie war es in Bregenz? Erhol dich gut & sei [f]esch + komm hier vorbei. Es ist ganz anders als in Sils. Alles Liebe Deine
Gretel

Hat dich die Marilene Bethmann besucht?

Ansichtskarte, handschriftlich, Sammlung Tobisch. – Die s/w Fotografie auf der Vorderseite wird ebendort durch den Aufdruck „Crans (alt. 1500 m) s/Sierre Sporting jeux de tennis" ausgewiesen. Der letzte Satz stammt von Adorno. Er hat ihn vertikal am linken Kartenrand notiert.

Das Geleitwort zum Ficker: Adornos Text mit dem gewiss redaktionellen Titel „Ludwig von Ficker: Denkzettel und Danksagungen. Aufsätze, Reden. Hg. von Franz Seyr" ist in den „Nachrichten aus dem Kösel-Verlag", Folge 26/1967, S. 6-7, erschienen (jetzt in GS 20.2, S. 500-501). Der Tobisch zugesandte Manuskript-Durchschlag hat keinen Titel und weicht an einigen Stellen von der Druckfassung ab.

143 Tobisch an Adorno

Wien, 4. September 67

Liebster Teddie!

Bitte verzeih mir, daß ich auf all Deine lieben Grüße nicht geantwortet habe, daß ich mich überhaupt nicht gerührt habe – ich konnte einfach nicht schreiben; mit Müh und Not habe ich Bregenz hinter mich gebracht, und seit Anfang August bin ich in Wien, war also den ganzen Sommer hier, inmitten einer unlosbaren Verwirrung, die ich angerichtet habe und in die ich selbst hineingeraten bin – und aus der ich bis jetzt keinen Ausweg finde.

Teddie, Lieber, bitte schreibe mir, wann Du in Österreich sein wirst und wo! In Graz, in Wien – oder beides? Der kleine [Peter] Kreisky rief mich an und sagte mir, daß Du beabsichtigst, auch bei den sozial. Studenten hier zu sprechen! Ach, es wäre wunderbar, Dich hier zu haben! Schreib auch wegen Zimmerbestellung und so weiter! Seit ersten September, seit Saisonbeginn, geh ich nun wieder unter Menschen und raffe mich allmählich auf, etwas zu machen und: was täte ich nicht lieber, als irgendetwas für Dich zu arrangieren! Dank Dir sehr für die „Rede über den Raritätenladen"! Hab große Freude dran gehabt! Von dieser Seite kannte ich Dich noch nicht! (Obwohls unverkennbar Deine Handschrift ist!)

Du hast mir nie geschrieben, was eigentlich in Berlin mit Dir los war; ich habe die widersprechendsten Kommentare dazu gehört und gelesen und würde gerne von Dir wissen: Was war wirklich und was kam dabei raus?

Schreib bitte bald, lieber Teddie und behalt mich lieb:
ich kanns brauchen.

Grüß Gretel herzlichst
und sei umarmt von
Lotterl

P.S Was Du über Ficker schriebst, fand ich ganz ausgezeichnet und richtig: Nicht die Denkqualität war seine Faszination, sondern die geistige Integrität.

Typoskript, Sammlung Tobisch; gedruckter Briefkopf: Tobisch/Opernring. – Das Postskriptum wurde vertikal an den linken Blattrand geschrieben.

mit Müh und Not habe ich Bregenz hinter mich gebracht: Siehe Anmerkung zu Brief 135.

inmitten einer unlösbaren Verwirrung, die ich angerichtet habe: Tobisch spielte hier, wie in Brief 145, wohl auf ihre Liebe zu Michael Simon an. Dazu siehe Anmerkung und Brief 151, 155, 156, 159, 164, 167, 183.

„*Rede über den Raritätenladen* von Charles Dickens": Der Text erschien zuerst 1931 in der Frankfurter Zeitung, dann 1967 in einer überarbeiteten Fassung in einem Almanach des Deutschen PEN (jetzt in GS 11, S. 515-522)

was eigentlich in Berlin mit Dir los war: Siehe Anmerkung und Brief 144.

144 Adorno an Tobisch

Frankfurt, 7. September 1967

Liebstes Lotterl,

tausend Dank für Deinen Brief. Ich bin wirklich darüber erschrocken. Du wirst doch, Gott behüte, nicht am Ende doch noch dem schönen [Erwin] T.[halhammer] aufgesessen sein? Daß ich Dich lieb habe, und immerzu an Dich denke, muß ich Dir hoffentlich nicht sagen. Unendlich schade, daß Du nicht nach Crans kamst – es war so ruhig und friedlich wie die Ferien seit langem nicht. Außer unseren Freunden [Lotte und Pick] Brentani, die eine Woche zu uns kamen, gab es nur den Besuch von Herbert Marcuse, der Dir gefallen hätte – keine Hxxxxxxxxxxxx weit und breit. Wir haben uns wirklich gut erholt, besonders das Gretelchen - ich bin auch wieder gut in der Arbeit drin, nur von außen her unangenehm belästigt durch die Überfallsdrohung eines Mannes, der dadurch nicht harmloser wird, daß er klinisch verrückt zu sein scheint. Aber all das rechnet zum unbeseelten Unglück, obwohl's doch schad' wäre, wenn so einer (Nazi ist er auch noch) mich um die Ecke brächte.

Der Zirkus mit den Studenten in Berlin hat mich eigentlich nur maßlos überrascht, gar nicht betroffen, und ich habe die ganze Sache mit völliger Ruhe überstanden. Eine Aussprache, die ich dann mit dem SDS hatte, ist übrigens weit positiver verlaufen, als aus der Presse, die an der Affaire natürlich ein Fressen hatte, zu entnehmen war. Deswegen mußt Du Dir nicht die mindesten Sorgen machen. Die Angelegenheit war insofern nicht so schlimm, wie das Sensationsbedürfnis sie erscheinen ließ, als weder drastische Gewalt geübt noch der Vortrag selbst ernsthaft gestört wurde.

Es ist lieb von Dir, daß Du mein Sprüchlein über Ficker akzeptierst – ich hatte doch ein recht schlechtes Gewissen dabei, einfach weil es mir, wegen mangelnder Kenntnis und bloß nächtlicher Lektüre der Fahnen, nicht sehr substantiell erschien. Ich habe mich, wie man so sagt, durchgemogelt. Jetzt hat mich der Otto Müller Verlag in Salzburg gebeten, die Briefe, die ich von Ficker habe, und etwa auch die meinen an ihn, zur Publikation zur Verfügung zu stellen. Ich weiß nicht, ob ich eigentlich zu einer solchen Publikation recht legitimiert bin - wie stets bitte ich Dich um Deinen Rat.

Mit meinen Wiener und Grazer Plänen steht es so: Vom 9. bis 12. Oktober bin ich in Wien (dort spreche ich am 11. bei der Zentralvereinigung österreichischer Architekten). Vom 12. bis 14. habe ich einige Verpflichtungen in Graz, und komme am 15. wieder nach Wien, wo ich am Montag abend bei den Sozialistischen Studenten spreche. Am 17. muß ich wieder nach Frankfurt zurückfliegen. In Wien wohne ich wieder im [Palais] Schwarzenberg. Ich hoffe von Herzen, daß wir möglichst viel zusammen sind, besonders auch, daß Du nach Graz kommst, wo ich in dem von mir sehr geliebten Hotel Wiesler wohne. Schreib mir doch bitte rechtzeitig, wie etwa es mit Deinen eigenen Dispositionen aussieht.

Der Jirak hat mir seinen Dissertationsentwurf geschickt. Da ich bis jetzt nicht die

Zeit fand, das voluminöse Ding selber zu studieren, habe ich es meinen braven Lackerln im Philosophischen Seminar übergeben, und deren Eindruck war arg negativ. Es wäre doch sehr traurig, wenn er, trotz Deines schönen Diktums, so dumm wäre, wie er gescheit daher redet. Jedenfalls weiß ich einstweilen noch gar nicht, was ich da tun soll. Offenbar hat Jirak wirkliche Greuel begangen. Der Einfachheit halber lege ich Dir den Brief bei, der jenes Gutachten darstellt mit der Bitte, ihn mir zurückzuschicken. Jirak darf natürlich nichts davon wissen.

Sonst ist von mir nur zu berichten, daß ich eine umfangreiche Einleitung zur deutschen Ausgabe eines Buches von Durkheim geschrieben habe, die mir gelungen sein dürfte – sie enthält, unter anderem, zum ersten Mal etwas wie eine philosophische Theorie des Pedanten.

Auf sehr bald also – schreib rasch ein Wort.

Das Gretelchen grüßt innig.

Du sei umarmt von Deinem

Teddie

Typoskript, Sammlung Tobisch; gedruckter Briefkopf: Adorno/Kettenhofweg.

Besuch von Herbert Marcuse: Siehe BPV.

unbeseeltes Unglück: Als ein „Technisches, Auswendiges, das nicht unter die Haut geht", beschreibt Adorno diese Form des Unglücks in Brief 120.

Der Zirkus mit den Studenten in Berlin: Am 7. Juli 1967 war Adorno auf Einladung von Peter Szondi in Berlin, um im Auditorium maximum der Freien Universität seinen Vortrag „Zum Klassizismus von Goethes Iphigenie" (GS 11, S. 495) zu halten. Dabei kam es zu „irritierenden, zwischen Protest und Happening oszillierenden Szenen", als Mitglieder der Kommune II und verschiedene SDS-Studenten eine Konfrontation mit Adorno herbeiführten. Die Teilnehmer verteilten Flugzettel, auf denen der Philosoph kritisiert wurde, weil er nicht bereit war, für den Kommunarden Fritz Teufel, der in U-Haft saß, ein seiner Verteidigung dienendes Gutachten abzufassen. Als Adorno sich weigerte, darüber auch nur zu diskutieren, kam es zum Tumult: heftige Rangeleien um das Mikrophon, lautstarke Auseinandersetzungen um ein Transparent, schließlich verließen 200 der 1.000 anwesenden Studenten unter lautem Protest den Hörsaal. Nachdem Ruhe eingekehrt war, begann Adorno mit seinen Vortrag. „Zwei Tage später", schrieb der Spiegel, „trat Adorno den Canossa-Gang ins Hauptquartier der Rebellen, den Republikanischen Club, an. Eingeweihte wissen, daß er dort den Studenten recht gab und dafür Absolution erfuhr." Adorno, der unter der Bedingung mit den Studenten diskutierte, dass keine Tonbandaufzeichnung gemacht werde, sagt dagegen, er habe seine Ansicht wiederholt, „daß die theoretische Freiheit und Konsequenz durch keinen praktischen Zweck gesteuert werden dürfe". (Zitiert nach Kraushaar, Bd. 1, S. 264 f.)

mein Sprüchlein über Ficker: Siehe Anmerkung und Brief 142.

die Briefe, die ich von Ficker habe, und etwa auch die meinen an ihn, zur Publikation: Die Briefe wurden 1996 bei Haymon verlegt: Ficker, Ludwig von: Briefwechsel 1940-1967, hg. von Alber, Methlagl, Unterkircher, Seyr, Zangerle.

Vom 12. bis 14. habe ich einige Verpflichtungen in Graz: Am 12. hielt Adorno zur Eröffnung der Steirischen Akademie den Vortrag „Reflexionen über Musikkritik", GS 19, S. 573-591.

in dem von mir sehr geliebten Hotel Wiesler: „Das Hotel", schreibt Adorno, „ist eine Art großes Hauptquartier, ohne daß es stets der Verabredung bedürfte: Zufall und Vorsatz gehen unmerklich ineinander über. Selten wird man dort nachtmahlen, ohne daß man mit Bekannten sich begrüßte oder daß die es tun, mit denen man, nach der Oper etwa, zusammen ist. Im Grazer Hotel Wiesler verhält es sich ähnlich. Das ‚Man' steht dabei freilich unter einer Generalklausel, der Zugehörigkeit zur Aristokratie oder des Kontakts mit ihr. Sie spiegelt sich auch im Verhalten des Personals, das es einer Dame von großem Namen nachsieht, wenn sie in einer Wolljacke und ohne Strümpfe das Ritual durchbricht, das ihr zuliebe geübt wird." („Wien, nach Ostern 1967", GS 10.1, S. 428 f.)

Der Jirak hat mir seinen Dissertationsentwurf geschickt: Nach der Lektüre dieser Briefstelle meinte Peter Jirak lapidar, das von Adorno übernommene Urteil betraf in der Tat bloß einen „Entwurf", sowohl was die äußere Form als auch den inneren Gehalt der Arbeit betraf.

Einleitung zur deutschen Ausgabe eines Buches von Durkheim: „Einleitung zu Emile Durkheim, 'Soziologie und Philosophie'", 1967 (s.a. GS 8, S. 245-279)

145 Tobisch an Adorno

Wien, 16. September 67

Liebster Teddie!

Nein, nein: So total verblödet ist Deine Lotte denn doch noch nicht, daß sie auf ihre alten Tag dem schönen T.[halhammer] aufsitzen könnte! Übrigens: Ich bin überhaupt nicht „aufgesessen"! Ganz im Gegenteil, ganz im Gegenteil, und gerade dies ist eben das Problem; die Katastrophe sind Gegebenheiten, die nicht zu ändern sind, und die ganze Tragödie konnte nur geschehen, weil keiner sie zur Kenntnis nehmen wollte, weil man sich sagte, zum Denken ist noch genug Zeit, bis man plötzlich festgestellt hat, daß man den Verstand verloren hat! Aber mach Dir keine Sorgen, Teddie; und was, nochmals, den „göttlichen" Erwin [Thalhammer] anlangt: Für ein so kleines Herz würde ich mein Hirn (obwohl es ohne Zweifel auch nicht groß ist), gewiß niemals eintauschen! – Und nun aber zu Dir: Ich freue mich schrecklich auf Dein Kommen! Selbstverständlich werde ich Dich abholen vom Flugplatz oder von der Bahn: Schreib bitte genaue Ankunft! Damit ich Dich auch benachrichtigen kann, wenn ich beruflich verhindert sein sollte; kommt Gretelchen auch? Ob ich nach Graz kommen kann, weiß ich noch nicht, weil ich den Oktoberspielplan [des Burgtheaters] noch nicht in Händen habe; jedenfalls aber sehen wir uns ausgiebig in Wien. Das Gutachten über Jirak hat mich einigermaßen erschüttert: Er ist also doch ein Depp! Zumindest ein Unentwirrkopf. Was soll man ihm sagen? Soll ich das übernehmen?

Wegen Otto Müller-Verlag: Du kannst beruhigt Deine und Fickers Briefe hergeben, man hat sich auch an mich gewandt, und ich hab es auch getan übrigens: Da fließt noch viel Wasser die Donau hinunter, bis dieser Briefband realisiert wird. Über alles andere sprechen wir in Wien – inzwischen grüß Gretelchen herzlich! Und schreib bald wieder ein paar Zeilen!

Ich bin so froh, daß es Dich gibt!

Herzlichst

Dein Lotterl

Typoskript, Sammlung Tobisch; gedruckter Briefkopf: Tobisch/Opernring.

die Katastrophe sind Gegebenheiten: Tobisch spielte hier, wie in Brief 143, wohl auf ihre Liebe zu Michael Simon an. Dazu siehe Anmerkung und Brief 151, 155, 156, 159, 164, 167, 183.

Das Gutachten über Jirak: Siehe dazu Anmerkung und Brief 144, 146; zu Jirak siehe BPV.

Wegen Otto Müller-Verlag … Fickers Briefe: Siehe Anmerkung zu Brief 144.

146 Adorno an Tobisch

Frankfurt, 20. September 1967

Liebstes Lotterl,

tausend Dank für Deinen Brief.

Hier denn also meine Termine: Ankunft mit dem Flugzeug am Montag, dem 9. Oktober, 14.10 Uhr. Dienstag abend Vortrag bei der URANIA (Dr. Kleiner), Mittwoch abend bei der Zentralvereinigung der österreichischen Architekten. Am 12. fahre ich mit dem Triebwagen nach Graz, bleibe dort bis zum Sonntag. Am 16. spreche ich bei den Sozialistischen Studenten in Wien; Rückflug am 17., ab Schwechat 14.55 Uhr. Natürlich wär‘s herrlich, wenn Du mich vom Flugplatz am 9. abholen wolltest, aber reiß Dir um Gottes willen nicht ein Bein heraus deswegen, ich hab alles Verständnis dafür, wenn Du durch Proben, Fernsehen und Ähnliches okkupiert bist. Übrigens ist der Abend des 9. von Vorträgen frei, und ich möchte Dich herzlich bitten, wenn‘s geht, diesen Abend zu reservieren, damit wir zusammen nachtmahlen können.

Wegen des Jirak ist es vielleicht am besten, einstweilen noch nichts zu unternehmen – ich fürchte, ich muß ihn schon selber sprechen, um wenigstens durch persönliche Freundlichkeit der Sache den Stachel zu nehmen, den sie fraglos nun einmal hat. Der Assistent, der sein Manuskript begutachtet hat, ist ein sehr anständiger, loyaler und gutartiger Mensch, und ich muß sein Votum einfach hinnehmen. Nach wie vor halte ich, im Ernst, Jirak nicht für unbegabt, aber er müßte andererseits einfach lernen, sich nicht an der Sprache der Philosophie zu berauschen sondern konkret, sachlich zu denken. Ich wäre um so mehr willens, ihm zu helfen, als Herr Heintel sich mir gegenüber denkbar abscheulich verhält und auch abgesehen davon ein mieser Kerl ist; aber der Jirak müßte es mir immerhin möglich machen, etwas für ihn zu tun, ohne mich in den Wirbel seiner eigenen Lächerlichkeit hineinzuziehen. Übrigens entwickelt sich die Michaela [Alth] weiter sehr gut.

Über alles andere laß uns reden – ich finde es, rebus sic stantibus, besonders rührend, daß Du mir soviel Zeit widmen willst. Mir selbst geht's gar nicht schlecht, obwohl die Schwierigkeiten meiner großen Arbeit [„Ästhetische Theorie"] sich um so mehr vor mir auftürmen, je mehr diese fortschreitet.

Ein guter Bekannter von mir, der Genfer Germanistikprofessor Böschenstein, wird Dir unterdessen eine Arbeit geschickt haben über Trakl und Rimbaud, die Dich interessieren dürfte. Ich halte es für möglich, daß Du ihm Dinge mitteilen kannst, die er nicht weiß. Die Frage, was Trakl unmittelbar an französischer Literatur gelesen hat, ist überaus kontrovers und offenbar auch schwierig. Der Böschenstein übrigens hatte mich zu einem Vortrag nach Genf eingeladen, im Anschluß daran gab es eine wirklich interessante Diskussion, vor allem mit Butor. Böschenstein ist ein ungemein differenzierter und gebildeter Mann, war mitbeteiligt an der hervorragenden Übersetzung der Windstriche von Valéry.

Noch etwas Komisches muß ich Dir rasch erzählen: In dem mir vom Kösel Verlag gesandten Fickerband finde ich nicht die paar Seiten, die ich beigesteuert habe, und bin nun etwas konfus, ob dieser Band ein anderer ist, als der, für den ich etwas schrieb, oder ob man mich im letzten Augenblick doch eliminiert hat. Wahrscheinlich aber ist das erstere der Fall. Weiß Du, zufällig, irgend etwas darüber?

Das Gretelchen grüßt aufs allerherzlichste.

Du aber sei sehr umarmt und geküßt von

Deinem getreuen

Teddie

Typoskript, Sammlung Tobisch; gedruckter Briefkopf. Adorno/Kettenhofweg.

Vortrag bei der URANIA (Dr. Kleiner). Adorno hielt seinen Vortrag „Anmerkungen zum philosophischen Denken" (GS 10.2, S. 599) am 10. Oktober 1967. Er war Teil der Reihe

„Philosophie und Gesellschaft", die Heinrich Kleiner, damals Assistent am 1. Philosophischen Institut der Universität Wien, konzipiert und organisiert hatte. Die Vortragsreihe wurde vom Volksbildungsverein Wiener Urania finanziert, sie fand aber nicht in der Urania selbst statt, sondern im Neuen Institutsgebäude der Universität Wien. - Zu Kleiner siehe BPV.

Vortrag ... bei der Zentralvereinigung der österreichischen Architekten: Adorno hielt am 11. Oktober 1967 im Festsaal der Zentralvereinigung der Architekten Österreichs den Vortrag „Die Kunst und die Künste". (GS 10.1, S. 432-453)

Am 16. spreche ich bei den Sozialistischen Studenten: Vom 16. bis 20. Oktober veranstaltete der Verband Sozialistischer Studenten Österreichs die „Informationsreihe" „SEXUALITÄT ist nicht PERVERS". Aktueller Anlass war die Vorlage der ÖVP-Regierung zur Reform des Strafrechts. Das Programm sah vier Schwerpunkte an fünf Tagen vor: „Sexualität und Christentum" mit Wilhelm Dantine und Adolf Holl, „Sexualität und Wissenschaft" mit Joachim Israel, Hans Strotzka und Eberhard Schorsch, „Sexualstrafrecht und Gesellschaft" mit Friedrich Nowakowski, Fritz Bauer und Alvar Nelson, sowie als Forumdiskussion „Strafrechtsreform – Progressiv oder konservativ?" mit Franz Pallin, Christian Broda, Dantine, Bauer, Nowakowski und Leopod Ungar.
Adorno hielt seinen Vortrag, unabhängig vom Tagesthema, am ersten Abend um 20 Uhr im Hörsaal I des Neuen Institutsgebäudes (NIG). Er sprach zum Thema „Sexualtabus und Recht heute". Sein Beitrag wurde später in dem Tagungsband „Sexualität ist nicht pervers", Wien 1969, veröffentlicht (jetzt in GS 10.1, S. 533).

Wegen des Jirak: Zum „Manuskript" (Dissertationsentwurf) siehe Anmerkung und Brief 144; zu Jirak siehe BPV.

Herr Heintel sich mir gegenüber denkbar abscheulich verhält: Zu Heintel siehe BPV.

rebus sic stantibus: bei diesem Stand der Dinge

Germanistikprofessor Böschenstein: Siehe BPV.

Übersetzung der Windstriche: Paul Valérys „Windstriche. Aufzeichnungen und Aphorismen" (1959) wurden von Bernhard Böschenstein, Hans Staub und Peter Szondi ins Deutsche übertragen.

vor allem mit Butor: Siehe BPV.

ob man mich im letzten Augenblick doch eliminiert hat: Adorno wurde von Friedrich Pfäfflin/ Kösel-Verlag gebeten, einen Text über Ludwig von Ficker zu schreiben, da er von diesem wusste, dass er Adorno, mit dem der über Vermittlung von Tobisch in Briefkontakt kam, sehr schätzte. Adorno ging ursprünglich davon aus, dass sein Text als den Briefwechsel Fickers begleitende Arbeit Verwendung finden würde. Bei „Denkzettel und Danksagungen", dem Buch, das er nun vom Verlag zugesandt bekam, handelte es sich aber um jene Sammlung von Fickers Aufsätzen, die er bestens kannte, da er deren Fahnen zur Vorbereitung auf seinen eigenen Text studiert hatte. Er hatte also wohl zu Recht angenommen, dass dies der tatsächliche Publikationsort seiner kleinen Arbeit sein werde. Nun stellte er verwundert fest, dass dem nicht so war. Seine Vermutung, dass man ihn „im letzten Augenblick doch eliminiert hat", wird wohl zutreffen. – Zu Adornos Ficker-Text siehe Anmerkung zu Brief 142.

147 Adorno an Tobisch

Lotte Baronin Tobisch
von Labotýn
Wien I
Opernring 8

Bremen, 21.X.1967

Liebstes Lotterl, Deine alte Operettendiva ist über einen Orkan glücklich nach F.[rankfurt] geflogen, hat jetzt hier mit Erfolg sein Borchardt-Sprüchlein aufgesagt, denkt sehr an Dich und dankt … tausendmal … schön und sei umarmt von

Deinem Teddie.

Darf ich mich innerhalb der nächsten 3 Wochen bei Ihnen bemerkbar machen, ich würde mich sehr freuen Sie kennenzulernen! Ich frage vorher noch an!

Mit besten Grüßen Ihre Marilene Bethmann

Ansichtskarte, handschriftlich, Sammlung Tobisch. – Die Farbfotografie auf der Vorderseite der Karte zeigt ausschnittsweise die Altstadt von Bremen.

über einen Orkan glücklich nach F.[rankfurt] geflogen: Siehe Brief 148.

sein Borchardt-Sprüchlein: Siehe Brief 149.

148 Gretel Adorno an Tobisch

[Frankfurt,] 22. Okt. 67

Liebe Lotte,

Sehr vielen Dank für die Pralinés. Ich freue mich für Dich, daß Du einen hübschen Sommer hattest, obgleich es Dir in Crans auch gut gefallen hätte.

Zu schade, daß wir uns diesmal nicht gesehen haben, aber vielleicht kommst Du doch einmal nach Frankfurt.

Meiner angeknackten Rippe geht es allmählich besser. Bei der Buchmesse hast Du nichts versäumt außer vielleicht die Bekanntschaft mit Ernst Bloch + [Paul] Celan, sonst nur schrecklicher Trubel.

Teddie ist wieder heil zurück aus Bremen, bei dem Flug von Wien ist er gerade in den großen Sturm geraten, aber es ging schließlich doch alles glatt.

Laß es Dir recht gut gehen, alles Liebe auch von Teddie

stets Deine Gretel

Manuskript, Sammlung Tobisch. – Der Text wurde auf dünnem hellblauem Briefpapier im Format 13,7 mal 21,3 Zentimeter geschrieben. Das Kuvert ist nicht erhalten.

Bekanntschaft mit Celan: Siehe BPV.

149 Adorno an Tobisch

Frankfurt, 26. Oktober 1967

Liebstes Lotterl,

in meinem Gepäck hat sich ein vereinzelter brauner Lederhandschuh gefunden, und nach Lage der Dinge kann er kaum jemand anderem gehören als Dir. Bitte sei doch so lieb, mich wissen zu lassen, ob das stimmt, damit ich ihn Dir sogleich schicken kann.

Die Karte aus Bremen [Nr. 147] wirst Du erhalten haben. Die Borchardt-Angelegenheit ist äußerst glanzvoll für mich verlaufen, soweit man so etwas in einem set up sagen kann, dessen makabre Aspekte an sich nicht zu verkennen sind. Mir war sehr deutlich, daß ich dabei sozusagen als Reklamevorspann oder Markenartikel diente, um die Aufmerksamkeit auf Borchardt zu lenken, und das empfand ich als demütigend nicht nur für mich sondern noch viel mehr für den wirklich sehr bedeutenden Dichter.

Sonst ist nur zu melden, daß irgendwann im Januar, mit einer Gruppe von Professoren der Universität Jerusalem auch Ernst Simon hier auftauchen und Vorträge halten wird; ich hoffe, daß auch unsere Fakultät davon profitiert, und habe versucht, darauf hinzuarbeiten. Ich werde ihn wahrhaft nach einem Menschenalter wiedersehen.

Unterdessen ist das Semester in der unvorstellbarsten Weise über mich hereingebrochen, aber ich habe das Gefühl, daß ich es schaffen werde. Der Fuß ist in Behandlung, objektiv scheint es nichts Schlimmes zu sein, und subjektiv geht‘s ihm auch besser. Ich hoffe also, wenn wir wieder, und recht bald, zusammen sind, nicht mehr zu hatschen.

Wegen unserer Traklsendung habe ich den Kontakt mit dem Münchener Fernsehen wieder aufgenommen und hoffe, daß sie nun wirklich zustande kommt.

Unterdessen hab Dank für alles, aber wirklich alles – und sei umarmt von

Deinem

Teddie

Grüß schön – ! [Michael Simon]

Typoskript, Sammlung Tobisch; gedruckter Briefkopf: Adorno/Kettenhofweg.

Die Borchardt-Angelegenheit: „Die beschworene Sprache. Zur Lyrik Rudolf Borchardts" wurde als Einleitung zu einer von Adorno zusammengestellten Auswahl von Gedichten Borchardts 1968 veröffentlicht (jetzt in GS 11, S. 536-555).

auch Ernst Simon hier auftauchen und Vorträge halten wird: Zu Simon siehe BPV.

Wegen unserer Traklsendung: Siehe Anmerkung und Brief 129, 132.

151 Tobisch an Adorno

Wien, 4. Dezember 67

Liebster Teddie!

Heute also endlich bekommst Du Nachricht von mir! Hoffentlich bist Du nicht inzwischen total böse auf mich, weil ich mich überhaupt nicht gerührt habe; aber Du wirst Dir ja denken können, daß ich schwere und traurige Tage hinter mir habe, denn es ist doch nichts schrecklicher, als Menschen, die man lieb hat, leiden zu sehen – so leiden zu sehen. Überdies ist nun auch mein Freund [Egon] Hilbert mehr oder minder zusammengebrochen, und ich versuche allerorts, für ihn zu retten, was noch zu retten ist und hab es immerhin erreicht, daß sich einige Leute anständig benehmen und sich die anderen doch einigermaßen zu genieren beginnen für die grauenhafte Methode, mit der sie Hilbert fertig machten: Bei einer großen Fernsehdiskussion vor drei Tagen bin ich mit meinem Freund Hannak, einem Journalisten der Arbeiterzeitung, auf die Barrikaden gestiegen, und am Ende hat sich doch klar herausgestellt, welch üble Rolle der Herr Karajan in der ganzen Angelegenheit spielte mit seinem Clan, dessen Boss Herr Löbl ist; es war nicht unkomisch, als [Karl] Löbl zum Schluß völlig isoliert dastand. Nun werde ich Tag und Nacht via Telefon, meist anonym, teils beschimpft, teils gerühmt – und das ist auch kein Vergnügen, aber es ist mir egal.

Frau [Marilène] von Bethmann war hier, und ich schickte sie zu Dir. Epp vom Volkstheater und empfahl ihr, mit Paul Hoffmann zu reden, dem ich sie auch ankündigte – aber im Augenblick scheint es hier schwierig zu sein; jedenfalls hab ich mit Paul, der vorgestern bei mir war, über sie gesprochen und er sagte mir, daß er sie schätzt (er hat mit ihr ein Fernsehen gemacht) und daß er durchaus gewillt ist, wenn es personalmäßig einmal erforderlich ist, sie in der Burg zu beschäftigen; aber davon hat ja Frau Bethmann nicht viel, und ein Engagement am Burgtheater ist nicht nur nicht ratsam, weil doch eine Unzahl Frauen herumlaufen, die nicht entsprechend beschäftigt sind, sondern derzeit, bei dieser Finanzpleite, auch unmöglich; dennoch ist es immer gut, wenn ein Direktor einen mag, und vielleicht kommt doch mal was zustande – ich werde Paul jedenfalls dran erinnern, wenn ich eine Chance sehe!

Sonst kann ich Dir noch berichten, daß meine Frau Mutter tatsächlich geheiratet hat und im jungen Liebesglück schwelgt! Nun ja: Ich war ja auch einmal jung und versuch mich nun dran zu erinnern, damit ich diesen Unsinn begreifen kann!

Teddie, laß bald von Dir hören, vergiß Deine vereinsamte Lotte nicht, die Dich sehr liebt! – Daß ich Dich noch ganz besonders grüßen soll von Dr. Simon, kannst Du Dir denken: Er hängt in rührender Weise an meinen Freunden und betrachtet sie als die seinen, fast in jedem Brief läßt er Dich und die Gielens [Josef und Rose] und die Düringer [Annemarie] und den [Friedrich] Heer tausendmal grüßen!

Gehts Euch gut? Ist Gretel gesund und alles in Ordnung?

Schreib bald!

Herzlichst Deine uralte

Lotte

Typoskript, Sammlung Tobisch; gedruckter Briefkopf: Tobisch/Opernring.

die grauenhafte Methode, mit der sie Hilbert fertig machten: Siehe Anmerkung und Brief 46, 138.

Bei einer großen Fernsehdiskussion: Am 2.12.1967 fand im Rahmen der ORF-Reihe „Stadtgespräche" eine Diskussion über „Die Krise der Wiener Staatsoper – Wahrheit oder Legende", das heißt über die Alternative Karajan/Hilbert statt. Teilgenommen haben Helmut Zilk, Programmdirektor von ORF 1, Helmut Andics, Journalist und Schriftsteller, (?)Rosenberg, (lt. ORF Musikkritiker des Spiegel, wahrscheinlich ist aber der Komponist und Musikschriftsteller Wolf Rosenberg gemeint), Karl Löbl, Musikkritiker des Express, Hans Weigel, Schriftsteller, Kritiker, Walden, Musikkritiker, Franz Endler, Musikkritiker der Presse, Hans Swarowsky, Dirigent, Wilfried Scheib, Leiter der Abteilung Ernste Musik ORF, Rita Streich, Kammersängerin. Die Diskussion dauerte eine Stunde achtzehn Minuten.

meinem Freund Hannak: Siehe BPV.

Arbeiterzeitung: Die Tageszeitung AZ war das Zentralorgan der Sozialistischen (Sozialdemokratischen) Partei Österreichs.

Dir. Epp vom Volkstheater: Siehe BPV.

Paul Hoffmann … hat mit ihr ein Fernsehen gemacht: Möglicherweise ist hier der ORF-Film „Herrenhaus“ gemeint, den Paul Hoffmann, 1967 Burgtheaterdirektor in spe, zusammen mit Bethmann drehte. Gesendet wurde der Film, den Fritz Umgelter inszenierte, im Dezember 1968.

daß meine Frau Mutter tatsächlich geheiratet hat: Nora Tobisch, geborene Krassl von Traissenegg, heiratete 1967 den an der Wiener Universität lehrenden Historiker Heinrich Benedikt. Sie war damals sechzig Jahre alt.

Dr. Simon: Michael Simon war Tobischs damalige Liebe.

die Düringer: Siehe BPV.

152 Adorno an Tobisch

Frankfurt, 13. Dezember 1967

Liebstes Lotterl,

hab tausend Dank für Deinen Brief, und nimm gleichzeitig meine Bitte um Absolution dafür, daß ich nicht postwendend geschrieben habe, obwohl ich mir sehr genau vorstellen kann, wie es Dir zumute ist. Als Vorreiter habe ich Dir wenigstens meinen Gratulationsaufsatz für Scholem geschickt, der Dir vielleicht ein wenig Spaß bereitet. Über das, was Dich eigentlich bewegt, kann ich Dir natürlich nicht schreiben, wir müssen darüber reden – heute will ich Dir nur sagen, wie sehr ich fähig bin, mich mit Dir zu identifizieren.

Was die Bande mit Egon Hilbert getrieben hat, ist nun wirklich ein heller Skandal, ganz abgesehen von der barbarischen Unmenschlichkeit, die darin besteht, ihn als Todkranken derart zu hetzen. Ich würde ihm selbst schreiben, verböte es mir nicht eben der Gedanke an seine Krankheit. Herr Karajan und die Löblbande sind wirklich das Letzte. Daß Rolf Liebermann absagte, ist weiß Gott verdient. Unterdessen gab es eine öffentliche Diskussion, vergleichbar jener, nach der die Löbl jenen Aufsatz gegen mich schrieb. Bist Du dabei gewesen?

Wolf Rosenberg, ein hochanständiger Mann, ist ein guter Bekannter von mir.

Es war reizend von Dir, die Marilene Bethmann so lieb aufzunehmen, zu einem Zeitpunkt, zu dem Du weiß Gott andere Sorgen hattest; ich habe versucht, ihren Besuch solange zu verzögern wie nur möglich, aber sie ließ sich dann doch nicht bremsen. Gar zu rosig ist die Situation in Wien offenbar auch nicht für sie; doch hat sie es ohne Rancune genommen. Sie ist wirklich eine reizende Person, und zum Glück ökonomisch so gestellt, daß derartige Fragen bei ihr nicht katastrophenhaften Charakter annehmen; doch nimmt sie es mit ihrem Beruf überaus ernst.

Die Nachricht über Deine Mutter ist ja wirklich unglaubhaft; aber nach allem, was Du vorher gesagt hattest, zu erwarten.

Weißt Du eigentlich, daß wahrscheinlich im Januar der Bruder Simon hierher kommen wird? Ich werde ihn dann ganz gewiß, zum ersten Mal seit vielen Dezennien, sehen.

Ich selbst komme, trotz unzähliger Abhaltungen vor allem durch sogenannte studentische Angelegenheiten, mit meiner Arbeit ganz schön vorwärts – wenn auch manchmal nur tropfenweise, aber doch so, daß die Kontinuität keinen Tag unterbrochen ist.

Wie sehr ich an Dich denke, das weißt Du. Für die nächsten paar Monate bin ich ziemlich blockiert, vor allem wegen der Vorbereitung des großen Soziologentages, für den ich ja noch die Verantwortung trage, und der im April stattfindet – so wird es denn wahrscheinlich nicht möglich sein, daß ich im Frühjahr in Wien auftauche. Ob wohl trotzdem eine Chance ist, daß wir uns bald sehen? Keiner wäre darüber glücklicher als ich. – Dem Gretelchen geht's ganz ordentlich, es bekommt ihr ganz gut, daß sie es sich beruflich etwas leichter machen kann. Sie grüßt allerherzlichst.

Du sei sehr, aber schon wirklich sehr umarmt von Deinem noch viel älteren

Teddie

Vom 11. bis 16. Januar in Paris.

Typoskript, Sammlung Tobisch; gedruckter Briefkopf: Adorno/Kettenhofweg.

meinen Gratulationsaufsatz für Scholem: „Gruß an Gershom G. Scholem. Zum 70. Geburtstag: 5. Dezember 1967", NZZ, 2.12.67, jetzt in GS 20.2, S. 478-486.

Egon Hilbert … als Todkranken derart zu hetzen: Staatsoperndirektor Hilbert litt an Krebs und Verkalkung der Herzkranzgefäße. Zur Hetze siehe auch Anmerkung und Brief 46, 138.

Herr Karajan und die Löblbande sind wirklich das Letzte: Siehe dazu Löbl, BPV, Stichwort „Kritiker von Staatsoperndirektor Egon Hilbert".

Daß Rolf Liebermann absagte: Liebermann, der Intendant der Hamburgischen Staatsoper, wurde neben Egon Seefehlner, Peter Weiser, Oskar Fritz Schuh u.a. als Kandidat der Hilbert-Nachfolge gehandelt. (Express 18.11.1967)

die Löbl jenen Aufsatz gegen mich: Siehe Anmerkung zu Brief 105.

Unterdessen gab es eine öffentliche Diskussion: Wahrscheinlich meinte Adorno, da er Wolf Rosenberg erwähnte, die in der Anmerkung zu Brief 151 erwähnte Fernsehdiskussion.

Wolf Rosenberg, ein hochanständiger Mann: Siehe BPV.

Marilene Bethmann … die Situation in Wien: In Wien war Bethmann mit dem Regisseur und Schauspieler Walter Davy befreundet.

Bruder Simon: Gemeint ist Prof. Dr. Ernst Simon, Bruder des israelischen Botschafters Michael Simon, der mit Tobisch eng befreudet war (siehe Brief 149).

Abhaltungen vor allem durch sogenannte studentische Angelegenheiten: Am 30. Oktober sendete der WDR ein Gespräch zwischen Adorno und Peter Szondi über „Von der Unruhe der Studenten". Adorno äußerte sich pessimistisch über die Chancen des Studentenprotests: „Ich glaube, daß keine Möglichkeit besteht, die Gesellschaft von der Universität her zu verändern, sondern im Gegenteil, daß ... nur die Rancune gegen die Sphäre des Intellektuellen" verschärft werden wird. „... man glaubt, daß durch die geistige Diskussion ..., durch Demonstrationen und spektakuläre Praktiken sich verändern läßt, während ich alles, was ich von der Gesellschaft weiß, mir selber verleugnen müßte, wenn ich das für möglich hielte". – Am 23. November kommentierte Adorno vor Beginn seiner Vorlesung über „Ästhetik" ausführlich den Freispruch von Kriminalobermeister Kurras, der der fahrlässigen Tötung des Studenten Benno Ohnesorg angeklagt worden war. „Wenn schon der Polizeiobermeister nicht verurteilt werden kann, weil ihm Schuld im Sinne des Gesetzes nicht nachzuweisen ist, so wird dadurch die Schuld seiner Auftraggeber umso größer." – Am 30. November diskutierte Adorno in seiner Ästhetik-Vorlesung mit Hans-Jürgen Krahl und anderen Hörern über die unter Ausübung von Zwang versuchte Verhinderung der Vorlesung von Prof. Carlo Schmid. – Am 5. Dezember kam es auf Initiative des SDS in der Ästhetik-Vorlesung zu einer Diskussion über Adornos in der FAZ veröffentlichtes Statement über die weitere Entwicklung der Hochschulen. (Zitiert nach Kraushaar, Bd. 1. S. 278, 282, 284, 285.)

Vorbereitung des großen Soziologentages: Der 16. Deutsche Soziologentag wurde vom 8. bis 11. April 1968 in Frankfurt abgehalten. Adorno sprach in seinem Einleitungsvortrag über „Spätkapitalismus oder Industriegesellschaft?" (GS 8, S. 354-370).

153 Gretel Adorno an Tobisch

[Frankfurt, Dezember 1967]

Liebe Lotte,

tausend Dank für den schönen Schal, ich finde es besonders reizend, daß wir nun etwas Gemeinsames haben. –

Für das neue Jahr wünsche ich Dir vor allem, daß Du dich endlich ganz wohl fühlst. – Meine Polypenoperation war doch schwieriger, als ich es mir vorgestellt hatte, das Biest hatte keinen Stiel, die Nase ist ziemlich groß und es wird mindestens noch 4 Wochen dauern bis die Stimme wieder halbwegs in Ordnung ist, sagen die Ärzte, hoffe nur, daß es stimmt. Daß ich mal aufhöre zu piepsen – die Nebenerscheinungen der Narkose waren auch gerade nicht erheiternd – an Rauchen denke ich nicht einmal.

Schade, daß du Weihnachten nicht bei uns sein kannst,

Alles Liebe stets

Deine Gretel

Manuskript, Sammlung Tobisch. – Kleines hellgrünes Weihnachtsbillett, dessen Coverseite durch eine zwei Millimeter dünne, abfallend gedruckte grüne Umrahmung betont wird. Innerhalb des Rahmens steht in Schmuckschrift der Aufdruck „Frohe Weihnachten / und / ein glückliches neues Jahr". Das einmal gefaltete Billett, dessen Kuvert verloren ging, misst 8,5 mal 12 Zentimeter.

154 Adorno an Tobisch

Frankfurt, 19. Januar 1968

Liebstes Lotterl,

von Paris zurückgekehrt, finde ich die Nachricht vom Tod des armen Egon Hilbert vor. Ich kann Dir gar nicht sagen, wie tief traurig ich bin, obwohl die Nachricht für mich ja weiß Gott nicht unerwartet gekommen ist – ich wundere mich, daß Hilde Spiel sie als überraschend bezeichnet. Ich vermag auch gar nicht zu sagen, was man tun kann, um dem Toten einige Gerechtigkeit widerfahren zu lassen, gegen die Bande, die ihn zur Strecke gebracht hat. Vielleicht hast Du dazu eine Idee. Auf jeden Fall sag doch bitte seiner Frau [Margarete Slavik], wie sehr ich betroffen bin, und wie sehr ich mit ihr fühle. Die gute Hilde Spiel hätte übrigens wirklich, anstatt von peinlichen Tatsachen zu reden, ein paar Worte darüber schreiben dürfen, welche gemeine Hetze man gegen ihn, den bereits dreiviertel Toten, inszeniert hatte.

Daß ich Dir nicht aus Paris geschrieben habe, hat keinen anderen Grund als das vollkommen maßlose Programm; während ich mir sehnsüchtig gewünscht hatte, Du möchtest zur selben Zeit auch dort sein, bin ich beinahe froh darüber, daß Du es nicht warst, weil wir doch nichts voneinander gehabt hätten. Ich habe eine überfüllte Vorlesung im Collège de France gehalten, einen improvisierten Vortrag auf dem Baudelaire-Kongreß La découverte du Présent, war zwei Tage zu dem literatursoziologischen Rencontre in Royaumont und sprach schließlich über George im Goethe-Institut, um dann nach Köln zu rasen zu einer Diskussion über zwei Filme von beziehungsweise nach Beckett. Das Zusammensein mit diesem in Paris war übrigens der einzige Lichtblick (ins Dunkle), und für mich äußerst produktiv. Aber die Anstrengung war so groß, daß ich in ziemlich zerschlagenem Zustand zurückkam und schon meine Stehaufmännchennatur mobilisieren muß, um wieder aktionsfähig zu werden.

Der Grund, warum ich Dir heute schreibe, ist nun aber nicht einfach der, mich wieder zu melden, sondern etwas sehr Spezifisches, das ich Dich bitte, mit größter Diskretion zu behandeln. Ich war in Paris einen ganzen Vormittag mit Shepard Stone zusammen. Er war bis vor kurzer Zeit der Leiter aller europäischen Aktivitäten der Ford Foundation und ist jetzt der Präsident des sogenannten Kongresses für die Freiheit der Kultur. Auf die Ford Foundation hat er immer noch bestimmten Einfluß und ist wohl überhaupt einer der mächtigsten Amerikaner, die aufs europäische Kulturleben Einfluß nehmen. Die Rede kam nun auf das in Wien mit Ford-Geldern gegründete Institute of Advanced Studies, das im Augenblick von Winter geleitet wird und mehr oder minder in der Stille ein enttäuschendes Leben fristet. Stone warf die Frage auf, wer wohl zur Leitung geeignet sei - ich hatte das Gefühl, daß er an mich selbst dachte, aber ich habe natürlich nicht die geringste Lust, mich noch einmal von neuem auf administrative Geschichten einzulassen, sondern brauche all meine Kraft für die eigenen Sachen und für das Institut [für Sozialforschung]. Ich schlug ihm selbstverständlich Atti Auer vor, aber damit bin ich nicht durchgekommen; er ist ihm, wie er sagte, zu weich. Ebensowenig ging mein zweiter Vorschlag, Fritz Heer. Wüßtest Du nun jemand, der das wirklich machen könnte? Es handelt sich um jemand, der, ohne daß er selber ein produktiver Gelehrter zu sein brauchte, sehr genau orientiert ist, auch über große Personalkenntnisse verfügt (also etwa wie Atti), der aber vor allem auch die Energie und Unabhängigkeit hat, aus dieser Sache wirklich etwas zu machen. Und der nicht ins österreichische Intrigennetz verstrickt ist, zugleich jedoch nicht wie ein Parsifal diesem gegenübersteht, sondern weiß, womit er zu rechnen hat. Es ist all das ein bißchen die Quadratur des Zirkels. Wenn Du einen geeigneten Menschen weißt, der allerdings sowohl administrativ wie geistig äußersten Ansprüchen genügen müßte, so laß es mich bitte wissen. Ich würde ihn dann dem Stone vorschlagen. Ob die Sache dann auch wirklich etwas wird, ist natürlich unbestimmt. Aber da Stone mich zu sich gebeten hatte, um meinen Rat einzuholen, würde ich denken, daß die Chancen nicht schlecht sind.

In den Tagen, in denen ich in Paris war, waren hier die Repräsentanten der Hebrew University, darunter auch Ernst Simon. Ich bin sehr betrübt, daß ich ihn verfehlt habe.

Hoffentlich hast Du Dich wieder ganz derfangen – ich kann mich gut mit Dir identifizieren. Sei doch so lieb und schreib recht bald ein paar Zeilen, und sei sehr umarmt von

Deinem
Teddie

Typoskript, Sammlung Tobisch; gedruckter Briefkopf: Adorno/Kettenhofweg

Nachricht vom Tod des armen Egon Hilbert: Der Staatsoperndirektor starb am 18. Jänner 1968 (siehe dazu auch Anmerkung und Brief 155).

Hilde Spiel hätte übrigens … anstatt von peinlichen Tatsachen zu reden. Siehe dazu Spiel, BPV.

Baudelaire-Kongreß „La découverte du Présent. Hommage à Baudelaire, critique d'art": Der Kongress, die „Rencontre Internationale", tagte von 8. bis 13. Jänner aus Anlass der Hundertjahrfeier für Baudelaire. Adorno hatte seine Teilnahme für den 12. Jänner zugesagt.

zwei Tage zu dem literatursoziologischen Rencontre in Royaumont: Adorno nahm nicht nur teil, er hielt auf dem literatursoziologischen Treffen in Royaumont auch einen Vortrag.

sprach schließlich über George im Goethe-Institut: „George", Vortrag im Deutschlandfunk, gehalten am 23.4.1967 (jetzt in GS 11, S. 523-535).

dann nach Köln … zu einer Diskussion über … Beckett: Die Beckett-Diskussion, aufgezeichnet am 17.1.68 in Köln, ist abgedruckt in: Frankfurter Adorno Blätter III, hg. vom Theodor W. Adorno Archiv, edition text + kritik/München 1994, S. 78-122. Teilnehmer waren: Adorno, Walter Boehlich, Martin Esslin, Ernst Fischer; Diskussionsleiter Hans-Geert Falkenberg. Die davor gesendeten Beckett-Filme waren „Comédie" und „Film".

mit Shepard Stone zusammen: Siehe BPV.

das in Wien mit Ford-Geldern gegründete Institute of Advanced Studies: Das Institut für höhere Studien (IHS) wurde 1963 von dem Soziologen Paul Lazarsfeld und dem Ökonomen Oskar Morgenstern als private, non-profit Einrichtung – finanziell unterstützt von der Ford Foundation, dem Bildungsministerium und der Gemeinde Wien – gegründet. Es war Österreichs erste postgraduate research and training institution für theoretische und empirische Forschung in Wirtschafts- und Sozialwissenschaften.

von Winter geleitet wird: Ernst Florian Winter war vom 1.10.1967 bis 30.9.1968 Direktor des Instituts für höhere Studien (IHS) in Wien. Sein Nachfolger als Direktor war Gerhart Bruckmann.

155 Tobisch an Adorno

Wien, 23.I.68

Liebster Teddie!

Gestern kam Dein lieber Brief, für den ich dir herzlichst danke! Ich wollte Dir längst schreiben, aber die letzten Wochen sind eine einzige Katastrophe gewesen, ich komme aus den Aufregungen überhaupt nicht mehr heraus; aus Jerusalem hatte ich eine schlechte Nachricht nach der anderen, und vergangene Woche ist dort die Bombe geplatzt – Michael hat sich von seiner Frau endgültig getrennt und wird nun in absehbarer Zeit als Sonderbotschafter oder so was ähnliches in Mitteleuropa beziehungsweise hier auftauchen. Was nun werden soll, weiß ich nicht. Ich brauche Dir ja nicht zu sagen, wie schrecklich es mich bedrückt zu wissen, daß es doch meine Schuld ist, diesem geliebten Menschen sein Leben kaputt gemacht zu haben. Was wirds ihm helfen, wenn ich auch noch so sehr dazu bereit bin, die Konsequenzen aus all dem zu ziehen – mit den unabsehbaren Folgen, die daraus entstehen werden?

Und nun zu Hilbert: Ich sprach mit ihm eine halbe Stunde vor seinem Tod; er fuhr nach diesem Gespräch in seine Oper und unterwegs, im Auto sank er tot zusammen; der Chauffeur raste zurück nachhause, Gretl [Slavik] rief mich an, ich fuhr hin und kam gerade noch zurecht, *um* beim Aufbahren zu helfen; tags zuvor hatte er endgültig resigniert, einen „unbefristeten" Urlaub angetreten, der Herr Löbel hat „Triumph" geheult, und am nächsten Tag starb der arme Hilbert effektiv an gebrochenem Herzen; am drauf folgenden Tag konnte man einen schwarzumrandeten Nachruf seines Xxxxxxx lesen; die ganze Affaire ist wohl eine der [ge]schmackvollsten in der Geschichte des Wiener Musiklebens und in der Geschichte der österreichischen Publizistik; selbstverständlich distanziert sich – plötzlich – die gesamte Presse von all dem, was sie verbrochen hat, und der Herr Löbel hat Wien im Augenblick verlassen, weil er mit Recht befürchtet, daß ihm was „zustoßen" könnte; daß die Hilde Spiel nicht anderes schrieb, als Du es mir mitteiltest, liegt daran, daß sie einige Jahre als Untermieterin in der Wohnung [der] Löbels wohnte; und so ist eben hierzulande alles. Du schreibst sehr lieb, ob Du irgendetwas tun könntest, um Egon Gerechtigkeit widerfahren zu lassen! Ja, Teddie, das könntest Du, wenn es Dir möglich wäre, in der „Frankfurter" oder „Süddeutschen" über die moralischen Grenzen der Kritik zu schreiben, über einen Rufmord und seine Folgen; ich lege Dir zwei Zeitungsausschnitte bei, die dieses Thema aufgegriffen haben (die meisten taten es), aber von Dir geschrieben, würde die Angelegenheit ein entsprechendes Gewicht bekommen und vielleicht doch endlich gewisse Konsequenzen gezogen werden. – Am Donnerstag ist Hilberts Beerdigung, und nun bringen einige Zeitungen bereits Titel wie „Skandal der Witwen bei Begräbnis Hilbert zu erwarten" – es ist entsetzlich und abscheulich. Wie sehr mir das nahe geht, kannst Du Dir denken, denn ich habe diesen merkwürdigen Irren wirklich lieb gehabt. Warum, das weiß ich eigentlich nicht, denn es gab – au fond – doch nichts, was uns verbunden hat; ich dachte fast immer anders als er, ich erinnere mich nicht, daß ich jemals ein echtes Gespräch mit ihm hatte, er konnte doch nicht zuhören! Ich glaube, daß es einfach sein großes Herz, seine kindliche Begeisterungsfähigkeit, seine merkwürdig unwirkliche Existenz war, die ich liebte; und wohl auch seine unglaubliche Fähigkeit alles persönlich erlittene Unrecht absolut verzeihen – fast vergessen zu konnen, wo es die Verwirklichung seiner Vorstellung, seiner Idee vom Theater, hätte beeinträchtigen können. Hier lag seine Stärke – und am Ende auch seine Schwäche: Er nahm die Realität, wenn sie seine Ideale störte, nicht zur Kenntnis, und in dem Augenblick, wo sie unabwendbar über ihn hereinbrach, starb er eben.

Und nun, Lieber, zu Deiner Frage betreffend Ford Foundation: Natürlich wäre der [Alexander] Auer dafür der beste; ich weiß nicht, ob Dir bekannt ist, daß [Ernst] Häussermann diesen Posten seit Jahren mit allen Mitteln anstrebt: Also dies wäre um

Gottes willen zu verhindern!!! Der [Friedrich] Heer ist absolut ungeeignet; wie wäre denn Robert Jungk? Auch der Dr. Wolfgang Kraus ist nicht von der Hand zu weisen; ganz am Rande (halte mich nicht für irrsinnig!) kommt mir doch auch der [Erwin] Thalhammer in den Sinn, nur spricht der keine Fremdsprachen (was erstaunlich ist); die von mir angeführten Leute haben bestimmte Vorteile: Alle haben große Verbindungen, kennen alle Leute und sind von allen gekannt, und gehören k e i n e r deklarierten Clique an – und gerade das wäre der Sache sehr zuträglich; ich werde darüber noch fest nachdenken und herumhören: Ich schreibe Dir sofort, wenn mir jemand besserer einfällt.

Und Du warst also wieder in Paris! Ach Gott, wie gerne würde ich einmal ein paar Tage hier herauskommen und Dich in Paris treffen! Oder auch sonst wo! Aber im Augenblick ist ja daran nicht zu denken, auch im Theater bin ich sehr überlastet mit Arbeit, das Erbe des Herrn Häussermann ist teuflisch. (Der Paul Hoffmann schaut elend aus, bereits jetzt, noch bevor er sein Amt antritt!)

Liebster Teddie, jetzt werde ich Schluß machen; bitte sei so lieb und schick mir die Beilagen zurück, wenn Du sie nicht mehr brauchst, denn ich hab keine Duplikate. Wenn Du darüber schreiben könntest, wäre ich Dir unendlich dankbar, und ich bitte Dich es zu tun, wenn es irgendwie für Dich möglich ist: Denn was mit diesem Mann getrieben wurde, ist eine Kulturschande und empört mich zutiefst – nicht etwa nur, weil er mein Freund war, sondern grundsätzlich.

Sei herzlichst umarmt
– wie immer!
Deine Lotte

Typoskript, Sammlung Tobisch; gedruckter Briefkopf: Tobisch/Opernring. – Die Unterstreichung wurde von Hand gesetzt.

Michael hat sich von seiner Frau endgültig getrennt: Siehe Michael Simon, BPV.

Herr Löbel hat „Triumph" geheult: Am 15. Jänner, drei Tage vor Hilberts Tod, legte Karl Löbl dem Leiter der Bundestheaterverwaltung Erwin Thalhammer vier Fragen vor, die tags darauf im Express veröffentlicht wurden: 1. Ist es möglich, Hilbert „vom Dienst zu suspendieren". 2. Wurde erwogen, „diese Möglichkeit in der Praxis anzuwenden?" 3. Ist er, Thalhammer, der Meinung, dass „die anhaltende unklare Situation" in Sachen Staatsoper dem „Renommee des Hauses und der Bundestheaterverwaltung schadet?" 4. „Was wird getan, um endlich diese unklare Situation … möglichst schnell zu bereinigen?" Am 17. Jänner meldete der Express „Hilbert unterschrieb gestern". Im Text heißt es dann: „Damit ist es gelungen, die *wochenlangen* Verhandlungen um Hilberts Ausscheiden *endlich* zu finalisieren." Einen Tag nach Hilberts Tod, am 19. Jänner, veröffentlichte Löbl dann den von Tobisch zitierten, tatsächlich schwarzumrandeten Nachruf, der mit zwei bemerkenswerten Einsichten endet. Zunächst anerkannte, ja würdigte Löbl, dass Hilbert immer das einsetzte, „was seine Stärke war: Liebe zum Theater und seinen Künstlern,

Liebe zur Musik, Liebe zur Arbeit". Dann erkannte er, dass seine Zeit als Staatsoperndirektor „für ihn nicht so glücklich (verlief) und daß die Situation der letzten Wochen für seine *angegriffene Gesundheit* eine starke Belastung darstellte", was „seinen *Mitarbeitern* nicht verborgen (blieb)". (Hvh. BK) – Siehe dazu auch Löbl, BPV, Stichwort „Kritiker des Staatsoperndirektor Egon Hilbert"; zur „angegriffenen Gesundheit" siehe Anmerkung zu Brief 152.

ob Du irgendetwas tun könntest, um Egon Gerechtigkeit widerfahren zu lassen: Adorno nützte dazu zunächst eine Rezension von Haeussermans Karajan-Buch (siehe Brief 158). Außerdem widmete er Hilbert seinen 1969 veröffentlichten Essay „Konzeption eines Wiener Operntheaters", in dem auch der Konflikt Stagione-/Ensembleoper abgehandelt wird, mit den Worten: „Egon Hilbert zum Gedächtnis". (GS 19, S. 496)

„Skandal der Witwen ...": Siehe Anmerkung zu Brief 46, 138.

es gab – au fond – doch nichts: es gab – im Grunde genommen – doch nichts

das Erbe des Herrn Häussermann ist teuflisch: Haeusserman war bis August 1968 Direktor des Burgtheaters. Das Ensemblemitglied Paul Hoffmann war sein Nachfolger.

was mit diesem Mann getrieben wurde, ist eine Kulturschande: Vgl. Hans Heinz Hahnl, Für die Oper gestorben, in: AZ vom 20.1.1968; Dominik Hartmann, Ein Rufmord und seine Folge, in: Volksblatt vom 20.1.1968

156 Tobisch an Adorno

Wien, 25.II.68

Liebster Teddie!

Ich höre gar nichts von dir! Bist Du böse, oder bist Du einfach mit Arbeit zugedeckt – oder gar krank? Bitte gib Nachricht! Bei mir geht alles drunter und drüber, viel zu tun und Zores über Zores ([Michael] Simon ante Portas, er ist seiner Frau davongerannt).

Sag mir: Ist die Arliette Rohan nicht mit Dir befreundet gewesen? Oder irre ich mich? Jedenfalls hab ich gleich an Dich gedacht, als ich von dieser schrecklichen Sache hörte – bitte schreib mir!

Danke noch sehr für die Übersendung des Scholem-Artikels: Ich kannte ihn natürlich bereits! Er ist ganz ausgezeichnet!

Sei für heute umarmt, wie immer in alter Treue und Liebe!

Dein
Lotterl

P.S. Hättest Du irgendeinen interessanten Vorschlag für einen [Staats-]Operndirektor? Bis jetzt hat man keinen gefunden, der ernst zu nehmen wäre, und es ist zu befürchten, daß eine ganz miese Lösung getroffen wird. Bitte schreib *mir* darüber!

Typoskript, Sammlung Tobisch; gedruckter Briefkopf: Tobisch/Opernring.

Arliette Rohan … als ich von dieser schrecklichen Sache hörte: „Aliette: Sie war eine von einem halben Dutzend Schwestern; neben der Eleganz der anderen … trat sie, die Korpulente, ein wenig in den Schatten. Dies, und ihre ironische Intelligenz, die höhere Ansprüche stellte, als die selbstgefällige Oberflächlichkeit des Partylebens zwischen Kärntnerstraße und Edenbar [in Wien] zu geben vermochte, hat sie später nach Paris getrieben, in die Heimat ihrer Ahnen: Aliette Prinzessin Rohan, Tochter eines der letzten großen Aristrokraten dieser Zeit, des Herzogs von Bouillon und Montbazon. Sie stammte aus geschichtsbeladener Familie." Sie war, schrieb Andreas Razumovsky in der FAZ, eine „eitle Spötterin … ein wenig rundlich, witzig und vergnügt. Nun hat sie einer umgebracht, in Paris. Noch ihr Tod war standesgemäß. Der Mörder war ein Graf."
Adorno schrieb darüber an seine Schülerin Elisabeth Lenk: „Wie ganz unidentisch doch ein solches Schicksal mit dem Menschen ist, den es getroffen hat." (Lenk, S. 137)

Übersendung des Scholem-Artikels: Siehe Anmerkung zu Brief 152.

157 Adorno an Tobisch

Frankfurt, 28. Februar 1968

Liebstes Lotterl,

dies nur in aller Eile – ein bißchen mehr von mir wird Dir der [Fritz] Hochwälder erzählen, mit dem ich nach einem Vortrag in Zürich (dem über Borchardt) in größerem Kreis am Sonntagmittag zusammen war. Nein, nicht das leiseste steht zwischen uns, und ich bin auch nicht krank gewesen, war nur während der letzten Wochen in einem Maß mit Arbeit zugedeckt, von dem Du Dir schlechterdings keine Vorstellung machen kannst. Dazu kommt eine Art Hetzkampagne gegen mich, die zur Substanz hat, ich hätte das Bild Benjamins verzerrt - eine Hetzkampagne, die von politisch diametral entgegengesetzten Seiten geschürt wird. Wäre ich insgesamt in besserer Verfassung, so würde ich es gelassen nehmen; in dem Zustand, in dem ich mich befinde, frißt es an mir und, was schlimmer ist, an meinem Schlaf, von dem nun einmal bei mir alles abhängt. Also bitte, halt mich nicht für treulos sondern nur für ein wirklich ziemlich armes Tier.

Die Verwirrungen, in denen Du Dich befindest, kann ich mir nur allzu gut vorstellen. Denkst Du daran, den gordischen Knoten durch Heirat zu zerschlagen? Laß mich doch, wenn es Dir nicht widerstrebt, über diesen Komplex ein paar Worte wissen.

Vielleicht hat Dir Fritz Hochwälder schon erzählt, daß der SPIEGEL mich gebeten hat, das Karajanbuch von Häussermann zu besprechen. Wenn man das hört, meint man, es sei ein gefundenes Fressen. Aber es ist nicht so einfach. Denn Herr Häussermann hat sich in diesem Buch so verhalten, als ob er bereits mit einem Kritiker wie mir rechnete, also äußerst vorsichtig – in dem Buch wird man wenig finden, wo man direkt einhaken kann, weil es fast nur aus der Montage von Informationen besteht. *(außer der freilich unmöglichen Vorrede!)* Er decouvriert sich eigentlich nur in dem Vorwort. Wenn es mir gelingt, über das Machwerk, das es trotz und wegen seiner Schlauheit ist, etwas zu schreiben, wird es nur so möglich sein, daß ich das erörtere, was nicht darin gesagt ist, und warum es nicht gesagt ist. Herr H. war sogar schlau genug, über Egon Hilbert ein paar freundliche Sätze einzuschmuggeln, *und Herrn Löbl als Kritiker von K[arajan] zu zitieren!* Die unausgesprochene Prämisse ist das Wunder Karajan; daß in einem Buch, das als Biographie auftritt, kein Versuch gemacht wird, auch nur zu beweisen, daß und warum er eines sei, ist der Haupttrick; aber wenn man ihn darauf festnagelt, so wird er eben sagen, das sei nicht die Aufgabe einer Biographie. Kurz, es ist so glatt wie eine vereiste Gebirgswand. Womit im übrigen nichts über die Höhenlage gesagt sein soll; die ist unsäglich.

Deine Frage wegen des Wiener Direktorats: Der einzige, an den ich denke, ist Jochen Klaiber, den Du, möglicherweise, auch damals an meinem 60. Geburtstag kennengelernt hast. Er ist jetzt Generalintendant in Kiel, ein durch und durch anständiger Mann vom Bau, mit größter Theatererfahrung und einer sehr spezifischen Beziehung zur Musik. Verheiratet ist er mit Carla Henius, einer Freundin von mir, einer der vorzüglichsten Interpretinnen der fortgeschrittensten Musik. Er hat weit über seinen unmittelbaren Wirkungsbereich hinaus durch seine konsequente Programmpolitik und sein Können sich große Autorität verschafft. Dadurch, daß er im Wiener Ambiente gänzlich unverbraucht ist, könnte er wahrscheinlich dort besonders Gutes [be]wirken; übrigens kennt er Michael Gielen sehr gut. Wenn Du den Thalhammer nachdrücklich auf ihn hinweist – ich glaube, er wäre gut bedient, und gerade als outsider in diesem Rennen hätte er vielleicht gewisse Chancen.

Verzeih, daß ich heute so kurz nur schreibe; ich stehe immer noch unter schrecklichem Druck und bin diesem, eben wegen jener Verfolgungen, die einen wahnsinnig machen können, auch wenn man so gar nicht verfolgungswahnsinnig ist, kaum gewachsen. In den nächsten paar Wochen muß ich mich noch um die Vorbereitung der Tagung der Deutschen Gesellschaft für Soziologie kümmern, mit der ich mich als Vorsitzender dieser Gesellschaft verabschiede. Auch das ist mit unsäglichem Ärger verbunden, wenn auch zum Glück mit unbeseeltem.

Lotterl, ich hab Dich sehr lieb.

Sei umarmt von Deinem

Teddie

Ja, die arme Aliette Rohan hab ich, in Paris, gut gekannt – wenn auch nicht so gut. Aber Gott sei Dank ist sie nicht identisch mit einer Dame, die den Vornamen Arlette trägt! Das fehlte noch!

Typoskript, Sammlung Tobisch; gedruckter Briefkopf: Adorno/Kettenhofweg.

Vortrag ... über Borchardt: Siehe Anmerkung zu Brief 149.

Hetzkampagne gegen mich ... ich hätte das Bild Benjamins verzerrt: Zu Benjamin und der „Hetzkampagne" siehe BPV.

das Karajanbuch von Häussermann: Siehe Anmerkung und Brief 158.

über Egon Hilbert ein paar freundliche Sätze: Die freundlichen Sätze sind drei Zitate. Eines von Karajan (s. Anm. zu Brief 38), eines von Unterrichtsminister Drimmel, der von „Tatkraft und Eigenwilligkeit einer Persönlichkeit" sprach, und eines von dem Journalisten Heinrich Kralik: „Aber wenn das Regime Karajan nun durch Egon Hilbert die notwendige und seit langem geforderte praktische Untermauerung erreicht, wird es auch an Stärke und Durchschlagkraft gewinnen." (S. 191 f.) Alle drei Aussagen bezogen sich auf den Beginn der Zusammenarbeit Karajan/Hilbert. Über Hilberts Zeit als alleinverantwortlicher Direktor ist in dem Buch keine positive Aussage zu finden.

Die unausgesprochene Prämisse ist das Wunder Karajan: Anspielung auf Karl Löbls „Das Wunder Karajan" (1965), das, aus der Sicht eines Karajan-Mannes, ausführlich auf die Auseinandersetzungen zwischen Hilbert und Karajan eingeht.

Wiener Direktorats: Der einzige, an den ich denke, ist Jochen Kleiber: Siehe Joachim Klaiber.

Verheiratet ist er mit Carla Henius: Zu Henius siehe BPV.

Tagung der Deutschen Gesellschaft für Soziologie: Siehe Anmerkung zu Brief 152.

158 Adorno an Tobisch

Frankfurt, 18. März 1968

Liebstes Lotterl,

hier nur einen Durchschlag meines Aufsatzes über das Buch Deines Freundes Haeussermann über meinen Freund Karajan. Soeben höre ich vom SPIEGEL, daß sie, die mich um den Aufsatz baten, ihn angenommen haben und unverändert bringen wollen. Hoffentlich bleibt es dabei. Sei Du doch bitte so lieb, ihn nicht aus der Hand zu geben, wirklich an keinen Menschen; ebenso damit er nicht, indem ein Gerücht vorzeitig sich verbreitet, an Wirkung verliert, wie auch um zu verhindern, daß die Bande Gegenminen legt. Und schick mir das Manuskript bald zurück. Vielleicht wird Dir der Schluß Freude machen, in dem ich unmittelbar einen Gedanken von Dir übernommen habe.

Wie sehen denn die Dinge an der Oper aus? Du weißt, daß mich die Sache brennend interessiert. Den armen Hilbert glaube ich so gut gerächt zu haben, wie es halt unsereiner vermag, im Bewußtsein, daß Rache nicht meine stärkste Seite ist.

Im Augenblick bin ich völlig zugedeckt mit Arbeit, dem großen Vortrag zur Eröffnung des Soziologentages, der noch einmal unter meiner Ägide geht, und mit einer theoretischen Einleitung zu einem Band über den Positivismusstreit in der gegenwärtigen deutschen Soziologie. Mir ist das, als eine gewisse Unterbrechung der Arbeit am Ästhetikbuch, nicht unangenehm, weil ich dadurch doch etwas Distanz dazu gewinne, ehe ich es ganz durchlese und soweit präpariere, daß ich in den entscheidenden, nämlich redigierenden Arbeitsgang eintreten kann. Nur geht die physische Anstrengung etwas weit. Erst wenn der Soziologenzirkus vorbei ist, am 11. April, werden wir für armselige zehn Tage nach Baden-Baden können.

Ich denke sehr, sehr viel an Dich. Gestern abend waren wir bei Gustav Glück mit dessen Bruder Franz [Glück] zusammen, an den Du Dich vielleicht von dem Abend im Operncafé her erinnerst. Es war ein sehr wienerischer Abend, und er hat mich recht bewegt. Wie ich mir denn überhaupt, aus einer Reihe von Gründen, während der letzten Wochen über die tieferen Gründe meines Attachements an Wien klargeworden bin.

Hast Du von der Lore-Marie [Schönburg] etwas gehört? Sie ist, seit dem Tod der armen Aliette [Rohan], völlig verstummt. Ich mache mir Sorgen um sie.

Vor allem aber, wie geht es Dir selbst? Sei doch ein Liebes und schreib mir bald ein paar Worte.

Und sei sehr umarmt von Deinem

Teddie

Das Gretelchen grüßt aufs schönste.

Typoskript, Sammlung Tobisch; gedruckter Briefkopf: Adorno/Kettenhofweg.

Durchschlag meines Aufsatzes über … Haeussermann: Nach einer Darlegung der Struktur von Haeussermans Buch, erläutert Adorno die Struktur des Dirigenten: „Karajans technokratischer Zug ist nicht zu trennen von seiner gesellschaftlichen Funktion. Durch ihn greift die wirtschaftliche Monopolstruktur vollends auf die Musik über. (…) Nicht nur die Sprache ist dem Kommerz entlehnt: das Erstklassige, die Prominenz, die ‚Spitzenleistung'. In Karajan setzt ein objektiver gesellschaftlicher Zwang bis ins innerste Gefädel der musikalischen Darbietung sich um. Er war der musikalische Genius des Wirtschaftswunders. (…) Nur übersieht er den Preis des Fortschritts. Der ist desto großer, weil seine Fortschrittsidee ihrerseits begrenzt ist. Sie bewegt sich in der Dimension der Entwicklung vom Gaslicht zum Fernsehen, nicht der der Entwicklung der innermusikalischen Produktivkräfte. Deswegen paart seine organisatorisch unvermeidliche Modernisierungstendenz sich mit künstlerischer Reaktion." – Ernst Haeusserman, Herbert von Karajan. Biographie, 1968; Adornos Rezension „Oper: Provinz oder Monopol" erschien im Spiegel vom 8.4.1968 (jetzt in GS 19, S. 425-430).

der Schluß ... einen Gedanken von Dir übernommen: „Egon Hilbert, der – das Buch schweigt darüber – in allem Bewusstsein dessen, was ihm bevorstand, aus purem Enthusiasmus zur gemeinsamen Direktion mit Karajan in Wien sich entschloss, konnte ihm, trotz des besten Willens, keine grundsätzlich andere Konzeption entgegenstellen. Sein trostloser Sturz war objektiv ein Sieg des abwesenden Karajan, gleichgültig, ob diesem am Ende doch die Wiener Oper zufallen wird oder ob er ihrer nicht mehr bedarf." (GS 19, S. 430)

Vortrag zur Eröffnung des Soziologentages: Siehe Anmerkung zu Brief 152.

Einleitung zu einem Band über den Positivismusstreit: „Einleitung zum 'Positivismusstreit in der deutschen Soziologie'", 1969 (jetzt in GS 8, S. 280-353).

Arbeit am Ästhetikbuch: „Ästhetische Theorie", von Adorno nicht mehr vollendet, herausgegeben von Gretel Adorno und Rolf Tiedemann, 1970 (GS 7).

159 Tobisch an Adorno

Wien, 3. April 68

Liebster Teddie!

Ich war zehn Tage nicht in Wien, drum bekommst Du erst heute Nachricht von mir. Der Artikel über das Haeussermanbuch ist herrlich; er trifft genau ins Schwarze; dank dir sehr, sehr, daß du des armen Hilbert so lieb gedacht hast und ihm zukommen ließest, was ihm gebührt; das ganze Ausmaß des Zerstörungswerkes von Herrn Karajan an der Wiener Oper wird eigentlich erst jetzt, nach Hilberts Tod, offenbar – es ist alles dort trostlos, und das ganze Debakel wird ja wohl doch, trotz aller gegenteiligen Bemühungen, in einer Direktion des Herrn [Albert] Moser enden – und dies gründlich.

Mein lieber Teddie! Mir ist schon seit einer geraumen Weile hier alles sehr unerträglich, und es wird mit jedem Tag schlimmer; nun war ich ein paar Tage, um mich ein bissl zu erholen, am Land, aber es hat auch nichts genützt; natürlich ist meine ganze Verfassung nicht zuletzt durch die Liebesgeschichte mit Simon so besonders elend; ich habe das Ausmaß der Angelegenheit unterschätzt – sowohl von seiner, wie von meiner Seite her; wir kommen einfach zu keinem Ende, nicht so und nicht so, und die dreieinhalbtausend Kilometer Entfernung voneinander [Israel] machen alles noch schlimmer anstatt einfacher, wie man es doch glauben sollte.

Hier in Wien ist wieder einmal der Frühling mit seiner ganzen Pracht aufgeblüht, es ist herrlich schön draußen und warm. Bei uns im Theater allerdings ist davon nichts zu spüren, da scheint alles eingefroren zu sein und mir tut der arme Paul Hoffmann leid, der diesen Betrieb wieder auftauen soll! Wir spielen derzeit, heute und täglich (man glaubt es nicht!) den „Weibsteufel“ von Schönherr, und das noch dazu in einer grausigen Aufführung; zwischen Hühnergegacker und Zitherspiel hinter den Kulissen agieren drei Schauspieler, die man bestenfalls im Fernsehen ertragen könnte, wenn *man* den Ton abstellt und das Bild schwarz einstellt! Es ist zum Kotzen (pardon!). Dafür aber reist Haeusserman mit sämtlichen Lindenbesuchern in der Welt herum und präsentiert ein paar mehr oder weniger schlechte Aufführungen des Burgtheaters und finanziert auf diese Art sich und den Seinen eine fulminante Weltreise. Der Karajan kann doch wenigstens dirigieren, aber der Totentanz, den Haeusserman dem Burgtheater aufspielt, ist nicht einmal ein gut gemachter.

Lore-Marie [Schönburg] hab ich x-mal zu erreichen versucht – es ist unmöglich; schreib ihr doch, daß sie mich anrufen soll! Ich bin morgens, um neun etwa, fast immer zu erreichen! Ich würde sie gerne wiedersehen und ihr auch behilflich sein in ihren Wirrnissen!

Meine Sbirren haben mir zugetragen, daß Du irgendwann in Innsbruck bist?! Schreib näheres drüber, wenn möglich komme ich hin! Ich muß nur zwischen dem 3. und 15. Mai einmal auf zwei, drei Tage nach Zürich, sonst kann ich mir alles einteilen!

Grüß Gretelchen sehr herzlich und schreib bald wieder!

Sei umarmt, lieber Teddie, und behalt mich lieb!

Dein Lotterl

Typoskript, Sammlung Tobisch; gedruckter Briefkopf: Tobisch/Opernring.

die Liebesgeschichte mit Simon: Siehe Anmerkung und Brief 151, 155, 156, 159, 164, 167, 183.

„Weibsteufel“ von Schönherr … in einer grausigen Aufführung: Zum 25. Todestag von Karl Schönherr wurde dessen Stück zwischen 15. März und 13. Mai insgesamt zwanzigmal aufgeführt. Unter der Regie von Erich Auer spielten Ida Krottendorff, Krinzinger und Heinz Trixner.

reist Haeusserman mit sämtlichen Lindenbesuchern in der Welt herum: Als spektakulären Abschluss seiner Amtszeit realisierte Haeusserman 1968 eine Welttournee, die die Arbeit des Burgtheaters in Israel, Amerika, Japan und Westeuropa präsentierte. – Das Gasthaus „Linde“ war der Ort von Haeussermans berühmtem und einflussreichem Stammtisch. – Zu Haeusserman siehe BPV.

160 Tobisch an Adorno

Wien, 16.V.68

Liebster Teddie!

Von überall höre ich, daß Du ante portas bist – nur von Dir sclbst hab' ich gar keine Nachricht! Bist Du böse auf mich? Bitte schreib doch ein Wort: Wann kommst Du nach Wien und wie lange bleibst Du? Grüße Gretel herzlichst – ich hoffe, daß sie mitkommt!

Alles Liebe für heute!

Dein Lotterl

Manuskript, Sammlung Tobisch; gedruckter Briefkopf: Tobisch/Opernring.

162 Adorno an Tobisch

Frankfurt, 20. Mai 1968

Liebstes Lotterl,

wie kann man nur so dumm sein. Was soll ich denn gegen Dich haben? Mein Schweigen, wenn es denn eines gewesen sein sollte, hat keinen anderen Grund, als daß ich durch die Doppelheit von Arbeit und Studentenzeug völlig zugedeckt war – übrigens glaube ich, daß ich Dir zuletzt geschrieben hatte, aber wir werden doch darüber nicht rechten. In meinem Verhältnis zu Dir hat sich natürlich nicht das mindeste geändert.

Nicht verstehe ich, daß die in Wien immer noch meine Teilnahme am Europa-Gespräch publizieren, während ich sofort abgelehnt hatte – ich kann es wirklich, beim besten Willen, nicht machen. Von allem anderen abgesehen, hatte irgendeine andere Stelle mir einen zweiten Brief wegen finanzieller Bedingungen geschickt, den ich so unmöglich fand, daß ich allein deshalb schon es nicht hätte machen können.

Die Sache gegen Haeusserman hat wirklich, ohne jede Änderung, im SPIEGEL gestanden, und scheint sehr große Wirkung getan zu haben. Der Haeusserman soll schäumen. Aber darüber weißt Du wahrscheinlich mehr als ich.

Scholem war hier, hat sich sehr nach Dir erkundigt und läßt Dich schön grüßen; scheint übrigens von den Dich interessierenden Angelegenheiten keine Ahnung zu haben. Tant mieux.

Das Wichtigste, was von mir zu berichten wäre, ist, daß die verkaufte Braut mit Fanfaren aus ihrer Ehe ausgebrochen und zurückgekehrt ist, zu meiner sehr großen

Freude. Ein Jammer nur, daß wir an verschiedenen Orten leben, und daß ihre äußere Situation im Augenblick recht prekär ist.

Das Ästhetikbuch habe ich unterbrochen, um eine große soziologisch-philosophische Einleitung zu einem Sammelwerk zu schreiben, die sehr umfangreich ausgefallen ist und die ich jetzt in Ordnung bringen muß, ehe ich die Redaktion des großen Buches [„Ästhetische Theorie"] wieder aufnehmen kann. Die Sache über Berg schreitet ganz gut vorwärts; Du kannst die [Elisabeth] Lafite, die mir schrieb, deshalb beruhigen. Von dem neu zu schreibenden Teil mit Erinnerungen habe ich das meiste bereits diktiert, außerdem das Ganze organisiert, so daß sich kaum mehr grundsätzliche Schwierigkeiten ergeben dürften.

Wie sind denn Deine Sommerpläne? Wir werden, etwa von Mitte Juli an, diesmal in Zermatt sein. Ob Du wohl Lust hättest, uns zu besuchen? Wenn es in der ersten Augusthälfte geschähe, würdest Du wohl auch meinen Freund Herbert Marcuse kennenlernen, der ja unterdessen auf eine *ihm* selber keineswegs sehr behagliche Weise weltberühmt geworden ist. Aber wie dem auch sei, schön wär's auf jeden Fall, wenn wir uns dann sähen. Für das Wintersemester habe ich Beurlaubung beantragt wegen meines Buches. Hoffentlich klappt's damit. Das würde mich natürlich insgesamt beweglicher machen.

Soviel für heute – schreibe recht bald, vor allem auch, wie Dir's, in jeder Beziehung, geht und was Deine Pläne sind.

Dem Gretelchen ging es recht gut, leider hat es jetzt einen leichten Rückfall seiner Gastritis, behandelt ihn aber ganz brav und ist schon wieder in besserem Zustand. Sie grüßt sehr innig.

Du sei umarmt von Deinem verjagten und alten,
sonst aber gar nicht unzufriedenen

Teddie

Typoskript, Sammlung Tobisch; gedruckter Briefkopf: Adorno/Kettenhofweg.

von Arbeit und Studentenzeug völlig zugedeckt: Der 16. Deutsche Soziologentag Mitte April, an dem Adorno das Hauptreferat hielt, war in seiner Atmosphäre vom aggressiv-ironischen Auftreten des SDS geprägt. Adorno und Ralf Dahrendorf lieferten sich eine heftige Kontroverse über das Verhältnis von Theorie und Praxis. Für den Studentenprotest fand Adorno vorsichtige, aber mit ihm sympathisierende Worte. Am 19. April nahm er zusammen mit anderen prominenten Wissenschaftlern zum Attentat auf Rudi Dutschke Stellung, wobei sich die Unterzeichner mit den Studenten solidarisch erklärten und zugleich an sie appellierten, sich der Gewaltanwendung zu enthalten. Am 9. Mai kritisierte Adorno in seiner Soziologie-Vorlesung u.a. die Ansicht breiter Bevölkerungsteile, dass Studenten nur demonstrieren würden, weil es ihnen zu gut ginge. Am 14. Mai lehnte Adorno es ab, in seiner Soziologie-Vorlesung über Initiativen gegen die Verabschiedung der Notstandsgesetze zu diskutieren. Er bezog sich dabei auf die Lehrfreiheit. Sollte er durch die Hörer von seiner Vorlesung abgehalten werden, würde er auf seinen Lehrstuhl vorzeitig verzichten. Abends beschlossen die Studenten der Frankfurter Universität, den gesamten Lehrbetrieb des Hauses während der zweiten Lesung der Notstandsgesetze lahmzulegen. Am 17. Mai erschien in der Frankfurter Rundschau eine Erklärung, die sich gegen die Notstandsgesetze richtete und den Streik während der zweiten Lesung als gerechtfertigt bezeichnete. Zu den Unterzeichnern gehörten auch Adorno und seine Frau Gretel. Am 20. Mai sprach eine Gruppe von Professoren und Assistenten der Frankfurter Universität, unter ihnen Adorno, mit hohen Gewerkschaftsfunktionären, um diese für Kampfmaßnahmen wie Warnstreiks und Demonstrationen gegen die Verabschiedung der Notstandsgesetze zu gewinnen. Vergeblich. (Siehe Kraushaar, Bd.1, 1998, S. 302-326)

Europa-Gespräch: Siehe Anmerkung zu Brief 74.

Die Sache gegen Haeusserman: Siehe Anmerkung und Brief 157, 158.

Scholem … scheint … keine Ahnung zu haben: Adorno meinte, das Gershom Scholem, der in Israel lebte und arbeitete, von der Liebe zwischen Michael Simon und Tobisch und den sich daraus ergebenden Verwicklungen keine Ahnung hatte (siehe dazu Anmerkung und Brief 151, 155, 156, 159).

Tant mieux: Um so besser/Gott sei Dank.

die verkaufte Braut … aus ihrer Ehe ausgebrochen und zurückgekehrt: Siehe Pielmann, BPV, sowie Anmerkung und Brief 191. – „Die verkaufte Braut“ ist eine Anspielung auf die gleichnamige Oper von Bedrich Smetana. Siehe dazu Anmerkung zu Brief 165.

große soziologisch-philosophische Einleitung: Siehe Anmerkung zu Brief 158.

Die Sache über Berg: Gemeint ist Adornos Berg-Monographie. Siehe Brief 139, 150.

163 Adorno an Tobisch

[Kiel,] 25. Mai 1968

Lotte Baronin
Tobisch von Labotýn
Wien I
Opernring 8

Liebstes Lotterl,

im äußersten Norden, wo ich gesprochen und geklimpert habe, denke ich sehr an Dich. Denkst Du noch an den Abend, da Du mich ins Schwarzenberg zurückfuhrst?

Sei umarmt von Deinem
Teddie

Arlette, die nicht länger verkaufte, sondern zurückgekehrte Braut, grüßt Sie herzlich und freut sich darauf, Sie kennenzulernen.
Arlette [Pielmann]

Ansichtskarte, handschriftlich, Sammlung Tobisch. – Die Farbfotografie auf der Vorderseite der Karte, eine Luftaufnahme, wird auf der Rückseite durch den Aufdruck „Conti-Hansa-Hotel am Schloßgarten / 2300 Kiel, Tel. (0431) 4090 [?] ex 02/92813“ ausgewiesen.

164 Tobisch an Adorno

Wien, 3. Juni 68

Liebster Teddie!

Dank Dir herzlichst für Deine liebe Karte aus Kiel! Freu mich sehr drüber, daß die verkaufte Braut wieder heimgekehrt ist – grüß sie ebenfalls herzlich und sag ihr, daß sie es mit mir zu tun kriegt, wenn sie Dir nochmals Kummer bereitet! Daß Du Wien im Stich gelassen hast, wird hier überall sehr mit Trauer registriert – insbesondere natürlich von mir! Du schreibst mir, daß Du dieses Jahr nach Zermatt fährst, bitte lasse mich die genauen Daten und Adresse wissen! Ich bin vom ersten bis achtzehnten Juli in der Schweiz, hätte dann vier-fünf Tage Zeit; anschließend ist Bregenz bis 20. August, dann wären wieder ein paar Tage, und am 28. muß ich in Wien zurück sein. Ich sehe also ein bissl black für unser Rendezvous – aber wer weiß, vielleicht gehts doch irgendwie.

Sonst kann ich Dir nicht viel berichten – allerweil die gleiche Misere –, aber man gewöhnt sich an alles, was unabänderlich ist, „da kann man halt nichts machen“ als weiterwursteln und auf ein Wunder warten, das ja – meiner Erfahrung nach – meist tatsächlich kommt, wenn man Geduld genug hat, es erwarten zu können; Du weißt ja, daß es eine österreichische Spezialität ist – das Leben – wenns halt nicht anders geht – eben so zu nehmen, wie sichs einem gibt und damit der Welt zu demonstrieren, daß es nicht nur mit Entweder - Oder, sondern ebenso mit „sowohl - als auch“ zu bewältigen ist.

Momentan bin ich wieder einmal sehr beschäftigt, was ja ganz gut ist, ich arbeite von früh bis spät, und außerdem haben die [Wiener] Festwochen natürlich auch noch eine

Menge Verpflichtungen mit sich gebracht; aber in vier Wochen ist die Saison zu Ende und – vor allem – die Aera Häusserman! Es steht also einer Erholung dann nichts mehr im Wege, zumal auch mein Moses für ein paar Tage vom Berg Sinai herunterzusteigen beabsichtigt, um in Montblancgegenden zu wandeln!

Schreib mir bitte bald wegen Deiner Sommerpläne! Und bitte grüß mir das Gretelchen ganz besonders!

Deine alte Lotte

Typoskript, Sammlung Tobisch; gedruckter Briefkopf: Tobisch/Opernring.

Daß Du Wien im Stich gelassen hast: Siehe Brief 162.

Ich bin … Bregenz bis 20. August: Am 15., 16., 19. April spielte Tobisch im Theater am Kornmarkt die Rolle der Fee Rosalinde in Raimunds „Der Barometermacher auf der Zauberinsel“. Regie der Burgtheaterproduktion führte Axel von Ambesser.

mein Moses für ein paar Tage vom Berg Sinai herunterzusteigen beabsichtigt: Nach dem Ende seiner Dienstzeit als israelischer Botschafter in Wien ging Michael Simon wieder nach Jerusalem zurück. Dort kam es zur Trennung von seiner Frau und er übersiedelte nach Wien. Wieder hier, fiel es ihm anfänglich schwer, sich auf die veränderte berufliche und private Situation einzustellen. „Er mied die Öffentlichkeit“ und Tobisch musste „ihn buchstäblich wieder ins aktive Leben (zurücktreiben)“. (Meysels, S. 129 f.)

165 Adorno an Tobisch

Frankfurt, 12. Juni 1968

Liebstes Lotterl,

tausend Dank für Deinen Brief. Die Karte zusammen mit der verkauften Braut aus Kiel wirst Du unterdessen bekommen haben. Wir sind in einem Zustand, den gerade Du kennst, so als ob wir die Füße nicht auf dem Boden hätten, es ist kaum vorzustellen. Es ist entzückend, daß sie es mit Dir zu tun bekommen soll, wenn sie mir wieder Kummer bereitet, aber ich meine, ihre Phantasie und meine reicht an diese Möglichkeit nicht heran. Mehr kann ich dazu nicht sagen, nur, daß es schön ist, wie sehr Du all dies verstehst.

Mit gleicher Post erhältst Du die Neuausgabe von „Ohne Leitbild“, in die ich die Dir gewidmeten Wiener Stückerln, mit der Verkauften Braut, aufgenommen habe.

Die Sommerpläne sind einfach: Gretel und ich fahren nach Zermatt, ich denke etwa vom 20. Juli an werden wir dort sein und mindestens vier Wochen bleiben. Natürlich wäre es wunderschön, wenn Du uns besuchen wolltest, am besten vielleicht, nachdem wir uns oben akklimatisiert haben, damit ich nicht gar zu blöd bin.

Schreib bald wieder, liebstes Lotterl, und sei umarmt von

Deinem

Teddie

Typoskript, Sammlung Tobisch; gedruckter Briefkopf: Adorno/Kettenhofweg

Die Karte zusammen mit der verkauften Braut: Siehe Karte 163.

die Neuausgabe von „Ohne Leitbild“ kam, nach 1967, in erweiterter Fassung 1968 heraus. Die „Wiener Stückerln“ waren der Tobisch gewidmete Text „Wien, nach Ostern 1967“. Eines davon bezog sich auf einen gemeinsamen Besuch von Smetanas „Die verkaufte Braut“ an der Wiener Staatsoper: „L.[otte] erklärte das Unbefriedigende sicher richtig“, schrieb Adorno, „man müsse, um jene Wirkung in dem instrumental eben nur gestützten Ensemble zu erreichen, auch die Nebenrollen mit den vorzüglichsten Solisten besetzen, und materielle Rücksichten verböten das.“ (GS 10.1, S. 425) Adorno schenkte Tobisch sowohl ein Exemplar der Erstausgabe von 1967, als auch eines der Neuausgabe 1968. Beide enthalten handschriftliche Widmungen. Letztere lautet: „Liebes Lotterl, zur Erinnerung an einen Wiener Abend von Deinem Teddie. Frankfurt, 12.VI.1968“.

166 Adorno an Tobisch

Frankfurt, 17. Juli 1968

Liebstes Lotterl,

dies nur ein paar Worte zur Orientierung.

Wir fahren am Donnerstag, also morgen, los, sind ab Freitag in Zermatt, Hotel Bristol. Es wäre natürlich herrlich, wenn Du oben auftauchtest. Du mußt nur wissen, daß man mit dem Wagen nicht hinfahren kann sondern ihn in Sankt Niklaus lassen muß und von dort mit dem Bähnchen weiterfahren. Dafür allerdings hat man oben himmlische Ruhe.

Ich bin fest entschlossen, überhaupt nichts zu arbeiten, nachdem es mir noch gelungen ist, einen umfangreichen und sehr schwierigen Text wissenschaftstheoretisch er Art unter Dach und Fach zu bringen.

Überreif zur Erholung, dabei aber doch in guter Form.

Solltest Du Anfang August oben auftauchen, so würdest Du die verkaufte Braut, die glücklich wieder geschieden ist, kennenlernen. Und möglicherweise einen Prinzen, der so aussieht, wie man sich als Kind einen Prinzen vorstellt, ebenso wie das gleichfalls zu besichtigende Matterhorn so aussieht, wie man als Kind einen Berg sich vorstellte. Vielleicht reizt all dies Dich ein wenig.

Auf jeden Fall gib mir doch bald ein Wort nach Zermatt und sei sehr, wie stets, umarmt von

Deinem
Teddie

Typoskript, Sammlung Tobisch; gedruckter Briefkopf: Adorno/Kettenhofweg.

schwierigen Text wissenschaftstheoretischer Art: Siehe Anmerkung zu Brief 158.

die verkaufte Braut … und möglicherweise einen Prinzen: Siehe Pielmann, BPV, sowie Anmerkung und Brief 191.

das … Matterhorn … wie man als Kind einen Berg sich vorstellte: In der „Ästhetischen Theorie" schreibt Adorno: „ In Zermatt präsentiert sich das Matterhorn, Kinderbild des absoluten Bergs, wie wenn er der einzige Berg auf der ganzen Welt wäre."

167 Tobisch an Adorno

dz. c/o von Hoppe
Bregenz a. Bodensee
Landstr. 32

[Bregenz,] 28.VII.68

Liebster Teddie!

Es ist schon ein Verhaengnis! Und es ist außerdem einfach zu bloed: Vorgestern bin ich hier in Bregenz angekommen und fand Deinen lieben Brief vom 17. d.s. hier liegen! Dabei komme ich gerade aus der Schweiz und bin in den letzen acht Tagen in Wildhaus gesessen, um noch ein paar Tage Erholung zu haben vor Probenbeginn für die Festspiele! Haette ich geahnt, daß Du um diese Zeit schon in Zermatt bist, dann waer ich doch gekommen! Aber das kommt davon, weil Du boeser Mensch mir nicht gleich geantwortet hast auf meine Frage, von wann bis wann genau Du dort bist!!! Und als dann Dein Brief kam, da war ich schon ueber alle Berge und unerreichbar!

Ja, Lieber, so werden wir uns diesmal nicht sehen können, und ich hoffe nur, daß Du im Herbst nach Wien kommst oder jedenfalls in Baelde! Hab noch innigsten Dank fuer „Ohne Leitbild“, ich freu mich unendlich drueber, daß Du das „liebe Jesulein“ drin aufgenommen hast und ich weiß die Ehre wohl zu schaetzen! Meine Nachbarin schreibt mir; daß in Wien noch eine Buchsendung von Dir angekommen ist, bloederweise aber nicht worum es sich handelt – hab inzwischen halt einen noch unwissenden Dank dafür! - Teddielein, erhol Dich gut, mach mal wirklich nichts und ruh Dich aus! Grueß das Gretelchen herzlichst, ich hoffe sie [ist] gesund und alles in bester Ordnung! Ist die verkaufte Braut noch bei Euch? Wie sieht sie eigentlich aus? Du sagtest einmal, daß sie sehr schoen sei, und ich kann nur hoffen, daß sie ebenso lieb ist und klug und Dir Freude macht – was ich Dir von ganzem Herzen wuensche, trotzdem ich natuerlich schon ein bissl eifersuechtig bin!

Sei umarmt Teddie und lass bald wieder von Dir hoeren! Siehst Du heuer Scholem? Er ist Anfang August in Ascona, ich hab ihm auf der Durchreise in Zuerich eine Wegzehrung Schokolade mit Grueßen hinterlassen (wir haben das gleiche Stammhotel dort und ich erfuhr, daß er am 4. August in Zürich ist); wenn Du ihn siehst, grueß ihn jedenfalls, ich fuerchte allerdings, daß er inzwischen in Jerusalem erfahren hat, daß Dr. Simon von zuhause davonrannte und was der Grund ist, und daß es nun fuer mich mit der „guten Nachred“ bei Scholems vorbei ist, was mir leid taete, aber halt nicht zu ändern ist: „Da kann man halt auch nichts machen“!

Herzlichst, herzlichst! Deine
Lotte

Typoskript, Sammlung Tobisch; gedruckter Briefkopf: Tobisch/Opernring.

in Wildhaus gesessen: Wildhaus liegt in der Schweiz, nahe der liechtensteinschen Grenze.

Probenbeginn für die Festspiele: Siehe Anmerkung zu Brief 164.

daß Du das „liebe Jesulein“ drin aufgenommen hast: Siehe Anmerkung zu Brief 110.

Ist die verkaufte Braut noch bei Euch? Siehe Pielmann, BPV, sowie Anmerkung und Brief 191.

Scholem … eine Wegzehrung Schokolade … hinterlassen: „In seinen Briefen wahrt Scholem eine strenge Form. Seine Freude am Wortspiel, seine Lust auf Schokolade und Marzipan, die der Korrespondenz mit seiner Mutter eine eigene Leichtigkeit und Farbe gaben … blitzen selten auf.“ (Thomas Sparr, Einleitung, in: Scholem, Briefe 1948-70, S. XXVI)

[Scholem] erfahren hat, daß Dr. Simon von zuhause davonrannte: Zum Liebesverhältnis zwischen Tobisch und Simon siehe Anmerkung und Brief 151, 155, 156, 159.

daß es nun fuer mich mit der „guten Nachred“ bei Scholems vorbei ist: Geshom Scholem war mit der Familie Simon befreundet und wurde angeblich in dieser Frage konsultiert, ohne dass man ihm den Namen der geliebten anderen Frau nannte. Er soll auf Grund der Schilderung darauf geantwortet haben: „Das kann nur die Lotte sein, die ist o.k.“ (Meysels, S. 129)

„Da kann man halt auch nichts machen“! Siehe Anmerkung zu Brief 110.

168 Adorno an Tobisch

Lotte Baronin
Tobisch v. Labotýn
c/o von Hoppé
Landstrasse 32
Bregenz/Bodensee
Vorarlberg

[Zermatt,] Hotel Bristol
5.VIII.68

Liebstes Lotterl, es ist wirklich ein Skandal, dass Du – durch meine Blödheit, hier nicht heraufgekommen bist, wo es so viel schöner ist als in Sils. Dafür eine Chance [?] ([ein Wort unleserlich] via Lafite) dass ich im Oktober in Wien auftauche. Sei sehr umarmt von Deinem Teddie

Ich bin ganz traurig, dass ich für mich gar keine Chance sehe. Alles Liebe
Gretel

Herzliche Grüße auch von
Arlette

Ansichtskarte, handschriftlich, Sammlung Tobisch. – Die s/w Fotografie auf der Vorderseite der Karte ist auf der Rückseite durch den Aufdruck „Zermatt, / Matterhorn 4477 m" ausgewiesen.

Arlette: Siehe Pielmann, BPV, sowie Anmerkung und Brief 191.

169 Adorno an Tobisch

Frankfurt, 27. August 1968

Liebstes Lotterl,

wieder zurückgekehrt, möchte ich Dir sogleich ein paar Worte schreiben, vor allem daß wir uns beide vortrefflich erholt haben; und sehr traurig waren, daß Du nicht heraufgekommen bist. Die Karte zusammen mit der verkauften Braut hast Du ja wohl erhalten. Hoffentlich bekommst Du sie bald zu sehen.

Der konkrete Anlaß dieser Worte ist, daß es nun doch so aussieht, daß ich durch eine combine mit der [Elisabeth] Lafite und dem Dr. Kaufmann in Graz im Herbst, am liebsten Anfang Oktober, nach Wien komme. Es wär sehr lieb, wenn Du mit der Lafite sprechen und möglicherweise die Sache ein bißchen organisieren würdest.

Übrigens ist das zusammenzumontierende Bergbuch, für das ich schließlich doch eine ganze Menge arbeiten und Neues schreiben mußte, fast fertig, und ich denke, es wird ein ganz originelles Produkt werden.

Scholem rief uns von Sils an, kommt nächste Woche hierher, um im Institut [für Sozialforschung] am Benjamin-Nachlaß zu arbeiten. Übrigens hat er selbst einen Witz über die unselige Halberstädter, die mich aus Sils vertrieb, gemacht, aus dem mir hervorzugehen scheint, daß er dafür Verständnis hat. Von der Dich betreffenden Angelegenheit hat er entweder keine Ahnung oder verhält sich überaus diskret.

Ich habe tatsächlich von meinem lieben [Ernst] Schütte den Urlaub für das Wintersemester erhalten, und hoffe, durch konzentrierteste Arbeit das Ästhetikbuch [„Ästhetische Theorie"] zu Ende zu bringen; auch das ein Grund, daß ich den Abschluß der Bergmonographie forciere. In Zermatt habe ich sie gegen Abend weitergebracht und an Regentagen, auf die glückliche Weise, daß ich keine Sekunde das Gefühl hatte, eigentlich etwas zu arbeiten. Übrigens ist es in Zermatt über alle Begriffe schön, viel weniger abgegriffen als Sils, gleichzeitig alpiner und humaner – und von allem Halberstädtischen ganz frei. Nur kann man halt mit dem Auto nicht herauf, aber ich hoffe, das wird Dich nicht zu sehr verschrecken. Auch die Gretel, die Dich innig grüßen läßt, hat sich großartig erholt, viel besser auch als in Crans.

Du laß bald von Dir hören und sei sehr, aber wirklich sehr umarmt von

Deinem

Teddie

Typoskript, Sammlung Tobisch; gedruckter Briefkopf: Adorno/Kettenhofweg.

Karte zusammen mit der verkauften Braut: Zur verkauften Braut siehe Anmerkung und Brief 191.

Dr. Kaufmann in Graz: Siehe BPV.

das zusammenzumontierende Bergbuch: Siehe Brief 139, 150.

Von der Dich betreffenden Angelegenheit: Siehe Anmerkung und Brief 167.

Wien, 17. September 68

Liebster Teddie!

Erst heute bekommst Du Antwort auf Deinen lieben Brief vom 27. August: Bitte sei nicht böse, aber ich [war] wieder einmal schrecklich angehängt und überdies seit Wochen mit einer schweren Bronchitis geplagt; also ich hab mit der Frau [Elisabeth] Lafite gesprochen und mit dem Dr. Görz [Harald Goertz] ebenfalls, und beiden Herrschaften wäre es am Gelegensten wenn Du Mitte Oktober hier sein könntest: Das Buch wird nämlich vorher noch nicht fertig sein! Ich sagte der Lafite, daß sie sich doch mit Dr. [Harald] Kaufmann in Verbindung setzen solle und mit ihm zusammen versuchen soll einen, Dir genehmen, Termin auszuschnapsen. Außerdem hat mich der Görz ersucht, sowohl aus Deinem wie auch aus den zwei anderen Büchern, die gleichzeitig erscheinen, vorzulesen, aber ich hab ihm noch nicht zugesagt, weil ich wirklich nicht weiß, ob es nicht gescheiter ist, daß Du dies selbst machst! Schreib mir – ohne Genierer – wie Du drüber denkst!

Teddie, ich freu mich schrecklich, Dich bald zu sehen! Kommt Gretel mit? Was macht die verkaufte Braut? Hoffentlich alles in Ordnung! Du schreibst, daß [Gershom] Scholem bei Euch war oder noch ist! Ich hinterlegte ihm etwas Schokoladiges in Zürich – hab aber seither nichts von ihm gehört; ob er inzwischen vernommen hat, daß der Michael Simon von zuhause davongelaufen ist und weshalb? Und ob er mir das – als Gojte – nicht verzeiht? Mein Gott, wenn der wüßte, wie viel Kummer mir das alles bereitet und wie sehr ich den „Scherbn" auf hab!

Wunderbar finde ich, daß Dein [Ernst] Schütte so viel Sinn für das Wichtigste hat und sich so gut zu Dir benimmt! Da werden wir also bald Dein Ästhetikbuch [„Ästhetische Theorie"] haben! Es lebe der Schütte!

Wir haben also unseren neuen Burgtheaterdirektor, und es ist – bis jetzt jedenfalls – ein Vergnügen! Endlich wird nicht nur gequatscht und nicht nur Morizgewitzelt und kommt Ordnung in den Sauhaufen! Wie groß dieser ist, das sieht man leider dem armen Paul bereits an! – Komm bald, Teddie, ich freu mich schon! Und ich schreib Dir gleich, wenn ich was Definitives von Fr. Lafite höre!

Alles Liebe für heute und viele Grüße an Gretl! Dein Lotterl

Typoskript, Sammlung Tobisch; gedruckter Briefkopf: Tobisch/Opernring.

Was macht die verkaufte Braut?: Siehe Pielmann, BPV, sowie Anmerkung und Brief 191.

ob er vernommen hat, daß der Michael Simon von zuhause davongelaufen ist: Siehe Anmerkung zu Brief 167.

Gojte: Goj, Gojim – hebräisch: Volk, Völker – bezeichnete zunächst in der biblischen Sprache jedes Volk, später wurde es ausschließlich zur Benennung von Nichtjuden und Heiden verwendet.

wie sehr ich den „Scherbn" auf hab!: Im Wienerischen bedeutet „Scherbn" Nachttopf. (P. Wehle, Sprechen Sie Wienerisch, 1980, S. 247)

unseren neuen Burgtheaterdirektor: Paul Hoffmann

171 Adorno an Tobisch

Frankfurt, 19. September 1968

Liebstes Lotterl,

sehr danke ich Dir, daß Du an meinen Geburtstag – es war Gott behüte der 65. – gedacht hast. Wider mein Erwarten gab es ein großes Getrachel, und Du hättest vielleicht Deinen Spaß daran gehabt, obwohl wir andererseits ja wissen, was wir von allem Offiziellen zu denken haben. Bin ich hysterisch, wenn ich das Gefühl hatte, Dein Telegramm sei um eine Nuance kühler als sonst? Hast Du irgend etwas gegen mich, oder ist irgendein Schatten zwischen uns? Nichts wäre mir schlimmer, und ich hätte dringend das Bedürfnis, dann mit Dir zu reden; auf jeden Fall wäre ich Dir sehr dankbar, wenn Du mir wenigstens ein Wort deshalb schriebest.

Zum Reden, im übrigen, werden wir wahrscheinlich sehr bald kommen. Es sieht so aus, als ob die Veranstaltungen in Wien und in Graz doch sich realisierten, obwohl weder die [Elisabeth] Lafite noch der [Harald] Kaufmann sich durch große Promptheit dessen auszeichnen, was sie sagen (bitte sage jetzt nicht: er ist halt doch ein Reichsdeutscher). Festzustehen scheint eine Sache in Wien am 22. Oktober und eine in Graz am 24. Heißt es viel Dich bitten, daß Du mit der Lafite Dich ins Benehmen setzt und sie dazu veranlaßt, einmal mir genau zu schreiben, was ich tun soll, dann auch eventuell noch andere Dinge in Wien zu arrangieren, und vor allem auch die materiellen Bedingungen klarzustellen?

In dem Vertrag wegen des Bergbuchs [GS 13], den ich etwas leichtsinnig unterschrieb und der sehr wenig günstig für mich ist, bemerke ich, daß sie [Lafite] unter anderem das Recht, über das Buch für Vorträge zu verfügen, sich vorbehält; selbstverständlich aber müßte ich, wenn ich bei ihr etwas aus dem neu Geschriebenen lese *oder acte de présence mache,* etwas Anständiges dafür bekommen, natürlich auch Reise und angemessenen Aufenthalt. Im übrigen finde ich die Idee, daß Du etwas daraus liest, ausgezeichnet. Wenn Du Dich dazu entschließt, müßte man wohl etwas aus dem Teil „Erinnerung" auswählen. Gib mir deshalb bitte Bescheid, damit ich Dir einen

Durchschlag schicke. Und sei doch bitte auch so lieb, die Lafite dazu zu bewegen, mit Kaufmann zu telefonieren, und überhaupt meine nachgerade recht zahlreichen Fragen zu beantworten. Bitte verzeih, daß ich Dich mit solchen Dingen belaste; Du weißt, wie verhaßt es mir ist, Deine Freundschaft irgend in den Dienst praktischer Zwecke zu stellen. Aber in dieser ganzen Sache bin ich wirklich ein bißchen wie das baby in the wood, und ohne Deine lenkende Hand wird alles drunter und drüber gehen. Und ich käme doch gar zu gern im Herbst nach Österreich.

Der [Gershom] Scholem war hier, eine Woche lang, und hat Benjamin-Tagebücher studiert, auch recht Interessantes dabei gefunden. An meinem Geburtstagsabend gab [Siegfried] Unseld eine kleine Party für mich, im allerengsten Kreis, Scholem war dabei und hat sich in einer egozentrischen, taktlosen und ich muß schon sagen geradezu widerwärtigen Weise benommen. Es gehört schon eine Engelsgeduld dazu, sich das gefallen zu lassen. Er konnte einfach nicht ertragen, daß die Feier mir galt *(und ich hab, das kannst du mir glauben, nichts davon gemerkt!)* und nicht ihm, und nahm das eigentlich nur zum Anlaß witzelnder Ausfälle gegen mich. Die anderen fanden es ebenso grauslig. Zwei Tage danach war er bei uns, ganz sachlich und vernünftig. Aber was heißt es schließlich, wenn man immer von einem Menschen beteuert, er sei so anständig, wenn seine primären Impulse etwas so Minderes haben. Ich weine mich nur bei Dir aus; bitte sprich mit niemandem darüber, sonst gibt es in Israel gleich ein fürchterliches Geschrei.

Weder Scholem noch die erheblichen Anstrengungen haben meine gute Laune beeinträchtigt. Das Bergbuch ist fix und fertig, die ersten zwanzig Fahnen, die übrigens miserabel gesetzt waren, habe ich schon korrigiert. Ich denke, es ist trotz der wunderlichen Entstehungsgeschichte, und vielleicht sogar dank ihrer, etwas recht Originelles geworden. Natürlich war die Arbeit daran unvergleichlich viel größer, als ich es mir vorgestellt hatte, aber da kann man halt nix machen. Unterdessen ist auch mein großer Text gegen den Positivismus in der Soziologie bereits im Satz - sozusagen ein Verbindungsglied zwischen der negativen Dialektik und meinen soziologischen Sachen. Der Verlag, Luchterhand, war so begeistert davon, daß er daraufhin die Auflage des ganzen Buches, zu dem mein Text die Einleitung darstellt, verdoppelt hat. Jetzt wüte ich in meinem Ästhetikmanuskript herum, immerhin schon mit dem Effekt, daß ich glaube, es in Ordnung bringen zu können. Die neue, wie man so schön sagt, konstruktive Phase läßt sich bereits absehen.

Gretel hatte eine sehr lästige und nicht einmal ungefährliche Zyste am Zahn, aber war von Zermatt her in so gutem Zustand, daß sie die Operation und große Mengen von Penizillin gut überstanden hat. Ich selbst bin munter und freue mich dessen, daß ich ein halbes Jahr relativ ungestört an meinen Sachen arbeiten kann. Allerdings sehr relativ, denn den Prüfungsverpflichtungen kann ich mich nicht entziehen, und die sind gerade im kommenden Semester wahrhaft erschreckend. Allein sechzig soziologische Hauptdiplomanden! Apropos, die Michaela [Alth] ist in Dares Salam und unterrichtet die Wilden in Halbbildung. Ob ich sie weiter behalten kann, ist noch unsicher, zumal ich mich zuletzt über ihre Frechheit, die in direkter Proportion zu ihrer leisen Stimme steht, sehr geärgert habe, und auch mein Freund [Ludwig von] Friedeburg kommt schwer mit ihr aus. Andererseits ist und bleibt sie hochbegabt. Wie die Sache geht, hängt wesentlich davon ab, ob sie in Dares Salam den Verpflichtungen genügt, die sie uns gegenüber auf sich genommen hat, nachdem sie ihr Buch nicht bis zum Termin ganz abschloß.

Aber jetzt will ich Dich wirklich nicht länger mit solchem Zeug quälen und warte lieber auf Deine rasche Antwort.

Vom Gretelchen alles Liebe. Vor allem aber sei sehr umarmt von

Deinem

Teddie

Eben hatte ich den Brief unterzeichnet, da kam der Deine, ein gutes Omen.

Tausend Dank für alles, was Du schon getan hast. Da ja unterdessen der Teil „Erinnerung" [des Berg-Buches] schon gesetzt ist, kann Dir vielleicht die Lafite die Druckvorlage *(mein Maschinenmanuskript)* geben, damit Du etwas aussuchst. Die Fahnen enthalten noch zu viele Fehler, und mein Kontrollexemplar brauche ich hier.

Der Scholem hat von Deiner Schokolade gesprochen, mit geziemender Ehrerbietung, sonst aber nichts erwähnt. Ich lasse dahingestellt, ob aus Diskretion oder aus tierischem Narzißmus.

Weißt Du eigentlich, daß ich in Graz über „Konzeption eines Wiener Operntheaters" sprechen werde – frei? Es wäre natürlich herrlich, wenn Du dazu hinkämst; auf jeden Fall möchte ich die Sache vorher gern *mit Dir* in Wien durchsprechen; vor allem um zu verhindern, daß man mir vorwirft, ich redete vom grünen Tisch aus; damit werden ja solche Dinge am leichtesten abgewürgt. Nicht unmöglich, daß die verkaufte Braut von München nach Graz kommt; unsere Dispositionen sind noch nicht ganz klar, weil sie verzweifelt eine Wohnung sucht und außerdem noch nicht recht weiß, wo sie ihr Kind unterbringen kann. Und es mitzunehmen, hat sich, nach den Kieler Erfahrungen, doch als etwas mühsam erwiesen. Es ist aber auch möglich, daß wir vorher wegfahren, irgendwohin nach Bayern, oder erst nach der österreichischen Reise.

Zu allen Dispositionen könntest Du sehr helfen, wenn Du die Lafite, den Goertz und den Kaufmann einigermaßen organisieren könntest.

Hast Du eigentlich Loremarie Schönburg gesehen? Ich höre seit Monaten nichts von ihr. Ihr Anwalt Kückelmann, an den sie wie an einen Erlöser glaubt, war übrigens der Scheidungsanwalt der verkauften Braut. Gar zu seriös kommt er mir nicht vor. Er hat mir erzählt, was ich nicht wußte: daß Loremaries Maschine tatsächlich gebaut wurde, aber buchstäblich mit fürchterlichem Gestank explodierte. Es ist wirklich schwer, angesichts des Trostlosen der ganzen Angelegenheit nicht hellauf zu lachen.

Alles erdenkliche Liebe*!*

Typoskript, Sammlung Tobisch; gedruckter Briefkopf: Adorno/Kettenhofweg. – Die vier handschriftlichen Ergänzungen wurden am linken Blattrand notiert.

mein großer Text gegen den Positivismus: Siehe Anmerkung zu Brief 158.

Jetzt wüte ich in meinem Ästhetikmanuskript [„Ästhetische Theorie"] herum: Adorno schrieb seine Texte in drei Fassungen, berichtet Scholem: In der ersten warf er seine Gedanken unmittelbar hin, bzw. diktierte sie seiner Sekretärin Elfriede Olbrich, „da wäre dann alles noch im Rohstoff und sozusagen in einem naiven Urzustand". In der zweiten arbeitete er das Thema „literarisch" durch. In der dritten Fassung schließlich wurden „die Dinge wie sie den Lesern zukommen sollen" „endgültig durchformuliert". Scholem: „Die hätten dann natürlich nichts zu lachen." (Briefe III, 1971-83, S. 190 f.)

Michaela [Alth] ist in Dares Salam und unterrichtet die Wilden in Halbbildung: Diese Stelle ist kein eurozentristisches Vorurteil Adornos, sondern muss vor dem Hintergrund der Texte „Die Wilden sind nicht bessere Menschen" (Minima Moralia, 1997, S. 60 f.) und „Theorie der Halbbildung" (GS 8, S. 93-121) gelesen werden.

nachdem sie ihr Buch nicht … abschloß: Michaela von Freyhold [Alth], Autoritarismus und politische Apathie – Analyse einer Skala zur Ermittlung autoritätsgebundener Verhaltensweisen. Frankfurter Beiträge zur Soziologie, im Auftrag des Instituts für Sozialforschung, hrsg. von Theodor W. Adorno und Ludwig von Friedeburg, Bd. 22, Frankfurt 1971.

Scholem hat von Deiner Schokolade gesprochen … sonst aber nichts erwähnt: Siehe Brief 170.

„Konzeption eines Wiener Operntheaters" (GS 19, S. 496)

Anwalt Kückelmann: Siehe BPV.

Loremaries Maschine: Siehe Loremarie Schönburg.

172 Tobisch an Adorno

Wien, 25. September 68

Liebster Teddie!

Ach, was fällt Dir bloß ein zu glauben, daß ich irgendwas gegen Dich habe?! Was sollten denn für „Schatten" zwischen uns sein? Nichts dergleichen, aber schon gar nichts! Telegramme sind leider immer scheußlich und unpersönlich, und der Fehler liegt bei mir, denn ich hätte Dir natürlich schreiben sollen zum Geburtstag, daß ich es nicht tat, liegt halt daran, daß ich wieder einmal schrecklich verhetzt bin! Verzeih also! Wie gern wäre ich nach Frankfurt gekommen, um Dich mitzufeiern! Vielleicht hätte ich auch den erschröcklichen [Gerschom] Scholem ein wenig im Zaum gehalten!

– Gestern hab ich mir die [Elisabeth] Lafite kommen lassen und sagte sie mir, daß sie Dir bereits geschrieben hat, daß die Veranstaltung am 22. Oktober stattfindet und mit Dr. [Harald] Kaufmann alles koordiniert ist; inzwischen hab ich das Fernsehen mobil gemacht und möchte Dr. Dolf Lindner mit Dir ein kurzes Gespräch führen in der Sendung „Horizonte“, die er macht; dies ist eine vielgesehene und ausgezeichnete [ORF-] Sendereihe und ist es für Dich und ihn jedenfalls interessant; ein bissl was wird er auch zahlen – im Allgemeinen wirds nicht gemacht, aber im Besondern – was Adorno heißt – muß er was zahlen! Wegen Radio hab ich auch die Fühler ausgestreckt und wird Dir Dr. Prof. Schönwiese wahrscheinlich selbst schreiben; die Lafite bemüht sich, dem Görz [Harald Goertz] noch ein bissl was herauszureißen, weil dieser Verein sehr schäbig ist. Also, es wird schon werden! Wann, liebster Teddie, gedenkst Du in Wien einzutreffen? Bleib doch jedenfalls ein paar Tage! Kommt Gretel mit? Soll ich Zimmer bestellen im Schwarzenberg? Gott sei Dank, daß Gretel die Zahngeschichte gut überstanden hat! Erinnerst Du Dich noch, wie ich halbbenebelt vor lauter Pulver in Preßburg ankam? Gott‘, können Zähne einem das Leben sauer machen!

Was Du über Michaela schreibst, ist bedauerlich, xxx Xxxxxxxxx xxx xxx xxxx xxx xxx Xxxx Xxxx xxxxxx, xxxxxx Xxxxx xxx xxx xxxxxx xxxxxxxxxxx xxxxxxxxx xxx xxxxx xxxxxxx, xxxxxxx Xxxxxxx xxxxxxx xxx xxxx xxxxxxxxxxx xxxxxx! Xxxxxxxx xxxx xxxxxxxxx Xxxxxx.

Ob ich nach Graz kommen kann, hängt vom hiesigen Spielplan ab, jedenfalls werd ich es tun, wenn es möglich ist; ich bitte Dich sehr, mir vom Vortrag in Graz [„Konzeption eines Wiener Operntheaters“] ein Manuskript zu überlassen, daß ich es durchlesen kann, falls ich nicht hinkommen kann! Wegen des Vorlesens in Wien aus Deinem [Berg-] Buch hat mir Frau Lafite zugesagt, mir ehebaldigst Fahnen zukommen zu lassen, sie ist übrigens begeistert von Deinem Buch!

Liebster Teddie, mehr kann ich Dir nicht berichten – ich hoffe, das Wenige hilft Dir doch ein bissl für Deine Dispositionen! Laß bald von Dir hören, damit ich mit Dr. Lindner einen fixen Termin ausschnapsen kann! – Bei mir nichts Neues, immer der alte Jammer; viel Arbeit dazu, was ja gut ist. Für heute alles Liebe und herzliche Grüße an Gretel!

Immer Deine

alte Lotte

P.S. Loremarie [Schönburg] hab ich einigemal versucht zu erreichen – aber es war unmöglich; die Geschichte mit der Müllmaschine ist ja grotesk! Was es doch für merkwürdige Existenzen gibt, in was für sonderbare Illusionen sich doch Menschen flüchten!

Typoskript, Sammlung Tobisch; gedruckter Briefkopf: Tobisch/Opernring

Dr. Dolf Lindner: Siehe BPV.

Dr. Prof. Schönwiese: Siehe BPV.

die Geschichte mit der Müllmaschine: Siehe Brief 171 und Loremarie Schönburg, BPV.

173 Adorno an Tobisch

Frankfurt, 30. September 1968

Liebstes Lotterl,

tausend Dank für Deinen Brief. Ich bin glücklich, daß nichts zwischen uns steht - zwar hätte ich mir auch nicht vorstellen können, was es hätte sein sollen, aber man weiß ja nie.

Unterdessen bekam ich einen Brief von Schuschnigg mit einem anständigen Angebot fürs Radio; wenn die Sache sich realisiert, und außerdem noch die im Fernsehen, so dürfte die Reise gesichert sein.

Ich möchte am 17. nach Wien fliegen, am 23. nach Graz weiterfahren. Wenn Du mir bei der Gräfin Khuen [im Schwarzenberg] ein Zimmer mit Bad reservieren kannst, so ist das so engelhaft von Dir, wie halt nur eine ganz große Fee es sein kann.

Von Michaela unterdessen nichts *direkt* gehört. Ihr weiteres Schicksal am Institut hängt wesentlich von dem ab, was sie für uns dort tut, oder nicht tut. Xxxxxx, xxx xxx xx xxxxxxxxxxxx Xxxxxx xx xxxxxxxxxxxx Xxxxxxxxxxxxx xxx.

Der Einfachheit halber lege ich Dir einen Durchschlag meines Briefes an die [Elisabeth] Lafite bei. Ich meine, es wäre am besten, wenn Du das Neugeschriebene aus dem Lulu-Kapitel [des Berg-Buches, GS 13] lesen würdest, und zwar bis zu dem Punkt, wo ich auf die Frage der Vollendung des Werkes zu sprechen komme – auf keinen Fall möchte ich, daß es an diesem Abend wieder zu neuen Kontroversen kommt.

Eines noch. Ein Manuskript meines Grazer Vortrags kann ich Dir nicht geben, aus dem einfachen Grund, weil keines existiert und keines existieren wird. Denn ich möchte, genau wie das letzte Mal in Graz, frei sprechen, nur anhand von Notizen; das hat, bei solchen Anlässen, sich besser bewährt, als wenn ich mich an eines meiner halt doch recht dichten Manuskripte hielte. Um so wichtiger ist es, daß wir vorher die Sache so detailliert durchsprechen, daß ich keine Dummheiten sage, das heißt: nichts, was mir in Wien als Naivetät den Realitäten des Theaters gegenüber angekreidet werden könnte, denn das wird die Linie sein, auf die sich die Herrschaften zurückziehen. Es wäre also sehr lieb, wenn Du Zeit genug reservieren würdest, daß wir uns hinsetzen und anhand meiner Disposition, die sicher sehr ausführlich sein wird, den Plan durchsprechen.

Ob man diesen Vortrag nicht auch dem Österreichischen Rundfunk verkaufen könnte? Aber das müßte man wohl mit dem guten [Harald] Kaufmann abstimmen.

Bitte verzeih den down to earth-Brief; Du kannst mir aber glauben, daß ich sonst nicht so vertrottelt bin – und ich hoffe, daß das Ästhetikbuch [„Ästhetische Theorie"] Dir das beweisen wird, wenn schon nicht das über Berg. An dem letzteren dürfte wohl das Interessante sein, daß es, und das hätte Berg sicher gefallen, in sich eine Entwicklung darstellt, indem es Sachen enthält, die in Intervallen von 1935 bis jetzt geschrieben sind, ohne daß die Unterschiede vertuscht würden. Insofern ist es ein Seitenstück zu der Hindemith-Dokumentation, nur diesmal, wenn ich es so nennen darf, ein positives.

Sehr hoffe ich natürlich, daß Du nach Graz kommst. Die Dispositionen mit der verkauften Braut hängen noch ganz in der Luft. Ich habe ein paar Tage nichts gehört, was nichts Gutes bedeutet, da sie offenbar immer noch ihr Wohnungsproblem nicht hat lösen können und schlechter Laune ist (im Augenblick haust sie in einer winzigen Wohnung mit ihrem frisch geschiedenen Mann – einem zuzeiten sehr erfolgreichen, aber größenwahnsinnigen und verkrachten Filmproduzenten – zusammen und explodiert ständig).

Apropos – wärst Du so lieb, die Loremarie [Schönburg] zu informieren, daß ich kommen werde? Ich weiß gar nicht, wie ich sie erreichen kann, und der [Norbert] Kückelmann ist auch außer Kontakt mit ihr.

Du sei sehr umarmt von Deinem wahrhaft getreuen

Teddie

Das Gretelchen grüßt sehr herzlich.

Siehst Du die Marilene [Bethmann]? Sie hat in Wien Fernsehaufnahmen.

Typoskript, Sammlung Tobisch; gedruckter Briefkopf: Adorno/Kettenhofweg.

Brief von Schuschnigg: Siehe BPV.

bei der Gräfin Khuen: Johanna Khuen war Directrice des Palais Schwarzenberg.

eine ganz große Fee: Anspielung auf Tobischs Auftritte in einer Fernsehserie, in der für Maggi geworben wurde (siehe Anmerkung zu Brief 5).

wenn Du das Neugeschriebene aus dem Lulu-Kapitel lesen würdest … bis zu dem Punkt: Der Teil II des Teilkapitels „Erfahrungen an Lulu" wurde 1968 geschrieben. Der Vorschlag Adornos meint die Seiten 478 bis 486.

ein Seitenstück zu der Hindemith-Dokumentation … diesmal … ein positives: „Ad vocem Hindemith. Eine Dokumentation", zuerst in „Impromptus", edition suhrkamp Bd. 267, 1968, jetzt in GS 17, S. 210-246, besteht ebenfalls aus Teilen, die zu ganz verschiedenen Zeiten, hier

1922, 1926, 1932, 1939, 1962, 1968, geschrieben wurden. Für Adorno gehörte Hindemith als Vertreter des neuen Klassizismus zur musikalischen Reaktion.

erfolgreichen, aber größenwahnsinnigen und verkrachten Filmproduzenten: Siehe Krüttner, BPV.

174 Adorno an Lafite

Frankfurt, 30. September 1968

Frau
Elisabeth Lafite
A-1040 Wien IV
Wiedner Hauptstraße 15

Liebe und verehrte gnädige Frau,
schönsten Dank für Ihren Brief vom 26. September.

Am Samstag ist nun auch das dritte Fahnenkonvolut [des Berg-Buches, GS 13] gekommen, bis Fahne 59 einschließlich, die erste Korrektur ist bereits gelesen, die zweite wird heute vorgenommen, dann sehe ich sie noch einmal durch und sende sie Ihnen sogleich zurück. Bitte seien Sie doch so freundlich, mir zu bestätigen, ob Sie die sehr sorgfältig korrigierten beiden ersten Konvolute erhalten haben. Vom eigentlichen Text muß ich jetzt nur noch Korrektur des Lulukapitels ~~lesen~~ [ein Wort unleserlich] bis auf wenige Zeilen, die bereits in der letzten Sendung enthalten sind, sowie die vom Vorwort usw.

Wegen des Titels habe ich mich nun doch umentschlossen. Ich möchte das Buch nennen: Berg. Mit dem *Unter*titel: Der Meister des kleinsten Übergangs. Einmal hat sich das doch als die Zentralkategorie des Buches auskristallisiert; dann aber könnte der Untertitel: Retrospektive möglicherweise wie ein Abschieben Bergs in die Vergangenheit mißverstanden werden und vor allem Frau [Helene] Berg verletzen. Ich nehme an, daß dieser Änderungsvorschlag auch in Ihrem Sinn ist. Bitte lassen Sie mich doch so bald wie möglich wissen, wie es mit Frau Berg gegangen ist, und ob sie am 22. da sein wird.

Und noch eine Bitte: Würden Sie mir vom Umbruch drei Exemplare schicken. Eine Schülerin von mir, die meine musiktheoretischen Arbeiten genau verfolgt, ist sehr, sehr schwer erkrankt, und meine Frau möchte ihr gern mit den Korrekturbogen eine Freude machen.

Daß Lotte lesen wird, finde ich herrlich. Ich würde nun doch vorschlagen, nicht den Teil „Analyse und Berg“ auszuwählen, der ein bißchen schwierig sein dürfte, sondern den neu geschriebenen Text über Lulu, und zwar endend vor den Teilen, die sich auf die Frage der Fertigstellung beziehen. Auch hier möchte ich selbstverständlich alles vermeiden, was zu Friktionen führen könnte. Wird übrigens Krenek zugegen sein? Darauf würde ich mich sehr freuen.

Nun zu den Arrangements. Ich erhielt einen Brief von Herrn Professor [Artur] Schuschnigg, von dem ich annehme, daß er die Reise sichert; ich setze mich sofort mit ihm ins Benehmen. Daß Irmgard Seefried singen wird, freut mich ganz besonders; Sie wissen vielleicht, daß es zu einem sehr netten Zusammentreffen von uns in Graz kam, und auch den Anlaß, etwas, was ich über sie bei Gelegenheit einer Wiener Aufführung der Verkauften Braut schrieb. – Mit den Bedingungen, die Sie und [Harald] Goertz nennen, zusammen 3000 Schilling bin ich einverstanden, unter der Voraussetzung, daß außerdem meine Aufenthaltsspesen in Wien in vollem Umfang getragen werden. – Von Dr. [Dolf] Lindner habe ich noch nichts gehört, dagegen von einer Grazer Stelle, die mich zu einer zusätzlichen Veranstaltung eingeladen hat. Ich denke also, unter dem finanziellen Gesichtspunkt wird alles gehen.

Ich werde Lotte bitten, für mich vom 17. Oktober an bis zum 23. etwas im Palais Schwarzenberg reservieren zu lassen.

Sollte bis zum 22. das Bergbuch nicht ausgedruckt sein, – was ich mir immerhin vorstellen könnte, so würde ich vorschlagen, einen sogenannten Blindband herzustellen, der wenigstens die Vorrede und „Ton“ [zwei Teile des Berg-Buches] enthält; das Buch in toto könnte dann vierzehn Tage später nachfolgen. So wird es in Deutschland vielfach gehalten.

Mit den herzlichsten Grüßen
stets Ihr
gez. T.W.A.

Typoskript-Durchschlag (ohne Unterschrift), Sammlung Tobisch.

den neu geschriebenen Text über Lulu: Siehe *Anmerkung* zu Brief 173.

Wird übrigens Krenek zugegen sein?: Siehe BPV.

Irmgard Seefried … was ich über sie bei Gelegenheit einer Wiener Aufführung … schrieb: Siehe dazu und zu Seefried BPV.

175 Tobisch an Adorno

Wien, 5. Oktober 68

Liebster Teddie!

Nur ganz kurz heute, weil in schrecklicher Hetzerei:

Beiliegend eine Photokopie des Briefes von Frau [Helene] Berg an Frau [Elisabeth] Lafite; ich kann Helenes Haltung nicht ganz begreifen, aber wahrscheinlich hat sie sich wieder einmal mit [Erwin] Ratz und [Josef] Pollnauer beraten und ist derart verängstigt und von allen Seiten eingeschüchtert, daß sie sich tatsächlich einfach fürchtet vor allen und allem! Ich hielte es am Klügsten, wenn Du ihr persönlich vielleicht nochmals schreibst oder – in Anbetracht der Umstände und ihres hohen Alters – sie machen läßt; wie sie halt will. Schreib aber bitte, wie Du über die Sache denkst! Das Zimmer im Schwarzenberg ist bestellt und bitte ich dann um Nachricht, wann und wo ich Dich in Wien abholen kann! Hoffentlich klappt es diesmal! Der Dr. [Dolf] Lindner wird von mir verständigt, bevor Du nach Wien kommst, Du hörst also direkt nichts von ihm! Daß die Sache mit Schuschnigg funktioniert hat, freut mich sehr!

Liebster Teddie, das wär es für heute; sei bitte nicht böse über den Charme dieses Briefes, aber, wie gesagt, er ist zwischen Tür und Angel geschrieben (was nicht meine Schuld ist!)! Ich freu mich schrecklich auf Dich und bitte schreib, wenn Du noch etwas erledigt haben willst! Loremarie [Schönburg] hab ich noch nicht erwischt, dazu muß ich mal einen Vormittag frei haben! Sie ist unerreichbar!

Herzlichst wie
immer Deine
Lotte

Typoskript, Sammlung Tobisch; gedruckter Briefkopf: Tobisch/Opernring.

ich kann Helenes Haltung nicht ganz begreifen: Siehe Anmerkung und Brief 177, 178.

die Sache mit Schuschnigg: Siehe Brief 173, 177.

176 Adorno an Tobisch

Frankfurt, 8. Oktober 1968

Liebstes Lotterl,

tausend Dank für Deinen Brief mit dem Faksimile des Briefes von Helene Berg, der mir gar nicht gefallen will. Der Einfachheit halber lege ich Dir einen Durchschlag meines Briefes an die [Elisabeth] Lafite bei. Wenn ich die Erfahrungen addierte, die ich in letzter Zeit mit Jugendfreunden - insbesondere auch mit Kracauer und neuerdings mit Ernst Bloch – gemacht habe, dann würde Dir angst und bange werden.

Mein Plan hat sich unterdessen insofern wieder verschoben, als ich erst nach der österreichischen Reise und nicht vorher nach München fahre. Ich fliege also am Donnerstag, dem 17. Oktober, nach Wien und hoffe, um 13.55 Uhr *in Schwechat* einzutreffen. Wenn Du mich wirklich, ohne daß Dir das irgendwelche Mühe macht, abholen könntest, so wäre das natürlich ganz herrlich. Wenn nicht, so hätte ich alles Verständnis und wäre Dir nur dankbar, wenn Du es mich vorher wissen ließest. Nach Deinem Brief ist ja wohl anzunehmen, daß es im Schwarzenberg klappt; sollte es wider Erwarten besetzt sein, so wäre es lieb, wenn Du mich auch deswegen informieren würdest; dann würde ich mich klein und bescheiden ins Erzherzog Rainer verkriechen und Dich nur bitten, dort etwas mit Bad für mich zu reservieren.

Sonst ist alles in Ordnung, lauter unbeseelter Ärger; aber auch dessen Quantität kann hegelianisch in Qualität umschlagen.

Du sei umarmt von

Deinem alten und getreuen

Teddie

Typoskript, Sammlung Tobisch; gedruckter Briefkopf: Adorno/Kettenhofweg.

die Erfahrungen … mit Kracauer: Siehe dazu und zu Kracauer BPV.

die Erfahrungen … mit Ernst Bloch: Siehe dazu und zu Bloch BPV.

lauter unbeseelter Ärger; aber auch dessen Quantität kann hegelianisch in Qualität umschlagen: Mit dieser Formulierung, die Adorno schon im Februar 1968 seiner Schülerin Elisabeth Lenk gegenüber verwendet hatte (Lenk, S. 137), umschrieb er allgemein die Sorge über die ihn möglicherweise persönlich belastenden Auswirkungen der politischen Unruhen. „Aus den Studentenangelegenheiten könnte man ganz leicht einen full time job machen, und es bedarf schon einiger Brutalität, um sich gegen die sittliche Forderung zur Wehr zu setzen. Nachdem ich mein Soll an Solidarität erfüllt habe, fällt es mir nicht zu schwer, diese Brutalität zu entwickeln." (Juni 1967, S. 112)

177 Adorno an Lafite

Frankfurt, 8. Oktober 1968

Frau
Elisabeth Lafite
A-1040 Wien IV
Wiedner Hauptstraße 15

Liebe und verehrte gnädige Frau,

schönsten Dank für Ihren Brief vom 4. Oktober.

Das Material, das Frau Klein Ihnen bestätigte, waren noch nicht die Fahnen sondern einige ältere mit Anfragen von Herrn Klein, die ich detailliert beantwortete. Der Rest der Fahnen [des Berg-Buches] ist gestern an Sie abgegangen und dürfte heute in Ihrer Hand sein. Es fehlen nur noch die Titeleien. Besonders bitte ich darüber zu wachen, daß die Einfügung zu dem Lulu-Kapitel, die ich Herrn Klein schon am 23. September gesandt habe, auch wirklich an die betreffende Stelle eingefügt wird; sie ist sehr wichtig. Das Procedere könnte wohl dadurch erleichtert werden, daß Herr Klein nicht mehr irgend etwas an meinem Text ändert. Manche seiner Vorschläge sind gewiß sinnvoll, anderen kann ich, wie ich glaube aus guten Gründen, nicht zustimmen und muß dann nur Korrekturen wieder emendieren; ich muß Ihnen nicht sagen, daß das keine Undankbarkeit gegen die außerordentlich liebevolle Art bedeutet, in der Herr Klein der Sache sich annimmt.

Auf die Lebensdaten würde ich ebenfalls verzichten. All das ist ja allgemein bekannt, und ich möchte nicht einmal durch solche Dinge in Idealkonkurrenz mit dem treten, was sonst über Berg geschrieben wird.

Die Fotokopie des Briefes von Frau [Helene] Berg hat Lotte mir geschickt. Selbstverständlich wird ihr Wunsch respektiert, das Buch ihr nicht gewidmet. Nicht verschweigen möchte ich Ihnen, daß ihr Verhalten mir sehr weh tut – um so mehr, als es in offenem Widerspruch steht zu dem, was seinerzeit zwischen uns vereinbart war. Und was in der Welt habe ich denn mit Herrn Willnauer zu tun? Gern wüßte ich wohl, ob Helene des Kränkenden sich bewußt ist, das in diesem Junktim liegt. Ich werde ihr in der Angelegenheit nicht schreiben. Ganz gewiß nehme ich jede Rücksicht auf das Alter von Frau Berg. Aber da sie ja in so wichtigen Dingen das letzte Wort hat, nimmt solche Rücksicht leicht etwas Einseitiges und Repressives an. Man kann nicht gleichzeitig auf sein Alter sich retirieren und doch maßgebend Autorität ausüben. Selbstverständlich bitte ich Sie, diese Überlegungen, auch implizit, Frau Berg nicht wissen zu lassen; dagegen wäre es mir schon recht, wenn sie erführe, wie sehr mich das Junktim mit Herrn Willnauer verletzt. Weiß sie denn tatsächlich nicht mehr, wer und was ich bin?

Wichtig dagegen ist die Frage der Musikbeilage. Denn hier wäre es doch entscheidend, daß man nicht einfach eine Schriftprobe gibt – davon halte ich im Prinzip ohnehin nicht viel –, sondern daß man musikalisch etwas bringt, was wirklich wichtig und noch nicht bekannt ist. Das wären aber nur entweder ein paar Particellseiten von Teilen aus dem dritten [unvollendeten] Akt [der Lulu], die nicht in der Lulu-Symphonie enthalten sind oder diesen entsprechende Partiturseiten. Mit wahrem Schrecken hat mich erfüllt, daß, wenn ich Ihren Brief richtig verstehe, es nicht einmal klar ist, ob das unendlich wichtige Particell erhalten ist, oder ob es gar bei der allgemeinen Schlamperei der U[niversal] E[dition] dort zugrunde ging. Vielleicht geben Sie mir deswegen ein beruhigendes Wort. Wenn Frau Berg sich nicht bereit erklärt, etwas wirklich noch nicht Bekanntes aus der Lulu herzugeben, so wie es seinerzeit doch auch in den Schönberg-Sonderheften des ‚Anbruch' mit Stellen aus der Jakobsleiter und aus Moses und Aron geschah, so möchte ich, daß keine Notenbeispiele gebracht werden. Ich sehe nicht ein, warum gleichsam auf negative Weise, nämlich durch Nichtaufnahme des Wichtigsten, ich zu jener Strategie beitragen soll, die ich nun einmal für falsch halte. Da ich schließlich der Autor des Buches und verantwortlich bin, möchte ich Sie ebenso herzlich wie dringend bitten, das als meine endgültige Entscheidung zu betrachten.

Nach reiflicher Überlegung bin ich nun doch *mit Ihnen* zu dem Ergebnis gekommen, daß es besser ist, wenn Lotte etwas aus der ‚Erinnerung', auswählt, und nicht aus dem Lulu-Kapitel. Bei diesem hatte ich natürlich nicht an die kontroversen Partien gedacht. Dagegen fiel mir beim Lesen der Korrektur auf, daß der Text doch ein wenig schwierig für eine Vorlesung ist. Man müßte nur dann aus der ‚Erinnerung' etwas auswählen, was wirklich und ganz bestimmt keine Schwierigkeiten bietet *und zu keinem Vorwurf führt.*

Mit den materiellen Vereinbarungen bin ich einverstanden, vorausgesetzt, daß die Sache bei Herrn Professor Schuschnigg auch wirklich zustande kommt. Ich hatte ihm einen Themenvorschlag gemacht, der mir sinnvoll erscheint (‚Zur Grundfrage der gegenwärtigen Gesellschaftsstruktur'), bin aber noch ohne Bestätigung. Es wäre sehr freundlich von Ihnen, wenn Sie da nach dem Rechten sehen wollten. Denn ohne die 4000 Schilling, die Herr Schuschnigg anbietet, wäre die Sache ja wirklich nicht zu realisieren – die 3000 Schilling von Ihnen und Goertz [Gesellschaft für Musik] decken zwar die Flugkosten, sicherlich aber nicht den Aufenthalt in Wien. Ich rechne wie stets auf Ihr Verständnis.

Worüber möchte [Dolf] Lindner [vom Fernsehen/ORF] das Gespräch mit mir führen? Über das Bergbuch oder über etwas ganz anderes? Auch deswegen bitte ein Wort.

Schließlich noch etwas Technisches. Es wäre sehr freundlich von Ihnen, wenn Sie die 2000 DM für das Buch für mich bereit hielten und außerdem mir gleichzeitig bei meiner Ankunft die 3000 Schilling sogleich zukommen ließen, weil ich nicht österreichisches Geld von hier mitnehmen möchte. Tausend Dank im voraus.

Mit den herzlichsten Grüßen

stets Ihr

gez. T.W.A.

Typoskript-Durchschlag (ohne Unterschrift), Sammlung Tobisch.

Herrn Klein: Siehe BPV.

was in der Welt habe ich denn mit Herrn Willnauer zu tun?: „Prof. Adorno … kann … nicht verstehen, daß Sie ihm gegenüber keine andere Haltung einnehmen, als gegenüber irgendjemandem. Ich dürfte durch eine Formulierung in meinem Brief Prof. Adorno etwas verletzt haben, weil ich ihm zu erklären versuchte, daß Sie durch den Chok, den Sie durch das Verhalten von Dr. Willnauer erlitten haben, den Wunsch haben so wenig als möglich in der Öffentlichkeit aufzuscheinen. Allerdings muß ich Prof. Adorno recht geben, wenn er fragt, ‚was um Himmels willen habe ich mit Dr. Willnauer zu tun!' Natürlich stört es ihn, wenn er, wie Sie selbst sagen, als alter und bewährter Freund, nun plötzlich in einem Atemzug mit Willnauer genannt wird und quasi für dessen Sünden büßen soll." (Schreiben von Elisabeth Lafite an Helene Berg vom 10.10.1968, Musiksammlung der ÖNB, F21 Berg 1907-1913.) Zu den „Sünden" Willnauers siehe Willnauer, BPV, sowie Anmerkung und Brief 109.

‚Anbruch': Adorno war von 1928 bis 1931 von Frankfurt aus als Redakteur der Wiener Zeitschrift Musikblätter des Anbruch (später Anbruch) „im Sinne der radikalen modernen Musik", wie er an Thomas Mann schrieb, tätig (Müller-Dohm, S. 925). Nicht immer konfliktfrei, wie die Auseinandersetzungen um seine Mitarbeit im Jahr 1929 zeigten. (Siehe „Zum ‚Anbruch'. Exposé" und „Zum Jahrgang 1929 des ‚Anbruch'", GS 19, S. 595-604 und 605-608.)

die Sache bei Herrn Professor [Artur] Schuschnigg: Siehe Brief 173, 174, 175.

178 Helene Berg an Elisabeth Lafite

Waldaus [Kärnten,] 11.X.68

Liebe Frau Professor!

Dank für Ihren Brief. Es ist wirklich schrecklich, dass diese ganze Angelegenheit so zur Unzufriedenheit von uns dreien (Ihrer, Adornos u. meiner) nicht vorwärts geht. Wenn man mir im Som[m]er von dem Termin u. weiteren Plänen geschrieben hätte, wäre es mir noch möglich gewesen nach Wien zu fahren, aber nun kan[n] ich nicht weg. (…)

Nun muss ich aber schleunigst ein Mißverständnis aufklären: mein Chok hat weder mit Ihnen, dem Verlag und mit Teddie etwas zu tun! Ich habe volles Vertrauen, dass von Ihnen allen mir kein Unrecht geschehen wird. Teddie hat mir sogar in der [Franz] Willnauer-Sache einen schönen Beweis seiner Freundschaft gegeben, indem er Dr. Will. einen wunderbaren Absage-Brief schrieb, als dieser die Frechheit hatte, ihn als Zeugen beim Prozess anzugeben! Meine Angst geht nur dahin, falls mein Name wieder in der

Öffentlichkeit aufscheint, dass meine Feinde sich erinnern, dass man mich wieder einmal mit alten (oder neuen) Lügen beschmutzen kön[n]te! Ich werde nie darüber hinwegkommen.

Ich schreibe mit gleicher Post an Teddie, auch wegen des III. Aktes [der Lulu], den ich nicht geben kann. Particell hat nicht die U[niversal] E[dition]. Leider.

Bitte um Nachricht was nun weiter geschehen [ein Wort unleserlich].

Herzliche Grüße
Ihnen u. Prof. [Rudolf] Klein
Ihre
Helene Berg

Manuskript, Lafite Verlag/ÖMZ.

schrecklich, dass diese ganze Angelegenheit … nicht vorwärts geht: Die Ursache dafür war Helene Berg selber. Sie lehnte ab, trotz der von Adorno angebotenen Hilfe, ein Vorwort zu seiner Berg-Monographie zu schreiben, sie lehnte ab, dass Adorno ihr die Monographie widmete, sie lehnte ab, eine Stelle aus dem unvollendeten, also auch unveröffentlichten 3. Akt der Lulu zur Reproduktion im Buch freizugeben und sie lehnte schließlich ab, da sie Handwerker im Waldhaus hätte, zur Präsentation nach Wien zu kommen. „Prof. Adorno", schrieb Lafite an Helene Berg, „war sehr enttäuscht, ja auch etwas ‚verschnupft' darüber" (dass Helene keine Autographbeilage aus dem 3. Akt ermöglichte). Und in einem weiteren Brief heißt es: „Natürlich würde auch Adorno sehr enttäuscht sein. In jedem seiner Briefe kommt eine Satzwendung vor, daß er dies oder jenes auf diese oder jene Art schreibt, weil dies Ihnen lieber sein würde etc. Er hatte bei der Abfassung des Buches stets vor Augen, daß er Ihnen damit Freude bereiten möchte und deshalb kam ihm auch die Idee der Widmung." (Schreiben von Elisabeth Lafite an Helene Berg vom 4. und 25.10.1968, Musiksammlung der ÖNB, F21 Berg 1907-1913)

einen wunderbaren Absage-Brief: Siehe Anmerkung zu Brief 109.

Angst … falls mein Name wieder in der Öffentlichkeit aufscheint: Nachdem Helene Berg Adorno am 11.10.1968 einen Brief geschrieben hatte, den er „als Bestätigung unserer Freundschaft" auffasste, antwortete er ihr: „Für Ihre Scheu, in öffentliche Kontroversen hineingezogen zu werden, habe ich alles Verständnis; Sie müßten nicht die sein, die Sie sind, wenn Sie anders reagierten. Aber ich möchte Sie bitten, in dieser Sache auch Verständnis für mich zu haben. Als Frau Lafite an mich herantrat, zögerte ich sehr. Es ist über Alban von allen möglichen Völkerschaften soviel zusammengeschmiert worden, daß ich unter keinen Umständen mit den Redlich, Willnauer, Reich e tutti quanti verwechselt werden wollte; (…) Daß es mich traf, daß Sie sich nach all der Mühe, die ich an die Sache gewandt habe, jedenfalls nach außen davon sich zurückziehen, ist wohl menschlich; wäre ich nicht Ihres vollen Einverständnisses mit dem Plan [das Buch zu schreiben] sicher gewesen, so hätte ich ihn nicht in Angriff genommen. Das soll, was mich anlangt, an unserer lebenslangen Freundschaft nichts ändern, aber ich möchte doch, daß Sie mich nicht für illegitim empfindlich halten." (Schreiben von Adorno an Helene Berg vom 15.10.1968, Musiksammlung der ÖNB, F21 Berg 2190-2191) *mit alten … Lügen beschmutzen*: Im Zuge der Herausgabe der Briefe von Alban Berg an seine Frau Helene wurden wirtschaftliche Ungereimtheiten in der Familie Berg und ein weiteres Mal die musikalisch produktiven Seitensprünge des Komponisten diskutiert (siehe Willnauer, BPV).

Particell hat nicht die U[niversal] E[dition].: Das traf wohl nicht zu, da es Friedrich Cerha in Absprache mit der UE seit Jahren für seine Herstellung des 3. Aktes verwendete. Helene Berg wurde damals wegen ihrer seit Jahrzehnten hartnäckig ablehnenden Haltung nicht mehr um Zustimmung gefragt, als es darum ging, den 3. Akt zu vollenden, in Cerhas Diktion „herzustellen" (siehe Anmerkung zu Brief 24).

179 Gretel Adorno an Tobisch

[Frankfurt,] 2[?] Okt 68

Liebe Lotte,

bitte verzeih meine Kürze bei Deinem Anruf neulich, aber ich war so verwirrt, da ich dachte, Lotte Brentani sei am Telefon, und fürchtete, dem armen Pic, dem es seit Monaten sehr schlecht geht, sei etwas passiert. Ich bin sehr traurig, daß wir uns nicht sehen und freue mich, daß es Dir, nach Teddies Bericht ganz gut geht – die arme Ruza [Rose Gielen] tut mir schrecklich leid.

Du darfst nie etwas so Dummes von mir denken, dass irgendetwas zwischen uns sein könnte.

Alles, alles Liebe Stets Deine

Gretel

Manuskript, Sammlung Tobisch. – Hellblaue Karte im Format 19,7 mal 8,6 Zentimeter. Kuvert nicht überliefert. Eine exakte Datierung ist nicht möglich, da die zweite Zahl der Tagesangabe durch Lochung verloren ging.

180 Adorno an Tobisch

Frankfurt, 1. November 1968

Liebstes Lotterl,

dies nur, Dir zu sagen, daß ich heil und ganz, wenn auch ziemlich müde zurückgekommen bin, müde vor allem wegen der Münchener Tage – aber dem Schwabinger Lebensstil bin ich offenbar doch nicht mehr so recht gewachsen, so hübsch und bunt es auch war.

Über Graz bat ich den schönen Erwin [Thalhammer], Dir zu berichten. Er hat es sicher getan. Natürlich wäre es für mich außerordentlich wichtig zu erfahren, wie die Sache nun gewirkt hat. Es würde mich nicht erstaunen, wenn die Leute fänden, ich wäre zu realistisch gewesen. Thalhammer schien beeindruckt, [Helmut] Fiechtner war reizend und loyal, und das Dreiergespräch im Radio, mit ihm und [Harald] Kaufmann zusammen, ging wohl recht gut. Leider konnte ich mich von Fiechtner nicht mehr verabschieden, da ich am letzten Morgen in Graz zu spät dafür aufstand. Die Fahrt bis Salzburg war herrlich.

Wichtiger als all das aber ist, wie schön und beglückend es mit Dir gewesen ist. Wenn wir doch nur endlich einmal zusammen wären in Ruhe, ohne Sitzungen, Interviews, Günther Anders und was die Welt ihr Eigen nennt. Ach Lotterl!

Sei umarmt, Liebes, von Deinem

Teddie

Hast Du Wiener Presse über Graz gesehen?

Typoskript, Sammlung Tobisch; gedruckter Briefkopf: Adorno/Kettenhofweg.

ziemlich müde zurückgekommen: Adorno war von 17. bis 23. Oktober in Wien. Anlass war die Präsentation seiner Arbeit über Alban Berg im Verlag Lafite (jetzt in GS 13, S. 321). Sie fand am 22. Oktober im Rahmen einer Veranstaltung der Österreichischen Gesellschaft für Musik statt. Anschließend fuhr Adorno nach Graz. Dort hielt er einen Vortrag, der auf seinen am 16. Mai 1966 im Rahmen einer Podiumsdiskussion in Wien entwickelten Ideen über die Stagione- und Ensemble-Oper zurückgeht und schließlich in dem Text „Konzeption eines Wiener Operntheaters" (GS 19, S. 496-515) mündete. Adornos Reformvorschläge richteten sich zum einen gegen „das Muffige und Verschlampte der Repertoire-Oper". Andererseits kritisierte er das Starsystem Karajans wegen dessen Fixierung auf die „allerschönsten Stimmen der Welt", wegen des kunstfremden Zusammenhangs kulinarischer Höchstleistungen mit Markt- und Kundenideologie. Auch wenn er seine Überlegungen eines Wiener Operntheaters in Graz vortrage, sei, wie er einleitend in Anspielung auf die Mai-Diskussion festhält, „kein Marsch von Graz auf Wien zu befürchten".

Wiener Presse über Graz: Im Adorno-Ordner der Sammlung Tobisch befinden sich nur zwei Ausschnitte über seinen Wiener Vortrag anlässlich der Präsentation des Berg-Buches: Gerhard Kramer, Alban Bergs Defaitismus – oder W. Adorno sprach in der Gesellschaft für Musik, [24.?] 10.1968; KHR, Auch Verderben fasziniert – Gesellschaft für Musik: Theodor W. Adorno sprach über Alban Berg, in: Kurier [24.?] 10.1968. Beide Berichte erwähnen nicht den Anlass des Abends, Adornos eben erschienene Berg-Monographie.

Günther Anders und was die Welt ihr Eigen nennt: Siehe Anders, BPV, und „Erklärung" Nummer 181.

ERKLÄRUNG

Die unterzeichnenden Intellektuellen aus Oesterreich sowohl wie von auswärts, müssen mit Bedauern und voll Scham feststellen, dass Kollegen von uns: repräsentative, produktiv und reproduktiv tätige Vertreter der modernen Musik von dem Generalsekretär des Wiener Konzerthauses, Herrn Peter Weiser, mit despektierlichen Ausdrücken belegt worden sind (Peter Weiser-Interview von Franz Endler in ‚Die Presse' 19./20.10.68 unter dem Titel „Waghalsiges nur ausserhalb der Saison.") Namen hat Herr Weiser in diesem Interview zwar nicht genannt. Da aber die Beleidigungen ausnahmslos in Zusammenhang mit der Instrumentalgruppe ‚Die Reihe' gefallen sind, kann für niemanden ein Zweifel darüber bestehen, dass es sich bei den von Herrn Weiser Beleidigten um die Gründer der ‚Reihe' Friedrich Cerha und Kurt Schwertsik und um den von der ‚Reihe' repräsentativ herausgestellten, in Wien lebenden, Komponisten György Ligeti handelt. Wir Kollegen dieser Männer begreifen es nicht nur, vielmehr begrüssen wir es, dass die genannten und die mit ihnen zusammenarbeitenden hervorragenden Instrumentalisten darauf verzichten und es als unter ihrer Würde ansehen, in Zukunft mit dem Beleidiger zusammenzuarbeiten, und wir solidarisieren uns mit ihrem Entschluss, ihre Konzerte abzusagen. Mit grosser Genugtuung erfüllt es uns ferner, dass die drei von Herrn Weiser den Herren Cerha und Ligeti als Moderne von Format gegenübergestellten Komponisten: der Franzose [Pierre] Boulez und die Polen [Witold] Lutoslawski und [Kryszof] Penderecki sofort ihre Indignation über die Behandlung ihrer hiesigen Kollegen ausgedrückt und angekündigt haben, dass sie ihrerseits, nach weiterer Informierung, Protest erheben würden.

Im Ausland, wo die Kompositionen und die Aufführungsverdienste der von Herrn Weiser in erster Linie verächtlich behandelten Komponisten und die Qualität der Aufführungen der Gruppe ‚Die Reihe' bekannt sind, würde es sich erübrigen, auf diese Meriten eigens aufmerksam zu machen. In Wien ist es bedauerlicherweise notwendig, noch einmal zu betonen, dass einerseits die Kompositionen von Ligeti und Cerha international im Rundfunk und in Konzerten aufgeführt werden und Bewunderung finden; und dass es andererseits allein Cerha zu danken ist, wenn nach einem Interregnum der Barbarei die unterdrückten Meisterwerke der [Zweiten] Wiener Schule wieder zum Leben erweckt worden sind, und wenn Wien zu einer ernst zu nehmenden modernen Musikstadt geworden ist. Herr Weiser ist dieser Ansicht nun allerdings nicht. Denn in seinem erwähnten Interview findet er: ‚In Wien müssten wieder grosse Persönlichkeiten wirken'. An die Bedeutung der in Wien lebenden Komponisten, so schreibt der Interviewer, glaubt er nicht, vielmehr wünsche er, ‚dass die neue Musik in Wien künftig wieder durch gewichtige Musiker repräsentiert' werde. – Was Herr Weiser mit der wiederholten Verwendung des Wortes ‚wieder' meinen kann, bleibt unerfindlich, im besten Falle führt es in die Irre, denn bekanntlich hat Cerha seine Gruppe aus dem Nichts aufgebaut, und wenn man, ‚wieder' zu den alten Zuständen zurückkehren würde, dann würde man sich in einen Zustand zurückbegeben, in dem moderne Musik, wenn überhaupt, nur ganz sporadisch, unsystematisch oder im kleinsten Kreise gepflegt worden war.

Vollends evident wird die Mentalität des auf so verantwortlichem Posten stehenden Konzertadministrators, wenn man sich seine Programmprinzipien anschaut. Bekanntlich hat Herr Weiser, beschmunzelt von den Kunstfreunden des In- und Auslandes, unter dem Dachtitel ‚Die 5. Symphonie' einen Konzertzyklus aufgebaut, in dem er alle fünften Symphonien aller grossen Meister aufführen lässt, weil diese angeblich ‚das höchste Niveau jedes Komponisten' darstellen. Ein sinnvolleres als dieses rührende (auch musikgeschichtlich groteske) Programmprinzip hat sich der geistig offenbar überforderte Herr Weiser nicht einfallen lassen können. Es erfüllt einen mit Mitleid, wenn man beobachtet, wie er versucht, diesen Mangel durch Grössenwahnsinn wieder auszugleichen, jedenfalls kündigt er in seinem Interview an: ‚Ich werde noch so weit kommen, dass ich meine Gesprächspartner (sc. die Meisterdirigenten) ganz einfach zu bestimmten Programmen zwingen werde.'

✶

Die Unterzeichner erfüllt es nicht gerade mit hohem Stolz, dass ein Mann, der solche Naivität mit einer solchen Möchtegerndiktatoren-Geste verbindet, die Chance hat, eine Schlüsselstellung in der Organisierung des österreichischen Musiklebens, auch der [Wiener] Festwochen, einzunehmen, und seine inkompetenten Urteile und Verurteilungen im respektabelsten Blatte des Landes zum besten zu geben. Sie hoffen im Interesse der Kunst, der Sauberkeit des Kulturlebens und des Prestiges dieses Landes, dass ein derart lächerlicher Zustand in absehbarer Zeit abgestellt werden könne.

Bisherige Unterschriften: Adorno, Anders, Hoflehner

Typoskript-Durchschlag (ohne Unterschriften), mit Adornos Korrekturen, Sammlung Toblsch. – In der Sammlung Oberschlick, die den Nachlass von Günther Anders enthält, liegt Anders originale Fassung der Erklärung, ebenfalls als Typoskript-Durchschlag. Anders hat diese Fassung Adorno zur Unterzeichnung zugesandt. Adorno hat Änderungen an ihr angebracht und sie ihm unter Hinzufügung einer handschriftlichen Bemerkung retourniert: „Bitte die eingezeichneten Änderungen durchführen. Dann unterzeichne ich es mit Freuden! Herzlichst Ihr Adorno". Die hier wiedergegebene Fassung ist die von Adorno korrigierte.

Hoflehner: Siehe BPV.

182 Gretel Adorno an Tobisch

[Frankfurt,] 3. Nov 68

Liebe Lotte,

wie reizend von Dir, mir den schönen Pferdeschal zu schenken. Ich bin ganz traurig, daß wir uns so lange nicht gesehen haben, besteht keine Aussicht, daß Du einmal nach Frankfurt kommst. – Teddie war ganz begeistert von Deiner Lesung. Es ist ja erfreulich, daß das Bergbuch noch rechtzeitig fertig wurde, und mit dem späten Bild von Alban sieht es wirklich hübsch aus.

Wie sehen denn Deine Sommerpläne für nächstes Jahr aus, spielst Du wieder in Bregenz?

Nochmals tausend Dank + alles Liebe

Stets

Deine Gretel

Manuskript, Sammlung Tobisch. – Leicht getönter Briefbogen, ohne Anschrift. Kuvert nicht erhalten.

Pferdeschal: Tobisch schenkte Gretel Adorno einen seidenen Schal, auf dem Rösser abgebildet waren.

Teddie war ganz begeistert von Deiner Lesung: Tobisch las anlässlich der Präsentation von Adornos Berg-Monographie am 22. Oktober eine Passage daraus vor (siehe Brief 182).

186 Anders an Adorno

Günther Anders
1090 Wien
Lackiererg. 1/5

[Wien,] 18.1.68

Lieber Adorno,

Ja, auch ich hatte ja bereits angeregt, wofür Sie plädieren: nämlich auf den Text [s. „Erklärung", Nr. 181], bzw. dessen Veröffentlichung zu verzichten. – Ganz rasch to keep you well posted die zwei letzten kleinen Wellen in dem hiesigen Wasserglassturm: erstens haben hiesige offizielle Stellen (Operndirektion etc.) den von Ihnen und mir unterschriebenen Text für ein Produkt von Lothar Knessl gehalten – was ungeheuer ehrenvoll für Knessl ist, da dieser kein Schriftsteller sondern ein Schriftstammler ist. Aber der Aermste hat beinahe seine (mir nicht näher bekannten) Funktionen verloren – zweitens der besagte [Peter] Weiser benutzte umgehend die Abwesenheit von Ligeti, um hinter dessen Rücken die Aufführung eines Ligeti-Stückes durch eine Grazer Gruppe hier im Konzerthaus anzukündigen. Damit sollte ein Keil zwischen L.[igeti] und Cerha geschlagen werden – was misslungen ist, da es noch möglich war, via Frau Ligeti Ligeti zu erreichen, der prompt (was heute in Fettdruck in den Blättern steht) die Aufführung verboten hat. Diese Blamierung Weisers, die dieser sich selbst zu verdanken hat, ist viel stärker, als es die Blamierung durch meinen Text gewesen wäre. Now I'm trying to forget about the whole thing.

Herzlichst
Ihr
[Günther Anders]

Typoskript, Sammlung Oberschlick.

Lothar Knessl: Siehe BPV.

Ligeti … die Aufführung verboten: Siehe u.a. Kurier vom 18. („Ligeti untersagt die Aufführung der Motette ‚Lux aeterna' im Mozart-Saal") und 19. November („Rechtsstreit um Ligetis ‚Lux aeterna': Komponist und Verlag im Widerspruch").

Diese Blamierung Weisers: Peter Weiser (siehe BPV) hatte diese Aktion, retrospektiv gesehen, nicht so geschadet, wie Anders es hier erhofft hatte – er blieb bis 1977 Generalsekretär des Konzerthauses. Im Übrigen ist Weiser – im Gespräch – auch heute noch von seiner damaligen Einschätzung überzeugt. Was ihre charismatische Wirkung in Sachen Neue Musik betraf, wären Österreichs junge Komponisten, im Gegensatz zu Boulez und Lutoslawski, damals „keine Proselytenmacher" gewesen und das zeigte sich schon darin, dass sie „nicht dafür bekannt waren, solche aus dem Lateinischen sich ableitenden Begriffe zu kennen". – Der Terminus leitet sich aus dem Griechischen ab.

187 Tobisch an Adorno

Wien, 22. November 68

Liebster Teddie!

Bitte sei nicht bös, daß ich erst heute schreibe! Seit vierzehn Tagen bin ich mit Grippe geplagt, Schnupfen, Husten, immer wieder erneut Fieber u.s.w. Bin ja nur froh, daß die ganze Misere erst nach Deinem Aufenthalt hier ausgebrochen ist! (Es ist jetzt dafür geradezu eine ideale Zeit, denn Du bist nicht mehr im Lande, und der Michael [Simon], der am 2. Dez. kommt, noch nicht!)

Ja, also inzwischen wirst Du ja von [Helmut] Fiechtner gehört haben, daß Euer Radiogespräch ganz ausgezeichnet und interessiert aufgenommen wurde – ganz zu schweigen von Deinem Grazer Vortrag, der ein richtiger Volltreffer war! Hat Dir die [Elisabeth] Lafite Zeitungsausschnitte geschickt über das Buch und Graz? Ich leg Dir Einiges bei, und bitte schreib mir, ob Du von der Lafite auch wirklich was bekommen hast! Hat sie nun mit Deutschland [wegen des Vertriebs des Buches] Kontakt aufgenommen? Laß mich wissen, ob ich sie mir herbestellen soll und ihr Beine machen soll oder ob sie von selbst was unternommen hat! Ab nächster Woche werd ich ja wieder aktionsfähig sein!

Daß der Günther Anders die Angelegenheit Weiser recht blöd (und leider hauptsächlich sehr persönlich-beleidigt) angepackt hat, weißt Du ja, der Fiechtner wird Dir schon von der Sache geschrieben haben, und so ist es gekommen, daß die Unterschriftensammlung vom Anders ein Fiasko wurde, obwohl, weiß Gott, sich genügend Leute gefunden hätten, die, unter anderen Umständen, bereit gewesen wären, gegen den Herrn Weiser aufzutreten. Der Anders hat die ganze Sache höchst ungeschickt angefaßt, er hat eine unglückselige Art, moralischen Druck auf Menschen ausüben zu wollen, sich selbst für das Maß aller Dinge zu halten und sofort aggressiv und „ehrenbeleidigend“ zu werden, wenn einer nicht a priori und bedingungslos seine Methoden, die Übel dieser Welt zu bekämpfen, für richtig hält. Daß er Dich in diese Angelegenheit hineingezogen hat, ärgert mich sehr, und ich wollte, daß ich in Graz gewesen wäre und wir beide über sein „Manifest“ gründlich gesprochen hätten und, vor allem, uns klar gemacht hätten, daß es – leider – eben von dem Untam Anders lanciert wird und aus diesem Grund wohl nichts als Schererein dabei rausschauen werden! (Mißversteh mich nicht, Lieber: Die Sache selbst ist in Ordnung, so wie ja der ganze Anders letztendes „in Ordnung“ ist, aber penetrante Anständigkeit allein ist halt zu wenig Ausrüstung für Barrikadenstürme!) Ich habe diesbezüglich meine Erfahrungen, denn schließlich hab ich was Ähnliches vor einem Jahr für Hilbert organisiert und immerhin 30 Hochprominente (zu recht oder zu unrecht?!) zusammengetrommelt für Unterschriften. (Aber nicht, indem ich meine Moralvorstellungen aufgezwungen hab, sondern an die der anderen appelliert hab!)

Wie dem auch sei, Teddie, ärgere Dich nicht: Der Weiser ist angeschlagen und wird dieser Krug, wie der Häusserman-Scherben, in absehbarer Zeit auch zum Brunnen gehen und brechen! Und dazu wird Deine Unterschrift jedenfalls sehr beigetragen haben! Und was den Anders betrifft, ist es wohl besser, Du läßt die Sache auf sich beruhen, denn sonst kommen neue Ärgernisse für Dich dabei heraus und öffentliche Rechtfertigungen und weiß der Teufel was!

Teddie, Lieber, es war so schön diesmal, während Du da warst! Und ich freu mich, daß ich halbwegs zu Deiner Zufriedenheit aus Deinem schönen Buch [über Alban

Berg] vorgelesen hab und überhaupt: Alles war erfreulich! Daß die „Rösser“ dem Gretelchen Spaß gemacht haben, freut mich auch, und das nächstemal müssen wir uns diese Viecher in Natura ansehen! Mit der Hilde Spiel sprach ich neulich: Wir klären noch, denn außer dem Staatspreis (der aber nur an Österreicher vergeben wird) gibts keine Preise, die für Dich in Frage kommen. Orden wäre durchaus zu machen und könnte dies von der Gesellschaft für Literatur oder sonstiger bedeutender Institution eingegeben [vorgeschlagen] werden. Schreib mir, ob da nicht doch eine Möglichkeit für Dich ist, dies zu akzeptieren! Im übrigen laß uns noch ein bissl klären. – Vielleicht fällt uns doch noch was anderes ein!

Der Michael kommt am 2.Dez.und bleibt bis Mitte Jänner: Was werden soll, weiß ich nicht. So wirds wohl heuer hier einen Christbaum geschmückt mit Davidsternen geben – ach, was man nicht alles erlebt!

Bitte verzeih diese Schmierage, ich hab eine neue Schreibmaschine, und auf der geht die Schreiberei noch schlechter als auf der alten!

Sei umarmt für heute! Grüß mir das Gretelchen sehr, sehr und auch Deine Arlette!

Alles Liebe von Deinem

Lotterl

Typoskript, Sammlung Tobisch; gedruckter Briefkopf: Tobisch/Opernring.

Euer Radiogespräch: Siehe Brief 180.

Deinem Grazer Vortrag: Siehe Brief 181.

die Angelegenheit Weiser: Zu Weiser siehe BPV, zur „Angelegenheit“ siehe Brief 181 („Erklärung“), 186.

Untam: Günther Anders, behauptet Tobisch, sei ein „typischer Fall eines Untams gewesen, einer der immer verkehrt lag. Wenn er etwas angefangen hat, ist es schon daneben gegangen“.

die „Rösser“ dem Gretelchen Spaß gemacht haben: Siehe Anmerkung und Brief 181.

müssen wir uns diese Viecher in Natura ansehen: Wahrscheinlich in der Spanischen Hofreitschule.

keine Preise … für Dich … Orden wäre durchaus zu machen: Adorno hatte bereits 1925 ein halbes Jahr in Wien gelebt (vgl. Steinert, Adorno in Wien, 2003). In den 50er-Jahren, nach seiner Rückkehr aus der amerikanischen Emigration, äußerte er wieder die Überlegung, sich nach seiner Emeritierung als Komponist und Schriftsteller in Wien niederlassen zu wollen. Nun war daran gedacht, die konkreten Weichen dafür zu stellen. Als Auftakt seiner Übersiedlung schwebte ihm eine offizielle Anerkennung vor (siehe Brief 188).

Was werden soll, weiß ich nicht: Siehe Anmerkung und Brief 151, 155, 156, 159, 167.

Frankfurt, 27. November 1968

Liebstes Lotterl,

tausend Dank für Deinen Brief. Die Grippe hast Du wirklich genial gelegt. Hoffentlich bist Du gänzlich erholt.

Das Wichtigste, was ich Dir zu berichten habe, ist, daß wir Ernst Simon einen Abend bei uns hatten. Er ist wirklich ein reizender Mensch. Daß ich Dein Loblied in allen erdenklichen Tönen gesungen habe, kannst Du Dir vorstellen; die Ohren müssen Dir geklungen haben. Mein Eindruck ist im übrigen, daß Eure Situation technisch nicht gerade leicht ist, denn wenn Du [wegen Michael Simon] nach Israel gingest, hättest Du in diesem Tratschnest bei der allgemein dort herrschenden Zutraulichkeit, die, wie Marcuse sagen würde, repressiven Charakter hat, nicht gerade ein einfaches Leben, während es für ihn wegen der Devisenbestimmungen schwierig wäre, ganz nach Wien zu ziehen. Wenn ich nur einen Rat wüßte; aber in solchen Dingen bin ich nicht sehr ingeniös.

Hinter der Lafite war ich zwar her, weiß aber nicht, ob sie im Ernst irgend etwas getan hat. Zwar prangt das Buch im Schaufenster der Universitätsbuchhandlung [in Frankfurt], aber wohl buchstäblich als die Schwalbe, die keinen Sommer bringt. Ich glaube, daß auch die Lafite doch sehr viel von der Da kann mer halt nix machen-Mentalität hat, und es wäre natürlich sehr schön, und ich wäre Dir unendlich dankbar, wenn Du sie in Trab brächtest. Aber über die Resultate mache ich mir wenig Illusionen

Was den Anders anlangt, bin ich völlig Deiner Ansicht. Zu allem anderen hat er auch noch eine besonders unglückliche Hand, oder vielmehr eine unglückliche Liebe zur Praxis – er braucht nur etwas anzufassen und schon geht es schief. So auch die Aktion gegen [Peter] Weiser. Unterdessen ist sie zurückgepfiffen worden [186]. Mir ist das einzig Unangenehme daran, daß der [Karl] Löbl das miserabel geschriebene Manifest mir zuschrieb. Das ist der Fluch der guten Tat. Man soll halt wirklich nichts unterschreiben, ich sag's ja immer. Ligeti selbst hat sich zwar sehr über meine Unterschrift gefreut, aber veranlaßt, daß die ganze Sache storniert worden ist.

Helene Berg hat mir sehr lieb telegraphiert; ich denke, daß da kein Schatten über die Beziehung zwischen ihr und mir gefallen ist, es wäre auch, nach einem Menschenalter, arg traurig. Selbst der [Erwin] Ratz hat sich zu einem freundlichen Brief aufgerafft, allerdings wegen angeblicher Überanstrengung über das [Berg-] Buch selbst sich nicht geäußert.

Es gab allerhand Pläne, mich für die Veranstaltung des [Wiener] Konzerthauses zu engagieren, und das hätte mich bestimmt im nächsten Jahr relativ rasch wieder nach Wien gebracht. Aber durch die Andersaktion ist diese Chance natürlich hin.

Wegen der Bitte, die ich an die [Hilde] Spiel richtete, und diese mit Dir zu besprechen bat, mach Dir keine Sorgen, so wichtig ist das nicht. Einen Orden könnte ich unter keinen Umständen annehmen, von allem anderen abgesehen auch deshalb nicht, weil ich seinerzeit meinen Freund Max [Horkheimer] daran verhinderte, so etwas zu tun, und nun nicht selber mich in die gleiche Lage bringen kann, die ich ihm verekelte, und die ich tatsächlich für unvereinbar mit unseren Positionen halte. Etwas wie einen Dr. mus. h.c. wäre dann schon besser. Vielleicht redest Du doch einmal mit dem [Erwin] Thalhammer. Wenn Du aber das Ganze vergißt, die Du ja weiß Gott andere Sorgen hast, so ist's auch nicht schade.

Mir geht's soweit ganz gut. Ich komme mit der Arbeit [an der „Ästhetischen Theorie"] ganz schön vorwärts, allerdings zuweilen mit Stockungen. Sorgen mache ich mir wegen Arlettchen, die seit ein paar Tagen nicht in ihrem Büro zu erreichen ist und offenbar ihren job wieder hingeworfen hat. Das Problem, das hier sich stellt, ist tatsächlich das, ihr Leben auf eine vernünftige Basis zu stellen, und ich, der ich weiß Gott was für Menschen im akademischen Bereich alles Mögliche verschaffen kann, bin hier ganz ohnmächtig.

Übrigens hat die Volkswagenstiftung für die große Benjamin-Ausgabe den immerhin sehr ansehnlichen Betrag von 120 000 Mark bewilligt; die Verantwortung tragen [Gershom] Scholem und ich, obwohl wir beide die eigentliche philologische Arbeit natürlich nicht leisten werden. Meine Absicht ist es, zu den „Passagen", wenn Tiedemann den Text einigermaßen rekonstruiert hat, eine große, schwer belastete theoretische Einleitung zu schreiben.

Das wäre für den Augenblick alles – ich muß jetzt zu einer öden Fakultätssitzung, sicher noch schlimmer als der Betriebsrat beim Theater; und habe mir gerade jetzt erst eine Stunde genommen, um mir die Haare schneiden zu lassen, weil ich wie ein Gammler aussah, zu geizig mit meiner Zeit, um diese lächerliche Aktion (denn ich habe ja gar keine Haare, warum's trotzdem so viel zu schneiden gibt) früher auf mich zu nehmen.

Schreib bald wieder, und habt auf jeden Fall eine schöne Zeit.

Du sei sehr umarmt von Deinem

Teddie

Das Gretelchen grüßt aufs allerschönste.

Typoskript, Sammlung Tobisch, gedruckter Briefkopf: Adorno/Kettenhofweg

Hinter der Lafite war ich zwar her: Adorno beklagte sich nach Erscheinen seiner Berg-Monographie über dessen mangelnde Präsenz in deutschen Buchhandlungen. Er machte Elisabeth Lafite, die Chefin des Lafite-Verlags, dafür verantwortlich. Nicht ganz zu recht, da das Buch im Verlag Lafite in Kooperation mit dem Österreichischen Bundesverlag erschien. Ersterer war für die redaktionelle Betreuung, letzterer für den Vertrieb zuständig.

die große Benjamin-Ausgabe: Die 12-bändige Werkausgabe „Gesammelte Schriften" wurde unter

Mitwirkung von Adorno und Scholem begonnen und von Rolf Tiedemann und Hermann Schweppenhäuser ab 1980 herausgegeben.

Tiedemann: Siehe BPV.

189 Adorno an Tobisch

Frankfurt, 10. Januar 1969

Liebstes Lotterl,

dies heute ist wirklich nur eine Art Hilferuf.

Die Lafite tut offensichtlich in der Sache meines Buches gar nichts. Die Universitätsbuchhandlung hier, die es zu Weihnachten wie warme Semmeln hätte loswerden können, hatte kein einziges Exemplar, obwohl sie rechtzeitig geschrieben hatte. Und wie wird das erst anderswo sein! Auch Rudolf Hirsch sagte mir, sie täte überhaupt nichts dafür. Es handelt sich bei diesem Verlag eben doch um eines jener Unternehmen, die eine Art Monopol haben, weil ihnen der Absatz eines großen Teils ihrer Bücher (gratis) garantiert ist, und die daraus das Recht absoluter Untätigkeit ableiten. Wichtig war ich für die Lafite offenbar nur als Name, ihren eigenen Geldgebern gegenüber; was aber nun aus meiner Sache wird, ist ihr offenbar höchst gleichgültig. Wahrscheinlich weiß sie in ihrem Pferdekopf auch gar nicht richtig, wer ich bin. Wäre es arg unbescheiden, Dich um eine drastische Intervention zu bitten? Sie könnte im übrigen ja auch einmal an Hirsch schreiben, der sie gern beraten würde (Dr. Rudolf Hirsch, 6 Frankfurt, Leerbachstraße 28). Verzeih, daß ich Dich mit diesem Unsinn in Anspruch nehme, aber niemand weiß besser als Du, daß es nicht aus materieller Interessiertheit geschieht und auch nicht aus Publizitätssucht, sondern ganz einfach, weil ich möchte, daß dies Buch, in das ich doch ein großes Maß an Arbeit gesteckt habe, nicht verloren geht. Übrigens ist der Redlich, gegen den ich in der Vorrede ein paar Sätze schrieb, unterdessen gestorben – es wird Helene Berg freuen, daß sie ihn überlebt hat, mit Recht.

Hier habe ich wirklich ein größeres Maß an Ärger, als ich bewältigen kann; dazu die schwerste Sorgen wegen der äußeren Situation von Arlette, der ich kaum helfen kann, weil sie gegen alle beruflichen Möglichkeiten, die man für sie findet, höchst neurotische Widerstände mobilisiert.

Die Studentenangelegenheiten werden fast unerträglich. Ich bin in einer Weise belastet, die es mir kaum möglich macht, das zu tun, weshalb ich mir das Forschungssemester nahm, nämlich an dem Ästhetikbuch zu arbeiten. Nur mit Hilfe unausdenkbarer Sturheit bringe ich es fertig, aber komme lange nicht so gut vorwärts, wie ich es gedacht hatte, und fühle mich überhaupt nicht taufrisch.

Aber ich will Dir nicht vorjammern und hoffe, daß Ihr weiter eine schöne Zeit habt. Grüße sehr schön, vor allem aber sei umarmt von

Deinem sehr reduzierten

Teddie

Alles Liebe auch vom Trachodon

Typoskript, Sammlung Tobisch; gedruckter Briefkopf: Adorno/Kettenhofweg.

Die Lafite tut offensichtlich … gar nichts: Siehe Anmerkung zu Brief 188.

der Redlich, gegen den ich in der Vorrede ein paar Sätze schrieb: Siehe Eintrag H. F. Redlich, GS 13, S. 324 („Vorrede") und Brief 150.

Die Studentenangelegenheiten werden fast unerträglich: Im Zuge der Proteste gegen die Notstandsgesetze besetzten Ende Mai 1968 Studenten das Rektorat der Goethe-Universität, die in Karl Marx-Universität umbenannt wurde. In der Folge veranlasste die hessische Regierung die Polizei das Rektorat zu räumen. Am 11. Juli kritisierte Adorno in seiner Vorlesung die studentische Umfunktionierung der Expressionismus-Vorlesung seines Kollegen Martin Stern in ein Diskussionsforum als Verstoß gegen Meinungsfreiheit akademischer Lehrer. Anlässlich einer Diskussion über „Autoritäten und Revolution" am 23. September wurde Adorno darauf hingewiesen, welche Bedeutung für die studentische Bewegung seine Beteiligung etwa am Sternmarsch nach Bonn gehabt hätte. Adorno entgegnete, dass es allein sein individuelles Recht sei sich für oder gegen eine Teilnahme zu entscheiden. Außerdem sei er nicht sicher, „ob ältere Herren mit einem Embonpoint" die richtigen Teilnehmer solcher Demonstrationen wären. Mitte Oktober schrieb Adorno Günter Grass, dass er sich nicht zu von ihm nicht mitzutragenden Solidaritätsakten erpressen lasse, etwa zu dem geforderten Gutachten für Fritz Teufel. Andererseits käme für ihn eine Distanzierung vom SDS auch nicht in Frage. Am 4. Dezember griff ein Flugblatt der Basisgruppe Soziologie vor allem die Repräsentanten der Kritischen Theorie an. Am 8./9. Dezember wurde das Soziologische Seminar in der Myliusstraße besetzt und in Spartakus-Seminar umbenannt. Am 11. Dezember gingen Adorno, Friedeburg und Habermas in einem Schreiben („Wir unterstützen den Protest unserer Studenten …") differenziert auf die Forderungen der streikenden Soziologiestudenten ein. Am 17. Dezember forderten Adorno und Kollegen die Studenten auf, das besetzte Seminar „unverzüglich zu räumen". Tags darauf wurde das Seminar von der Polizei geräumt, worauf ein Flugblatt in scharfem Ton Habermas, Friedeburg und Adorno kritisierte und sie als „Büttel des autoritären Staates" bezeichnete. (Siehe Kraushaar, Bd. 1, 1998, S. 333-380.)

190 Tobisch an Adorno

Herrn
Prof. Dr. T.W. ADORNO
Kettenhofweg 123
FRANKFURT/Main
B.R.D

[Wien,] 31.III.69

Lieber, lieber, lieber Teddie!

Ob Du es glaubst oder nicht: Ich denke oft und oft an Dich und wünsche mir sehr, Dich bald wieder zu sehen: Verzeih mir also bitte mein langes Nicht-schreiben! Und laß bitte trotzdem von Dir hören, wie es Euch geht, was die Arbeit am Buch [„Ästhetische Theorie"] macht u.s.w. – Von mir kann ich nur berichten: wir leben wie auf einem Elfenbeinturm – die Welt ist mir abhanden gekommen – , was eigentlich sehr schön ist –. Bald hörst Du mehr! Für heute tausend Küsse! Dein Lotterl

Ansichtskarte, handschriftlich, Sammlung Tobisch. – Die s/w Fotografie auf der Vorderseite zeigt eine mykenische Maske aus dem archäologischen Museum Athen.

191 Adorno an Tobisch

Frankfurt, 17. April 1969

Liebstes Lotterl,

Du bist doch das zarteste, sensibelste, liebste Geschöpf auf der Welt. Du hast einen sechsten Sinn. Wie oft hast Du mich, mit Deinem Instinkt, gefragt: „Ist sie auch nett genug zu dir?" Ein Jahr lang ist sie es gewesen, nun hat sie mich eines anderen wegen – es ist der bekannte Kapellmeister Karl Richter – verlassen, und während ich auch jetzt es noch nicht fertig bringe, auch nur ein unfreundliches Wort über sie zu sagen, war die Art, in der es geschah, alles andere als schön, und vor allem, ich fühle mich bis ins Innerste getroffen. Du weißt, daß ich keine großen Worte mache und am letzten über mich, aber diesmal habe ich das Gefühl, daß ich mich wirklich nicht noch einmal aufraffen kann. Mit dem Gefühl des Alterns hängt das auch zusammen. Was mir in einem solchen Augenblick Deine Freundschaft bedeutet, muß ich Dir nicht sagen; aber zumute ist mir, als ob mein unmittelbares Leben zu Ende wäre. Ich bin nicht sentimental deswegen, aber gerade deswegen ist es so grauenvoll – es rächt sich an mir furchtbar, daß man mir als Kind das Weinen verboten hat, und auch, daß einem offenbar maßlosen Glücksverlangen eine ebenso unbeschränkte Leidensfähigkeit gesellt ist, ohne daß ich im übrigen im leisesten masochistisch wäre. Aber ich verspreche Dir, Dich nicht länger mit Betrachtungen über mein wertes Innenleben anzuöden. Nur soviel noch. Ich bin froh, ganz ohne Neid, daß Du [mit Michael Simon] glücklich bist. Kaum wüßte ich mir einen schöneren Gedanken. Grüß Du sehr schön, schreib mir ein Wort, wenn Dir danach zumute ist, und sei umarmt von

Deinem
Teddie

Typoskript, Sammlung Tobisch; gedruckter Briefkopf: Adorno/Kettenhofweg.

nun hat sie mich eines anderen wegen … verlassen: Zu Arlette Pielmann siehe BPV, zu „Arlette" bzw. „verkaufte Braut" siehe Brief 157, 162, 163, 164, 165, 166, 167, 168, 169, 170, 171, 173, 183, 188, 189, 192, 194. – Siehe auch Adornos Text „Golden Gate", wo er über den Verlust der Geliebten reflektiert (Minima Moralia, GS 4, S. 187).

Karl Richter: Siehe BPV.

daß man mir als Kind das Weinen verboten hat: Vgl. Minima Moralia, GS 4, S. 217: Adorno berichtete hier über ein Erlebnis aus früher Kindheit. Er sah Männer ohne Arbeit, die sich ihr Brot als Schneeschaufler verdienen mussten: „Recht geschieht ihnen, daß sie Schnee schaufeln müssen, rief ich wütend aus, um sogleich fassungslos zu weinen."

einem offenbar maßlosen Glücksverlangen: Glück, schreibt Adorno, ist nichts anderes als das „Nachbild der Geborgenheit in der Mutter. Darum aber kann kein Glücklicher je wissen, daß er es ist. Um das Glück zu sehen, müßte er aus ihm heraustreten: er wäre wie ein Geborener. (…) Das einzige Verhältnis des Bewußtseins zum Glück ist der Dank: das macht dessen unvergleichliche Würde aus". (Minima Moralia, GS 4, 126)

192 Tobisch an Adorno

Wien, 22. April 69

Liebster Teddie!

Dein Brief ist gestern angekommen (er war aus unerklärlichen Gründen endlos lang unterwegs), und ich bin besorgt um Dich, denn ich kann mich nicht erinnern, daß Du jemals so traurig, so müde geschrieben hast. Ach Teddie, wie gut ich es verstehen kann, wie Dir jetzt zumute ist, und der einzige Trost, den ich Dir sagen kann ist: daß es doch ein Zeichen Deiner unverwüstlichen Jugend ist, daß Du überhaupt in der Lage bist, Dich über ein Mädel, das Du lieb hattest, so sehr zu kränken: Eigentlich wirds im Leben doch erst ernsthaft bedenklich, wenn einen niemand und nichts mehr enttäuschen kann, laß Dir das von Deiner alten Lotte sagen, die zwar viel weniger intelligent ist als es den Anschein haben kann, aber in Liebe und Freundschaft und allem, was die beiden mit sich bringen, ein richtiger Fachmann ist!

Ich brauch Dir ja nicht zu sagen, daß ich, wenn Du Dir davon was versprichst, das kleine schöne Luder ohne die geringste Hemmung in München, oder wo sie sonst ist, aufsuche – wenn Du es willst–, aber es ist zu befürchten, daß sie Dir – über kurz oder lang – wieder Schreckliches antun wird. Vielleicht macht sie das alles, ohne ganz zu begreifen, was sie eigentlich macht, wahrscheinlich ist sie gar nicht imstande, Glück und Schmerz in dem Maße zu empfinden, wie sie selbst beides erzeugen kann. Das war es ja auch immer, was ich befürchtete, weil ich Dich ja kenne und weiß, daß Du alles, was Dir ernst ist, an Deinem eigenen Maßstab mißt, und ich hab mich immer gefragt, ob das Arlettchen dies wohl begreift.

Teddie, Lieber, jetzt will ich Dir aber doch noch berichten, daß die [Elisabeth] Lafite sich mit Suhrkamp, dem Unzelt [Siegfried Unseld], in Verbindung gesetzt hat, daß Suhrkamp den Vertrieb des Bergbuches in der B.R.D. nun übernommen hat und somit, glaub ich, alles soweit in Ordnung ist. Wenn Du irgend welche Beschwerden diesbezüglich hast, laß mich es wissen. Die Lafite frißt uns ja aus der Hand und macht wirklich, langsam aber sicher, alles was man will! Warum bildet sie sich immerfort ein, daß Du böse auf sie bist?! Sie fragt mich deshalb jede dritte Woche?! Handelt es sich hier nur um Blödheit und Verfolgungswahn, oder hast Du ihr einmal einen saftigen Brief geschrieben?! Ihre wiederholten Grüße und alle Ehrerbietung richte ich Dir schon nicht mehr aus – was sollst Du schon damit anfangen!

Teddie, laß bald wieder von Dir hören! Der Michael grüßt Dich herzlich – er hat, wie Du rasch erkannt hast, die Hegelsche Logik ganz zuverläßlich nicht geschrieben, aber er ist der liebste und feinste Mensch, den man sich denken kann und bereitet mir nichts als Freude. Ich frag mich oft, womit ichs mir eigentlich verdient hab, nochmal im Leben so geliebt zu werden – aber dafür gibts ja keine Antwort.

Lebwohl, Teddie, für heute sei herzlich umarmt!

Schreib bald und sag mir, wo Du im Sommer sein wirst und wann Du wo sein wirst! – Wir haben derart wenig Geld, daß wir fürs erste einmal auf einige Wochen nach Mallorca, ans Meer fahren, was weniger kostet als das Leben in Wien. Sollte ein Wunder in Gestalt eines Fernsehens oder durch Ableben eines ungeahnten Erbonkels eintreten, dann wollen wir noch ein paar Tage ins Gebirge. Für alle Eventualfälle laß mich jedenfalls wissen, wo Du sein wirst!

Dein
Lotterl

Typoskript, Sammlung Tobisch; gedruckter Briefkopf: Tobisch/Opernring.

Michael …hat, wie Du rasch erkannt hast, die Hegelsche Logik… nicht geschrieben: Michael Simon wird von Tobisch auch als „nobler und gutaussehender Träumer" beschrieben, dessen Fähigkeiten, im Gegensatz zu seinem Bruder Ernst, nicht auf wissenschaftlichem Gebiet lagen.

193 Adorno an Tobisch

Frankfurt, 30. April 1969

Liebstes Lotterl,

hab tausend Dank für Deinen Brief. Du bist wirklich ein Engel, oder eine Fee ohne Maggi, oder wie man's nennen mag, und ich weiß gar nicht, wie ich Dir danken soll. Es ist durchaus möglich, daß ich eines Tages Deinen Vorschlag, [bei Arlette] in München zu intervenieren, annehme. Im Augenblick wäre es wohl ganz zwecklos. Das Ärgste ist, daß ich nicht einmal Entrüstung oder auch nur Wut aufbringe, sondern manches verstehe, nachdem Versuche, die wir zusammen unternommen hatten, sie ganz hierher zu bringen, gescheitert sind, und ~~indem~~ sie in ihrer mehr als schwierigen äußeren Existenz darauf angewiesen ist, einen Menschen ganz für sich zu haben. Das wird sie sich ~~auch~~ im Fall des Herrn [Karl] Richter einbilden, obwohl ich Grund zur Annahme habe, daß sie sich täuscht. Und hier könntest Du mir nun wirklich einen Gefallen tun. Er ist, soviel ich weiß, vor ein paar Wochen in Wien gewesen, ob mit ihr oder nicht, weiß ich nicht. Solltest Du irgend etwas Näheres über ihn wissen, menschlich meine ich, nicht musikalisch, so wäre das natürlich für mich von größter Wichtigkeit. Aber Du sollst, um darüber Dich zu informieren, nicht im mindesten aus Deinem Weg gehen.

Die [Elisabeth] Lafite schrieb sehr nett, und es sieht ja nun wirklich so aus, als ob die Organisation des Vertriebs meines [Berg-] Büchleins sich einpendeln würde; hätten wir nicht insistiert, so wären sie und der Bundesverlag kaum aus ihrem Winterschlaf zu erwecken gewesen.

Daß ich hier eben den widerwärtigsten Angriffen der sogenannten linken Studenten ausgesetzt bin, daß ich meine Vorlesung abgesagt habe und wahrscheinlich während des Semesters überhaupt nicht mehr lese, ist Dir wohl bekannt; und die Schmutzflut, die sich im Anschluß daran ergießt, läßt sich schwer vorstellen, ist mir im übrigen ziemlich gleichgültig, da ich mit der anderen Sache viel zu präokkupiert bin. Aber ich hätte wohl Zeit für einen Abstecher nach Wien, der mich auf andere Gedanken brächte – wenn man etwas organisieren würde. Ich schrieb der Lafite deswegen, auch im Zusammenhang mit meiner großen Bergsendung für den Westdeutschen Rundfunk. Wenn Dir sonst etwas einfällt, laß es mich bitte wissen. Auf Lager habe ich einen Vortrag über Freizeit, der mir wohl recht gut gelungen ist, und einen über empirische Sozialforschung; dann auch den kurzen „Resignation", mit dem ich auf die Studentenunruhen geantwortet habe. Wenn es Dir ohne Aufwand von Zeit und Nerven möglich wäre, etwas zu arrangieren, oder die Lafite in Trab zu bringen, daß sie es tut, so wäre es schön – aber wie gesagt: wirklich nur, wenn es ohne alle Mühe für Dich geht.

Nun zu unseren Plänen. Für die nächsten zweieinhalb Monate ist alles noch einigermaßen offen. Ich bin, wie ich Dir sagte, unfreiwillig beweglich. Etwa vom 22. Juli an sind wir wieder in Zermatt, für fünf Wochen. Dann in Frankfurt. Anfang September werde ich wohl nach Italien gehen. Am 8. und 9. habe ich eine Verpflichtung in Venedig. Ob, wann ich früher reise, steht einstweilen noch dahin. Natürlich wäre es herrlich, wenn man sich sehen könnte. Übrigens werden wir vor und nach Zermatt sicher in Basel sein; wenn Du in Bregenz bist, könnte man sich doch vielleicht in Basel sehen, falls Du es nicht möglich machen solltest, nach Zermatt heraufzukommen.

Sonst kann ich nur noch einmal sagen, daß ich glücklich bin, daß Du es bist. Bitte laß mich doch raschestens wissen, wann Du nach Mallorca fährst und möglichst auch Deine dortige Adresse. Grüß sehr herzlich von mir, und sei innig umarmt.

Dein

Teddie

Alles Liebe auch von der Gretel

Typoskript, Sammlung Tobisch; gedruckter Briefkopf: Adorno/Kettenhofweg.

eine Fee ohne Maggi: Anspielung auf Tobischs Rolle in einer ORF-Fernsehserie, die für Maggi Werbung machte (siehe Brief 5).

den widerwärtigsten Angriffen … ausgesetzt: Am 28. Jänner 1969 hieß es in einer Mitteilung des Spartakus-Seminars, dass Habermas, Friedeburg und Adorno die politische Praxis verbieten würden. Am 31. Jänner kam es zur Besetzung des Instituts für Sozialforschung. Das behaupteten zumindest Adorno und seine Kollegen. Die Studenten dagegen behaupteten, sie wollten lediglich einen ihnen auch sonst frei zugänglichen Seminarraum zur gemeinsamen Beratung aufsuchen. Jedenfalls konstatierten Adorno und seine Kollegen Hausfriedensbruch und riefen die Polizei. Am 12. Februar forderte die Fachschaft Philosophie Adorno und Kollegen auf, die Strafanträge gegen die Studenten zurückzuziehen. Im April erschien ein Flugblatt der Basisgruppe Germanistik, das Adorno und Kollegen als „kleine Polizeispitzel" bezeichnete. Am 22. April wurde Adornos Vorlesung plötzlich unterbrochen. Im Zuge der aufkommenden Unruhe gingen drei Studentinnen auf Adorno zu, umringten ihn, streuten Rosen- und Tulpenblätter über ihn, entblößten ihre Brüste und versuchten ihn auf die Wange zu küssen. Adorno verließ fluchtartig den Hörsaal. Er sagte daraufhin seine Vorlesung und sein Hauptseminar auf unbestimmte Zeit ab. Am 27. April äußerte er sich in der Süddeutschen Zeitung unter dem Titel „Schuldgefühle habe ich nicht" dahingehend, dass es keinen „wirklich faßlichen Zusammenhang" zwischen dem

Denken der Kritischen Theorie und dem „gegenwärtigen Aktionismus“ gäbe.
Begonnen hatte Adornos Auseinandersetzung mit den Studenten lange vor der eigentlichen Studentenrevolte. Im Dezember 1962 wurde er in einem Offenen Brief, abgedruckt in der Studentenzeitung Diskus 1/63, mit seiner Vergangenheit konfrontiert. 1934 hatte Adorno in einer Besprechung von Herbert Müntzels Chorliedern „Die Fahne der Verfolgten“ nach Gedichten von Baldur von Schirach, dem Führer der Hitler-Jugend, einen so „ungewöhnlichen Gestaltungswillen“ entdeckt, dass ihm dessen Ernst die „Möglichkeit von neuer Volksmusik“ eröffnete. Außerdem hielt er es für seine Argumentation unerlässlich, zustimmend Goebbels zu zitieren. Adorno reagierte auf die Veröffentlichung, indem er, ohne Ausflüchte, glaubhaft sein tiefes Bedauern erhobenen Hauptes vortrug: „Ohne im mindesten zu beschönigen, was ich bereue, möchte ich es doch der Gerechtigkeit anheimstellen, ob die inkriminierten Sätze gegen mein Œuvre und mein Leben ins Gewicht fallen.“ (Siehe Kraushaar, Bd. 2, S. 164-169.) Zu Adornos Bestreben im Nationalsozialismus zu überwintern, gehörte auch der vergebliche Versuch, in die Reichsschrifttumskammer, er schrieb von „Reichskulturkammer“, aufgenommen zu werden (Adorno/Berg, Briefe, S. 286).

... im übrigen ziemlich gleichgültig: Betrachtet man Adornos Verhältnis zur Studentenbewegung, zeigt sich, dass es „an der Oberfläche durchaus wechselte“ und „auch nicht frei von Widersprüchen war“, etwa sein Schwanken zwischen persönlichem Getroffensein und souveräner Distanz. (Siehe die Dokumentation „Kritik der Pseudo-Aktivität. Adornos Verhältnis zur Studentenbewegung im Spiegel seiner Korrespondenz.“, Frankfurter Adorno Blätter VI, S. 42-116.)

mit der anderen Sache viel zu präokkupiert bin: Siehe Anmerkung und Brief 191.

Vortrag über Freizeit: „Freizeit“, Vortrag Deutschlandfunk 25.5.69, in „Stichworte“, edition suhrkamp Bd. 347, 1969 (jetzt in GS 10.2, S. 645-655).

über empirische Sozialforschung: Möglicherweise ist damit der Text „Gesellschaftstheorie und empirische Forschung” gemeint. Er wurde 1970 veröffentlicht und wird in den GS 9.2, S. 409 als „ursprünglich ein Vortrag im Bayerischen Rundfunk” ausgewiesen (jetzt in GS 8, S. 538-546).

den kurzen [Text über] „Resignation“: „Resignation”, 1969, war ursprünglich ein Vortrag für den Sender Freies Berlin und wurde am 9.2.1969 ausgestrahlt (jetzt in GS 10.2, S. 794-799).

194 Tobisch an Adorno

Wien, 15. Juni 69

Liebster Teddie!

Dies also wird der Brief, den ich Dir gestern vor einer Woche schreiben wollte! Es ist schrecklich: Wie alle Jahre am Ende der Saison hat im [Burg-] Theater eine fieberhafte Tätigkeit eingesetzt, alles was bis dato nicht erledigt wurde, muß nun unbedingt jetzt oder nie gemacht werden, und so renne ich von einer Sitzung zur anderen, außerdem hab ich Proben und spiele viermal in der Woche und – last not least – muß ich mich doch auch um meinen hilflosen Sonnygoy kümmern; nun, so also kam es, daß Du erst heut von mir hörst!

Wie Du aus unserer Ansichtskarte sehen konntest, war [Gershom] Scholem in Wien, nur eineinhalb Tage, kramte in Bibliotheken und verbrachte die zwei Abende mit uns. Ich hatte ein bissl Angst, daß er sich zu Michael [Simon] schlecht benehmen würde (schließlich hat er doch in Scholems Augen eine Art Hochverrat verübt – so dachte ich jedenfalls), aber er war reizend nett und taktvoll (!) – er scheint mich zur Ehrenjüdin ernannt zu haben (wogegen ich nichts habe, da ich ja ohne Vorurteile bin!). Von Dir sprach er sehr nett und sagte mir, daß er Dich im Herbst in Frankfurt wieder sehen würde, er ist also ante portas.

Ich hatte einiges versucht, *um* hier für Dich einen größeren Vortrag zu organisieren, aber es waren alle Termine – in Folge der [Wiener] Festwochen – schon besetzt, und es wäre nur eine größere Radiosache möglich gewesen, die aber nicht genügend lukrativ war, um wegen ihr allein herzukommen. Wie sieht es denn bei Dir Ende September, Anfang Oktober aus?

Dein Spiegelinterview hab ich gelesen, fand es sehr gut und vor allem einleuchtend, und wenn ich auch verstehen kann, daß man in manchen Punkten nicht Deiner Ansicht ist, so ist mir die Art und Weise, wie man dies Dir kundgetan hat, völlig unverständlich, weil doch gerade diese Form der Provokation bei Dir so ganz fehl am Platz ist und ich einfach nicht verstehe, wieso Schüler von Dir sich in dieser Weise gegen Dich stellen. Ich frage mich also (vor allem anderen), wie es überhaupt möglich war, daß Deinen Studenten (nämlich denen, die sich gegen Dich stellten) keine besseren und interessanteren Argumente gegen Dich eingefallen sind als die, die sie mit Hilfe von nicht sehr hübschen nackten Busen ins Treffen geführt haben? Erlaube mir die – vielleicht sehr dumme – Frage: ob man *für* diese *Art der* Argumentationsführung, die heut ja gang und gebe ist, nicht doch zu guter Letzt die Professoren und den ganzen heutigen Universitätsbetrieb verantwortlich machen muß? Es kann doch nicht nur am Mangel an Verständnis oder Denkkraft der Studenten liegen, wenn sie sich, par Exemple gegen einen Denker, wie Du es bist, derart verhalten.

Teddielein, nun zu etwas anderem: Hast Du etwas aus München von Arlette gehört? Ist sie noch mit dem Richter zusammen? Ich hab hier ein paar Leute gefragt nach [Karl] Richter und hörte eigentlich nichts Schlimmes von ihm, soll ein sehr begabter und ganz netter Mann sein (wobei mir wegen Dir lieber wäre, wenn letzteres nicht der Fall wäre!). Schreib mir bald wieder, Teddie! Ich bin den Juni über noch in Wien, dann kurze Zeit in Kärnten und dann Mallorca. Post kommt am besten über Wien an mich, da meine Nachbarin immer weiß, wo ich mich aufhalte, falls ich mich plötzlich für was anderes entschließe als ich vorhatte!

Hab ich Dir geschrieben, daß ich Richard Neutra kennenlernte im Winter und daß er oft mit seiner merkwürdigen Frau bei mir war? Du kennst ihn doch?! Er ist jetzt wieder in Amerika und will aber im Herbst dann ganz nach Wien kommen. Natürlich fehlt den öffentlichen Stellen, die sein Institut unterstützen sollen und ihm eine Wohnung verschaffen müssen, so ziemlich jedes Verständnis für diesen sonderbaren Monomanen, und ich bemühe mich derzeit sehr, da irgendwie zu vermitteln.

Der Neutra ist eine komische Mischung von Genialität, Materialismus, Idealismus und Blödsinnigkeit – es ist mir kaum jemand begegnet, der sich in einem Satz so oft zu widersprechen vermag wie er! Ich habe eine ganze Anzahl köstlicher Abende mit ihm verbracht, und er hat sich offensichtlich in meiner Antineutrabehausung sehr wohlgefühlt (denn meine Ramschbude am Opernring entspricht ja so ziemlich genau dem Gegenteil von Neutras Wohnideal!).

Sonst kann ich Dir noch berichten, daß ich einmal bei Günther Anders war, wo Charlott einen Boulez am Klavier zum Besten gab (ganz ausgezeichnet) – es war ganz nett, zumal der Anders zufällig nicht beleidigt war. Der [Helmut] Fiechtner, das Mäuschen, ist lieb und nett wie immer und fragt immer nach Dir, er kommt ab und zu zu uns, und der Michael [Simon] schreibt Artikel in der „Furche", die seither sozusagen ein jüdisches Eck bekommen hat – was ihr ganz gut tut in ihrer penetranten Katholizität.

Jetzt werd ich Schluß machen: Grüß mir bitte Gretelchen vielmals – wie gehts ihr? Schreib bald, wie Deine Arbeit vorwärtsgeht, ob Du zufrieden damit bist und so überhaupt!

Für heut tausend Grüße und Küsse *vom*

Lotterl

P.S. Alles Liebe von Michael [Simon]

Typoskript, Sammlung Tobisch; gedruckter Briefkopf: Tobisch/Opernring.

außerdem hab ich Proben und spiele viermal in der Woche: In Oscar Wildes „Lady Windermeres Fächer" spielte Tobisch seit 23. Mai unter der Regie von Boy Gobert die Lady Jedburgh. Die Proben betrafen die österreichische Erstaufführung von Isaak Babels „Marija", deren Vorpremiere am 28. Juni stattfand. Tobisch spielte die Madame Dora unter der Regie von Kurt Meisel.

Um meinen hilflosen Sonnygoy kümmern: Gemeint ist Michael Simon (siehe dazu Anmerkung zu Brief 164).

eine Art Hochverrat: Michael Simon, wie Scholem Jude, verließ seine Ehefrau wegen seiner Liebe zu Tobisch.

Dein Spiegelinterview hab ich gelesen: „Keine Angst vor dem Elfenbeinturm. Ein Spiegel-Gespräch", in: Der Spiegel vom 5.5.1969 (jetzt in GS 20.1, S. 402-409). Das Gespräch beginnt mit den Worten: „Herr Professor, vor zwei Wochen schien die Welt noch in Ordnung …" Adorno: „Mir nicht."

Richard Neutra kennenlernte: Siehe BPV.

mit seiner merkwürdigen Frau: Dione Neutra, geborene Niedermann, stammte aus der Schweiz und war Sängerin. Tobisch erinnert sich, dass Frau Neutra anlässlich einer Einladung mit ihrem Cello vor der Tür stand und – bevor die Schinkenfleckerl kredenzt wurden – ein kleines Hauskonzert veranstaltete.

Charlott[e] Zelka, geborene Zelkowitz, war Pianistin und spielte in Friedrich Cerhas Ensemble die reihe. Verehelicht war sie mit Günther Stern, der unter seinem Pseudonym Günther Anders publizierte.

„Furche": Die Furche war (und ist) eine katholische „Wochenzeitung für Politik, Wirtschaft, Kultur und Religion", die im Dezember 1945 erstmals erschien. Gegründet wurde sie von dem katholischen Publizisten Friedrich Funder (siehe BPV).

195 Gretel Adorno an Tobisch

[Frankfurt, August 1969]

Lotterl, wann wir uns wohl wiedersehen werden? Nächste Woche kommt Scholem her, um am Benjaminarchiv zu arbeiten.

Stets
Deine
Gretel

Manuskript, Sammlung Tobisch. – Die von Gretel Adorno versandte Todesanzeige war kombiniert mit einem eigenständigen gedruckten Kondolenz-Dankschreiben: „ALLEN, DIE MIR IHRE TEILNAHME ZUM TODE VON THEODOR W. ADORNO AUSGEDRÜCKT HABEN, DANKE ICH AUFS ALLERHERZLICHSTE / MARGARETE ADORNO / FRANKFURT, AUGUST 1969". Oben stehende Zeilen wurden von Hand auf der Rückseite des Kondolenz-Dankschreibens notiert.

196 Gretel Adorno an Tobisch

Frankfurt, 5. September 1969

Liebes Lotterl,

Scholem ist gerade hier und hat mir davon erzählt, wie vergnügt Ihr [Michael Simon und L.T.] seid. Ich freue mich sehr für Dich.

Ich denke, es ist Dir recht, daß Du Deine Briefe an Teddie zurückerhältst, da ich nicht weiß, ob Du Durchschläge gemacht hast.

Unbekannterweise herzliche Grüße an Herrn Simon.

Stets Deine
Gretel

Typoskript, Sammlung Tobisch; gedruckter Briefkopf: Adorno/Kettenhofweg. – Gretel Adorno verwendete das private Briefpapier von Theodor W. Adorno.

197 Gretel Adorno an Tobisch

Dr. Gretel Adorno
Frankfurt, 22.12.1969

Liebe Lotte,

sehr herzlichen Dank für die Übersendung des Tonbands. Ich werde es mir sicher bei Gelegenheit bald einmal anhören.

Nach Wien werde ich vorläufig nicht kommen, da ich überhaupt kaum aus meinem Bau herausgehe.

Schöne Feiertage und alles Gute zum neuen Jahr.

Stets Deine
Gretel

Typoskript, Sammlung Tobisch; gedruckter Briefkopf: Gretel Adorno/Kettenhofweg. – Gretel Adorno verwendete erstmals seit Beginn der Korrespondenz ein Briefpapier mit gedrucktem Briefkopf, der in der graphischen Gestaltung dem von Theodor W. Adorno vollkommen gleicht, ausgenommen die Schriftart, die deutlich schlanker wirkt. Ein weiterer Unterschied betrifft das Papierformat. Es weicht von der Normgröße insofern ab, als es weniger breit und weniger hoch ist, wodurch insgesamt dessen Höhe betont wird.

Übersendung des Tonbands: Wahrscheinlich handelt es sich dabei um das Sils-Maria-Gespräch von Adorno und Tobisch (siehe Anmerkung und Brief 88).

Biographisches Personenverzeichnis (BPV)

Das Register enthält alle in den Briefen, Kommentaren und Biographien sowie im Vorwort, Nachwort und in den Editorischen Bemerkungen vorkommenden Namen von Personen. Dabei ist zu berücksichtigen, dass Eigennamen in den Briefen des öfteren falsch geschrieben wurden (siehe dazu Punkt 9 der „Editorischen Bemerkungen“). Nicht aufgenommen wurden die Namen *Adorno, Gretel* und *Adorno, Theodor W.* sowie *Tobisch, Lotte* und die in der Danksagung angeführten Namen.

Adorno, Gretel
Margarete, genannt Gretel, Adorno, geborene Karplus, 1902 bis 1993, war promovierte Chemikerin. Sie leitete bis zu ihrer Heirat mit Adorno (1937) die elterliche Favbrik für Lederhandschuhe. Ihre Eigenständigkeit zeigte sich auch darin, dass sie etwa zu Walter Benjamin, nachzulesen in deren Briefwechsel, eine von Adorno unabhängige Beziehung herstellte. Bei den Mitarbeitern des Instituts für Sozialforschung genoss Gretel Adorno große Anerkennung. „Sie war offenbar jedes einzelnen Beichtmutter gewesen.“ Gretel galt als engste Vertraute ihres Mannes bei den Prozessen der „allmählichen Verfertigung der Gedanken beim Reden“. (Zitate s. Müller-Dohm, S. 86-91, 534). Lotte Tobisch blieb Gretel Adorno „zeitlebens als Mensch rätselhaft. Ihr Leben ging vollständig in jenem ihres Mannes auf ... Ich frage mich immer wieder, wie es eine Frau von ihrer geistigen Kapazität aushalten konnte, mit einem Mann zu leben, der ihre totale Selbstaufgabe ohne die geringsten Skrupel für sich beanspruchte“. (Meysels, S. 100, 101) Auch Rolf Tiedemann weist darauf hin, dass Gretel Adorno „im Schatten eines anderen Lebens (stand). Das Leben Adornos war aber sein Werk, und seine Frau hat dieses Werk, von dem sie einmal sagte, es sei ihr wichtiger als ihr Leben, auch zu ihrer Sache gemacht“. (Frankfurter Adorno Blätter III, S. 148) Nach dem Tod des Philosophen beteiligte sie sich an der Herausgabe der „Gesammelten Schriften“. Ein Selbstmordversuch nach dem Ableben Adornos scheiterte. Der Briefwechsel zwischen Theodor und Gretel Adorno ist angeblich verloren gegangen.

Alth, Michaela
Michaela Alth, Jahrgang 1940, seit 1964 verehelichte von Freyhold, studierte von 1959 bis 1965 Soziologie in Frankfurt und Wien. Ihre Diplomarbeit „Theoretische Voraussetzungen des empirischen Studiums sozialer Vorurteile“ wurde 1964 angenommen. Von 1965 bis 1968 arbeitete sie am Frankfurter Institut für Sozialforschung, danach bis 1970 als Dozentin für Soziologie an der Universität Dar es Salaam, Tansania. Ihre Doktorarbeit „Autoritarismus und politische Apathie“ ist 1971 in den von Adorno und Friedeburg herausgegebenen Frankfurter Beiträgen zur Soziologie veröffentlicht worden. Seit 1979 ist Michaela von Freyhold Professorin für Soziologie mit dem Schwerpunkt Entwicklungssoziologie an der Universität Bremen. (Siehe auch Minna von Alth.) – Ad *Diplomarbeit*: Michaela Alth schrieb damals an einer Auftragsarbeit des Instituts über „die psychologischen Grundlagen der Theorie vom autoritären Charakter“ in dem Glauben, sie könne diese mit „einigen kleinen Ergänzungen als Diplomarbeit einreichen“.

Hinterher wurde ihr mitgeteilt, das ginge nicht, da es sich um eine psychologische und nicht um eine soziologische Arbeit handle. Dadurch kam es zum einen zu einer Verlängerung ihres Studiums und zum anderen musste sie sich, da ihr Stipendium bereits ausgelaufen war, um einen Broterwerb umsehen. Vor diesem Hintergrund entstand die „unbegründete Angst" ihrer Mutter, sie würde das Studium abbrechen. (Auskunft M.v.F.)

Alth, Minna von

Die Schriftstellerin und Dramaturgin Minna von Alth, geborene Binder, 1914 bis 1979, heiratete sehr jung den Architekten Karl von Alth. Sie war bis etwa 1942 im Untergrundnetz um Probst Grüber aktiv, das Judenchristen aus Berlin herausschmuggelte. Karl von Alth wurde wegen der jüdischen Abstammung Minnas verdächtigt, Sabotage an einer Baumaßnahme (fehlerhafte Bauplanung) verübt zu haben. Er erlitt auf Grund der Gestapo-Verhöre – und seiner Erfahrungen im Ersten Weltkrieg – einen Zusammenbruch und verübte 1940 Selbstmord. Da sie damit den Schutz der „privilegierten Ehe" verlor, lebte Minna von Alth mit ihrer Tochter Michaela als U-Boot, also unangemeldet, im Haus der Eltern ihres Mannes in Wien. Als sich die Gestapo für sie zu interessieren begann, tauchte sie zwischendurch in einem Kloster unter. Die letzten Kriegsmonate war sie wieder in Wien und versteckte einen russischen Kriegsgefangenen. Nach dem Krieg arbeitete Alth bis 1971 am Wiener Burgtheater und war dort u.a. für die Aktion „Burgtheater in den Schulen" verantwortlich. Sie veröffentlichte neben rund 200 Kulturfeuilletons für verschiedene Rundfunkanstalten das Buch „Frauen am Theater" (1979) und betreute die Herausgabe des zweibändigen Werks „Burgtheater 1776-1976" (1979). – Zu den Verwicklungen um die Diplomarbeit ihrer Tochter siehe Michaela Alth, BPV.

Anders, Günther

Der Philosoph und Schriftsteller Günther Anders (Pseudonym für Günther Stern), 1902 bis 1992, musste seine ersten Kriegserlebnisse als zwangsweises Mitglied einer paramilitärischen Jugendgruppe 1917 erfahren. Nach dem Ersten Weltkrieg studierte er Philosophie bei Heidegger und Husserl, bei dem er auch dissertierte, eine Assistentenstelle aber ablehnte. Neben seiner Arbeit als Kulturjournalist in Berlin und Paris schrieb er weiterhin Gedichte. Die französische Fassung seines Textes „Die Weltfremdheit des Menschen" (1936) übte großen Einfluss auf Sartres Existenzialismus aus. Nach der Machtübernahme der Nazis floh er zunächst nach Paris, 1936 nach Amerika. 1950 kehrte Anders nach Europa zurück und ließ sich wegen seiner Frau in Wien nieder. Seit den 50er-Jahren nahm er vehement Stellung gegen die Möglichkeit eines Atomkriegs. Er wurde Mitinitiator der Anti-Atombewegung und korrespondierte mit Claude Eatherly, der als Pilot am Abwurf der ersten Atombombe beteiligt war. Band 1 seines Hauptwerks „Die Antiquiertheit des Menschen" erschien 1956 (Band 2 1980). 1967 war er neben Sartre Mitglied des Russell-Tribunals gegen die amerikanischen Verbrechen in Vietnam. 1982 trat er aus der Jüdischen Gemeinde Wien aus, da er den Einmarsch Israels in den Libanon nicht verteidigen wollte. 1989 verließ er die Berliner Akademie der Künste, als diese eine Lesung von Salman Rushdies „Satanischen Versen" in ihrem Haus ablehnte. Sein jahrzehntelanges politisches Engagement, dessen mangelhafte Ausbildung bei Adorno er im Briefwechsel u.a. thematisierte, kommentierte Anders Mitte der 60er-Jahre so: „Die Infamien halten mich in Gang."

Apostel, Hans Erich
Der Komponist Hans Erich Apostel, 1901 bis 1972, kam nach Wien, um bei Schönberg und Alban Berg, dessen Partituren er teilweise für den Druck einrichtete, zu studieren. Daneben arbeitete er als Kinomusiker und Privatlehrer. Während des Nationalsozialismus wurden seine Werke nicht aufgeführt, da diese und die ihnen zugrunde liegenden musikalischen Haltungen nicht erwünscht waren. Nach dem Zweiten Weltkrieg gab er Kompositionsunterricht und arbeitete als Lektor und Liedbegleiter. In den 50er-Jahren komponierte er in der Reihentechnik.

Auer, Alexander
Alexander „Atti" Auer, Jahrgang 1915, war zwischen 1946 und 1960 Generalsekretär des Österreich College, danach bis 1964 dessen Vizepräsident. Neben Bloch, Feyerabend, Popper, von Hayek, Marcuse und Indira Gandhi trat auch Adorno im Rahmen dieser jährlich in Tirol stattfindenden Großveranstaltung, die sich heute Europäisches Forum Alpbach nennt, auf. Daneben stand Auer dem einer „Initiative führender Unternehmungen der Wirtschaft entsprungenen" Institut zur Förderung der Künste in Österreich als Generalsekretär vor und veröffentlichte in dieser Funktion die Anthologie „Continuum. Zur Kunst Österreichs in der Mitte des 20. Jahrhunderts" (1957). Zuletzt erhielt Auer eine Berufung in den diplomatischen Dienst und wurde Direktor der Abteilung für bilaterale kulturelle Beziehungen im österreichischen Außenministerium.

Auer, Erich
Kammerschauspieler Erich Auer, Jahrgang 1923, war seit 1951 Mitglied des Wiener Burgtheaters und Betriebsratsobmann des Ensembles. Seine Arbeiten für den Rundfunk und die Auftritte als Filmschauspieler trugen nicht unwesentlich zu seiner Beliebtheit und Anerkennung bei.

Bahr, Hermann
Der Schriftsteller Hermann Bahr, 1863 bis 1934, war im Wien der Jahrhundertwende ein einflussreicher Theater-, Literatur- und Kunst-Kritiker. Er wurde durch Ritter von Schönerer mit deutschnationalem Ideengut vertraut und richtete als Bursch der Studentenverbindung Albia einen Appell an das Deutsche Reich Bismarcks, die „österreichischen Deutschen" heimzuholen. Diese Rede trug ihm den Ausschluss von der Wiener Universität ein. Danach setzte er seine Hoffnung auf den Thronfolger Franz Ferdinand, da dieser ihm geeignet schien, die Missstände in der österreichischen Politik zu beseitigen. Während des Ersten Weltkrieges betonte er, dass eine Rettung Österreichs nur möglich sei, wenn das Testament Franz Ferdinands vollstreckt werde. Dabei setzte er auf den jungen Kaiser Karl, in dem er noch einmal das Aufleuchten der altösterreichischen Weisheit erblickte. Nach 1918 trat er für die staatliche Eigenständigkeit Österreichs ein und verurteilte die Anschlusspolitik der jungen Republik. – Neben einem Zyklus von sieben zeitkritischen Diskussionsromanen schuf Hermann Bahr eine Reihe von Lustspielen, beispielsweise „Das Konzert". Als Essayist war er permanent darum bemüht, auf die neuesten Stilwandlungen der europäischen Literatur hinzuweisen.

Baumann, Gerhart
Gerhart Baumann, geboren 1920, war Professor für Neue deutsche Literaturgeschichte an der Universität Freiburg.

Bayr, Rudolf
Der Schriftsteller und Übersetzer Rudolf Bayr, 1919 bis 1990, gab nach dem Zweiten Weltkrieg die Zeitschrift Wiener literarisches Echo heraus, wurde später Leiter der Abteilung Kultur und Wissenschaft beim ORF und war zuletzt, 1975 bis 1984, Intendant des Landesstudios Salzburg.

Bächli, Samuel
Der Publizist Samuel Bächli, Jahrgang 1918, studierte Germanistik und Geschichte in Zürich und promovierte ebendort 1944. Bis 1949 leitete er das polnische Programm von Radio Zürich, danach war er Dozent für deutsche Literatur in Uppsala. Ab 1963 Direktor des Radiostudios Zürich, Norddeutscher Rundfunk.

Becker, Hellmut
Dr. Hellmut Becker, geboren 1913, war Professor für Kulturpolitik und Bildungsforschung. Er arbeitete an der Freien Universität Berlin und war seit 1963 Direktor des Instituts für Bildungsforschung in der Max Planck-Gesellschaft. Becker beriet das Institut für Sozialforschung, das von Adorno und Horkheimer geleitet wurde, in rechtlichen Angelegenheiten (sein Nachfolger in dieser Funktion war Alexander Kluge). Er war der Sohn des preußischen Kultusministers Carl Heinrich Becker.

Benjamin, Walter
Der Philosoph, Kunsttheoretiker und Essayist Walter Benjamin, 1892 bis 1940, emigrierte mit der Machtübernahme der Nazis 1933 nach Frankreich. Im Exil (und auch schon zuvor) litt er unter andauerndem Geldmangel. 1940 nahm er sich, ein von Horkheimer vermitteltes USA-Visum in der Tasche, auf der Flucht vor den Nazis das Leben. 1942 gaben Adorno und Horkheimer den hektographierten Sammelband „Walter Benjamin zum Gedächtnis" heraus, der u.a. seine Thesen „Über den Begriff der Geschichte" enthält. Benjamin gilt heute mit seiner Kritik der Grundlagen der bürgerlichen Gesellschaft und ihrer Ästhetik als einer der wichtigen Schriftsteller des 20. Jahrhunderts.
Adorno sorgte nach dem Krieg dafür, dass Benjamins „Schriften" (1955) wieder verfügbar wurden und gab auch seine „Briefe" (1966, mit G. Scholem) heraus. Für diese Edition wurde er heftig kritisiert. Man warf ihm vor, er wäre bei der Herausgabe von Benjamins „Schriften" (1955) und „Briefen" (1966) manipulativ vorgegangen, er hätte Benjamins Hinwendung zum Marxismus unterschlagen und entstelle durch seine Edition das Gesamtwerk von Benjamin.
Zusätzlich wurde behauptet, Adorno und Horkheimer hätten während des Pariser Exils nicht genug für Benjamin getan, ihn sogar bei seinen Veröffentlichungen in der Zeitschrift für Sozialforschung unter Druck gesetzt, und auch seine Flucht nicht genügend unterstützt.
Gershom Scholem, der wohl engste Freund Benjamins, der als Mitherausgeber der Briefe kaum kritisiert wurde, meinte dazu lapidar, man könne in der Beurteilung der Schriften Benjamins „legitimerweise verschiedener Meinung sein", und das müsse auch für Adorno gelten. Deshalb vermute er die „Niedertracht" woanders, nämlich darin, dass Adorno nun „groteskerweise als Antimarxist (erscheint), dem der Marxismus Benjamins nicht gepasst hätte, und nicht als der Marxist, dem der Marxismus Benjamins nicht durchdacht genug erschienen wäre". (Scholem, Briefe II, S. 201) Die Auseinandersetzung ist also nicht auf philologische Fragen der Edition reduzierbar, sondern muss auch als politischer Streit interpretiert werden, „als

eine Auseinandersetzung um den mit einem theoretischen Werk verbundenen Anspruch oder Nichtanspruch politischer Praxis". (Kraushaar, 1998, Bd. 1, S. 293)
Der Streit um die linken Spuren Benjamins wird tatsächlich kompliziert erst durch die rechten Pfade, auf denen er auch gewandelt ist. Und hier sind Adorno und Scholem bei der Briefauswahl in der Tat selektiv vorgegangen. So wurde ein Brief Benjamins an den damals (noch) rechtskonservativen Staatsrechtler Carl Schmitt aus dem Jahr 1930 nicht aufgenommen, in dem er seine Bewunderung und Anerkennung für diesen zum Ausdruck gebracht hatte. Es gab zwischen Benjamin und Schmitt eine „Parallelität des Denkansatzes": Beide waren Gegner von Kompromissen, damit auch des Parlamentarismus, beide waren der Überzeugung, dass erst im Ausnahmezustand sich der Geist der Epoche erfülle, beide kultivierten, wie hunderttausend andere, ihre Neigung zum Absoluten und Theologischen, beide lehnten den Schöpferkult des Bürgertums ab. (Vgl. Paul Noack, Carl Schmitt, 1993, S. 110 ff. Adorno hat auch bei der Edition der „Schriften" Benjamins Beziehung zu Schmitt durch Weglassen von Anmerkungen, die sich auf diesen bezogen, unter den Tisch fallen lassen; andere Weglassungen betrafen Ludwig Klages und Ernst Jünger.)
Peter Szondi, ein Schüler und enger Freund Adornos, wies nach dem Tod des Philosophen darauf hin, dass er fest glaube, „daß Adorno und Horkheimer alles getan haben, um Benjamin [während des Exils] zu retten, daß aber Adorno nach dem Krieg nicht alles getan hat, um Benjamins Gesamtwerk zu publizieren". (Szondi, Briefe, 1993, S. 282)
Die Kritik gegen Adorno wurde in der Zeitschrift Alternative 56-57/1967, von Helmut Heißenbüttel im Merkur 21/1967 und 22/1968, von Peter Hamm in den Frankfurter Heften 22/1967 und von Wolfram Schütte in der Frankfurter Rundschau vom 19.1.1968 vorgetragen. Rolf Tiedemann erwiderte in der Zeitschrift Argument 10/1968. Siehe dazu auch Adornos „Interimsbescheid" jetzt in GS 20.1, S. 182 ff.

Bethmann, Marilène von

Marilène von Bethmann, 1920 bis 1996, die Tochter des Bankiers Simon Moritz von Bethmann und der holländischen Gräfin Maximiliane Schimmelpenninck war in erster Ehe mit dem Offizier Claus-Joachim Bauer (gefallen 1943) verheiratet, danach, von 1949 bis 1953, mit dem Schauspieler Erich Musil. Ihre Ausbildung zur „Schauspielerin der alten Schule" erwarb sie sich durch privaten Unterricht in Marburg. Das erste Engagement hatte Bethmann Ende der 40er-Jahre in Frankfurt, danach spielte sie in verschiedenen Städten der BRD (u.a. in Göttingen bei Heinz Hilpert). Im ORF spielte sie 1968 neben Paul Hoffmann in dem Film „Herrenhaus" und 1969 unter der Regie von Harald Benesch in dem Fernsehspiel „Dynamit". Mit Bruno Voges drehte sie „Die Bettelprinzess" (1974). Im Fernsehen wurde die zurückgezogen lebende Schauspielerin in den 70er- und 80er-Jahren vor allem durch ihre Auftritte in den Krimiserien „Tatort", „Der Alte", „Derrick", „Polizeiinspektion I" und „Der Kommissar" bekannt.

Bloch, Ernst

Der Philosoph Ernst Bloch, 1885 bis 1977, entwickelte sein „Prinzip Hoffnung", die Möglichkeit einer humanen Gesellschaft, durch die Verbindung von kritisch angeeignetem Marxismus mit – materialistisch gewendeten – jüdisch-christlichen Endzeitvorstellungen. Nachdem die Nazis in Deutschland die Macht übernommen hatten, emigrierte er zunächst in die Schweiz, dann über Italien, Österreich, die Tschechoslowakei und Polen 1938 in die USA. Nach dem Zweiten

Weltkrieg ging er in die DDR, weil er in Leipzig eine Professur erhielt. 1957 wurde er nach politischen Auseinandersetzungen mit der DDR-Spitze zwangsemeritiert. 1961 übersiedelte er in die BRD, wurde Gastprofessor in Tübingen und zu einer Leitfigur für die Studentenbewegung und die Neue Linke sowie progressive Christen.
Adorno und Bloch begegneten sich ab 1928. Im Laufe ihres Leben entfaltete sich zwischen beiden so etwas wie Freundschaft in der Verschiedenheit, die an einem grundsätzlichen, also unauflöslichen Konflikt litt: dem unterschiedlichen Verhältnis zur politischen Praxis. Bloch hatte sich in den 60er-Jahren – wieder einmal – parteilich engagiert. Nach seinem Einsatz für die Sowjetunion, und, in Adornos Augen, seinem Einsatz für die DDR, also beide Male für den „stalinistischen" Osten, ergriff er jetzt Partei für die Studentenbewegung. Umgekehrt war Adornos Distanz zur Praxis Bloch bestens bekannt, er war darüber nicht mehr zu enttäuschen, weshalb er sich, wie Burghart Schmidt im Gespräch 2003 überliefert, auf eine pragmatische Position zurückzog: Da Adorno brauchbare intellektuelle Arbeit leiste, könne man darüber hinwegsehen, dass auf ihn politisch nicht zu zählen wäre.
Was Adorno damals über Bloch tatsächlich dachte, schrieb er Weihnachten 1968 in eines seiner philosophischen Tagebücher: Ernst Bloch sei „das einzige Exempel eines Philosophen, … der eigentlich nicht *dachte*", weshalb „seine unversöhnliche Rancune" erregt würde, wenn er, wie in Adornos „Negativer Dialektik", „auf den Gedanken stößt".
Konkret bezogen sich die „angst und bange" machenden „Erfahrungen", die Adorno Tobisch gegenüber ansprach (s. Brief 176), auf eine „unverzeihliche" Passage in Blochs „Atheismus im Christentum" (1968, S. 324 f.). Dort würde Bloch in seiner Auseinandersetzung mit dem Bösen ihm unterstellen, dass er das Böse isoliere und übertreibe, „wie eben das bei allzu gehobener Verzweiflung oder in Adornos Jargon der Uneigentlichkeit des Guten Mode war. Über dem erwähnten Raunzen an sich, mit jener nichts als negativen Dialektik, die Marx, sogar Hegel relativieren mußte und so zuverlässig kein Kampf, gar ‚Algebra der Revolution' mehr war". Hier handle es sich „zuletzt" nur mehr um Dekoration, „eine Art schwaches, doch sozusagen wohlklingendes Parfum". In der Substanz ging es also, wie schon in Jugendtagen, um das unüberwindlich unterschiedliche Verhältnis von philosophischer Theorie und politischer Praxis. (Adorno-Zitate siehe Frankfurter Adorno Blätter II, S. 28, 95; VI, S. 78; VIII, S. 29, 31 f.)

Bogianckino, Massimo

Massimo Bogianckino, Jahrgang 1922, studierte Klavier und Komposition. Er unterrichtete an verschiedenen Konservatorien und Universitäten. Als künstlerischer Direktor leitete er u. a. das Teatro dell' Opera in Rom (1963-1968).

Bond, Edward

Der englische Dramatiker Edward Bond, Jahrgang 1934, erregte 1966/67 mit seinem Stück „Gerettet" großes Aufsehen. Er beschäftigt sich darin mit der Entstehung von Gewalt, deren Darstellung er in seinem Schaffen insgesamt als ein zentrales dramaturgisches Gestaltungsmittel einsetzt. Das Stück handelt von Len, der Pam liebt. Pam aber liebt Fred, obwohl dieser sie sehr schlecht behandelt und sich sogar an der – einen Skandal provozierenden – Steinigung ihres gemeinsamen Babys durch eine Gruppe von Männern beteiligt. Bond will zeigen, dass Gewalt „keine Funktion der menschlichen Natur, sondern der menschlichen Gesellschaften" sei. Die einzig mögliche Antwort auf die Gewalt ist, so Bond, „die Verhältnisse, die sie hervorrufen, zu ändern.“ Am Ende des Stücks sieht man wie Len, der bei seiner Familie bleibt und sich mit Pams Eltern versöhnen will, einen gebrochenen Stuhl repariert. – „Saved“ wurde 1965 uraufgeführt, die deutschsprachige Erstaufführung fand im Wiener Atelier Theater am 12.5.1966 unter der Regie von Veit Relin statt. Die Adornos dürften 1967 Peter Steins erfolgreiches Debüt als Regisseur miterlebt haben, das er mit Bonds „Gerettet“ in den Münchner Kammerspielen gab.

Borodajkewycz, Taras
Im März 1965 bekannte sich Dr. Taras Borodajkewycz, Professor an der Hochschule für Welthandel in Wien, zu seiner früher gemachten Erklärung, das „Geflunker von der österreichischen Nation“ gehöre zu den „unerfreulichsten Überresten des an Gesinnungs- und Würdelosigkeiten reichen Jahres 1945“. Die Staatsanwaltschaft veranlasste daraufhin Erhebungen nach dem NS-Gesetz. Borodajkewycz unterrichtete weiter, was zu mehreren Demonstrationen führte. Während der Pro-Borodajkewycz Demonstration kam es vor der Staatsoper zu einem ersten Handgemenge mit Widerstandskämpfern. Zwei Tage später, am 31. März, kam es erneut zu einem Zusammenstoß der Demonstrationszüge der Widerstandskämpfer und der nationalen Studenten, der in Schlägereien gipfelte. Vor dem Hotel Sacher wurde der Pensionist Ernst Kirchweger von dem als Neonazi bekannten Studenten Günther Kümel schwer verletzt. Kirchweger starb am 2. April, Kümel wurde wegen Notwehrüberschreitung zu zehn Monaten strengem Arrest verurteilt.
Im Zuge einer dieser Demonstrationen wurde Lotte Tobisch geringfügig verletzt. Sie hatte sich vor dem Burgtheater mit einigen Mitgliedern des Hauses – dem Regisseur Leopold Lindtberg, den Schauspielern Achim Benning, Bruno Dallansky und Sonja Sutter sowie dem Bühnenbildner Josef Eugen Bosch – kurzzeitig dem Protest angeschlossen. „Lotte Tobisch“, schrieb damals die Tageszeitung Express, „riß ein Gegentransparent mit der Aufschrift ‚Rufmord‘ [an Borodajkewycz] zu Boden. Darauf wurde sie von einem der farbentragenden Studenten mit der Transparentstange attackiert. Die Schauspielerin wurde im Gesicht verletzt.“

Böschenstein, Bernhard
Der Literaturwissenschaftler Bernhard Böschenstein, Jahrgang 1931, war Ende der 50er-Jahre Dozent an der Freien Universität in Berlin, danach in Göttingen und Harvard. Von 1964 bis zu seiner Emeritierung unterrichtete er als Professor für Germanistik an der Universität Genf.

Breicha, Otto
Dr. Otto Breicha, Jahrgang 1932, Kunsthistoriker, Publizist und Kulturmanager, war von 1969 bis 1974 Direktionsmitglied des Avantgardefestivals „steirischer herbst“ in Graz, 1980 bis 1997 Direktor des Rupertinums in Salzburg.

Breitbach, Joseph
Joseph Breitbach, 1903 bis 1980, widmete sich in seinen frühen Prosatexten der Arbeitswelt der Angestellten („Rot gegen Rot“). Sein erster Roman, „Die Wandlung der Susann Dasseldorf“, wurde 1933 von den Nazis verboten, das Manuskript seines Romans „Clemens“ 1940 von der Gestapo beschlagnahmt. Mit dem 1962 veröffentlichten politischen Roman „Bericht über Bruno“ gelang ihm ein Bestseller, er wurde in sieben Sprachen übersetzt. Als Journalist arbeitete der in

Paris lebende Autor ab 1935 für den Figaro, später auch als Korrespondent für die Hamburger Zeit. Seit 1998 wird der hochdotierte Joseph Breitbach-Preis vergeben.

Brentani, Ermanno und Lotte

Lotte und Ermanno, genannt Pick, Brentani, waren offensichtlich eng mit den Adornos befreundet (s.a. Brief 133, 144). – In der Adorno-Bildmonographie ist eine Tagebucheintragung betreffend die Italienreise der Adornos im Jahr 1961 veröffentlicht. Hier heißt es auf Seite 272: „Spätes Diner, 9.30, mit Iris [von Kaschnitz], allein, bei Pasetto, den mir am Morgen Pick Brentani aus Montecatini [-Therme, bei Lucca] am Telephon empfohlen hatte.“ – Genauere Informationen konnten nicht gefunden werden.

Buckwitz, Harry

Harry Buckwitz, 1904 bis 1987, begann als Schauspieler und wurde im NS mit Auftrittsverbot belegt und 1937 aus der Reichstheaterkammer ausgeschlossen. Danach war er in Nordafrika als Hoteldirektor tätig. Nach Kriegsausbruch repatriiert, übernahm er 1941 die Leitung des Savoy-Hotels in der von den Deutschen besetzten polnischen Stadt Lodz. Im Herbst 1944 wurde Buckwitz zur Wehrmacht eingezogen. Nach dem Krieg kam er als Direktor und Regisseur an die Münchner Kammerspiele und setzte sich für Brecht ein, der aus politischen Gründen damals kaum gespielt wurde. Anfang der 50er-Jahre berief ihn die Stadt Frankfurt auf den Posten des Generalintendanten der Städtischen Bühnen, den er bis zu seinem Rücktritt 1968 innehatte („Buckwitzbetriebe“). Nach einigen Jahren als Gastspielregisseur übernahm er 1970 das Schauspielhaus Zürich. Buckwitz war mit Nuri, geborene Wagner, verheiratet.

Buschbeck, Erhard

Erhard Buschbeck, 1889 bis 1960, studierte Jura in Wien. Während seines Studiums war er Obmann des Akademischen Verbandes für Literatur und Musik, der beispielsweise die damals noch wenig bekannten Maler Oskar Kokoschka, Anton Faistauer und Erwin Lang ausstellte und Werke von Schönberg, Webern und Berg aufführte. Auch das mittlerweile in die Musikgeschichte eingegangene Schönberg-Konzert im Großen Musikvereinssaal („Watschenkonzert“) vom März 1913 wurde von Buschbecks Verband veranstaltet. Buschbeck war eng mit Georg Trakl (1887-1914) befreundet und gehörte zum Kreis um Theodor Däubler. 1918 holte ihn Hermann Bahr ans Wiener Burgtheater. Ebendort war er in den verschiedensten Funktionen (Dramaturg, literarisch-artistischer Sekretär, interimistischer und stellvertretender Direktor) tätig. Als Schriftsteller veröffentlichte er u.a. „Georg Trakl. Ein Requiem“ (1917), „Raoul Aslan und das Burgtheater“(1946). Erhard Buschbeck war Lotte Tobischs große Liebe, „das Zentrum meines Lebens“. Die Publikation „Erhard Buschbeck. Der heimliche Burgherr“, 1979 vom Österreichischen Theatermuseum herausgeben, enthält einen längeren Text von Lotte Tobisch. – Siehe auch Anmerkung zu Brief 1, 2.

Butor, Michel

Der Schriftsteller und Literaturwissenschaftler Michel Butor, Jahrgang 1926, unterrichtete bis 1958 an höheren Schulen in mehreren europäischen Ländern. Danach war er Lektor bei Gallimard in Paris (bis 1968) und hatte parallel dazu eine Reihe von Gastprofessuren in den

USA. In den 70er-Jahren wurde er zunächst a.o. Professor, dann Ordiniarius für Linguistik und moderne französische Literatur. Als Schriftsteller wurde er vor allem durch seinen dritten Roman, „La Modification“ (1957), bekannt, der zu einem Schlüsselwerk des „nouveau roman“ wurde. Seine fünf Bände umfassenden Kommentare und Anmerkungen zur modernen Literatur („Répertoire I-IV“, 1960-1982) machten ihn auch als Essayisten berühmt.

Cartier, Rudolph

Rudolph Cartier, 1904 bis 1994, ist der anglisierte Name des österreichischen Drehbuchautors und Fernsehregisseurs Rudolf Katscher. Nach der Machtübernahme der Nazis in Deutschland kehrte er vorübergehend nach Österreich zurück und ging 1935 nach London. Seit Anfang der 50er-Jahre bei der BBC beschäftigt, produzierte und inszenierte er mit Erfolg hauptsächlich Stücke für das englische Fernsehen. Lotte Tobisch drehte für den ORF zwei Fernsehfilme mit Cartier. In „Briefe eines toten Dichters“, dem eine Novelle von Henry James zu Grunde liegt, spielt sie die Rolle der Helene Prest. Gesendet wurde der Film am 20.3.1964. Das zweite Fernsehspiel trägt den Titel „Das Haus der Vergeltung“ nach dem Drama „Corinth House“ von Pamela Hansford Johnson. Es handelt sich dabei, laut Fernseh-Archiv, um „ein intim-spannendes psychologisches Problemspiel um den Konflikt einer pensionierten Lehrerin und deren ehemaliger Schülerin, die der alten Frau an ihrem zerstörten Leben die Schuld gibt und sich auf raffinierte Weise zu rächen versucht.“ Lotte Tobisch spielt die Rolle der Frau Heysham, ausgestrahlt wurde der Film am 27.11.1964 und am 15.10.1966.

Celan, Paul

Der Lyriker Paul Celan, 1920 bis 1970, studierte Medizin und Romanistik. Während der Nazidiktatur war er von 1942 bis 1944 in einem Arbeitslager. Seit 1948 lebte er in Paris, wo er ab 1959 als Lektor für deutsche Sprache und Literatur an der Ecole Normale Supérieure arbeitete. Adorno lernte Celan 1960 über eine Initiative von Peter Szondi kennen. Celans eigenwilliger Prosatext „Gespräch im Gebirg“ imaginiert das erste nicht stattgefundene Treffen mit Adorno in Sils-Maria 1959. Er thematisiert dabei auch die Möglichkeit oder Unmöglichkeit von Lyrik nach Auschwitz, also Adornos Diktum zu dieser Problematik, die er als Autor der „Todesfuge“ nicht teilen konnte. Trotzdem schätzte er Adornos Philosophie sehr, insbesondere seine „Negative Dialektik“, in der der Philosoph sein Diktum mit den Worten korrigierte: „Das perennierende Leiden hat so viel Recht auf Ausdruck wie der Gemarterte zu brüllen.“ Adorno seinerseits sah in Celan und Beckett schon Jahre davor „die authentischen Künstler der Gegenwart …, in deren Werken das äußerste Grauen nachzittert“. Zu seinem projektierten Essay über Celans „Sprachgitter“ kam es aber nicht mehr.

Cerha, Friedrich

Der Komponist und Dirigent Friedrich Cerha, Jahrgang 1926, studierte an der Wiener Akademie Komposition und Geige sowie Philosphie und Germanistik (Dissertationsfach) an der Universität. 1958 gründete er gemeinsam mit dem Komponisten Kurt Schwertsik „die reihe“, ein Ensemble für zeitgenössische Musik. Unkonventionelle Programme und Präsentationsformen der „reihe“ waren vor allem beim jüngeren Publikum erfolgreich. Bereits im Herbst 1959 konnte ein eigener Konzertzyklus im Mozart-Saal des Wiener Konzerthauses realisiert werden. Erstmals waren dadurch Werke von Pierre Boulez, Luigo Nono, Bruno Maderna, Karlheinz Stockhausen und John Cage in Wien zu hören. Unter Cerhas Werken sind u.a. sein „Spiegel-Zyklus" (1960), seine Opern „Baal" (1981) und „Der Riese von Steinfeld" (2002) nach einem Libretto von Peter Turrini zu nennen. – Zur „Vollendung" der Oper „Lulu" siehe Anmerkung zu Brief 24.

Coudenhove-Kalergi, Barbara

Barbara Coudenhove-Kalergi, Jahrgang 1932, studierte Soziologie und arbeitete damals als Journalistin für die österreichischen Tageszeitungen Neues Österreich, Arbeiterzeitung und Die Presse. Später wurde sie Prag-Korrespondentin des ORF. Ihr Bruder, Hans Heinrich Coudenhove-Kalergi, war, bevor es zu Trennung kam, mit der jung verstorbenen Hete Hünermann, der Schwester von Gabriele Henkel, verlobt.

Craft, Robert

Der Dirigent und Musikschriftsteller Robert Craft, Jahrgang 1923, setzte sich zwei Schwerpunkte in seinem Schaffen. Der eine war alte Musik, beispielsweise Monteverdi, Schütz, Bach, Haydn oder Gesualdo, zu dessen Wiederentdecker er durch seine Einspielungen wurde. Der andere war zeitgenössische Musik, hier vor allem Stockhausen, Varése, Boulez, die Zweite Wiener Schule, insbesondere Webern, dessen Gesamtwerk er als Erster einspielte. Er dirigierte außerdem die amerikanische Uraufführung von Alban Bergs Oper „Lulu". Ab 1948 arbeitete Craft eng mit Stravinsky zusammen. Er war es, der Igor Stravinsky in den 50er-Jahren mit den neuen Entwicklungen der Musik vertraut machte und ihn für Schönberg und Webern öffnete, was zu einer radikalen Wende in Stravinskys Schaffen führte.
Über die Aufnahmebedingungen der von Adorno in Brief 132 als „scheußlich" kritisierten Webern-Einspielung schrieb Robert Craft: „Our discs are all recorded ‚performances'. The public does not realize to what extent conventional records are pieced together from hundreds of scraps of tapes. (...) They are true performances – readings without breaks. Mistakes are inevitable in such a procedure. (...) A great deal could be said of the problems of this project ... of extracting parts from scores that had never before been performed, of the final agony of time, when three works have to be recorded in three hours and you must do a masterpiece such as the Concerto, Op. 24, in a few minutes and so play it straight through and produce your worst performance. Still, many of the performances may be a long time unbettered. (...) Nevertheless, performance gives a quality of excitement that compensates for much."
Anton Webern. The Complete Music. Recorded under the Direction of Robert Craft. Columbia Masterworks K4L-232. Die Gesamtaufnahme erschien 1957 auf Langspielplatte. Die von Adorno angesprochenen Trakllieder (Op. 14) werden von Grace-Lynne Martin gesungen und befinden sich auf Platte 2, Seite 1.

Dahlhaus, Carl

Carl Dahlhaus, 1928 bis 1989, war bis zu seiner Habilitation 1966 wissenschaftlicher Sachbearbeiter an der Universität Kiel. Ein Jahr später übernahm er einen Lehrstuhl für Musikwissenschaft an der Technischen Universität Berlin. Er war u. a. Editionsleiter der Richard Wagner-Gesamtausgabe und Mitherausgeber der Werke von Arnold Schönberg.

Dallago, Carl

Carl Dallago, 1869 bis 1949, war ab etwa 1900 als freier Schriftsteller tätig. 1912 ließ er sich in Torbole nieder. Seine Texte entstanden vorwiegend während ausgedehnter Wanderungen in der heimatlichen Umgebung. Er war eine Zeit lang führender Mitarbeiter von Fickers berühmter Zeitschrift. Ohne Dallagos Existenz wäre Der Brenner, schrieb Ficker, „nie ins Leben getreten". (Ludwig von Ficker, „Denkzettel und Danksagungen", 1967, S. 59, 185 ff.) Georg Trakl – und Theodor Däubler – wurden von Ficker besonders gefördert.

Däubler, Theodor

Der Schriftsteller Theodor Däubler, 1876 bis 1934, schrieb während seines 12-jährigen Wanderlebens sein 30.000 Verse umfassendes Hauptwerk „Das Nordlicht". Es befasst sich mit der Menschheitsentwicklung im Spiegel einer neuen Naturreligion. Das Ziel der Welterlösung ist die Wiedervereinigung mit der Sonne, dem Symbol des Geistes. Der Staatsrechtler Carl Schmitt sah in Däubler den Mythenschöpfer, in dessen Bildern die große Weltschau und Kritik einer aus den Fugen geratenen Zivilisation aufflammte. Er hielt ihn bis zu seinem Lebensende für den „größten modernen deutschen Dichter". Däubler, ein führender Vertreter des deutschen Expressionismus, war u.a. mit Tomaso Marinetti, d'Annunzio, Ernst Barlach, zu dessen beliebtem Modell er wurde, befreundet und arbeitete einige Jahre an Ludwig von Fickers Zeitschrift „Brenner" mit. Adorno hatte sich als Autor (siehe u.a. „Minima Moralia", 1997, S. 254) und Komponist mit dem Expressionisten auseinandergesetzt. Seine „Drei Gedichte von Theodor Däubler für vierstimmigen Frauenchor a capella, op. 8" entstanden in den Jahren 1923 bis 1945 und sind auf der CD „Theodor W. Adorno, Kompositionen", Wergo 1990, zu hören.

Deutsch, Hans

Seinen Ruf als international anerkannter Experte in Entschädigungsangelegenheiten errang Hans Deutsch, Jahrgang 1906, u. a. im Fall der Familie Rothschild, für die er auf dem Vergleichsweg 87 Millionen Mark Wiedergutmachung durchsetzte. Im Fall der Kunstsammlung Hatvany, auf die sich Adorno in Brief 56 bezieht, einigte er sich 1962 mit dem deutschen Bundesfinanzministerium auf eine Summe von 35 Millionen. 17,5 Millionen wurden sofort ausgezahlt, die zweite Hälfte sollte im Herbst 1964 fällig werden.

Als Hans Deutsch am 3. November 1964 in Bonn wegen der zweiten Rate vorsprach, wurde er in Anwesenheit eines „Bild"-Fotografen wegen des Verdachts verhaftet, die Behörden über den Wert der auf 400 Millionen Mark geschätzten Gemäldesammlung (u.a. Pissarro, Manet, Cézanne, Renoir, Degas) getäuscht sowie Zeugen zu Falschaussagen animiert zu haben. Juristisch ausgedrückt: Betrug zum Nachteil der Bundesrepublik Deutschland und Anstiftung zum Meineid. Das Foto von der Verhaftung ging um die Welt: Der damals erfolgreichste Wiedergutmachungsanwalt, ein jüdischer zumal, stand unter dem dringenden Verdacht, das deutsche Volk betrogen zu haben. Die allgemeine Stimmung, berichtet Deutschs Wiener Rechtsanwalt Gottfried Peloschek, war klar gegen seinen Mandanten gerichtet. Auch die Wiener Szene legte wenig Wert auf das, was Juristen Unschuldsvermutung nennen.

Mitangeklagt war auch Friedrich Wilcke, ehemals Mitglied der Waffen-SS, der den Raub zuerst nach Wien, das reichte aber für Ansprüche an Bonn nicht aus, dann nach München bestätigte. Zunächst gab er dies zu Protokoll, dann das Gegenteil und schließlich das Gegenteil des Gegenteils. Und das wurde letztlich auch anerkannt. Das Gericht befand nämlich, dass das

Geständnis Wilckes (das seine Freilassung bewirkte), die Sammlung wäre doch nicht nach Deutschland transportiert worden, „das Ergebnis der starken Befragung eines Staatsanwalts ist". Auf der anderen Seite zählten zu den 80 Belastungszeugen der Strafverfolger die ehemaligen SS-Generäle Georg Keppler und Karl Peffer-Wildenbruch, der wegen Mordes verurteilte ehemalige Eichmann-Stellvertreter Hermann Krumey sowie der wegen Beihilfe zum Mord verurteilte frühere SS-Hauptsturmführer Otto Hunsche.

Im April 1973, beinahe neun Jahre nach seiner spektakulären Verhaftung, sprach das Gericht Hans Deutsch und Wilcke frei. Joseph Augstein, der Anwalt von Hans Deutsch und Bruder des Spiegel-Herausgebers, schrieb damals an seinen Mandanten: „Auf mein Befragen musste der höchstzuständige Beamte im Ministerium zugeben, erklärt zu haben, durch Ihren Fall habe die Bundesrepublik etwa 2 Milliarden für Wiedergutmachung erspart, weil man seit 1964 bei der Zubilligung von Wiedergutmachung viel zurückhaltender geworden sei."

Hans Deutsch kam nicht nur frei, da ihm die Anklagegründe nicht nachgewiesen werden konnten, es wurde ihm zunächst auch voller Schadenersatz zuerkannt. Die Revision des Bundesgerichtshofes bestätigte den Freispruch, der Schadenersatz wurde Hans Deutsch aber verweigert, weil er die Untersuchungshaft „grob fahrlässig verursacht" und außerdem falsche Angaben über Wert und Verbleib der Hatvany-Sammlung gemacht habe.

Der Fall Hans Deutsch, schrieb die Süddeutsche Zeitung, blieb für Teile der Öffentlichkeit weiterhin ein „Mysterium" – bis in den 90er-Jahren, also etwa 30 Jahre nach seiner Verhaftung, unbekannte Dokumente auftauchten. Die russischen Historiker Konstantin Akinsha und Grigorij Kozlov, sie hatten im Auftrag der Bundesregierung nach deutschen Kunstschätzen in Russland zu suchen, fanden Dokumente, die belegen, dass die Sammlung Hatvany *zuerst von der SS nach Berlin verschleppt* und 1945 von der Roten Armee in die Sowjetunion transportiert worden war. Leiter des Raubzuges nach Berlin war übrigens der SS-Sturmbannführer Wilhelm Höttl, der bis vor wenigen Jahren „wohlhabend und unbehelligt" (Süddeutsche) in Österreich lebte. Auf eine Entschuldigung und Wiedergutmachung wartete der Wiedergutmachungsanwalt auch nach Bekanntwerden dieser neuen, bestätigenden Fakten vergebens. Er starb 2002 im Alter von 96 Jahren in Pully bei Lausanne.

Hans Deutsch, schrieb 1972 Gerhard Mauz, galt als „ein literarisch und politisch anregender Kopf, als ein Mäzen". Er war kein beliebiger Anwalt, er war „die Personifizierung von Hoffnungen, Ansprüchen und Forderungen", ein „Vorkämpfer" an der Front der „Entschädigung für Opfer nationalsozialistischer Verfolgung" und an der Front der „Regelung rückstattungsrechtlicher Geldverbindlichkeiten des Deutschen Reiches".

Literatur: Gerhard Horn, Millionenbetrüger scheiterten am Datum. Hintergründe der Verhaftung des Verlegers Deutsch, in: Salzburger Nachrichten, [Mitte November 1964]; Ungarische Rhapsodie, in: Der Spiegel, Nr. 46/1964, S. 44 (s. a. Der Spiegel, Nr. 15/1966, S. 65; Nr. 21/1966, S. 56); Curt Riess, Fall Deutsch – oder ein Fall deutsche Justiz, in: Die Weltwoche, 24. 9. 1965, S. 57; Vögel noch vorhanden. Deutsch Przeß, in: Der Spiegel, Nr. 37/1970, S. 62f.; Gerhard Mauz, Auf der Steppenpiste bis Daressalam. Zum Strafverfahren gegen Professor Hans Deutsch, in: Der Spiegel, Nr. 39/1970, S. 102-107; Kurt Emmenegger, Der Fall Deutsch. Tatsachen zu einem Justizskandal, 1970; Gerhard Mauz, „Ich glaube, ich war da nicht sehr kleinlich". Im Strafprozeß gegen Hans Deutsch, in: Der Spiegel, Nr. 45/1972, S. 91 f.; Freispruch Deutschs bestätigt, in: Wiener Zeitung, 18. 7. 1974; Hans Deutsch klagt BRD, in: Wiener Zeitung, 21. 8. 1974; Deutsch-Prozeß. Freispruch bestätigt (enthält das Schreiben von RA Gottfried Peloschek an Die Presse), in: Die Presse, 8. 7. 1977; Konstantin Akinsha/Grigorij Kozlov, Beautiful Loot. The Soviet

Plunder of Europe's Art Treasures, New York 1995, S. 256-259; Burghart List, Hans im Glück, Hans im Unglück. Ein alter Justizskandal in neuem Licht, in: Die Süddeutsche Zeitung, 5. 6. 2001, S. 11; derselbe in Die Weltwoche, 23. 8. 2001, S. 31, und in Neue Welt, Nr. 12/1 2002/03; Fax-Nachricht von Burghart List an den Verfasser vom 10. 9. 2003; Protokolle der Telefongespräche: Burghart List, Berlin, am 9. 9. und 10. 9. 2003; Joran Deutsch, Pully bei Lausanne, am 8. 9. 2003; RA Dr. Gottfried Peloschek, Wien, am 10. 9. 2003.
Zur Zeit ist ein Dokumentarspielfilm von Kick-Film München mit dem Titel „Deutschland gegen Deutsch" (Drehbuch und Regie Michael Juncker) und ein Buch u.a. über den Fall Deutsch, das bislang unveröffentlichte Dokumente enthalten wird, in Vorbereitung.

Düringer, Annemarie
Die Schauspielerin Annemarie Düringer, Jahrgang 1925, besuchte nach dem Zweiten Weltkrieg das Reinhardt-Seminar in Wien und debütierte am Burgtheater. Ab 1954 übernahm die spätere Kammerschauspielerin Rollen in internationalen Filmen (sie war bei Century Fox unter Vertrag), ab 1962 trat sie auch im Fernsehen auf (zuletzt unter Dieter Wedel in „Der große Bellheim"). Neben der Burg spielte sie u.a. am Berliner Schiller-Theater, in den Münchner Kammerspielen und am Theater am Kurfürstendamm. Mit Rainer Werner Fassbinder, der sie für den Neuen Deutschen Film entdeckte, drehte Düringer „Berlin Alexanderplatz" (1980) und „Die Sehnsucht der Veronika Voss" (1982).

Ebner, Ferdinand
Der Philosoph und Pädagoge Ferdinand Ebner, 1882 bis 1931, zählte zu den Wegbereitern des Existenzialismus. Seine Lebensphilosophie stand unter dem Einfluss von Henri Bergson. Neben Martin Buber gilt er als Urheber der Philosophie des Ich-Du-Verhältnisses. Ebner war der Onkel der Schriftstellerin Jeannie Ebner und Mitarbeiter im sogenannten Brenner-Kreis (siehe Ludwig von Ficker).

Epp, Leon
Der Schauspieler, Regisseur und Theaterdirektor Leon Epp, 1905 bis 1968, gründete 1937 das Theater Die Insel, das 1938 geschlossen werden musste. 1939 bis 1941 war er Leiter der „Komödie", danach bis 1944 Oberspielleiter in Bochum und Graz. Nach dem Weltkrieg leitete er erneut die Insel. Von 1952 bis zu seinem Tod war er Direktor des Wiener Volkstheaters und setzte sich für die Aufführung moderner Theaterliteratur ein. Mitte der 50er-Jahre initiierte er die Aktion „Volkstheater in den Außenbezirken".

Ficker, Ludwig von
Ludwig von Ficker, 1880 bis 1967, katholischer Verleger und Schriftsteller, gründete 1910 in Innsbruck die Zeitschrift für Kunst und Kultur „Der Brenner". Bedeutung erlangte sie durch die Veröffentlichung der Texte von Georg Trakl, Carl Dallago, Theodor Däubler, Ferdinand Ebner und Theodor Haecker. Mitte der 60er-Jahre initiierte Tobisch eine von gegenseitigem Respekt getragene Briefbeziehung zwischen Ficker und Adorno.
Knapp vor dem Ersten Weltkrieg wurde in Tirol die Zeitschrift Der Brenner, herausgegeben von Ludwig von Ficker, gegründet, die dem Expressionismus in Österreich zum Durchbruch verhalf. Zu den Mitgliedern des Brenner-Kreises gehörten Dichter wie Trakl, Däubler und Dallago. Unter

den beteiligten Philosophen waren vor allem die christlichen Existenzialisten Ferdinand Ebner (1882-1931) und Theodor Haecker (1879-1945) prägend. Sören Kierkegaard wurde wesentlich durch Haecker (und dessen Übersetzungen) neu entdeckt.

Fiechtner, Helmut

Dr. Helmut A. Fiechtner, war seit 1947 Kulturredakteur und Musikkritiker der katholischen Wochenzeitschrift Die Furche. Er gab die Bücher „Hugo von Hofmannsthal – Der Dichter im Spiegel der Freunde" (1963) und „Hugo v. Hofmannsthal – Österreichische Aufsätze und Reden" (1956) heraus.

Franzel, Emil

Der Schriftsteller und Journalist Dr. Emil Franzel, 1901 bis 1976, lehnte zunächst den NS ab, passte sich aber nach dem Münchner Abkommen 1938 der Situation an und avancierte zu einem der „geistigen Führer der volksdeutschen Prags". Nach dem Krieg wurde er Mitglied der CSU, deren Vorsitzenden Franz Josef Strauß er nahe stand. Im Herbst 1964 wollte ihn die ÖVP zum Herausgeber der katholischen Wochenzeitung Die Furche machen, da ihr deren Kurs zu liberal geworden war. Friedrich Heer hatte zusammen mit Chefredakteur Kurt Skalnik eine weltoffene Katholizität und Versöhnlichkeit propagiert. Franzel konnte jedoch „gegen den Druck der Öffentlichkeit" (FAZ) nicht durchgesetzt werden. (Tobisch verwendet hier ironisch den Wahlspruch von Kaiser Franz Joseph: viribus unitis/mit vereinten Kräften.)

Freyhold, Michaela von siehe Alth, Michaela

Friedeburg, Ludwig von

Der Sozialwissenschaftler und Bildungspolitiker Ludwig von Friedeburg, Jahrgang 1924, konnte erst nach dem Zusammenbruch des 3. Reiches sein Studium aufnehmen. Während des Krieges war er Offizier (sein Vater war als letzter Oberbefehlshaber der Kriegsmarine einer der Mitunterzeichner der Kapitulation). Mitte der 50er-Jahre wurde er Assistent, dann Abteilungsleiter des Instituts für Sozialforschung. Nach seiner Habilitierung las er als Ordinarius für Soziologie an der Freien Universität Berlin. Ab Sommer 1966 war er gemeinsam mit Adorno für die Leitung des Frankfurter Instituts verantwortlich und hatte eine Professur für Soziologie an der Goethe-Universität. Ende der 60er-Jahre wurde er überraschend Kultusminister der neu gebildeten hessischen Regierung. Sein Hochschulgesetz (1970) zog wegen dessen deutlicher Tendenz zur Politisierung den Rücktritt aller vier Rektoren der hessischen Hochschulen nach sich. In der Favorisierung der Gesamtschule und in den Rahmenrichtlinien für Deutsch, Gesellschaftslehre und Kunsterziehung sah die konservative Opposition „Instrumente neomarxistischer Indoktrination". Nicht zuletzt wegen der besonders 1973 heftig geführten Diskussion um die Schulpolitik errang die CDU landespolitische Erfolge. 1975 wurde Friedeburg erneut Direktor des Instituts für Sozialforschung.

Gabriel, Leo

Leo Gabriel, 1902 bis 1987, war ein Schüler des katholischen Philosophen Alois Dempf, der ihn habilitierte und ihm zu einem Lehrstuhl in Wien verhalf. Wie sein Lehrer war er ein gestandener

Katholik und Mitglied des katholischen Cartellverbandes (CV). Von Dempf übernahm er auch die These von den drei philosophischen Schuften: Comte, Marx und Hegel. Gabriel sah in Hegel den Schöpfer einer revolutionär werdenden Dialektik, den Propagandisten einer ihm, dem Katholen, verhassten Weltanschauung. Zur doppelten Ironie wird diese Geschichte, meint Burghart Schmidt, wenn speziell Österreicher mehr glauben als denken, ihren Katholizismus mit Hegel überwinden zu können, dabei aber übersehen, dass Hegel selbst aus dem Katholizismus heraus gedacht hat. – Bei den Gegnern von Gabriel, so Tobisch, machte damals der Spruch die Runde: „Leo Gabriel: weder Löwe noch Erzengel."

Gielen, Josef
Der österreichische Regisseur und Theaterleiter Josef Gielen, 1890 bis 1968, verbrachte die NS-Zeit im argentinischen Exil. Nach dem Krieg wurde er Direktor des Wiener Burgtheaters (bis 1956), danach Oberspielleiter der Staatsoper. Seine Frau Rose, geborene Steuermann, war die Schwester des Pianisten Eduard Steuermann. Ihr gemeinsamer Sohn ist der Dirigent Michael Gielen. Die Gielens zählten zu den engsten Freunden von Lotte Tobisch.

Gielen, Michael
Michael Gielen, Jahrgang 1927, Dirigent, Pianist und Komponist, ist der Sohn des Regisseurs und Burgtheaterdirektors Josef Gielen. 1938 musste die Familie – seine Mutter Rose, eine Sängerin, war Jüdin – emigrieren. In den 50er-Jahren arbeitete er als Kapellmeister an der Wiener Staatsoper und betrieb daneben Analysestudien bei dem Schönberg-Schüler Joseph Polnauer. Von 1960 bis 1965 war er Chefdirigent der Königlichen Oper in Stockholm. Dann ging er nach Köln, später, von 1968 bis 1972, wirkte er als Musikdirektor des Orchestre National de Belgique in Brüssel. Seit 1971 ist er ständiger Dirigent des Südfunk-Sinfonieorchesters in Stuttgart. 1977 bis 1987 war er Direktor der Frankfurter Oper, 1986 bis 1999 Chefdirigent des Südwestfunk-Sinfonieorchesters Baden-Baden.
Als Spezialist für die Musik des 20. Jahrhunderts leitete Gielen eine Reihe von Uraufführungen, beispielsweise Zimmermanns Oper „Die Soldaten" (1965) oder Ligetis „Requiem" (1965). Zugleich widmete er sich aber auch dem traditionellen Repertoire. Als Komponist ist Gielen der Zweiten Wiener Schule und der seriellen Musik verpflichtet. Wahrscheinlich beschäftigte sich Adorno mit Gielens „4 Chöre mit 19 Instrumenten auf Gedichte von St. George" (1955-58) oder der Kantate „Un dia sobresale/Ein Tag tritt hervor" nach Pablo Neruda (1961-63). Gielen erhielt 1986 den Theodor W. Adorno-Preis der Stadt Frankfurt. – Siehe auch Brief 54, 60.

Glück, Franz
Der Schriftsteller und Museumsdirektor Franz Glück, 1899 bis 1981, arbeitete bis 1938 im Verlagshaus Anton Schroll in Wien. Nach dem „Anschluss" Österreichs ans Dritte Reich bekam er Berufsverbot, wurde aber vom Verlag heimlich weiter beschäftigt. Die existenzielle Not, in die seine Familie damit kam, konnte er durch Hilfe von Freunden und Gelegenheitsarbeiten lindern. Nach dem Krieg leitete er zunächst den Kunstverlag Anton Schroll und war nebenbei auch fur die Wiener Zeitung tätig. Glück wurde schließlich der Direktor des Historischen Museums der Stadt Wien am Karlsplatz. – Franz Glück ist der Vater des Regisseurs Wolfgang Gluck und Bruder des Bankiers Gustav Glück. Auch seine Beziehung zu Adorno geht auf eine Gemeinsamkeit der 30er-Jahre zurück: Walter Benjamin. Glück lernte Benjamin 1931 persönlich kennen und bemühte sich

später, für dessen „Berliner Kindheit um 1900" in Wien einen Verleger zu finden. Er arbeitete bis 1931 als Direktor der Gemäldegalerie des Kunsthistorischen Museums in Wien und musste während der Nazidiktatur emigrieren, zuerst nach London, dann nach Santa Monica.)

Glück, Gustav

Gustav Glück, 1902 bis 1973, der Onkel des Regisseurs Wolfgang Glück, stammte aus Wien und arbeitete bis 1938 als Direktor der Auslandsabteilung der Reichskreditgesellschaft in Berlin. 1938 musste er nach Buenos Aires/Argentinien emigrieren. Nach dem Zweiten Weltkrieg kehrte er nach Deutschland zurück und wurde Vorstandsmitglied der Dresdner Bank in Frankfurt. Glück und seine Frau Elisabeth („Liesl") waren den Adornos besonders verbunden. Sie teilten nicht nur das Schicksal der erzwungenen Emigration während der Nazidiktatur, sondern auch eine enge Freundschaft zu Walter Benjamin, die auf dessen Berliner Zeit zurückging. Glück hatte Benjamin 1930 kennengelernt, dieser widmete ihm seinen umfangreichen Aufsatz über Karl Kraus (1931).

Goertz, Harald

Harald Goertz, Jahrgang 1924, war seit 1964 Vorsitzender der Österreichischen Gesellschaft für Musik. Als a.o. Professor an der Wiener Musikhochschule betreute er die Kapellmeister- und Opernklasse. Goertz arbeitete u. a. auch als Assistent bei Karajan und Chordirigent an der Wiener Staatsoper. Außerdem war er Mitglied der Internationalen Gesellschaft für Musik und der internationalen Alban Berg Gesellschaft. – Zur Gesellschaft für Musik s.a. Anmerkung und Brief 38, 39, 43.

Hacker, Friedrich

Der Psychiater Friedrich Hacker, 1914 bis 1989, musste nach dem „Anschluss" Österreichs an Nazi-Deutschland Wien verlassen und emigrierte in die USA, wo er 1945 Leiter der Hacker-Kliniken für Psychiatrie in Lynwood, einem Arbeiterviertel von Los Angeles, und in der Prominentengegend von Beverly Hills wurde. 1968 initiierte er in Wien die Sigmund Freud-Gesellschaft, war ihr erster Präsident und erreichte die Aussöhnung von Anna Freud, der in London lebenden Tochter von Sigmund Freud, mit Österreich. International bekannt wurde er als Aggressionsforscher und Berater bei Terrorüberfällen. Nach dem Mord an Roman Polanskis Frau Sharon Tate (1969) erstellte er ein Psychogramm, das half, die Manson-Gruppe als Täter zu überführen. Sein Buch „Aggression", das sich u.a. mit diesem Fall beschäftigt, wurde ein Bestseller. Adorno war ab 1952 in den USA als Research Director der Hacker Foundation tätig, kündigte aber, nach Auseinandersetzungen mit Hacker, die Stellung bereits nach einem knappen Jahr.

Haeusserman, Ernst

Ernst Haeusserman, 1916 bis 1984, war zunächst Schauspieler. Den Zweiten Weltkrieg verbrachte er in der amerikanischen Emigration (Staatsbürgerschaft 1943), wo er als persönlicher Assistent von Max Reinhardt in Hollywood arbeitete. Nach dem Krieg kehrte er mit der amerikanischen Besatzungsmacht als Kulturoffizier nach Wien zurück und betätigte sich auch als Regisseur für Theater, Film und Rundfunk. In den 50er-Jahren leitete er gemeinsam mit Franz Stoß das Theater in der Josefstadt, gründete dort das Kleine Haus für avantgardistische Stücke. Von 1959

bis 1968 war er Direktor des Wiener Burgtheaters, das er aus Konventionen und Provinzialität herauszuführen versuchte. Kritisiert wurde Haeusserman wegen seiner Neigung zu glanzvollen Besetzungen durch Gaststars, die finanzielle Engpässe und unzureichende Beschäftigung der Ensemblemitglieder zur Folge hatte.
Das „Zentrum der Kulturinitiative" Ernst Haeussermans war sein berühmter Stammtisch in der „Linde", einer noblen Wirtschaft in der Wiener Innenstadt. An ihm, schrieb Werner A. Perger in Top Public 4/1967, versammelte er „alle seine Freunde, und jene die es werden sollen".
Seine „geniale Leistung", urteilte damals der spätere Chefredakteur der Oberösterreichischen Nachrichten Hermann Polz, „ist unbestreitbar: … Ohne für Österreichs Kultur eine wesentliche Leistung zu vollbringen, ist Haeusserman zu einem kulturellen Faktor geworden." Dieser Umstand mache ihn zu einem „österreichischen Symptom", denn es gäbe „die Haeussermänner in allen Bereichen unseres Staates, aber Ernst Haeussermann ist das instruktivste Beispiel für sie, der Haeussermann aller Haeussermänner". Möglicherweise nicht ganz gewollt, attestierte Polz Haeusserman ein in dieser Radikalität normalerweise nur Künstlern vorbehaltenes Maß an Selbstverwirklichung, wenn er meint: „Er [Haeusserman] ist seine größte Managerleistung." (Siehe auch Anmerkung und Brief 29, 30, 55, 86, 123.)

Hannak, Jacques

Der Schriftsteller Jacques Hannak, 1892 bis 1973, kam 1938/39 in die Konzentrationslager Dachau und Buchenwald. 1939 emigrierte er nach Belgien und Frankreich, 1941 in die USA. Dort wurde er Mitarbeiter der Rundfunkabteilung des Office of War Information. Nach dem Zweiten Weltkrieg kehrte er nach Österreich zurück und arbeitete für die sozialdemokratische Zeitschrift Arbeit und Wirtschaft und die Arbeiterzeitung, das Zentralorgan der SPÖ. Hannak organisierte in den 50er-Jahren in Pötzleinsdorf eine Art „überparteilichen Heurigen" (Meysels, S. 87 f.), zu dessen Gästen u.a. Tobisch, Buschbeck, Bruno Kreisky und führende sozialdemokratische Funktionäre, der KP-Politiker und sozialistische Denker Ernst Fischer, aber auch die Prinzessin Elisabeth Hohenlohe und Politiker der Volkspartei zählten.

Hansen-Löve, Friedrich

Dr. Friedrich Aage Hansen-Löve, 1919 bis 1997, studierte Philosophie und Soziologie. Er war Mitgründer des Europäischen Forum Alpbach/Tirol und – zusammen mit Friedrich Torberg – der Wiener Zeitschrift FORVM. Von 1956 bis 1967 leitete Hansen-Löve die Hauptabteilung Kultur, Wissenschaft und Bildung des ORF.

Heer, Friedrich

Der Historiker und Essayist Dr. Friedrich Heer, 1916 bis 1983, arbeitete nach dem Krieg als freier Publizist u.a. bei der katholischen Zeitschrift Die Furche. Ab 1961 war er Chefdramaturg und Konsulent am Wiener Burgtheater. An der Wiener Universität erhielt er 1962 eine a.o. Professur für Geistesgeschichte des Abendlandes, eine ordentliche Professur blieb ihm versagt. Alles in allem hat er als Historiker, Redakteur und Essayist rund 50.000 Seiten publiziert, „Riesenwerke" zur europäischen Geistesgeschichte, zur österreichischen Identität, zur ‚Religion' Adolf Hitlers. Zum zwanzigsten Todestag 2003 beginnt der Böhlau-Verlag mit einer Gesamtausgabe.

Heidegger, Martin

Der Philosoph Martin Heidegger, 1889 bis 1976, gilt als Begründer eines (deutschen) Existenzialismus. Sein existenzialistischer Nihilismus interessiert sich aber nicht für geschichtliche und gesellschaftliche Fragen, sondern für das „Sein schlechthin". Er wollte die alte Frage nach dem Sinn des Seins neu stellen und entwickelte zu diesem Zweck in seinem Hauptwerk „Sein und Zeit" eine eigene Sprache. Mit seiner Verbindung zum Nationalsozialismus und seiner zeitweisen aktiven Unterstützung gilt er zugleich als die Verkörperung des Versagens der deutschen Universitäten und der Gelehrten gegenüber der Nazi-Diktatur.

Seine Philosophie war für Adorno das Gegenteil dessen, was er in seiner Arbeit erreichen wollte: Aufklärung, nachdem sie von ihrer Dialektik eingeholt worden war. In seinem Buch „Jargon der Eigentlichkeit" hat er diese Kritik ausführlich entfaltet.

Heidegger schätzte den katholischen Verleger *Ludwig von Ficker* nicht nur wegen der Zeitschrift Der Brenner, sondern vor allem wohl wegen des von ihm ins Leben gerufenen Brenner-Verlags. In diesem bereits 1919 gegründeten Unternehmen erschienen in der Folge Bücher, die zur europäischen Geistesgeschichte gezählt werden. Unter anderem förderte Ficker den Philosophen Theodor Haecker (1879-1945), dessen Arbeiten wesentliche Bedeutung u.a. für die Seinsphilosophie von Martin Heidegger hatte. Vor diesem Hintergrund ergab sich ein besonderer Kontakt zwischen den beiden Männern, der sich auch in Besuchen Heideggers an symbolträchtigen Tagen, etwa am Palmsonntag anno 1953, ausdrückte. Siehe auch seine als „Ansprache" klassifizierte Rede anlässlich Fickers achtzigstem Geburtstag (Ficker Privatdruck, S. 19 f.; vgl. Adornos Text über Ficker in der Anmerkung zur Ansichtskarte 142).

Heintel, Erich

Der Philosoph Erich Heintel, 1912 bis 2000, habilitierte sich 1939. Ein Jahr später wurde er zum „Dozent neue Ordnung" für Philosophie ernannt und Mitglied der NSDAP. Während der Nazizeit veröffentlichte er u.a. seine „Metabiologie", womit ihn die Studenten 1968 konfrontierten, und zwei Arbeiten in den Wehrpsychologischen Mitteilungen, u.a. „Vom Wesen des Gemüts/Die Gemüthaftigkeit des Wieners". 1952 wurde Heintel a.o. Professor, 1959 Vorstand des 1. Philosophischen Instituts der Universität Wien. In den 60er-Jahren verkörperte er in Wien die Philosophie und dominierte die Ausbildung mehrerer Studentengenerationen.

Heintel vermied es stets, seine politischen Anschauungen öffentlich vorzutragen (vgl. G. Oberschlick, Heintel im Kontext, FORVM April 94). So hielt er es auch mit seinen philosophischen Positionen, obwohl intern bekannt war, dass er etwa den „atheistischen Humanismus der Frankfurter Schule verabscheut hat" (Heinrich Kleiner). Seine Ablehnung Adornos hing grundsätzlich mit dessen Hegel-Interpretation zusammen (Heintel war Vertreter Österreichs im internationalen Hegelbund). Adornos „zentraler Gedanke von der ‚Unwahrheit des Ganzen'" war für einen orthodoxen Hegelianer „ein ungeheuerlicher Gedanke", die „härteste Formulierung der negativen Dialektik für die Entfremdung aller Positivität dem Wirklichen gegenüber. Notwendig ist die gottverlassene Menschheit dann mit dem Werk ihrer Erlösung allein gelassen". Was demnach bleibt ist das „Pathos des Leidens" (Heintel: „Christlich gedacht ist Verzweiflung Sünde.") oder die „emanzipatorische Verkündigung". Die „weltgeschichtliche Mission" der Dialektik schrumpft in jedem Fall zur „Mission eines provokatorischen Atheismus".

Methodisch glaubte Heintel, bei Adorno neben dem „Reduktionismus der Philosophie auf Gesellschaftstheorie" einen grundsätzlichen „Reduktionismus des Denkens" feststellen zu können, da die negative Dialektik statt des Begriffs der Aufhebung in der Synthesis den des Widerspruchs in den Mittelpunkt stellt. Das trenne sie übrigens auch von der „dialektischen Soziologie des Marxismus, die mit ihrer Zukunftgerichtetheit die Aufhebung der Widersprüche verheißt." Heintel hat übrigens seine Kritik an Adorno erst nach dessen Tod publiziert. Er trat damit erst Mitte der 80er-Jahre in die Öffentlichkeit, zu einer Zeit, als solchen Fragen keine öffentliche Relevanz mehr zugemessen wurde. (E. Heintel, Grundriß der Dialektik, Bd. 1, S. 20ff., 89-104; vgl. dagegen Scholems Sicht der „Negativen Dialektik" vom März 1967, kurz nach deren Erscheinen, in: G. Scholem, Briefe 1948-1970, hg. von Th. Sparr, 1995, S. 177.)

Henius, Carla

Die Sängerin, Autorin und Pädagogin Carla Henius, 1919 bis 2003, spezialisierte sich nach dem Zweiten Weltkrieg auf die Interpretation zeitgenössischer Musik. Sie trat beispielsweise unter Scherchen, Gielen und Zender auf und wirkte an der Uraufführung von Nonos Oper „Intolleranza" (1961) sowie an Manzonis Oper „Atemtod" unter Abbado mit. Außerdem sang sie die Uraufführungen einer Reihe für sie geschriebener Kompositionen von Nono, Rihm, Schnebel u.a. Gemeinsam mit Michael Marschall von Bieberstein, dem Direktor des Deutschen Kulturinstituts in Rom, gründete sie 1964 das Colloquium musicale. Neben ihrer Lehrtätigkeit an verschiedenen Musikhochschulen trat sie ab 1974 auch als Musikautorin hervor („Das undankbare Geschäft mit Neuer Musik"). Außerdem interpretierte sie bei öffentlichen Aufführungen gemeinsam mit Adorno von Adorno geschriebene Musik. Henius war seit 1954 mit dem Kieler Intendanten Joachim Klaiber verheiratet.

Henkel, Gabriele

Gabriele Henkel, geborene Hünermann, war mit dem deutschen Großindustriellen Konrad Henkel, Inhaber des gleichnamigen Waschmittelkonzerns („Persil"), seit 1955 verheiratet. Einen Namen als Mäzenin machte sie sich durch die von ihr verantwortete Kunstsammlung der Henkel-Werke. Anfang der 80er-Jahre erhielt sie einen Lehrauftrag für Kunstgeschichte an der Gesamthochschule in Wuppertal. Dem Museum of Modern Art in New York gehörte sie als Mitglied des Internationalen Beirats an.

Henkel, Konrad

Der Großindustrielle Konrad Henkel, 1915 bis 1999, war während des Dritten Reiches (ab1939) Assistent des Nobelpreisträgers Richard Kuhn am Max Planck-Institut für Medizinische Forschung in Heidelberg. 1948 trat er in das Familienunternehmen Henkel & Cie. ein, 1956 wurde er Mitglied der Geschäftsführung. Anfang der 60er-Jahre übernahm er die Leitung des Konzerns und baute, unter Beibehaltung der Markenartikel-Politik, das deutsche und internationale Geschäft aus. Mitte der 80er-Jahre wurde Henkel Teil der Parteispendenaffäre. Ihm wurde vorgeworfen, in den 70er-Jahren mehr als 4 Millionen DM der CDU/CSU und der FDP gespendet und damit annähernd 2 Millionen DM an Steuern hinterzogen zu haben. Das Verfahren wurde 1990 wegen Formfehlern im Strafbefehl eingestellt.

Hilbert, Egon

Egon Hilbert, 1899 bis 1968, war Jurist und arbeitete 1934 im Bundeskanzleramt, 1935 als Presseattaché in Prag. 1938 deportierten ihn die Nazis ins KZ Dachau, in welchem er bis zur Befreiung 1945 interniert war. Nach dem Krieg leitete Hilbert die Bundestheaterverwaltung, von 1954 bis 1959 das Österreichische Kulturinstitut in Rom, danach die Wiener Festwochen. 1963/64 übernahm er gemeinsam mit Karajan das Direktorat der Wiener Staatsoper, von 1964 bis zu seinem Tod 1968 führte er das Haus als alleinverantwortlicher Direktor.

Der Opernnarr: Fünf Jahre nach Hilberts Tod veröffentlichte der Schriftsteller Carl Merz, er hatte zusammen mit Helmut Qualtinger den „Herrn Karl" geschrieben, das Buch „Der Opernnarr". In ihrer Rezension, erschienen in dem Wochenblatt Die Furche (6/1973), legte Tobisch u.a. auch eine Spur ins Herz ihres Freundes: „Aber um einen so merkwürdigen realistischen Phantasten, wie es Hilbert war, begreifbar zu gestalten, hätte es eines Dichters bedurft, der ihn von sich aus noch einmal erfindet und mit ihm sein bitteres Leben zum zweitenmal erleidet. (...) Daß Egon Hilbert ein Opernnarr war, weiß jeder, der ihn kannte, aber der Opernwurstel, der schon den Einband ziert, war er nicht. Seine Liebe zur Oper war nicht komisch, sondern in ihrer Vorbehaltlosigkeit beängstigend; sein Sendungsbewußtsein und sein unerschütterlicher Glaube an seine Mission waren nicht lächerlich, sondern fast unbegreiflich; sein Privatleben war nicht gspaßich, sondern vielfach unglückselig, und die Tragödie seines Endes lag wie ein Schatten über seinem ganzen Leben. Sie war immer spürbar. Die ergreifende Geschichte des wienerischen Don Quijote, der nicht an Altersschwäche glücklich sterben durfte, sondern sich letzten Endes selbst verbrennen mußte, muß erst geschrieben werden. Und ebenso die Biographie des *Österreichers* Egon Hilbert."

Hirsch, Rudolf

Rudolf Hirsch, 1905 bis 1996, Dr. phil., Kunsthistoriker, Literaturwissenschaftler und Verleger, emigrierte nach der Machtübernahme der Nationalsozialisten nach Holland. 1950 übernahm er die literarische Leitung des S. Fischer-Verlags und wurde redaktionell für „Die Neue Rundschau" zuständig, in der er u.a. Adornos Texte über Kafka und Schönberg, sowie den Essay „Valéry Proust Museum" publizierte. Von 1954 bis 1962 war er Geschäftsführer des S. Fischer-Verlags, 1963 übernahm er die Leitung des Insel-Verlags.

Hochwälder, Fritz

Der Dramatiker Fritz Hochwälder, 1911 bis 1986, war gelernter Polsterer und übte diesen Beruf bis 1938 aus. Nach dem Anschluss Österreichs ans Deutsche Reich floh er durch den Rhein schwimmend in die Schweiz, wo er zunächst in ein Arbeitslager gesteckt wurde. Seine Eltern wurden von den Nazis nach Polen deportiert und dort in den Gaskammern ermordet. Später lebte er mit dem späteren Zukunftsforscher Robert Jungk in einer Kleinwohnung zusammen. Für die Problematik dieser Koexistenz fand er die polemische Formel: „Ich war Jungks Haushälterin." „Das heilige Experiment", ein 1941 im Lager entstandenes Stück über den christlich-kommunistischen Jesuitenstaat in Paraguay, wurde nach dem Krieg ein Welterfolg.

Wie schon bei Ludwig von Ficker trat Tobisch auch im Fall Hochwälder als Beziehungsstifterin auf (siehe Karte 112). Dass Adorno, so Tobisch, Hochwälder „persönlich sehr nett gefunden" hat, er aber als Dramatiker „nicht so ganz auf seiner Linie lag", mag wohl auch am Grundsätzlichen liegen: Abgesehen vom Einfluss des Wiener Volkstheaters auf seine Komödien, war Hochwälder ein Vertreter des streng gefügten idealistischen Dramas traditioneller Form. – Hinweise auf Tobischs Beziehung zu Hochwälder finden sich bei Meysels, S. 74 f.

Hoflehner, Rudolf

Der Bildhauer und Graphiker Rudolf Hoflehner, 1916 bis 1995, unterrichtete nach dem Zweiten Weltkrieg an der Kunstgewerbeschule in Linz. Anfang der 50er-Jahre studierte er an der Akademie der bildenden Künste in Wien bei Fritz Wotruba. Bekannt wurde er mit seinen Eisen- und Stahlplastiken. Ab 1962 unterrichtete er als Professor an der Staatlichen Akademie der bildenden Künste in Stuttgart.

Hofmann, Werner

Werner Hofmann, Jahrgang 1928, wurde gegen Ende des Zweiten Weltkrieges, er war damals noch keine 17 Jahre alt, als Flakhelfer zum Kriegseinsatz herangezogen und musste anschließend vier Monate im Lazarett verbringen. Nach dem Weltkrieg studierte er Kunstgeschichte in Wien und Paris. Danach arbeitete er u.a. in der Wiener Albertina und veröffentlichte, wieder in Paris lebend, wichtige, zum Teil in mehrere Sprachen übersetzte Bücher über die Plastik des 20. und die Kunst des 19. Jahrhunderts. Von 1959 bis 1969 leitete er als Direktor das von ihm aufgebaute Museum des 20. Jahrhunderts in Wien. Danach wurde Hofmann Leiter der Hamburger Kunsthalle und versuchte auch dort das „Museum" zu vitalisieren, indem er diskursiv angelegte Ausstellungen realisierte. Nach seinem Ausscheiden als Direktor der Kunsthalle widmete er sich wieder der akademischen Lehre und dem Publizieren von Büchern. Große Beachtung fand seine 1998 veröffentlichte Arbeit „Die Moderne im Rückspiegel".

Horkheimer, Max

Der Philosoph und Soziologe Max Horkheimer, 1895 bis 1973, war seit 1931 Direktor des Instituts für Sozialforschung in Frankfurt am Main, das er nach der Emigration 1933 in Genf, dann 1934 bis 1949 in New York weiterführte. 1950 kehrte er nach Frankfurt zurück und leitete das wiedergegründete Institut bis 1958. Danach wurde die Leitung Adorno übertragen. 1951 bis 1953 war Horkheimer Rektor der J.W.Goethe-Universität Frankfurt. Nach seiner Emeritierung, ab 1959, lebte er in Montagnola bei Lugano.

Horkheimer wollte am Institut für Sozialforschung das Programm einer Kritischen Theorie verwirklichen, in der die Einzelwissenschaften unter dem Primat der Sozialphilosophie zusammenarbeiten. Das wurde erprobt und verwirklicht in den 1936 erschienenen „Studien über Autorität und Familie". Horkheimers Aufsätze in der von ihm 1932 bis 1941 herausgegebenen Zeitschrift für Sozialforschung stellen einen ersten Höhepunkt seiner wissenschaftlichen Arbeit dar. Sie gipfelt in dem im kalifornischen Exil entstandenen Gemeinschaftswerk von Horkheimer und Adorno, „Dialektik der Aufklärung" (1944/47), sowie Horkheimers „Eclipse of Reason" (1947). Sein umfangreicher Briefwechsel (Horkheimer, Gesammelte Schriften, Bände 15 bis 18) dokumentiert ein Stück Wissenschaftsgeschichte..

Jelinek, Hanns

Der Komponist und Musiktheoretiker Hanns Jelinek, 1901 bis 1969, studierte zunächst kurz bei Franz Schmidt, Alban Berg und Arnold Schönberg. Später erarbeitete er sich autodidaktisch die

Partituren der Zweiten Wiener Schule. Zwischen 1918 und 1946 spielte er unter dem Pseudonym Hanns Elin zwecks Broterwerb als Pianist in Kinos, Kaffeehäusern, Nachtlokalen und Tanzkapellen. Mit seiner zweibändigen, 1952 erschienenen „Anleitung zur Zwölftonkomposition" wurde er als einer der wichtigsten Vermittler dodekaphonischer Kompositionstechnik bekannt. 1958 erhielt er einen Lehrauftrag für Komposition an der Wiener Musikakademie, 1965 einen Lehrstuhl. H. K. Gruber, Erich Urbanner und Ivan Eröd zählten zu seinen Schülern. In seinen Kompositionen verband er, um einen Aspekt zu nennen, dodekaphonische Satzweise mit Jazz-Einflüssen, die bereits in seinen Arbeiten der 20er-Jahre spürbar sind.

Jouhandeau, Marcel
Der Schriftsteller Marcel Jouhandeau, 1888 bis 1979, machte sich bereits mit seinem autobiographischen Debüttext, „Der junge Theophil", einen Namen. Jouhandeau war einer der ersten bedeutenden Autoren, die sich zu ihrer Bisexualität bekannten. Seine turbulente Ehe mit der als La Belle Excentrique berühmten Elise Toulemon beschrieb er sehr genau in seinen Ehechroniken. Elise wiederum lieferte mit ihren „Freuden und Leiden einer schönen Exzentrikerin" eine Gegendarstellung. Die erste deutsche Übersetzung einer seiner Erzählungen stammt von Walter Benjamin. Während der Jahre der Vichy-Regierung gehörte er zu den Autoren, die sich mit den deutschen Kulturstellen recht gut vertrugen.

Jouve, Pierre-Jean
Der Schriftsteller Pierre-Jean Jouve, 1887 bis 1976, war vor allem Lyriker, er verfasste aber auch Romane, Essays und angesehene Musik- und Literaturkritiken. Seine schwer verständlichen Gedichte sind formal oft spröde und schwanken zwischen Sinnlichkeit und Mystik. Er galt als stiller, zurückhaltender Autor, dessen kompromissloses Werk von Kennern hoch geschätzt wird.

Jungk, Robert
Der Zukunftsforscher und Wissenschaftspublizist Dr. Robert Jungk, 1913 bis 1994, entstammte einer jüdischen Künstlerfamilie mit altösterreichischen Wurzeln. Nach dem Reichstagsbrand 1933 wurde er verhaftet, später ausgebürgert. Zuvor emigrierte er nach Paris, kehrte aber 1936 illegal nach Deutschland zurück und arbeitete im Untergrund. Ein Jahr später gab er in Prag den antinazistischen Pressedienst Mondial Press heraus. Während des Krieges war er unter einem Decknamen für die Züricher Weltwoche tätig, nach dem Krieg international als Korrespondent. Seine kritische Auseinandersetzung mit dem Verhältnis Technik und Gesellschaft sowie mit der friedlichen und militärischen Nutzung der Kernenergie mündeten in viel beachteten Büchern: „Die Zukunft hat schon begonnen" (1952), „Heller als tausend Sonnen" (1956), „Strahlen aus Asche" (1959), „Der Atomstaat" (1977). Mitte der 60er-Jahre gründete Jungk in Wien das erste europäische „Institut für Zukunftsfragen". Nach einer Anti-Atomdemonstration 1986 wurde er wegen der Aufforderung „Macht kaputt, was Euch kaputt macht!" wegen Landfriedensbruch angeklagt. 1991 war er Kandidat der „Grünen" für das Amt des österreichischen Bundespräsidenten. Er war seit 1948 mit Ruth, geborene Suschitzky, verheiratet. Adorno und Jungk kannten sich von der gemeinsamen Teilnahme an den weithin beachteten Darmstädter Gesprächen. Adorno hielt ebendort 1953 den Einleitungsvortrag zum Thema „Individuum und Organisation".

Kaschnitz von Weinberg, Guido Freiherr
Guido Freiherr Kaschnitz von Weinberg, 1890 bis 1958, übernahm 1940 einen Lehrstuhl für Klassische Archäologie an der Universität Frankfurt, den er bis zu seiner Emeritierung 1955 innehatte. Anfang der 50er-Jahre wurde Kaschnitz Direktor des Archäologischen Instituts in Rom und übte diese Tätigkeit bis zu seinem Tode aus. Die Bekanntschaft der Familie Kaschnitz mit Egon Hilbert ergab sich aus dessen Arbeit als Leiter des Österreichischen Kulturinstituts in Rom (1954-1959).

Kaschnitz, Iris von
Iris von Kaschnitz, Jahrgang 1928, lebte mit Unterbrechungen von 1952 bis 1970 in Rom. Mitte der 60er-Jahre arbeitete sie als Segretario der Organisation Nuova Consonsanza. Als Übersetzerin widmete sie sich u.a. Giorgio Manganelli und Luigi Malerba. Zuletzt gab sie gemeinsam mit Michael Marschall von Bieberstein das Buch „Mit Marie Luise Kaschnitz durch Rom" heraus. Sie ist die Tochter der Schriftstellerin (1901-1974) und mit dem Komponisten Dieter Schnebel verheiratet (Iris Schnebel-Kaschnitz).

Karajan, Herbert von
Der österreichische Dirigent Herbert von Karajan, 1908 bis 1989, war einer der renommiertesten und, nicht nur wegen seiner nationalsozialistischen Vergangenheit, umstrittensten Dirigenten und Opernregisseure des 20. Jahrhunderts. Kurze Zeit teilte er sich mit Egon Hilbert das Direktorat der Wiener Staatsoper. Anfang Dezember 1963 kam es zur großen Auseinandersetzung zwischen den beiden. Die Differenzen drehten sich im Kern um das Engagement einiger neuer Sänger und Sängerinnen, also um die Frage, wer prägt die künstlerische Ausrichtung der Staatsoper. Karajan beanspruchte dieses Recht für sich, während Hilbert nicht nur der organisatorische Motor des Betriebs sein wollte. Die Oper war sein Leben. Er wollte auch in diesem Bereich Entscheidungen treffen. Im Mai 1964 demissionierte Karajan. Hilbert, der von ihm als Retter einer schon Jahre zuvor in die Krise geratenen Staatsoper engagiert worden war, leitete das Haus nun in alleiniger Verantwortung. – Zu Hilbert und Karajan siehe auch Anmerkung und Brief 23, 24, 31.

Kassner, Rudolf
Der Kulturphilosoph und Schriftsteller Dr. Rudolf Kassner, 1873 bis 1959, wurde während der NS-Zeit mit Schreibverbot belegt. In seinen Arbeiten zeigte er sich als Historiker und Deuter europäischer Musik und Literatur. Kassner versuchte in seinem vielschichtigen Werk eine physiognomische Deutung des Lebendig-Gestalthaften als geistigen Ausdruck. Trotz seiner teilweisen Lähmung unternahm er große Reisen (Indien, Afrika). Als Wohnsitz wählte er lange Zeit Wien und bemühte sich immer wieder, das Wesen der Österreicher zu erklären.

Kaufmann, Harald
Der Musikwissenschaftler Harald Kaufmann, 1927 bis 1970, arbeitete nach dem Zweiten Weltkrieg als Musikkritiker und Kulturressortchef für das Grazer Tagblatt Neue Zeit. Er war Mitglied des Zirkels um den Philosophen E. Weinhandl und setzte sich besonders mit dem Werk von Ernst Bloch und Adorno auseinander. 1967 gründete er das Institut für Wertungsforschung an der Grazer Musikhochschule. Kaufmann ist, schrieb Adorno an Lenk (S. 131), „ein ungemein

gescheiter und angenehmer Österreicher" und bildet mit seinem Kreis „eine kräftige intellektuelle Opposition" heraus. Außerdem würden er und die seinen den Nazis in Graz („wo gibt es die nicht") „energisch" widerstehen. – Otto Kolleritsch hat in dem von ihm herausgegebenen Buch „Adorno und die Musik" (1979) Adornos Einfluss auf das wertungsanalytische Verfahren von Kaufmann untersucht.

Killy, Walther

Walther Killy, 1917 bis 1995, war Professor für Deutsche und Vergleichende Literaturwissenschaft, seit 1960 Ordinarius in Göttingen, seit 1970 in Bern. Den Ruf nach Harvard nahm er nicht an. 1960 veröffentlichte er das Buch „Über Georg Trakl". In den folgenden Jahren bereitete er zusammen mit Hans Szklenar die zweibändige historisch-kritische Ausgabe „Georg Trakl. Dichtungen und Briefe" vor, die 1969 veröffentlicht wurde. Tobisch ermöglichte Killy den Zugang zu der damals in ihrem Besitz befindlichen Korrespondenz zwischen Trakl und Buschbeck. – Siehe auch Erhard Buschbeck, BPV.

Klaiber, Joachim

Dr. Joachim Klaiber, 1908 bis 2003, war von1938 bis 1944 Oberspielleiter der Oper in Essen und Straßburg/Els. Nach dem Zeiten Weltkrieg, ab 1946, arbeitete er als Intendant in Kaiserslautern, dann als Oberspielleiter in Aachen, Hannover und in den 50er-Jahren am Nationaltheater in Mannheim. Bis 1963 war er Intendant in Bielefeld, danach bis 1976 Generalintendant in Kiel. 1982 wurde er für seine Förderung avantgardistischer Musik und das erste experimentelle Opernstudio der BRD ausgezeichnet. Klaiber, der auch zahlreiche Inszenierungen realisierte, war seit 1954 mit der Konzertsängerin Clara Henius verheiratet.

Klein, Rudolf

Rudolf Klein, Jahrgang 1920, war Schüler von Otto Erich Deutsch, dem Begründer der neueren musikalischen Dokumentarwissenschaft („Deutsch-Verzeichnis"). Im Verlag Elisabeth Lafite betreute er als Chefredakteur die Österreichische Musikzeitung (ÖMZ).

Kleiner, Heinrich

Der Philosoph Heinrich Kleiner, Jahrgang 1930, war von 1962 bis 1968 Assistent von Erich Heintel am 1. Philosophischen Institut der Universität Wien. In der Rekonvaleszenzphase nach einem Motorradunfall hatte Heintel den Vertrag seines Assistenten, obwohl die gesetzlichen Möglichkeiten dazu vorhanden gewesen wären, nicht mehr weiterverlängert, da er im internen Kreis die Meinung vertrat, dieser wäre nun wohl nicht mehr in der Lage, sich zu habilitieren. Heintel war bekannt dafür, so gut wie niemals weltanschauliche Unterschiede ins Treffen zu führen. Kleiner wurde schließlich über ein Humboldt-Stipendium, wie das der Philosoph Michael Benedikt ausdrückte, nach Berlin „weggelobt". 1968 bis 1971 arbeitete er über Empfehlung von Adorno und Marcuse als Assistent von Jacob Taubes an dessen Institut für Philosophie, Abteilung für Hermeneutik. Bis zur Habilitation 1978 war er Ass. Professor, danach übernahm er eine Vakanzvertretung und eine Gastprofessur an der Wiener Universität. 1984 wurde er Leiter der Forschungsstelle für Philosophische Anthropologie in Wien. – Zu Heintel siehe BPV und Jirak, BPV.

Kluge, Alexandra
Alexandra Kluge, Jahrgang 1937, studierte Medizin und trat als Schauspielerin in einigen Filmen ihres Bruders Alexander Kluge, eines engen Mitarbeiters und Freundes Adornos, auf. So spielte sie die Hauptrolle in dessen erstem, als Meilenstein des jungen deutschen Films eingestuftem Spielfilm „Abschied von gestern“ (1966) sowie in „Gelegenheitsarbeit einer Sklavin“ (1973) und „Die Macht der Gefühle“ (1983). Kluge arbeitete als Ärztin in Berlin und Frankfurt. – Damals, 1966, war sie mit Peter Szondi, von dem sie sich im Jahr darauf trennte, liiert.

Knessl, Lothar
Lothar Knessl, Jahrgang 1927, war damals Kulturredakteur für das Tagblatt Neues Österreich und saß im Vorstand der IGNM. Später arbeitete er als Pressechef der Österreichischen Bundestheater.

Kolisch, Rudolf
Rudolf Kolisch, 1986 bis 1978, studierte Violine, Komposition und Musikwissenschaft in Wien. Seit 1917 war er außerdem Privatschüler bei Schönberg (der später seine Schwester heiratete) und danach auch Vortragsmeister in dessen Verein für musikalische Privataufführungen. Sein 1922 gegründetes Streichquartett, das Kolisch-Quartett, erlangte durch die Aufführungen zeitgenössischer Musik von Schönberg, Berg, Webern, Bartók, Krenek großes Ansehen. Im Dezember 1926 führte es auch Adornos „Zwei Stücke für Streichquartett op. 2“ auf. (Zu hören ist dieses Werk auf den CD's Adorno „Kompositionen“, Wergo 1990, und Adorno/Eiser „Works for String Quartet“, cpo 1996.) 1940 emigrierte Kolisch in die USA, leitete bis 1967 das Pro Arte-Quartett und unterrichtete als Universitätslehrer Violine und Kammermusik. Seit Anfang der 50er-Jahre konzertierte er wieder in Deutschland und nahm auch an den Ferienkursen für Neue Musik in Darmstadt teil. 1948 schrieb Adorno an Thomas Mann, dass die Freundschaft mit Kolisch neben der mit Berg, Steuermann und Webern „künstlerisch für mich entscheidend gewesen (ist)“. Kolischs Platteneinspielungen hinterließen bei Adorno den „unbeschreiblichsten Eindruck“. Sie wären „in einer Weise beredt, und dadurch in einem obersten Sinn einfach, der mit schlechterdings nichts sich vergleichen läßt. Dies eine Mal ist wahr, was man sonst so leicht sagt, daß einem die Worte fehlen“. (Zitiert nach Bildmonograhie, S. 249)

Kortner, Fritz
Der Regisseur und Schauspieler Fritz Kortner, 1892 bis 1970, erwarb sich auf der Bühne und im Film den Ruf eines Charakterdarstellers. Nach 1938 wurde er, da er Jude war, verfolgt, emigrierte nach Amerika und ließ sich in Hollywood als Autor von Stücken und Drehbüchern nieder. 1950 provozierte er mit seiner „Don Carlos“-Inszenierung in Berlin einen Skandal, da er die spanischen Soldaten ins Premierenparkett ziehen ließ. Proteste zeitigte drei Jahre später auch seine Version von O'Caseys „Der Preispokal“, ein Stück, das sich für Pazifismus und einen freiheitlichen Sozialismus engagiert. – Für das Burgtheater inszenierte er u.a. „John Gabriel Borkman“ unter Verwendung von Musik des Avantgarde-Komponisten György Ligeti (!). Die Premiere fand am 20.11.1964 statt. Als Regisseur war er, so Tobisch, „ein schwieriger Bursche“, mit dem es immer wieder Auseinandersetzungen gab. Das scheint nicht nur daran gelegen zu haben, dass er bekannt dafür war, das Letzte zu fordern und eigentlich nie ganz zufrieden zu sein (siehe dazu Anmerkung und Brief 119). Unbestritten ist jedoch die Bedeutung und der Einfluss seiner Inszenierungen auf die nachfolgende Regiegeneration um Peter Zadek und Peter Stein.

Kracauer, Siegfried

Der Schriftsteller, Filmtheoretiker und Soziologe Siegfried Kracauer, 1889 bis 1966, war eigentlich promovierter Architekt, der im Nebenfach Philosophie und Soziologie studierte. Von 1921 bis 1933 schrieb er für das Feuilleton der Frankfurter Zeitung und befreundete sich in dieser Zeit mit Adorno (1921), Bloch und Benjamin. Nach dem Reichstagsbrand 1933 emigrierte er nach Paris, wo er für in- und ausländische Zeitungen schrieb. 1937 veröffentlichte er sein Buch „Jacques Offenbach und das Paris seiner Zeit". 1941 emigrierte er in die USA, wo er, unterbrochen nur durch Reisen, bis zu seinem Tod lebte. Seine „Theorie des Films" erschien 1960, drei Jahre später kam es mit „Das Ornament der Masse" zur ersten deutschsprachigen Wiederveröffentlichung früher Aufsätze.

Lange Zeit war Siegfried Kracauer der zentrale, ältere Jugendfreund Adornos. Zum Zerwürfnis kam es anlässlich des Erscheinens von Kracauers Offenbach-Buch. Adorno hatte es in einem Brief unerbittlich kritisiert, dagegen war seine in der Zeitschrift für Sozialforschung veröffentlichte Besprechung moderat. Jahrzehnte später, Kracauer war in Amerika geblieben, war es zu einer Annäherung gekommen. Der Rundfunkvortrag, den Adorno über Kracauer anlässlich dessen 75. Geburtstages 1964 schrieb (s. Anmerkung und Brief 28), war aber wieder Anlass von gegenseitigen Verstimmungen, die in den Briefen vom 3. November (Kracauer an Adorno) und 13. November (Adorno an Kracauer) dokumentiert sind. Kracauer hat zwar den Text insgesamt ganz gut gefunden, aber an einzelnen Stellen faktenbezogene Kritik angebracht. Zunächst war er nicht Adornos Ansicht, wenn dieser behauptete, die Schwester seiner Mutter habe großen Einfluss auf ihn gehabt. Er teile auch nicht Adornos Meinung über den Zeitpunkt seiner Politisierung. Adorno war überzeugt, sie habe während der Berliner Jahre stattgefunden, also ab 1930, Kracauer dagegen vertrat die Ansicht, dass sie schon davor stattgefunden hatte. Eine weitere Differenz bezog sich auf Kracauers prekäre Stellung bei der Frankfurter Zeitung, für die er ab 1930 aus Berlin berichten musste. Adorno behauptete, er habe sie nicht richtig zur Kenntnis genommen. Auch hier erwiderte Kracauer, dass diese Sicht nicht stimme, sie war ihm sehr wohl bewusst gewesen. Eine wesentliche Differenz betraf die Frage des Erfolges von Kracauer. Adorno schrieb, sein Erfolg gehe zurück auf eine, vereinfacht gesagt, Tendenz zur Anpassung an die Gegebenheiten. Diese Sicht lehnte Kracauer strikt ab und erwiderte, wenn überhaupt bei ihm von Erfolg die Rede sein könne, dann wäre er nicht das Resultat einer Versöhnung mit der Welt.

Kraus, Wolfgang

Dr. Wolfgang Kraus, 1924 bis 1998, österreichischer Kulturpublizist, gründete 1961 die Österreichische Gesellschaft für Literatur, der er bis 1994 leitete. Sie widmete sich der Pflege kultureller Kontakte vor allem mit den Nachbarländern. Adorno wurde dreimal eingeladen: Zur Forumsdiskussion „Die geistigen Voraussetzungen einer Literaturstadt" am 11.6.1963 im Palais Palffy, an der u.a. auch Arnold Gehlen, Franz Theodor Csokor und Robert Jungk teilnahmen. Diese Diskussion fand im Rahmen der Europagespräche statt und wurde unter dem Titel „Kann Literatur organisiert werden?" am 18.6.1963 ausgestrahlt. Weiters wurde er eingeladen zum Vortrag über den „Jargon der Eigentlichkeit" am 23.10.1964 in der Hofburg und zum Vortrag „Funktionalismus heute" (GS 10.1, S. 775) am 18.5.1966 wieder im Palais Palffy.

Krenek, Ernst

Der Komponist und Schriftsteller Ernst Krenek, 1900 bis 1991, war ein Schüler von Franz Schreker und stand in Kontakt mit Alban Berg und Anton von Webern. „Jonny spielt auf", seine operettenhafte, showartige und filmische Elemente enthaltende Oper, machte ihn 1927 mit einem Schlag berühmt. Dagegen wurde die Uraufführung seiner politisch konzipierten Zwölftonoper „Karl V." an der Wiener Staatsoper zu Beginn des Austrofaschismus verhindert. Mit dem Anschluss Österreichs ans Dritte Reich musste Krenek in die USA emigrieren. Seine Entwicklung als Komponist begann mit tonalitätsfreien, expressionistischen Werken, führte ihn über neoklassizistische und romantische Phasen zur Zwölftonmusik bis hin zur Seriellen Musik. Sein Beziehung zu Adorno ist u.a. in dem Briefwechsel Adorno/Krenek (1974) und in der gemeinsam verfassten Schrift „Arbeitsprobleme des Komponisten" (GS 19, S. 433-439) dokumentiert. Außerdem versuchte sich Krenek am Flügel auch als Interpret von Adornos Musik. Zusammen mit Herta Glatz brachte er Mitte der 30er-Jahre zwei Lieder aus Adornos op. 3 „für eine mittlere Stimme und Klavier" im Wiener Studio zur Aufführung.

Krüttner, Walter

Der Produzent, Regisseur und Drehbuchautor Walter Krüttner war neben Alexander Kluge und anderen Mitinitiator des Oberhausner Manifests, das 1962 die Abkehr vom alten deutschen Film proklamierte. Als Regisseur und Drehbuchautor beteiligte er sich an dem dramatischen Episodenfilm „Hütet Eure Töchter" (1962), führte Regie und schrieb das Buch zu einem Dokumentarfilm über das KZ Theresienstadt, „Der vorletzte Akt" (1965), sowie zur Sexkomödie „Das Lustschloß im Spessart" (1977). In dem Film „Ingos Interview oder Die Eitelkeit des Fernsehens" (1983) trat er als Schauspieler auf.

Kückelmann, Norbert

Der Jurist und Filmregisseur Norbert Kückelmann, Jahrgang 1930, arbeitete seit 1958 in München als selbstständiger Rechtsanwalt. 1965 gehörte er u.a. neben Alexander Kluge zu den Gründern des Kuratoriums Junger Deutscher Film, dessen erster Geschäftsführer er auch wurde. Sein erster eigener Film „Die Sachverständigen" (1972) ist eine Auseinandersetzung mit den Mühlen der Justiz. Wie seine späteren Arbeiten, etwa „Morgen in Alabama" mit Maximilian Schell (1984), bezieht sich bereits diese auf tatsächliche Begebenheiten aus dem Arbeitsalltag. Beide Filme wurden auf der Berlinale mit dem Silbernen Bären ausgezeichnet.

Lacovich, Peter

Der österreichische Dirigent Peter Lacovich, Jahrgang 1927, war in der ersten Hälfte der 60er-Jahre Kapellmeister in Köln, von 1964 bis 1967 in Wiesbaden, danach Opernchef in Linz/ Oberösterreich und ab1967 Gastdirigent an der Wiener Staatsoper.

Lafite, Elisabeth

Elisabeth Lafite führte nach dem Tod ihres Mannes, des Musikkritikers Peter Lafite (1908-1951), die von ihm 1946 gegründete „Österreichische Musikzeitschrift" weiter. Der Schwiegervater von Elisabeth Lafite war der Komponist Carl Lafite (1872-1945), der durch seine aus Melodien von Mozart, Beethoven und Schubert hergestellten Operetten bekannt wurde („Hannerl", „Der

Kongress tanzt“). Seit 1980 wird die Musikzeitschrift von ihrer Tochter Marion Diederichs-Lafite herausgegeben.

Lang, Fritz

Der Filmregisseur Fritz Lang, 1890 bis 1976, wurde durch seine Stummfilme „Die Nibelungen“ (1923/24) und „Metropolis“ (1927) sowie den 1931 erschienenen Tonfilm „M – Eine Stadt sucht einen Mörder“ berühmt. 1933 emigrierte er in die USA, wo er die Anti-Nazi-League mitgründete. 1956 kehrte er nach Deutschland zurück. Adorno bezieht sich hier auf die Kontakte mit Fritz Lang und der Schauspielerin Lily Latté (die mit Lang zusammenlebte und zusammenarbeitete) während der gemeinsamen Emigrationszeit in Hollywood.

Lavant, Christine

Pseudonym für Christine Thonhauser-Habernig, geboren 1915 in Groß-Edling im Lavanttal/Kärnten, gestorben 1973. Ihre von Krankheit geprägte Kindheit verbrachte sie in ärmlichen Verhältnissen. Sie besuchte als Kind nur die Volksschule und eine Klasse der Hauptschule. 1939 heiratete sie den Maler Josef Habernig und verdiente sich ihre Existenz durch Stickereien. 1950 lernte die zurückgezogen lebende Lavant Werner Berg kennen, 1954 Ludwig von Ficker anlässlich der Verleihung des Trakl-Preises, den sie auch 1964 erhielt. 1970 erhielt sie den Großen Österreichischen Staatspreis. Sie war Mitglied der Akademie der Wissenschaft und der Literatur in Mainz. Lavant verfasste formstrenge, teils mystische Gedichte und Erzählungen mit autobiographischem Einschlag. Oft stehen Kinder mit schweren körperlichen und seelischen Leiden im Zentrum ihrer Arbeiten. Veröffentlichungen u.a.: „Das Kind. Erzählung“ (1948), „Spindel im Mond“ (Gedichte 1959).

Liebermann, Rolf

Der Schweizer Komponist und Opernintendant Rolf Liebermann, 1910 bis 1999, ein Großneffe des Malers Max Liebermann, war zunächst Privatsekretär seines Dirigier- und Kompositionslehrers Hermann Scherchen. Von 1959 bis 1973 war er Intendant der Hamburgischen Staatsoper, die er im Laufe der Jahre zu einem bestens besuchten Zentrum zeitgenössischen Musiktheaters machte. Unter seiner Leitung wurden mehr als 20 Auftragswerke bekannter und auch unbekannter Komponisten uraufgeführt, darunter Krenek, Penderecki und Henze. An der Opéra de Paris gelang es ihm, Alban Bergs „Lulu“ erstmals in der von Friedrich Cerha vervollständigten Fassung aufzuführen. Als Komponist errang er vor allem durch seine Opern, die durch eine freie Form der Zwölftonmusik gekennzeichnet sind, internationales Ansehen. Elemente des Jazz verwendete er in seiner Oper „Cosmopolitan Greetings“, die er zusammen mit Allen Ginsberg (Text), George Gruntz (Musik) und Robert Wilson (Bühnenbild, Regie) erarbeitete.

Ligeti, György

Der ungarische Komponist György Ligeti, Jahrgang 1923, flüchtete nach dem Ungarnaufstand 1956 nach Österreich. Ende der 50er-Jahre wurde er zu einem führenden Vertreter der Avantgarde. Er entwickelte die Serielle Musik zur Klangfarbenkomposition. Die Klangfarbe wurde ihm Träger der musikalischen Form („Atmosphères, 1961), die Sprache reduzierte er auf Laute („Aventures“, 1963). Ab 1959 war Ligeti Dozent bei den Darmstädter Ferienkursen für Neue Musik, ab 1973 Professor an der Hamburger Musikhochschule. Ligeti erhielt u.a. den Theodor W. Adorno-Preis der Stadt Frankfurt (2003).

Lindlau, Dagobert

Der Journalist und Publizist Dagobert Lindlau, Jahrgang 1930, kam 1954 als Reporter zum Bayerischen Rundfunk, wo er zu einem Mitgründer des Fernsehmagazins ANNO wurde. Ab 1965 Chefreporter, leitete er von 1967 bis 1969 zusammen mit Hans Heigert die Fernsehsendung Report. Mit Max Horkheimer verband ihn eine langjährige Freundschaft. Sein Gespräch mit dem Frankfurter Philosophen („Der faschistische Antifaschismus“) wurde mit dem Adolf Grimme-Preis ausgezeichnet. 1987 ging er als ARD-Korrespondent nach Wien, im selben Jahr veröffentlichte er den Bestseller „Der Mob – Recherchen zum organisierten Verbrechen“. Sein 1988 ausgestrahlter ARD-Beitrag über die Dorfzerstörungspolitik des Ceaucescu-Regimes in Rumänien wurde zunächst wegen angeblich selektiver Wahrnehmung heftig kritisiert, später mussten die Vorwürfe jedoch weitestgehend zurückgenommen werden. Anfang der 90er-Jahre veröffentlichte Lindlau die Recherchen über einen „Lohnkiller“. Das Buch, das jahrelange Rechtsstreitigkeiten nach sich zog, beschäftigt sich mit dem Fall des bezahlten Mörders Werner Pinzner. Seine Kiez-Revue „St. Pauli Saga“ wurde 1997 am Hamburger Schauspielhaus uraufgeführt.

Lindner, Dolf

Dr. Dolf Lindner, Jahrgang 1923, war Abteilungsleiter Kultur im ORF-Fernsehen, später moderierte er die Fernsehreihe „Seniorenclub“.

Löbl, Karl

Der Musikkritiker und Kulturjournalist Karl Löbl, Jahrgang 1930, war seit Anfang der 50er-Jahre beim Hörfunk tätig. Zwischen 1954 und 1970 leitete er die Kulturredaktion des Bildtelegraph, danach die der Wiener Boulevard-Zeitung Express (siehe Anmerkung zu Brief 105). Von 1980 bis 1995 war Löbl Hauptabteilungsleiter Kultur beim ORF Fernsehen. Seine Frau, die Journalistin Hermi Löbl, ritt im Mai 1966 eine heftige Attacke gegen Adorno anlässlich einer Podiumsdiskussion über die Oper (siehe Anmerkung und Brief 105, 106).

Löbl selber galt als aufrechter Mann Karajans – 1965 veröffentlichte er über ihn sein Buch „Das Wunder Karajan“ – und einer der heftigsten *Kritiker von Staatsoperndirektor Egon Hilbert*, den er jahrelang attackierte. In der Ausgabe vom 26.6.1965 etwa titelte er „Ein Jahr Hilbert … nicht abendfüllend“. Neben „vielfach grotesken Dispositionen der Direktion“ empfand Löbl die Diskrepanz zwischen Repertoirealltag und Spitzenleistung als zu groß. Die „Summe dieser Spitzenleistungen“, die allein „in der Erinnerung gegenwärtig (bleiben)“, wäre nur „eine außerordentlich geringe“. Am 18. November 1967 forderte er in einer Schlagzeile: „Hilbert soll gehen“ Er warf dem Direktor diesmal „absurde Gagenerhöhungen und Vertragsabschlüsse“ vor, ohne sie konkret zu nennen. Weiters „betriebsinterne Schwierigkeiten, … Planlosigkeit des Programms, Dürftigkeit des Spielplans … die jetzt kulminieren.“ Hilbert solle also „seiner angegriffenen Gesundheit nicht länger trotzen und sich vorzeitig (nämlich jetzt) von der Führung der Staatsoper zurückziehen … weil diese endlich einen e c h t e n Direktor benötigt“.

Herbert Schneiber schrieb dazu: Hilbert war in seiner Amtsführung „nicht so schlecht, wie seine Gegner sich ihm gegenüber benommen haben. (…) Bei den Mitteln, Hilbert ‚fertigzumachen‘, war man nicht wählerisch. Privater Konfliktstoff, über ein Jahrzehnt lang begraben, wurde termingerecht und peinlich indezent in den Gerichtssaal zitiert … und über Hilberts Erkrankung wurde und wird mit einer Offenheit und Taktlosigkeit geredet und geschrieben, als ob er nicht mehr unter uns weilte …" (Kurier, 25.11.1967)

Marcel, Gabriel
Der Philosoph und Dramatiker Gabriel Marcel, 1889 bis 1973, gilt als Hauptvertreter der französischen christlichen Existenzphilosophie, die sowohl Sartres als auch Heideggers Existenzialismus fern stand. Der nicht getaufte und religionslos erzogene Marcel erlangte erst im Alter von 40 Jahren durch den Einfluss von Charles du Bos und Francois Mauriac die Aufnahme in die katholische Kirche.

Marcuse, Herbert
Der Sozialphilosoph Herbert Marcuse, 1898 bis 1979, emigrierte nach der Machtübernahme der Nazis 1933 nach Genf, dann nach New York. Ab 1933 war er Mitglied von Horkheimers Institut für Sozialforschung. Adorno fand damals für Marcuse wegen dessen Zeit als Assistent von Heidegger heftige Worte. 1935 schrieb er, dass er ihn „schließlich für einen durch Judentum verhinderten Faszisten" halte. (Adorno/Horkheimer, Briefe, Bd. I, S. 65)
Ab 1958 war Marcuse Professor für Politikwissenschaft an der Brandeis University, ab 1965 an der UC San Diego. Durch seine Analysen des Spätkapitalismus mit der Perspektive einer revolutionären Umwälzung wurde er nicht nur zu einem Hauptvertreter der Kritischen Theorie, sondern auch, im Gegensatz zu Adorno, zur Leitfigur der Studentenbewegung der 60er-Jahre. Die von ihm entwickelte „Randgruppentheorie", der zufolge sich die revolutionäre Rolle der Arbeiterbewegung zunehmend auf soziale Randgruppen verlagert hat, war jedoch heftig umstritten.
Im April 1969 fand Marcuse wegen Adornos Ruf nach der Polizei anlässlich der Besetzung des Instituts für Sozialforschung durch Studenten unmissverständliche Worte: „Wenn die Alternative ist: Polizei oder Studenten der Linken, bin ich mit den Studenten … Besetzung von Räumen … ohne solche Gewaltanwendung ist für mich noch kein Grund, die Polizei zu rufen". Im Mai schrieb Adorno an Horkheimer, dass er alles getan hätte, um einen Bruch mit Marcuse zu vermeiden, „aber ich sehe nachgerade nicht mehr, wie er vermieden werden kann".

Marschall, Michael
Michael Freiherr Marschall von Bieberstein, Jahrgang 1930, studierte Romanistik, Archäologie und Kunstgeschichte (Promotion 1956). Von 1960 bis 1974 war er Leiter des Goethe-Instituts in Rom. Danach arbeitete er in derselben Funktion in Paris, Madrid und zuletzt nochmals in Rom. Zwischendurch, von 1979 bis 1984, war er Direktor für Bildung, Kultur und Sport des Europarats in Straßburg. Neben zahlreichen Schriften zur deutschen und europäischen Kulturpolitik arbeitete er auch als Übersetzer von Giuseppe Ungaretti (in der Zeitschrift Akzente 3/1972 erschien seine teilweise Übersetzung von Pasolinis „Gramsci's Asche"). Zuletzt gab er gemeinsam mit Iris Schnebel-Kaschnitz das Buch „Mit Marie Luise Kaschnitz durch Rom" (2000) heraus.

Matacic, Lovro von
Der Dirigent und Komponist Lovro von Matacic, 1899 bis 1985, wurde nach der Besetzung Belgrads durch deutsche Truppen Leiter der Militärmusik der kroatischen Armee des Faschisten Ante Pavelic im Rang eines Oberstleutnants. Während des Krieges trat er auch als Gastdirigent in den von den Achsenmächten kontrollierten Gebieten auf. Nach dem Krieg wurde er wegen Kollaboration mit dem Feind zu einer fünfjährigen Haft, später zum Tod verurteilt (Begnadigung nach zweijähriger Lagerzeit). Nicht zuletzt um den Ruf Jugoslawiens zu stärken konnte er sich als Gastdirigent internationaler Orchester profilieren. 1961 bis 1966 war Matacic als Nachfolger Georg Soltis Leiter der Frankfurter Oper. Zum ersten Mal begegnete Adorno Matacic 1961 im Zuge seiner Italienreise in Rom.

Melchinger, Siegfried
Der Theaterschriftsteller Dr. Siegfried Melchinger, 1906 bis 1988, war, nachdem er vor Stalingrad verwundet wurde, bis 1948 in Wien als Kritiker tätig, danach als Vizedirektor des Theaters in der Josefstadt. In den 50er-Jahren leitete er das Feuilleton der Stuttgarter Zeitung, das er zu einem Forum der kritischen Auseinandersetzung mit den modernen Künsten ausbaute. Das Ansehen, das er sich in den 50er-und 60er-Jahren erwarb, resultierte aus seinen uneitlen Urteilen, die auf arrogante und narzisstische Motive verzichteten. Ab 1963 hatte Melchinger eine Professur für Theorie des Theaters an der Staatlichen Hochschule für Musik und Darstellende Kunst in Stuttgart inne. Außerdem war er Mitherausgeber der Zeitschrift "Theater heute" und ein Initiator des Berliner Theatertreffens.

Moser, Albert
Der Musikmanager Albert Moser, 1920 bis 2001, kam 1961 als Generalsekretär an die Wiener Staatsoper und war von 1963 bis 1973 Direktor der Volksoper. Bis 1982 arbeitete er als Generalsekretär der Gesellschaft der Musikfreunde Wien, danach, von 1983 bis 1985, war Moser Präsident der Salzburger Festspiele.

Müthel, Lothar
Der Schauspieler und Regisseur Lothar Müthel, 1896 bis 1964, übernahm 1939 die künstlerische Leitung des Wiener Burgtheaters, im Jahr 1941 die Gesamtleitung der Wiener Staatstheater und damit auch der Staatsoper. Nach dem Krieg arbeitete er zunächst als Gastregisseur, 1951 bis 1956 als Schauspieldirektor, Regisseur und Schauspieler an den Frankfurter Städtischen Bühnen. Danach war er hauptsächlich als Regisseur tätig.

Nabokov, Nicolas
Nicolas Nabokov, 1903 bis 1978, ein Cousin des Schriftstellers Vladimir Nabokov, war Komponist und, nachdem er 1933 in die USA emigrierte, Lehrer. Nach dem Zweiten Weltkrieg arbeitete er als Kulturoffizier bei der amerikanischen Militärregierung in Deutschland und lebte später hauptsächlich in Paris. Von 1963 bis 1966 war er Direktor der Berliner Festwochen. Nabokov leitete Musikfestivals auf der ganzen Welt. Als Komponist schrieb er Vokal- und Instrumentalwerke sowie eine Reihe von Ballettmusiken. Adorno hat ihm den Text „Der mißbrauchte Barock“ in „Ohne Leitbild“ gewidmet (jetzt in GS 10.1, S. 401-422).

Neutra, Richard
Der Architekt Richard Neutra, 1892 bis 1970, studierte bei Otto Wagner und Adolf Loos in Wien. 1923 ging er nach Amerika, arbeitete dort als selbstständiger Architekt und baute großzügige Villen und Privathäuser. Sein „Gesundheitshaus“ für Dr. Lovell (1929) machte ihn berühmt, ebenso seine Fähigkeit Haus und Landschaft zu verschmelzen. Besonderen Wert legte er auf die industrielle Vorfabrikation von Bauelementen. Neutra wurde zum Reformer, der neben der formalen Seite der Architektur besonders an psychologischen Fragestellungen interessiert war. Er verstand es außerdem, seine richtungsweisenden Überlegungen auch auf öffentliche Bauten wie Schulen, Kirchen, Krankenhäuser, Geschäftshäuser und Museen anzuwenden.

Pielmann, Arlette
Arlette Pielmann arbeitete als Model, lebte mit ihrer Tochter in München und war bis zu ihrer Scheidung mit dem Filmproduzenten Walter Krüttner verheiratet. Von 1964 bis 1966 arbeitete sie auch als Schauspielerin. In dem Episodenfilm „Das Liebeskarussell“ (1965), an dem u.a. Catherine Deneuve, Anita Ekberg und Curd Jürgens mitwirkten, spielte sie in der 3. Episode („Dorothea“) an der Seite von Johanna von Koczian und Heinz Rühmann (Regie Alfred Weidenmann). Nebenbei beschäftigte sie sich auch mit Malerei. Alexander Kluge hat, ohne ihren Namen zu nennen, über sie und die Beziehung zu Adorno zwei Texte geschrieben: „Adornos Geliebte“ und „Samstag in Utopia“, in: Die Lücke, die der Teufel lässt, 2003, S. 30, 444 ff.) An dem Verhältnis zu Gretel, sagt Kluge, habe Adornos Liebe zu Arlette nicht gerüttelt, wie von anderer Seite vermutet wurde, da hier andere Loyalitäten maßgebend waren. Arlette Pielmann ist in den 70er-Jahren bei einem Verkehrsunfall ums Leben gekommen.

Polnauer, Josef
Ministerialrat Dr. Josef Polnauer, 1888 bis 1969, war eigentlich Beamter der Österreichischen Bundesbahnen. 1909 wurde er Schüler Schönbergs, später auch Alban Bergs. Er war Mitgründer des (Schönberg-) Vereins für musikalische Privataufführungen und dessen Assistent im Seminar für Komposition. Während der Nazizeit tauchte er unter, lebte aber weiterhin in Österreich. Nach dem Zweiten Weltkrieg unterrichtete Polnauer als Privatlehrer die kommende Avantgarde. Friedrich Cerha nannte ihn den „eigentlichen Sachwalter der Werke der Wiener Schule“. Cerha berichtet, dass Polnauer zuerst wütend gegen eine Herstellung des 3. Aktes der „Lulu“ argumentierte: „Wir können die Schweinereien im III. Akt nicht brauchen“, gemeint waren Mädchenhandel und Prostitution, und zudem wären Schönberg und Webern, was später widerlegt werden konnte, gegen die Fertigstellung gewesen. Als ihm Cerha jedoch Particell und Partitur zeigte, änderte er seine strikte Ablehnung. – Siehe dazu Anmerkung zu Brief 24; vgl. Adornos Brief an Rudolf Kolisch vom 17.7.1967, in: Frankfurter Adorno Blätter VI, S. 59 f.

Ratz, Erwin
Der Musiktheoretiker Erwin Ratz, 1898 bis 1973, war ein Schüler Schönbergs und Gründungsmitglied von dessen Verein für musikalische Privataufführungen. Nach dem Zweiten Weltkrieg wurde er Professor an der Akademie für Musik und darstellende Kunst in Wien, weiters Präsident der Internationalen Gustav Mahler-Gesellschaft und – seit 1953 – Generalsekretär der Österreichischen Sektion der IGNM. Seine „Einführung in die musikalische Formenlehre“ (1951) gilt als ein aus dem Geist der Zweiten Wiener Schule geschriebenes Standardwerk. Die

Differenzen mit Adorno, sie bezogen sich auch auf die von Ratz nicht angestrebte Vollendung der „Lulu" (s. Brief 111 und Frankfurter Adorno Blätter VI, S. 59 f.), wurden angeblich im Frühjahr 1967 durch eine „vollkommene Versöhnung" beigelegt: „obwohl wir in der Sache nicht zusammenstimmen ... fühlen wir uns doch in einer sehr viel tieferen Schicht verbunden und respektieren gegenseitig unser Urteil". Ratz war in Folge „sehr begeistert" von Adornos Plan, ein Berg-Buch zu komponieren. (Schreiben von Adorno an Helene Berg vom 18.4.1967 und 2.11.1967, in: Musiksammlung der ÖNB Wien, Signatur F21 Berg 2190-2191.)

Razumovsky, Andreas

Andreas Graf Razumovsky, Jahrgang 1929, war ein direkter Nachfahre jenes russischen Botschafters in Wien, der als Mäzen Beethovens galt. Adorno lernte ihn wahrscheinlich über Helene, Alban Bergs Frau, kennen. Razumovsky wiederum lernte über Adorno dessen Schülerin Prinzessin Dorothea Solms-Lich, seine spätere Frau, kennen. Über Adornos Empfehlung wurde Razumovsky Musikkritiker der FAZ. Es waren nicht zuletzt die gemeinsamen musiktheoretischen Interessen, die die enge Freundschaft der beiden förderten.

Redlich, Hans Ferdinand

Der Musikwissenschaftler und Komponist Hans Ferdinand Redlich, 1903 bis 1968, promovierte in Frankfurt 1931 über Monteverdi. Schon in den frühen 30er-Jahren wurde er durch eine Bearbeitung von Monteverdis „L'Orfeo" zu einem Vorläufer werkgetreuer Interpretation Alter Musik. Als Folge der Machtübernahme der Nazis musste er seinen Plan, sich an der Goethe-Universität zu habilitieren, aufgeben. Vorerst ging er nach Österreich zurück (1937), nach dem Anschluss ans Dritte Reich emigrierte er nach England. Dort unterrichtete er ab 1941 an verschiedenen Universitäten. 1955 erhielt er einen Lehrstuhl für Musikgeschichte, 1962 wurde er als Professor an die Universität Manchester berufen. Ab 1950 arbeitete er fast ausschließlich als Musikwissenschaftler. Als er 1966 zusammen mit Strawinsky (!) in New York die International Alban Berg Society gründete, wurde Adorno praktisch und versuchte eine Front der Abwehr zu organisieren, um den „Machenschaften des Herrn Redlich Einhalt zu gebieten". Er sah darin, schrieb er an den Musikwissenschaftler Rudolf Stephan, einen „Versuch, den Nachlaß Bergs in die Hand zu bekommen und für jene offizielle Musikwissenschaft zu beschlagnahmen, die, solange Berg lebte, ihm und der gesamten Zweiten Wiener Schule die kalte Schulter zeigte und sich mit dem ödesten Neobarock verband. (...) Gegen die weitgesponnenen und von allerhand organisatorischer Macht gedeckten Intrigen des Herrn Redlich ist sie [Helene Berg] wehrlos; ich zweifle nicht daran, daß Redlich, der hier sozusagen seine letzte Chance sieht, berühmt zu werden, indem er sich an einen anderen anhängt, vor nichts zurückschreckt, um Frau Berg das ihr allein zustehende Verfügungsrecht streitig zu machen. (...) Ich meine nun, daß wir unbedingt Frau Berg zu Hilfe kommen sollten. (...) Dazu wäre aber wohl notwendig, daß einige Menschen sich zusammentun und öffentlich zu der Angelegenheit Stellung nehmen". Dabei dachte Adorno außer sich an Stephan, Dahlhaus, Metzger, Boulez, Stockhausen, Schnebel, Bussotti, Ratz, Polnauer, Stuckenschmidt und Willi Reich. Gegen Ende des Briefes bezeichnet Adorno Redlich noch als einen der bewährten „Todfeinde" der Zweiten Wiener Schule und schließt den Brief mit einer Bemerkung: „Vielleicht ist Ihnen nicht bekannt, daß Redlich einmal in einem Aufsatz ‚Der große Einsame' versucht hat, Schönberg dadurch wegzuschieben, daß er ihn in die Position absoluter Isolierung verwies. Und er hat seinerzeit, im Vorfaschismus, sich mir gegenüber *ausdrücklich* auf seine Verbundenheit mit der österreichischen Volksmusik bezogen." (Schreiben von Adorno an Helene Berg und an Rudolf Stephan, beide vom 18. April 1967, in: Musiksammlung der ÖNB, F21 Berg 2190-2191; Redlich, Der große Unzeitgemäße. Gedanken zu Arnold Schönberg ..., in: „23", Eine Wiener Musikzeitschrift 15-16/1934, mit einem distanzierenden Nachwort der Redaktion; Adornos Offener Brief auf Redlichs Aufsatz wurde erstmals in der Einleitung zum Reprint der „23" veröffentlicht. – Vgl. Adornos „Vorrede" zur Bergmonographie GS 13, S. 324.)

Reich, Willi

Willi Reich, 1898 bis 1980, absolvierte ein Chemiestudium an der TH-Wien, erst danach wandte er sich der Musikkritik zu. Von 1927 an studierte er bei Alban Berg, nach dessen Tod bei Webern. 1932 bis 1937 gab er den Titel „23 – Eine Wiener Musikzeitschrift" heraus. Der Anschluss Österreichs an Nazi-Deutschland erzwang seine Emigration in die Schweiz. Dort arbeitete er zuerst als freier Schriftsteller, dann als Musikkritiker der Neuen Züricher Zeitung. Seit Ende 50er-Jahre lehrte er als Dozent für Musikgeschichte und -theorie an der ETH-Zürich.

Richter, Karl

Der Dirigent Karl Richter, 1926 bis 1981, übernahm bereits mit 25 Jahren eine Orgelprofessur an der Münchner Musikhochschule. Zwei Jahre später gründete er den Münchner Bach-Chor, zwei weitere Jahre später das Münchner Bach-Orchester. Um diesen beiden Ensembles sein künftiges Leben zu widmen, schlug er sogar das höchste Amt protestantischer Kirchenmusik, das des Thomaskantors in Leipzig, aus. Ab 1958 unternahm Richter mit beiden Bach-Ensembles zahlreiche Tourneen (u.a. Japan, USA, UdSSR, Südamerika). Sein Bach-Bild, das absolute Werktreue mit improvisatorischer Freiheit verband, wurde zum internationalen Maßstab. Einspielungen veröffentlichte er bei der Deutschen Grammophon. Richter war mit Gladys, geborene Müller, verheiratet.

Rintelen, Fritz Joachim von

Der Philosoph Fritz Joachim von Rintelen, 1898 bis 1979, erhielt 1934 in Bonn ein Ordinariat und übernahm zwei Jahre später als o. Professor einen Lehrstuhl an der Universität München. 1941 wurde er aus politischen Gründen entlassen. Er überlebte die Nazidiktatur, da er sich rechtzeitig in die Pfalz absetzte. Die Verfolgung der Geschwister Scholl und des Philosophen Kurt Huber hatte nämlich auch ihn gefährdet. Nach dem Zweiten Weltkrieg beteiligte er sich an der Gründung der Universität Mainz, wo er einen Lehrstuhl für Philosophie, Psychologie und Pädagogik bis zu seine Emeritierung 1969 innehatte. Anfang der 50er-Jahre war von Rintelen Präsident der Allgemeinen Gesellschaft für Philosophie in Deutschland. Sie verstand sich weniger als Fachvertretung der akademischen Lehrer, sondern als Verein philosophisch Interessierter, der versuchte, dem philosophischen Bedürfnis als „Ausdruck der inneren Not, in die unser Volk durch die krisenhafte Zuspitzung der geschichtlichen Lage versetzt worden ist", entgegenzukommen. „... wäre es da zu billigen, wenn die berufenen Vertreter der Philosophie sich vornehm zurückhalten und die Befriedigung der besagten Bedürfnisse den sich zahlreich anbietenden falschen Propheten überlassen wollten?" (siehe Alex Demirovic, Der nonkonformistische Intellektuelle. Die Entwicklung der Kritischen Theorie zur Frankfurter Schule, 1999, S. 606 f.)

Rosenberg, Wolf
Der Komponist und Musikschriftsteller Wolf Rosenberg, 1915 bis 1996, studierte Philosophie und Kunstgeschichte in Florenz und Bologna. 1936 konnte er nach Palästina emigrieren und studierte in Jerusalem bei Stefan Wolpe Musiktheorie und Komposition (Schönberg, Berg, Webern). Seit 1950 arbeitete Rosenberg in Deutschland für Rundfunkanstalten und Zeitschriften und beschäftigte sich mit Fragen der Gesangstechnik („Die Krise der Gesangskunst“, 1968). Sein Kompositionsstil war u.a. geprägt durch die undogmatische Verwendung und Fortentwicklung der Zwölftontechnik und Einsatz elektronischer Mittel. Pamela Rosenberg, seit 1968 mit Wolf R. verheiratet, wurde später Direktorin der San Francisco Opera.

Ruppel, K. H.
Der Kritiker K.H. Ruppel (1900-1980) war von 1932 bis 1944 erster Opern- und Theaterkritiker der Kölnischen Zeitung. Ergebnisse dieser Arbeit veröffentlichte er 1943 im Paul Neff-Verlag unter dem Titel "Berliner Schauspiel". 1944 übernahm er die Gastspielleitung der Württembergischen Oper in Stuttgart. Nach dem Krieg schuf Ruppel als Schauspieldirektor der Württembergischen Staatstheater die Basis zu dem berühmten Stuttgarter Ensemble um Ponto, Kopp, Hoffmann und Heerdegen. Mit Beginn der 50er-Jahre arbeitete er wieder als Theater- und Musikkritiker. Seine Beiträge für Fachblätter und die Süddeutsche Zeitung machten ihn zum "Grandseigneur der progressiven Musikkritik".

Sacher, Anna
Das Hotel Sacher, 1876 fertiggestellt, befindet sich direkt hinter der Staatsoper. Unter Anna Sacher (1859-1930), als Zigarrenraucherin ein Wiener Original, wurde es zum Treffpunkt von Offizieren, Diplomaten und Angehörigen des Hochadels. Während des Ersten Weltkriegs bekam es den Beinamen „Hotel Weltgeschichte“. Weltbekannt ist das Hotel durch die im Haus erzeugte Original-Sachertorte und die Kunstsammlung des 19. Jahrhunderts. Adorno meinte: Beim Sacher „stellt unter den Habitués und denen, die sie kennen, leicht jene Kommunikation sich her, die sonst nur auf der Bühne selbstverständlich scheint. Das Hotel ist eine Art großes Hauptquartier, ohne daß es stets der Verabredung bedürfte: Zufall und Vorsatz gehen unmerklich ineinander über. Selten wird man dort nachtmahlen, ohne daß man mit Bekannten sich begrüßte oder daß die es tun, mit denen man, nach der Oper etwa, zusammen ist.“ (GS 10.1, S. 428)

Sattler, Dieter
Dieter Sattler, 1906 bis 1968, studierte Architektur, dann, in den Jahren der deutschen Wirtschaftskrise, Nationalökonomie. Die Nazis verweigerten ihm nach der Machtergreifung die Habilitierung in Bauwirtschaft. Nach dem Zweiten Weltkrieg berief man ihn als Staatssekretär für die Schönen Künste in das Bayerische Ministerium für Unterricht und Kultus. In diese Zeit fallen u.a. die Gründung der Bayerischen Akademie der Schönen Künste und des Instituts für Zeitgeschichte in München sowie die Rückgabe der deutschen Kulturinstitute in Italien und die Eröffnung der heute Goethe-Institut genannten Biblioteca Germanica. Anfang der 50er-Jahre arbeitete Sattler als Kulturreferent im Rang eines Botschaftsrates an der deutschen Botschaft in Rom. 1959 wurde er Leiter der Kulturabteilung des Auswärtigen Amtes in Bonn. Nach einer Umorganisierung der Abteilung gelang ihm eine Steigerung der Haushaltsmittel von 62 auf 216 Millionen im Jahr 1966. Er half mit, das Goethe-Institut auszubauen und übertrug diesem

die kulturelle Werbung im Ausland. Ende 1966 wurde er Botschafter der Bundesrepublik beim Heiligen Stuhl. Sattler galt als unorthodoxer, gleichzeitig als einer der erfolgreichsten Diplomaten des Auswärtigen Dienstes.

Schiske, Karl

Der Komponist Karl Schiske, 1916 bis 1969, war zwischen 1940 und 1945 zum Wehrdienst eingezogen und promovierte 1942 über Anton Bruckner an der Wiener Universität. Anfang der 50er-Jahre wurde er Professor für Komposition an der Wiener Musikakademie. Mitte der 50er-Jahre war er Mitgründer eines Studios für elektronische Musik und hielt bis zu seinem Lebensende rege Kontakte zu den Darmstädter Ferienkursen. In seiner Musik verbindet er Einflüsse von Webern, Hindemith und Stravinsky sowie Palestrina und Bach. Zu seinen bekanntesten Schülern zählen Kurt Schwertsik, Ivan Eröd, Erich Urbanner und Otto Zykan.

Schlee, Alfred

Alfred Schlee, 1901 bis 1999, wurde Ende der 40er-Jahre zu einem der Leiter der Universal Edition bestellt. Die 1901 gegründete UE hatte Alban Berg bereits 1923, also noch vor seiner Anerkennung als Komponist („Wozzek", 1925), an sich gebunden. Nach dem Zweiten Weltkrieg formte sie ihre programmatische Linie in engem Kontakt mit der musikalischen Avantgarde und der fortgeschrittenen Moderne aus: Oliver Messiaen, Luigi Dallapiccola, Pierre Boulez, Karlheinz Stockhausen, Luciano Berio, Mauricio Kagel, György Ligeti, Friedrich Cerha.

Scholem, Gershom

Gershom Scholem, 1897 bis 1982, entzog sich der drohenden Einberufung zum Kriegsdienst, indem er bei der Musterung einen Verrückten mimte. Walter Benjamin lernte er bereits 1915 kennen. Anfang der 20er-Jahre wanderte er nach Palästina aus, wo er sich der jüdischen Mystik, der Kabbala, widmete, deren Erforschung erst durch ihn zu einer historisch-kritischen Wissenschaft wurde. Von 1933 bis 1965 hatte er an der Hebräischen Universität auf diesem Gebiet eine Professur. In zweiter Ehe war er mit Fania Freud verheiratet.

Tobisch lernte, im wahrsten Sinn des Wortes, Scholem während ihres ersten gemeinsamen Urlaubs mit den Adornos in Sils-Maria kennen. „Zu jener Zeit sagte ihr der Name Scholem noch nicht sehr viel. Sie erwartete einen Gelehrten … mit weißem Bart und sehr würdig. ‚Und dann stand plötzlich eine Mann vor uns, der diesen Vorstellungen in keiner Weise entsprach. Mit lustigen Augen und einem Gesicht, das stets in Bewegung schien.' Adorno versuchte mit seiner schönen Freundin zu renommieren: ‚Darf ich Ihnen Baronin Lotte Tobisch von Labotýn vorstellen?' Scholems spontane Reaktion [im breiten Berlinerisch]: ‚Mensch, det ooch noch!' Lotte begann nach dieser Rede und Gegenrede spontan laut zu lachen. Adorno hingegen war schockiert. Immer wieder, bis an sein Lebensende, wenn die Rede auf Scholems erstes Treffen mit seiner Freundin kam, sagte er: ‚Wie sich der Scholem benommen hat! Einfach schrecklich.' Lotte dachte ganz anders über die spontane Reaktion des gar nicht würdigen Bibelgelehrten: ‚Mit diesem Tag begann unsere Freundschaft. (…) Scholem war ein kleiner Teufel und es hat ihm unbändig Spaß gemacht, Leute zu provozieren, wie den superkorrekten Adorno.'" (Meysels, S. 112 f.) Ähnliches berichtet Monika Plessner aus ihrer Zeit als Assistentin am Institut für Sozialforschung. Eines Tages gaben die Adornos ein Abendessen, zu dem sie und Helmuth Plessner, der schon damals als einer der führenden deutschen Philosophen galt, gemeinsam mit Peter Suhrkamp und Frau eingeladen waren. „Aber da stand er nun – ‚innerlich voll Sendung' im plötzlich erleuchteten Türrahmen. (…) : ‚Mein Name ist Scholem. Schalom!' (…) Gershom Scholem aus Jerusalem, … der große Judaist … verbeugte sich nach allen Seiten und stieß dann den überlangen Zeigefinger Helmuth vor die Brust: ‚Plessner. Nachkomme von Salomon Plessner. Wissen Sie denn überhaupt etwas mit Ihrem ehrwürdigen Namen anzufangen? Oder muß ich Ihnen Nachhilfeunterricht geben?'" Am Ende ihres Textes heißt es dann: „Ich war zum ersten Mal einem ungebeugten Juden begegnet, einem Stolzen und Freien …" (Plessner, S. 52, 55)

Schönburg-Hartenstein, Lore-Marie

Prinzessin Eleonore-Marie (Loremarie) Schönburg-Hartenstein, 1914 bis 1986, war die Enkelin des kaisertreuen Generals Fürst Alois Schönburg-Hartenstein, der wiederum war Verteidigungsminister im Ständestaat-Kabinett Dollfuß (er wurde entlassen, weil er dem Bundesheer untersagte, Offizieren der austrofaschistischen Heimwehr Ehrenbezeugung zu leisten). Während der Nazidiktatur nahm Loremarie aktiv an der Widerstandsbewegung des 20. Juli teil. „Ich bewundere Loremaries Mut und Findigkeit sehr", schrieb ihre Freundin Missie, „auch wenn alles gelegentlich an gefährlichen Fanatismus grenzt." Nach dem missglückten Attentat Stauffenbergs auf Hitler war sie es, die durch einen couragierten Versteckwechsel des „übrig gebliebenen Sprengstoffs" das Leben von „Mitverschwörern" rettete. Später freundete sie sich mit einem Adjutanten Himmlers an und nahm Kontakt zu Wärtern auf, um über Kassiber die Kommunikation zu gefangen gehaltenen Freunden herzustellen. Loremarie gehörte zu denjenigen, die den 20. Juli „auf wundersame Weise überlebten". Nach dem Weltkrieg heiratete sie einen amerikanischen Offizier und lebte einige Jahre in den USA. Damals begann sie sich auch „leidenschaftlich mit Umweltproblemen" zu beschäftigen, „denen sie sich mit der gleichen Intensität und Zielstrebigkeit widmete, die sie in ihrem Kampf gegen den Nationalsozialismus an den Tag gelegt hatte." (s. Berliner Tagebücher) Mitte der 50er-Jahre, erinnert sich ihr Bruder Alexander Schönburg, kehrte Loremarie nach Europa zurück und versuchte, ohne Erfolg, „ihren Traum von einer Maschine, die aus Abfall und Müll im Schnellverfahren Kompost herstellt", zu verwirklichen. Dem „Verein zur Wiederherstellung der natürlichen Kreisläufe" stand sie als Obfrau vor.

Gegen Ende ihres Lebens wohnte sie in „einem Zimmer, schlecht beheizt, mit selbstgebautem Humusclo" und nächtigte des öfteren im Schlafsack in der Redaktion der Zeitschrift FORVM.

Dann schloss sich die „eigenwillige, sehr tapfere und kühne Aristokratin" (Günther Nenning) den Grünen an und beteiligte sich im Dezember 1984, sie war damals 70 Jahre alt, aktiv an der Besetzung der Stopfenreuther Au: Sie schlief im Baumwollschlafsack und landete schließlich mit von der Polizei zugefügtem Rippenbruch im Krankenhaus.

Quellen: Marie Wassiltschikow, „Die Berliner Tagebücher der ‚Missie' Wassiltschikow 1940-1945", 1987, S. 255, 258, 374; Günther Nenning, „Unsere Prinzessin", in: Profil, Nr. 29/1986, Gespräche mit Alexander Schönburg, Caroline Schönburg und Günther Nenning (alle August/September 2003).

Die *Mistmaschine*, berichtet Loremaries Bruder Alexander Schönburg, sollte der Erzeugung von Humus dienen. Sie bestand im Prinzip aus einer großen sich drehenden Trommel, in der menschlicher Abfall unter Luftzufuhr bei hohen Temperaturen ständig umgeschichtet wurde. Auf diese Weise glaubte sie, den langwierigen natürlichen Zersetzungsprozess, an dessen Ende der Gewinn wertvollen Humus steht, verkürzen zu können. Die Produktion scheiterte anscheinend daran, dass der normale Hausmüll dafür nicht geeignet und die Produktion selbst an einen großen Energieaufwand gebunden war. Möglicherweise ist ihre Maschine durch die Entwicklung von Gasen während des Verrottungsprozesses explodiert. Günther Nenning berichtet in seinem Nachruf in Profil 29/1986 von „häuslicher Humuserzeugung" durch eine wohl „raffinierte Maschine", die „niemand von uns zu sehen kriegte". In einem schwarzem Buch hätte sie „Angaben über Gasbildung, Spurenelemente, Temperatur (bis zu 60°!), Geruch (‚köstlich', ‚stinkt wie Pest', ‚herrlich', ‚Mausgeruch' usw.)" festgehalten.

Schönwiese, Ernst
Der Schriftsteller und Übersetzer Dr. Ernst Schönwiese, 1905 bis 1991, war bis 1938 Dozent an Wiener Volkshochschulen und durch den Anschluss Österreichs an Nazi-Deutschland zur Emigration gezwungen. Nach dem Weltkrieg gab er, wie schon Mitte der 30er-Jahre, die literarische Zeitschrift „das silberboot" heraus (bis 1952) und leitete die Literaturabteilung des Senders Rot-Weiß-Rot. Von 1954 bis 1971 war er Programmdirektor für Literatur, Hörspiel und Wissenschaft im ORF-Rundfunk. Danach wurde er Präsident des Österreichischen P.E.N.

Schuschnigg, Artur
Artur Schuschnigg, 1904 bis 1990, wurde nach dem Zweiten Weltkrieg Programmleiter des Alliierten Funk, Sendergruppe West, dann Leiter der Hauptabteilung Musik im ORF-Hörfunk. Sein Bruder Kurt von Schuschnigg war von 1934 bis 1938 Bundeskanzler und Außenminister des österreichischen Ständestaats.

Schütte, Ernst
Der Kulturpolitiker Dr. Ernst Schütte, 1904 bis 1972, war Mitglied der SPD und ab 1959 hessischer Minister für Erziehung und Volksbildung. Damit gehörten u.a. auch die Universitäten des Landes Hessen zu seiner Zuständigkeit.

Schwarzenberg, Joseph Fürst von
Joseph Fürst von Schwarzenberg, 1900 bis 1979, entstammte einem fränkischen Hochadelsgeschlecht, dessen Familienbesitz 1918 zum Teil durch eine Bodenreform verloren ging. Weitere Teile des Besitzes verloren die Schwarzenbergs, die für ihre antifaschistische Haltung bekannt waren, durch Konfiskation durch die Nazis. Zwei Jahre nach Kriegsende wurde die Familie in Böhmen durch die sogenannte Lex Schwarzenberg enteignet. Nach der kommunistischen Machtübernahme 1948 verließ die Familie die Tschechoslowakei. In die Geschichte des Nachkriegstheaters ging Joseph Schwarzenberg durch Arthur Miller ein. Er inspirierte den amerikanischen Dramatiker bei der Gestaltung des österreichischen Prinzen Van Berg in dem Stück „Zwischenfall in Vichy", das 1964 im Akademietheater uraufgeführt wurde.

Seefried, Irmgard
Die Sopranistin Irmgard Seefried, 1919 bis 1988, arbeitete seit 1943 an der Wiener Staatsoper. Sie galt als hervorragende Mozart-Interpretin und Liedinterpretin. In dem Text „Wien, nach Ostern 1967" (GS 10.1, S. 424 f.) schrieb Adorno über eine Aufführung von Smetanas „Verkaufter Braut", in welcher Seefried, „in ihrem Rollenfach die größte Sopranistin ihrer Generation", die Marie sang (s.a. Anmerkung zu Brief 165).

Simon, Ernst A.

Der Historiker und Religionsphilosoph Ernst A. Simon, 1899 bis 1988, entstammt einer deutsch-jüdischen Berliner Bürgerfamilie. Sein deutschnationaler Patriotismus motivierte ihn, als Freiwilliger am Ersten Weltkrieg teilzunehmen. Erfahrungen mit dem zunehmenden Antisemitismus bewegten ihn dann aber zur völligen Abkehr davon (und 1928 zur Auswanderung nach Palästina). Durch seine Freundschaft mit Erich Fromm, dem späteren Psychoanalytiker, und Gershom Scholem kam Simon mit dem Philosophen Franz Rosenzweig und dessen Freien Jüdischen Lehrhaus in Frankfurt in Kontakt. Ein weiterer entscheidender Impuls für sein Denken wurde durch die Begegnung mit Martin Buber ausgelöst. 1934, die Nazis waren schon an der Macht, ging Simon, um Buber beim Aufbau der jüdischen Erwachsenenbildung zu unterstützen, für ein halbes Jahr nach Deutschland zurück. 1950 wurde er Professor für Pädagogik an der Hebräischen Universität in Jerusalem und profilierte sich als Pionier auf dem Gebiet der israelischen Erziehung und Erwachsenenbildung. Simon war einer der Vordenker und Brückenbauer des deutsch-jüdischen und des jüdisch-christlichen Dialogs. Das traf, obwohl er ein Kritiker der israelischen Politik war, auch auf die jüdisch-arabische Verständigung zu. Sein Bruder, Michael Simon, war in den 60er-Jahren israelischer Botschafter in Wien.

Simon, Michael

Dr. Michael Simon, ein gebürtiger Berliner, wanderte wie sein Bruder, der Erziehungswissenschaftler Ernst A. Simon, schon vor der Machtergreifung Hitlers nach Palästina aus. Nach dem Zweiten Weltkrieg trat er in den Dienst des israelischen Außenministeriums und wurde 1963 Botschafter Israels in Österreich. In dieser Zeit lernte Simon, er war damals verheiratet und hatte zwei erwachsene Kinder, Tobisch kennen und verliebte sich in sie. Daraus ergab sich ein Ehekonflikt, der, durch die offizielle Position Simons, auch die Presse in Israel beschäftigte („Die Geliebte des Botschafters"). Simon lebte von 1969 bis kurz vor seinem Tod, 1976, in Wien.

Solti, Georg

Der Dirigent Georg Solti, 1912 bis 1997, arbeitete zunächst als Kapellmeister an der Budapester Oper. Infolge der Juden-Pogrome 1939 verlor er als Jude seine Stellung und musste nach Zürich emigrieren. Anfang der 50er-Jahre wurde er Generalmusikdirektor und Operndirektor in Frankfurt und wandte sich zunehmend internationalen Aufgaben zu. 1961 übernahm er die Leitung der Königlichen Oper in Covent Garden, die unter ihm Weltgeltung erlangte. Mitte der 50er-Jahre schrieb Adorno an seinen Freund, den Pianisten Eduard Steuermann: „Ich freue mich, daß auch Sie einen so guten Eindruck von Solti haben. Er ist wirklich eine ganz große Begabung. Freilich wird auf die Dauer nicht aufzuhalten sein, daß er Weltgeneralmusikdirektor wird, und dann sehe ich schwarz, wie in anderem auch". (Zitiert nach Bildmonographie, S. 249) Siehe auch Anmerkung und Brief 24.

Spiel, Hilde

Die Schriftstellerin, Kritikerin und Übersetzerin Hilde Spiel, 1911 bis 1990, engagierte sich politisch in der Linken, emigrierte 1936 nach England und kehrte erst 1963 endgültig nach Wien zurück. Sie galt als „kultivierte, weltoffene ‚femme de lettres', als große Stilistin". Als Kulturkritikerin deutsch- und englischsprachiger Zeitungen setzte sie „literarische und moralische Maßstäbe". (Österreichisches Personenlexikon, 1992)

Der Nachruf auf Egon Hilbert in der FAZ vom 20.1.1968 („Trauer in Wien. Zum Tod von Egon Hilbert") wurde mit „F.A.Z." gezeichnet. Der kurze Artikel enthält neben einem biographischen Abriss keinerlei Hinweis auf die Medienhetze und die Karajan-Fraktion, dafür aber die Bemerkung, dass es die „wachsenden Auseinandersetzungen mit den vorgesetzten Regierungsbehörden" waren, die „schließlich zur vorzeitigen Beendigung" seiner Tätigkeit als Operndirektor „mit beigetragen haben (sollen)".
Der „Nachruf" auf Hilbert als Operndirektor wurde von Hilde Spiel am 19.1. in der FAZ unter dem Titel „Hilbert geht" publiziert. Spiel schreibt zustimmend von einer „umstrittenen Ära der Wiener Staatsoper", die jetzt zu Ende gegangen wäre, und nennt Hilbert, den „empfindlichen und bereits kränkelnden Mann", nach Karajans Abgang einen „Alleinherrscher des Hauses", der die „Erfolge seiner Nachkriegstätigkeit wieder zu erreichen nicht imstande war".

Stephan, Rudolf
Rudolf Stephan, Jahrgang 1925, studierte Musikwissenschaft und Philosophie (bei Karl Jaspers und Nicolai Hartmann). 1963 habilitierte er sich, 1967 übernahm er eine Professur an der Freien Universität Berlin. Seitdem ist er Leiter der Berliner Forschungsstelle der Schönberg-Gesamtaufnahme, später wurde er auch Vorstandsmitglied der Internationalen Schönberg-Gesellschaft.

Steuermann, Eduard
Der Pianist Eduard Steuermann, 1892 bis 1964, war Schüler von Busoni und Schönberg. Zu seinen Schülern zählte u.a. Adorno. Er setzte sich besonders für die Klaviermusik der 2. Wiener Schule ein und war offizieller Pianist bei Uraufführungen von Werken Schönbergs. 1936 emigrierte er in die Vereinigten Staaten. Seine eigene Musik ist von Schönberg beeinflusst, doch mit eigenständiger Aussage und persönlichem Stil. Steuermanns Schwester Rose war die Frau von Josef Gielen. (Siehe auch Anmerkung und Brief 1, 15, 18, 55, 56, 58)

Stone, Shepard
Der Journalist und Kulturmanager Shepard Stone, 1908 bis 1990, studierte in Deutschland Staatswissenschaften und Geschichte, kehrte aber nach der Promotion, Anlass war die Machtübernahme der Nazis, in die USA zurück. Nach dem Zweiten Weltkrieg nahm er zunächst seine frühere Tätigkeit als zweiter Chefredakteur der Sonntagsausgabe der New York Times wieder auf. Ende der 40er-Jahre arbeitete er als Leiter des Amtes für öffentliche Angelegenheiten und Informationswesen beim amerikanischen Hochkommissar in Deutschland und bemühte sich um den Aufbau einer demokratischen Presselandschaft. 1953 in den Stab der Ford Foundation aufgenommen, wurde er kurze Zeit später ebendort Direktor der Abteilung für internationale Angelegenheiten. In dieser Funktion unterstützte er u.a. wesentlich den Aufbau der Freien Universität Berlin. Ab 1968 war Stone Präsident der Internationalen Vereinigung für die Freiheit der Kultur in Paris. 1974 wurde er Direktor des Berliner Aspen-Instituts (eine Filiale des weltberühmten Aspen-Instituts für humanistische Beziehungen in Aspen/Colorado).

Szondi, Peter
Der Literaturwissenschafter Peter Szondi, 1929 bis 1971, kam 1944 mit seiner Familie in das KZ Bergen-Belsen. Durch ein Abkommen von Rudolf Kasztner mit den Nazis – Freilassung

ungarischer Juden im Tausch gegen kriegswichtige Güter – konnte er Ende 1944 schließlich in die Schweiz gehen. Seine 1956 veröffentlichte Dissertation „Theorie des modernen Dramas“, die sich auf Überlegungen von Benjamin, Lukács und Adorno stützt, machte ihn schon am Beginn seiner Laufbahn berühmt. Szondi bezeichnete sich selbst als Schüler Adornos, zu dem er eine enge Beziehung entwickelte. 1965 wurde er auf das neu geschaffene Ordinariat für Allgemeine und Vergleichende Literaturwissenschaft an der Freien Universität Berlin berufen. Szondi, der als Nachfolger von Paul de Man 1972 dessen Züricher Lehrstuhl übernehmen sollte, nahm sich im Oktober 1971 das Leben.

Taussig, Otto

Der Schauspieler und Regisseur Otto Taussig, Jahrgang 1922, emigrierte 1938 nach England. In der zweiten Hälfte der 50er-Jahre war er in Ost-Berlin, dann am Schauspielhaus Zürich tätig. Danach arbeitete er freischaffend in Deutschland. Von 1971 bis 1983 war er Ensemblemitglied des Burgtheaters. Heute legt Tobisch Wert auf die Feststellung, sie hätte damals Otto Taussig, wohl wegen dessen engagiert linken Auftretens, falsch beurteilt und würdigt besonders sein mittlerweile allgemein anerkanntes konkretes Engagement im Kampf gegen die Armut in den Entwicklungsländern.

Tiedemann, Rolf

Der Sozialwissenschaftler Rolf Tiedemann, Jahrgang 1932, studierte und promovierte bei Adorno in Frankfurt. Von 1965 bis 1967 war er wissenschaftlicher Assistent an der von Jacob Taubes geleiteten Abteilung Hermeneutik an der Freien Universität Berlin. Tiedemann ist u.a. Herausgeber der 20-bändigen Werkausgabe von Adorno und der Frankfurter Adorno Blätter (ab Heft V) sowie der Gesammelten Schriften von Walter Benjamin. Bis vor kurzem war Tiedemann auch Leiter des Theodor W. Adorno Archivs in Frankfurt.

Tobisch-Labotýn, Lotte

Lotte Tobisch, Jahrgang 1926, ist Teil einer Familie, die sich laut Chronik der Familie der Großmutter väterlicherseits bis 1229 zurückverfolgen lässt. Der Großvater väterlicherseits war Präsident des Landesschulrates für Böhmen und Mähren und wurde für die Verdienste in dieser Funktion vom österreichischen Kaiser Franz Joseph in den Ritterstand erhoben. Dasselbe widerfuhr ihrem Urgroßvater mütterlicherseits, der, ebenfalls von Franz Joseph, für seine Verdienste als Großindustrieller in den Adelsstand erhoben wurde. „Labotýn“, zu deutsch etwa „Elbhorst“, ist von der Gegend an der Elbe abgeleitet, aus der die Familie stammt und in der auch deren „uralter Erbhof“ (Tobisch) lag. Zu ihrer Familie gehörten also Großindustrielle, hohe Staatsbeamte, Erbhofbauern und Gelehrte, ebenso der Goethe-Intimus Jacob Michael Reinhold Lenz.

Dass Adorno sie als „Baronin“, später auch als „Freiin“ titulierte, lässt sich genealogisch nicht begründen. Es demonstriert eher seine Neigung, auch was die eigene Abstammung betrifft, sich Genealogien zu imaginieren (vgl. Bildmonographie, S. 16 ff., Müller-Dohm, S. 15 ff.).

Lotte Tobisch hat an Genealogie kein ausgeprägtes Interesse entwickelt. „Alle Menschen“, zitiert sie gerne den Verhaltensforscher Festetics, „haben einen Stammbaum – nur manche schreiben ihn auf.“ (Siehe dazu auch Adornos Bemerkung in Brief 71.)

Tobisch ist derzeit Präsidentin von „Künstler helfen Künstlern" und Ehrenpräsidentin der „Österreichischen Alzheimer Gesellschaft".

Tobisch, Nora
Nora Benedikt, geschiedene Tobisch, geborene Krassl von Traissenegg, war eine „steinreiche Erbin", denn „die Krassls zählten zu den Großindustriellen der Monarchie und hatten … einen großen Teil ihres Vermögens in die Republik hinübergerettet. Auch Karl Tobisch [Lottes Vater war Architekt] stammt mütterlicherseits aus einer Familie von Großindustriellen, aber diese hatte fast ihren gesamten Reichtum mit dem Untergang des Habsburgerreiches verloren. Der einzige wesentliche Besitz, der übriggeblieben war, waren ein Landhaus in Hadersdorf-Weidlingau und die großelterliche Wohnung auf dem Karlsplatz." (Meysels, S. 13 f.)

Trakl, Georg
Der Dichter Georg Trakl, 1887 bis 1914, ist einer der wichtigsten frühexpressionistischen deutschsprachigen Autoren. In hymnischen Texten entwarf er visionäre Bilder des Grauens und Verfalls. Als Militärapotheker brach Trakl angesichts der Schrecken des Ersten Weltkriegs zusammen. Er starb im Lazarett an einer Überdosis Kokain. – Adorno beschäftigte sich auch als Komponist mit dem Lyriker, er schrieb 1938-41 sein Opus 5 „Klage. Sechs Lieder von Georg Trakl für Singstimme und Klavier".

Uhl, Alfred
Der Komponist Alfred Uhl, 1909 bis 1992, studierte Ende der 20er-Jahre bei Franz Schmidt. Seine Karriere begann er mit Arbeiten für Werbe- und Kulturfilme. Nach Auslandsaufenthalten kehrte er 1938 nach Wien zurück. Er wurde eingezogen und erlitt 1942 eine Kriegsverletzung. Von der Front zurück, erhielt er nach Aufführungserfolgen 1943 den Schubertpreis der Stadt Wien. Im selben Jahr wurde er Kompositionslehrer an der Wiener Musikakademie und spielte ebendort eine zentrale Rolle. Nach dem Zweiten Weltkrieg wurde er mit gleichsam leichter Musik in der Nachfolge Franz Schmidts bekannt. Außerdem schrieb er weiterhin Filmmusiken, etwa zu Willy Forsts „Die Stadt meiner Träume". Seine Oper „Der mysteriöse Herr X", der Text stammt von Theo Lingen, kam 1966 im Theater an der Wien zu Uraufführung. Zu seinen bekanntesten Schülern gehörten Friedrich Cerha, Anestis Logothetis, Gerhard Lampersberg, K.H. Gruber und Karl Heinz Essl.

Unseld, Siegfried
Siegfried Unseld, 1924 bis 2002, leistete nach dem Abitur drei Jahre lang Kriegsdienst als Marinefunker. Nach dem Krieg studierte er u.a. Philosophie und Germanistik und dissertierte über Hermann Hesse. 1952 trat er in den Suhrkamp-Verlag ein. Sein erster verlegerischer Erfolg war, kurz vor Ausbruch des Hesse-Booms in den USA, der Rückkauf der amerikanischen Übersetzungsrechte. 1959 übernahm Unseld die alleinige Geschäftsführung des Suhrkamp-Verlages, 1963 wurde er außerdem verantwortlicher Gesellschafter der Insel Verlag Anton Kippenberg GmbH & Co. KG. Zum Erfolg des Hauses trug wesentlich die zeitgerechte Einführung von Taschenbuchreihen bei – besonderen Zuspruch fand dabei die „edition suhrkamp" – und das Programm aus politischer Aufklärung, philosophischer Reflexion und moderner Weltliteratur. Es gehörte außerdem zur Strategie des Verlags, auf den Autor und nicht

ausschließlich auf das einzelne Buch zu setzen. Unseld verstand es zudem, die wissenschaftliche Avantgarde in seinem Haus zu vereinen. Dazu gehörte auch die Frankfurter Schule mit Adorno, Horkheimer, Marcuse u.a. Unseld war seit 1992 Honorarprofessor an der Universität Heidelberg.

Wagner, Wieland

Der Opernregisseur Wieland Wagner, 1917 bis 1966, war der Sohn von Siegfried und Winifried Wagner, damit ein Enkel von Richard und Cosima Wagner. Während der Kriegsjahre 1942 bis 1945 wurde er, ohne eine eigentliche Regieausbildung genossen zu haben, zum Oberspielleiter des Landestheaters in Altenburg ernannt, wo er den Ring-Zyklus inszenierte. Als „Träger eines großen Namens“ war er, laut Befehl Hitlers, vom Kriegsdienst befreit, leistete aber einen Ersatzdienst in einem Bayreuther Rüstungswerk. Nach dem Zweiten Weltkrieg erneuerte er zusammen mit seinem Bruder Wolfgang Wagner die Bayreuther Festspiele. Deren Rückgabe an die Familie im Jahr 1949 wurde von den Amerikanern an die Bedingung geknüpft, dass die mit Hilter eng befreundete Winifried ohne jeden Einfluss bleiben muss. Wielands avantgardistischen Inszenierungsstil zeichnete die abstrakte, auf das Symbol reduzierte Bühnenrealität aus. Dies erreichte er vor allem durch seinen spezifischen Lichteinsatz. Bei Alt-Wagnerianern, die sich zu einer „Vereinigung für die werktreue Wiedergabe der Dramen Richard Wagners“ zusammenschlossen, stieß das „neue Bayreuth“ auf heftigen Widerstand. Anfang der 60er-Jahre setzte er in seiner „Tannhäuser“-Inszenierung mit Grace Bumbry auch erstmals eine schwarze Sängerin ein. Seine zahlreichen Auslandsengagements erreichten 1965 ihren Höhepunkt: mit dem „Tristan“ an der Mailänder Scala und dem „Lohengrin“ an Hilberts Staatsoper. Aus der von ihm vertretenen Aufführungspraxis resultierte eine völlig neue Entwicklung der Operninszenierung.

Weikert, Alfred

Ministerialrat Dr. Alfred Weikert, Leiter der Sektion II (Kunstangelegenheiten), profilierte sich im Unterrichtsministerium als ein untypischer, gebildeter, den Künsten aufgeschlossener Beamter. Er war „ein tüchtiger Mann“ (Tobisch). Am 22. Oktober 1965 wurde publik, dass Weikert, der auch für die Bundestheater verantwortlich war, vom Dienst suspendiert wurde. Anfang Dezember kam er gemeinsam mit dem Verlagsleiter des Stiasny Verlags Gerhard Zerling in Untersuchungshaft. Die Wirtschaftspolizei hatte herausgefunden, dass Weikert seit 1957 knapp 850.000 Schilling (heutiger Geldwert 3.450.000 öS) von eben diesem Verlag empfangen hatte. Nach einjährigen Ermittlungen wurde Weikert wegen „Geschenkannahme in Amtssachen” und Zerling wegen „Verleitung zum Mißbrauch der Amtsgewalt” angeklagt. Die beiden hatten immer wieder beteuert, es handle sich lediglich um Autoren- und Konsulentenhonorare, aber „die Summe entsprach offenbar ziemlich genau 15% der Subventionsleistungen” des Unterrichtsministeriums an den Stiasny Verlag. (Wolfgang Hackl, 1988, S. 115)

Gegen das als mild eingestufte Urteil des zweiten Prozesses legte der Staatsanwalt Berufung ein, die zu einem dritten Prozess im Jahr 1969 führte. Diesmal wurde Weikert zu sechs Monaten und Zerling zu vier Monaten schwerem, verschärftem Kerker verurteilt. Das Urteil wurde vom Obersten Gerichtshof 1970 bestätigt. Für den Verleger Zerling bedeutete das Urteil den Ruin. Über 200 Gläubiger sollen leer ausgegangen sein. Nach der Versteigerung des Verlagshauses zum Ausrufungspreis blieben noch immer 15 Millionen Schilling Schulden (heutiger Geldwert 60.000.000 öS) übrig. Da zuvor alle Versuche gescheitert waren das Unternehmen zu retten,

erschossen sich Zerling und seine Gattin, eine Grazer Rechtsanwältin. Weikert trat seine Strafe 1971 an. Sein akademischer Grad, er war Jurist, wurde ihm aberkannt. Aus der Haft entlassen, baute er sich eine Existenz als Fremdenführer auf und betätigte sich wieder als Publizist (bereits Anfang der 50er-Jahre hatte er gemeinsam mit dem katholischen Schriftsteller und austrofaschistischem Kulturfunktionär Rudolf Henz die siebzehnbändige „Dichtung der Gegenwart" im Stiasny Verlag herausgegeben).
Gesetzlich ausjudiziert, scheint die „Affäre Weikert" politisch noch offene Fragen in sich zu bergen. Sie kam in einer Situation höchster innenpolitischer Anspannung ans Tageslicht: die Budgetverhandlungen standen kurz vorm Scheitern und führten schließlich zum Ende der großen Koalition von SPÖ und ÖVP. Die ÖVP-Alleinregierung stand ins Haus. Es gab den Verdacht, dass dies ÖVP-intern als ein geeigneter Zeitpunkt angesehen wurde, den nicht dem Kunstbeamtenschema entsprechenden VP-nahen Sektionschef loszuwerden.

Weinwurm, Josef
Im März 1963 beherrschte der Mord an Dagmar Fuhrich, einer Elevin des Wiener Opernballetts, die Medien des Landes. Der Täter drang ungehindert in die Staatsoper ein, ermordete die knapp Elfjährige mit zwei Dutzend Messerstichen und konnte das Haus ebenso ungehindert verlassen. Da in den folgenden Monaten weitere Messerattentate auf Frauen verübt wurden, nahm die Berichterstattung exzessive Ausmaße an. Erst nach dem vierten Attentat, das mit einer Gabel ausgeführt wurde, konnte der Täter gefasst werden. Es handelte sich um den 33-jährigen Verkäufer Josef Weinwurm. Im April des folgenden Jahres wurde Weinwurm für die erwähnten Delikte sowie des Raubes und der Homosexualität für schuldig bekannt. (Express, 10.4.1964) Er wurde zu lebenslangem schwerem Kerker, verschärft durch hartes Lager, Fasten und Dunkelhaft, verurteilt. (Express, 11.4.1964) Weinwurm sitzt heute in der Strafanstalt Stein und verbüßt dort seit 40 Jahren seine lebenslange Haftstrafe. In Österreich bedeutet lebenslang in der Regel 22 Jahre. – Adorno schrieb damals über „jenes Makabre … das real in Wien mit Gusto sich manifestiert": „Wer's nicht so schwer nimmt, läßt gern dem Schweren seinen Lauf. Darin ist der objektive Geist der Stadt unerschöpflich produktiv. Der Bursch, der vor ein paar Jahren eine Ballettelevin im Labyrinth der Oper ungestört erdolchte, hieß Weinwurm." (GS 10.1, S. 424; zu Weinwurm siehe auch die Briefe 23, 31, 33.)

Weiser, Peter
Der Journalist und Manager Peter Weiser, Jahrgang 1926, wurde 1949 Mitarbeiter der katholischen Wochenzeitung Die Furche. Anfang der 50er-Jahre arbeitete er als Scriptwriter, zuletzt als Chefdramaturg des Senders Rot-Weiß-Rot, ab 1955 auch als Kulturredakteur der FAZ und des Wiener Kurier. Von 1961 bis 1977 war er Generalsekretär der Wiener Konzerthausgesellschaft, danach Geschäftsführer der Energieverwertungsgesellschaft (bis 1989) und ab 1990 Berater des Wiener Bürgermeisters für Planung und Durchführung kultureller Sondervorhaben der Stadt Wien (Mozartjahr 1991, 1000-Jahr-Feier Österreichs 1996, Schubert-Jahr 1997, Johann Strauß-Jahr 1999, Theodor Herzl-Symposien 1996 ff.).

Wild, Heinrich
Der Verleger Dr. Heinrich Wild, 1909 bis 1975, übernahm 1946 die Leitung des Kösel Verlags, die er bis kurz vor seinem Tod inne hatte.

Willnauer, Franz

Dr. Franz Willnauer, heute Chef der Internationalen Beethovenfeste Bonn, war knapp 30, als ihm Anfang der 60er-Jahre angeboten wurde, die Briefe des Komponisten Alban Berg an seine Frau Helene, die als Herausgeberin fungierte, für den Druck einzurichten. Der junge Musikschriftsteller verfügte damals bereits über einen guten Ruf, er war Redakteur der angesehenen Zeitschrift FORVM und hatte gemeinsam mit Oskar Fritz Schuh das Buch „Bühne als geistiger Raum" (1963) publiziert.

Die geplante Veröffentlichung, man kann sich das heute gar nicht mehr vorstellen, war damals eine Sensation. Die Arbeit, die sich über einen Zeitraum von dreieinhalb Jahren erstreckte, wies jedoch eine Reihe, für einen Wissenschaftler schwerwiegende, Besonderheiten auf: Von den 569 Briefen, die von der Herausgeberin für die Öffentlichkeit bestimmt waren, konnte er nur cirka 50 im Original einsehen, alle übrigen lagen ihm lediglich in Abschrift vor. Welches Maß an Authentizität gegeben war, ob gefälscht oder auch nur beschönigt wurde, ob etwas gekürzt wurde, war damit nicht mehr feststellbar. Willnauer, er war damals persönlicher Referent des Stuttgarter Theaterintendanten Walter Erich Schäfer, sah sich in einem Brief an die Herausgeberin schließlich dazu genötigt, über sogar nachträglich von ihr noch vorgenommene, sinnverändernde Streichungen protestieren zu müssen. Auch sollten Namen in der Briefedition verschlüsselt werden, obwohl einzelne Briefe unter der vollen Nennung eben dieser Namen bereits in verschiedenen Zeitungen als Vorabdruck erschienen waren. In weiterer Folge konnte der Wissenschaftler also auch nicht wissen, wie viele Briefe nicht zur Veröffentlichung freigegeben wurden und warum. Heute weiß man, dass ihm die Witwe, da rund 1.500 Briefe erhalten geblieben sind, mindestens 800 verweigerte. Darunter jene, in denen Berg über die Kontroverse zwischen Schönberg und Webern berichtete (Bergs „sanfte Klagen" über Schönberg konnte Willnauer dagegen für die Edition retten).

Helene Berg wollte mit dieser Edition der Öffentlichkeit ein „aseptisches Bild" des genialen Komponisten präsentieren. Dazu gehörte, dass sie beim Verlag nicht nur durchsetzte, dass alle zum Standard seriöser Briefeditionen gehörenden Kommentare, mit denen unverständliche Briefinhalte aufgeklärt werden, ersatzlos gestrichen wurden, auch der die Edition begleitende Text fiel der Zensur zum Opfer (beide Texte blieben übrigens bis heute unveröffentlicht).

Als das Buch schließlich erschien, präsentierte es das Bild eines sensiblen jungen Mannes, der eine schöne Frau begehrt, eines kultivierten aber biederen Bourgeois und hauptberuflichen Ehemanns. Kein Wort über den Selbstmordversuch des jungen Berg und über seine uneheliche, mit einem Dienstmädchen gezeugte Tochter, die Zeit ihres Lebens keinerlei Erbschaftsansprüche geltend machte. Kein Wort über seine enorme Eifersucht, über Morphium und Opium, die Antriebslosigkeit und Dekadenzverfallenheit, die im Übrigen auch von Schönberg kritisiert wurden. Kein aufklärendes Wort auch über die langwierige Arbeit an der unvollendet gebliebenen Oper „Lulu".

Da sich im fertigen Buch jedoch ein nicht zur Veröffentlichung vorgesehener Brief (Nr. 335) befand, bei einem weiteren Schreiben die Streichungen der Herausgeberin „nicht respektiert" wurden (Nr. 314) sowie bei beiden Schriftstücken Vorbemerkungen „ehrenrühriger Natur" angebracht waren, kam es in der Folge zu Rechtsstreitigkeiten zwischen den Beteiligten.

Zum einen stritt Helene Berg mit dem Langen Müller-Verlag und dessen Chef Joachim Schondorff wegen unüblicher Publikationspraktiken: Der Herausgeberin wurden wider Vereinbarung die Druckfahnen vor Drucklegung nicht zur Verfügung gestellt. Einige Stellen mussten daraufhin, um eine Klage zu vermeiden, vom Verlag durch schwarzen Überdruck unkenntlich gemacht werden. Zum anderen und davon unabhängig wurde Franz Willnauer vom

Neffen der Herausgeberin, Erich Alban Berg, wegen einer Anmerkung zu einem Brief geklagt, in der dieser trotz sachlicher Richtigkeit die „Sicherheit der Ehre“ verletzt sah: Albans Bruder Charly hatte laut Korrespondenz das Kärntner Gut der Familie, den sogenannten Berghof, verwirtschaftet, so dass Alban, er schrieb von „Diebereien“, die Verwaltung übernehmen musste. Der Rechtsstreit endete mit einem Vergleich.

Letztlich hat Helene Bergs Editionsmoral das Buch um den Erfolg gebracht. Wenn man dennoch etwas für sie ins Treffen führen kann, dann dies: Sie hat bei der Realisierung ihres Projekts der Idealisierung, allem Anschein nach, auf den letzten Schritt verzichtet – die Vernichtung nicht in ihr Weltbild passender Briefdokumente. – Zu Adornos Verhalten in dieser Angelegenheit siehe Anmerkung zu Brief 109.

Quellen: Alban Berg, Briefe an seine Frau, 1965; Die Briefe von Adorno, Helene Berg, Franz Willnauer, des Langen-Müller-Verlags sowie der Rechtsanwälte befinden sich in der Musiksammlung der ÖNB in Wien. Die hier zitierten haben die Signatur F21 Berg 1581, 1907-1913, 2190-2191, 2192-2201; „Kusserln vom Floh. Berg-Briefe“ in: Der Spiegel, Nr. 4/1966, S. 84; Franz Willnauer, Forum des Lesers: Weggebliebene Anmerkungen zu Alban Berg, in: Neues FORVM, Heft 142/1965, S. 446; Rosemary Hilmar, Das Edelweiß und der Schmetterling. Alban Bergs Briefe an seine Frau im neuen Licht. Versuch eines Psychogramms, in: Musikerziehung. Österreichischer Bundesverlag, Februar 1988, S. 108-122; Grete Koschier, Die „vergessene“ Tochter von Alban Berg – … auf den Spuren von Albine Wittula, in: Kleine Zeitung vom 29.4.2000, S.54f.; Schreiben von Franz Willnauer an den Verfasser vom 27.7.2003; Protokolle der Telefongespräche mit Franz Willnauer vom Oktober 1999 und Juli 2003 sowie des Gesprächs mit Rosemary Moravec-Hilmar vom 19.9.2003.

Wotruba, Fritz

Fritz Wotruba, 1907 bis 1975, studierte bei A. Hanak in Wien und gilt heute als einer der großen Bildhauer des 20. Jahrhunderts. Nach dem Anschluss Österreichs ans Deutsche Reich emigrierte er in die Schweiz und lebte dort bis zum Ende des Zweiten Weltkrieges. Durch seine Arbeit als Bildhauer und die nach dem Krieg beginnende langjährige Lehrtätigkeit an der Akademie der bildenden Künste in Wien verhalf er der österreichischen Plastik zu internationalem Ruf. Einige der Absolventen der sogenannten „Wotruba-Schule“ wie Leinfellner und Hrdlicka zählen mittlerweile selber zu bedeutenden Vertretern ihres Fachs. Wotruba arbeitete zwischen 1948 und 1967 auch regelmäßig für das Theater, unter anderem für die Salzburger Festspiele, wo er 1965 für das Bühnenbild und die Kostüme von Sophokles‘ „König Ödipus/Ödipus auf Kolonos“ (Musik Ernst Krenek) verantwortlich war.

Editorische Bemerkungen

Bernhard Kraller

1.

Private Briefe, schreibt Erwin Riess, »sind Ersatzreden von Menschen, die keine andere Möglichkeit finden, sich auszutauschen.« In den 60er-Jahren, zu den Zeiten, da das E-Mail noch nicht erfunden war und das Telefon noch eine gewisse Exklusivität besaß, kam ihnen ein hoher Gebrauchswert in der Erörterung beseelten und unbeseelten Ärgers zu.

Zieht man aber den Gebrauchswert vom privaten Brief ab, zeigt sich seine Substanz: der Tratsch. Der wiederum wird von der intellektuellen Fallhöhe der ihn Produzierenden bestimmt. Sind diese klug, werden ihre Tratschereien postum, mit Kommentaren bewaffnet, herausgegeben. »Das ist«, meint Riess, »nicht wenig, denn der Tratsch ist das Feld, auf dem die Menschen sich ihrer Sicht der Welt bewußt werden. Das ist aber andererseits auch nicht viel, denn die Weltsicht hat es an sich, daß sie verschoben, wenn nicht verschroben ist.«

Das wäre für sich genommen nichts Außergewöhnliches, läge darin nicht die Gefahr, dass Briefwechsel in der Lage sind, den Blick auf das Werk eines Autors zu verstellen. Diese Eigenheit kann nur durch den Umstand gemildert werden, dass die Lektüre von Briefen mit einem intellektuellen Gewinn verbunden ist. Ist das der Fall, heißt das nicht mehr, aber auch nicht weniger, als dass manche Köpfe mit Geist zu tratschen vermögen. Deshalb kann man mit Riess behaupten, dass der Tratsch aus Prinzip keine Beschränkung verträgt, »er ist, da nicht für andere bestimmt, gern bodenlos, oft gemein, immer aber ungerecht. Ihn zensurieren heißt ihn zerstören.«

»Wer schreibt was über wen an wen«, so könnte also die Dramaturgie der Korrespondenz lauten. Das Bemerkenswerte an Briefen ist aber nicht die Kluft, die sich durch ihre Veröffentlichung zwischen Theorie und Praxis der Produzenten auftut, der Rückschluss auf ihre Idiosynkrasien und Lebenslagen, auf ihre Kontingenzen und Differenzen. Denn die Regel, die von keiner Ausnahme bestätigt wird, lautet: Der kritische Gewinn des Biographischen und Anekdotischen und insbesondere des Biografisch-Anekdotischen ist selten hoch. Dennoch schreibt uns die Kategorie der Prominenz, die Adorno seziert und in die er sich selber nolens volens hineinbewegt hat, vor, dass wir von Prominenten alles, was wir wissen können, auch wissen müssen. Was immer es ist, das von einer prominenten Person überliefert ist, es ist beinahe ausgeschlossen, es nicht zu veröffentlichen. Davon macht der vorliegende Briefwechsel keine Ausnahme.

Was jedoch gegen die Anekdotik und die voyeuristischen Formen des Biographismus spricht, hat Adorno selber beschrieben: der Infantilismus der Personalisierung. Es ist wohl eine List der zynischen Vernunft, sich ausgerechnet bei einem Menschen wie ihm, der bis an die Grenze zur Komik den Zerfall des Individuums beschrieben hat, für individuelle Idiosynkrasien, die nur Zerfallserscheinungen seiner wirklichen Absichten sein können, zu interessieren.

2.

Im Gegensatz zu seinen Schülern sah Tobisch Adorno nicht als ein Ganzes, nicht als jemanden, durch den sich ihr die Welt erschloss. Sie war schon zu Adornos Lebzeiten die junge Schauspielerin, die später den Opernball leiten wird. Der Briefwechel ist deshalb spontan und lebendig, nicht formell und akademisch. Sie schrieben einander ohne Hemmungen, vertraut und unverblümt. Zumindest Tobisch überlegte sich nicht, ob ihr die Nachwelt vielleicht einmal zuhören wird. Adorno hingegen hat die Briefe, so privat sie auch sein mochten, seiner Sekretärin Elfriede Olbrich diktiert und seiner Frau Gretel zur Lektüre überlassen, wenn er sie ihr nicht, wie an Wochenenden, zum Abschreiben vorlegte.

3.

Was Adorno an Tobisch angezogen haben mag, hat sie aus ihrer Sicht im Geleitwort beschrieben. Eine Paarbildung von außen zu charakterisieren ist schwierig, man wird sehr schnell zum professionellen Voyeur, der, was er an sich vermutet, auf andere projiziert.

Adorno und Tobisch waren ein ungleiches »Paar«, gleichwohl eines der wenigen ohne Probleme.Tatsächlich weiß man über Lotte Tobisch nichts. Was man kennt, ist ihr Image, das zuletzt, soweit es möglich war, in dem Werk »Die Welt der Lotte Tobisch« verankert wurde.

Gewiss ist nur, Tobisch war immer »die« Tobisch, sie war, wie bereits behauptet, schon zu Adornos Lebzeiten die junge Schauspielerin, die später die »Opernball-Lady« sein wird. Nun war Tobisch ein begabtes Kind, sie war eine attraktive, welterfahrene Frau und sie ist heute eine ebensolche Dame, der man das tatsächliche Alter weder innerlich noch äußerlich ansieht. Sie hat, hineingeboren in ein großbürgerliches Ambiente, Glück gehabt.

Was also der Philosoph, der mit einer Zähigkeit ohnegleichen den Zerfall des bürgerlichen Individuums beschrieben hat, in ihr suchte und fand, war die schöne, starke Frau. Daran hielt er, der »Märtyrer des Glücks«, wie er sich selbst einmal beschrieben hatte, Zeit des gemeinsamen Lebens fest.

Dass Tobisch von Intellektuellen als Adornos »spezielle Freundin« bezeichnet wird, ist nicht frei von erotisch gebundener, also wahrer Eifersucht. Jene, die sich schwer die Nähe zu einem großen Denker erkämpfen mussten und dann unter Umständen doch keiner teilhaftig wurden, fühlen sich schwach denen gegenüber, die diese Nähe über das Private erlangten.

4.
Was Adorno an Wien und seinen »Prinzessinnen« insgesamt anzog, hat er in seinen Studien über Alban Berg durchscheinen lassen. Man kann dieses Verhältnis als Parodie auffassen, als eine Selbstparodie, die ihre Wurzeln in der Verachtung des Wienerischen hat. In der Verachtung dessen, was Arnold Schönberg verjagt und Alban Berg nicht geliebt hat: die tiefgestaffelte Phalanx gegen die Wiener Moderne.

In seiner Ablehnung des Austriazistischen wohnte aber auch ein gewisser Respekt, ein Respekt vor den destruktiven Mächten der destruierenden Staatsopernballgesellschaft, den Machtträgern der österreichischen Kulturpolitik und ihrer zerstörerischen Potenz. Wobei dieser anthropologische Reflex, der auf eine Würdigung der Macht hinausläuft, nie ausgesprochen werden musste, da er sich im Erotischen zeigte. Denn im Erotischen kann man bekanntlich lieben, was man im Theoretischen ablehnt. Wie sonst hätte er sich mit seinen »Prinzessinnen« austauschen können? Adorno musste sich also, um in Wien eine Gesprächsmöglichkeit zu haben, partiell mit dem Aggressor und den überlieferten Konventionen identifizieren.

Dieses Wienerische und seine Staatsoper, das zeigt der vorliegende Briefwechsel eindrucksvoll, hat sich Adorno als pompösen Hintergrund für das Ende des Lebens ausgesucht.

5.
Über das Lesen eines Briefwechsels gilt, was Walter Benjamin feststellte: »Die Briefe wie man sie hintereinander in den kürzesten Abständen liest, verändern sich objektiv, aus ihrem eigenen Leben. Sie leben in einem anderen Rhythmus als zur Zeit da die Empfänger lebten, und auch sonst verändern sie sich.« Elisabeth Lenk radikalisierte diesen Gedanken, indem sie anlässlich der von ihr selbst herausgegebenen Korrespondenz mit Adorno bemerkte, dass es zum Wesen von Briefen gehöre, nicht für sich stehen zu können. Briefe gehören also in einen Kontext, ja, »fast könnte man sagen, sie gehören diesem Kontext mehr als sich selbst«.

Es gibt aber in der Editionswissenschaft keine Einigung darüber, was ein Kommentar zu leisten hat und was nicht. Seine Funktion ist, im Gegensatz zur Textkritik, weit davon entfernt eindeutig geklärt zu sein. Das betrifft seinen Inhalt, seinen Umfang sowie seine Gestaltung. Der Verfasser der Kommentare vertritt die Ansicht, dass ein Kommentar grundsätzlich jenes wissenschaftliche Gewicht haben muss, das ihm in historisch-kritischen Ausgaben zukommt. (Vgl. Frühwald, Behrens, in: »Probleme des Kommentierens«.) Und zwar auch dann, wenn sich die Edition, wie im vorliegenden Fall, nicht ausschließlich an den wissenschaftlichen Leser wendet. Dafür ist die Absicherung der Quellen und die Aufklärung über Sachverhalte, deren Kenntnis gemeinhin nicht vorausgesetzt werden kann, unabdingbar.

Die Kommentare verfolgen also das Ziel, Personen, historische Ereignisse und spektakuläre Fälle, politische und menschliche Zusammenhänge, Anspielungen, Zitate, Hinweise auf und Andeutungen von Texten und Publikationen sowie zeitlich entlegene oder vergessene kultur- und geistesgeschichtliche Sachverhalte kurz, aber nicht verkürzt darzustellen. Sie sollen aufklären, wo etwas im Dunkel der Vergangenheit verschwunden ist, richtig stellen, wo Zusammenhänge, bedingt durch den Geist der Zeit, verkehrt oder verzerrt wurden. Dafür war der archivarische Standard, der davon ausgeht, dass es möglich sei zu kommentieren ohne zu werten, nicht in jedem Fall geeignet.

Die protokollsatzartige Aufzählung von Fakten, die nicht nur wertfrei sein will, sondern es sich darüber hinaus als Vorzug anrechnet, auch nicht Anstoß zur Diskussion sein zu wollen, hätte es beispielsweise weitgehend unmöglich gemacht, retrospektiv Hintergründe zu schildern. Hintergründe, vor denen sich in den Briefen geäußerte Urteile, selbstständig und ohne deren Eigenwert direkt zu thematisieren, als Vorurteile entpuppen.

Zur Illustration ein Beispiel, das in der vorliegenden Ausgabe eine Rolle spielt. Zu schreiben, Ernst Bloch sei nach der amerikanischen Emigration in die DDR gegangen und habe dort eine Professur erhalten, scheint auf den ersten Blick den Tatsachen und nichts als den Tatsachen zu entsprechen, denn er ging ja tatsächlich in die DDR und hatte dort tatsächlich einen Lehrstuhl inne. In Wahrheit wird mit dieser Art der elliptischen Darstellung aber etwas ganz anderes impliziert, nämlich, Ernst Bloch hätte sich im Status der Autonomie für die DDR entschieden, um dort zu lehren. Er hätte, so sah das jedenfalls Adorno, nach dem Krieg eine Alternative gehabt. Wahr ist vielmehr, er ging in die DDR, *weil* ihm dort – im Gegensatz zur Bundesrepublik – eine Stellung als Hochschullehrer angeboten wurde. Das Gegenteil des sachlich Suggerierten trifft also zu: Er hatte keine Alternative. Hätte er eine gehabt, er hätte sich vielleicht, wie damals, als er vor Hitler floh, für den Westen entschieden.

Ein derart sachlich verkürzter Geist ist für die Gattung Kurzbiographie insgesamt nicht untypisch. Aber das Leugnen ist nicht zwecklos: Die wertfreie Sachlichkeit ist eine ideologisch wirksame Fiktion. Adorno hat Ähnliches im Briefwechsel mit Tobisch an Hand von Karajans Ideal der perfekten Musik dargestellt.

Da es sich bei den Kommentaren nicht um positivistische Rekonstruktionen handelt, verstehen sie sich als ergänzungsfähige Beiträge zu einem Erkenntnisvorgang, der mit der Publikation nicht abgeschlossen ist. Sie orientieren sich an der Idealvorstellung, auch den fachfremden Leser »alles wissen zu lassen, was der Autor des Briefes nachweislich sagen wollte und was der Empfänger aus seiner Situation heraus verstehen konnte. Der Leser sollte dadurch einerseits sozusagen zum Zeitgenossen des Briefschreibers und Briefempfängers werden, andererseits sollte er sich, vermöge der inzwischen angereicherten Quellenkenntnis, über deren zeit- und situationsbedingte Verständnismöglichkeiten grundsätzlich erheben.« (Zangerle u.a., 1986, S. 397 f.)

6.

Die Kommentare versuchen zu berücksichtigen, dass nicht nur Leute vom Bau zu den Lesern des Briefwechsels zählen werden. Der durch den Namen Tobisch angesprochene Kreis ist ein anderer, denn Tobisch wurde im Laufe der vergangenen sechzig Jahre zur öffentlichen Frau. Sie war Teil der Kulturindustrie und als solche über die Grenzen bekannt: durch Funk und Fernsehen, das Volks- und Burgtheater in Wien, die Festspiele in Bregenz. Sie war international angesehen als Chefin des Wiener Opernballs, den sie fünfzehn Jahre lang führte und dem sie ihre bisher nicht wiedererreichte Signatur aufdrückte. Sie ist heute 77 Jahre alt, schön und dominant wie eh und je, »nur« mehr Präsidentin des Vereins »Künstler helfen Künstlern« und doch in den Medien präsent, als stünde sie kurz vor der Blüte ihrer Karriere. Es galt also mit Blick auf den Leser zu berücksichtigen, dass nicht Günter Anders Kontrahent, sondern Lotte Tobisch Brieffreundin von Adorno war.

Die Kommentare sind demnach ein Versuch zu berücksichtigen, dass der private Briefwechsel zwischen einem Philosophen und einer Schauspielerin, deren bedeutendste Rolle die der »Opernball-Lady« war, also eine sehr spezifische Mischung aus Managementleistung und Schauspielkunst, mit unterschiedlichen Leserschichten zu rechnen hat. Um diesem Umstand gerecht zu werden, wurde für die vorliegende Edition ein alphabetisch geordnetes biographisches Verzeichnis (BPV) entwickelt, das so gut wie alle in den Briefen direkt oder indirekt genannten Personen erfasst. Da dieses Verzeichnis ein gewisses Maß an Eigenständigkeit in der Lektüre gewähren sollte, wurde es, ohne dadurch wissenschaftliche Notwendigkeiten zu umgehen, hin und wieder mit narrativen Zügen ausgestattet. Ein Namensregister auf den letzten Seiten des Buches ermöglicht außerdem das rasche Auffinden der gesuchten Person im Briefteil.

Aus den genannten Gründen wurden auch fremdsprachliche Wendungen und Zitate ins Deutsche übersetzt. Es wurde aber nicht als nötig erachtet, jene Stellen, wo die Recherche zu keinem nennenswerten Ergebnis geführt hat, extra auszuweisen. Auf die in solchen Fällen üblicherweise verwendetete Formel »nicht ermittelt« wurde verzichtet. Das betrifft auch Briefe, auf die sich die Autoren beziehen, wenn diese in der Sammlung Tobisch und im Theodor W. Adorno Archiv nicht mehr vorhanden waren.

7.

Bei der Konstitution des Briefkorpus folgt die Ausgabe den wissenschaftlich geforderten Editionsprinzipien. Alle Briefe kommen ungekürzt zum Abdruck. Das gilt insbesondere für die zahlreichen Schriftstücke, in denen noch lebende Personen genannt werden.

Davon gibt es fünf Ausnahmen, die einen Konflikt mit dem Persönlichkeitsrecht ergeben hätten. Lotte Tobisch stellte *für die vorliegende Veröffentlichung* die Bedingung, dass der Name eines ehemaligen Bekannten sowie eine von ihr verwendete Charakterisierung in ihren Briefen unkenntlich gemacht werden muss. Sie forderte außerdem die Unkenntlichmachung des Namens jenes Menschen, der Adorno das Leben in Sils-Maria schwergemacht hat. Schließlich hat auch Univ. Prof. Dr. Michaela Freyhold, geborene Alth, ehrenrührige Behauptungen über sich und ihre Mutter an zwei Stellen entdeckt. Auch sie ist der – subjektiv verständlichen – Meinung, dass Streichung wirksamer ist als Aufklärung und Zurechtrückung im kritischen Kommentar. Dr. Peter Jirak hingegen gab der knappen, sachlichen Anmerkung den Vorzug.

8.

Was die Reihung der Schriftstücke betrifft, so hat sich eine chronologische Anordnung nach Briefen, Karten und Telegrammen angeboten, wodurch Briefe an verschiedene Partner mit aufeinander Bezug nehmenden Inhalten nahe beisammen stehen.

In dieser Ausgabe wurden nur die Briefwechsel Adorno/Anders und Adorno/Gesellschaft für Literatur, soweit sie in der Korrespondenz von Adorno und Tobisch eine Rolle spielten, vollständig berücksichtigt. Die Briefwechsel Adorno/Lafite, Adorno/Helene Berg, Adorno/Nenning, Helene Berg/Lafite, Adorno/Willnauer, Adorno/Jirak, Adorno/Kleiner, Adorno/Der Spiegel, Tobisch/Hirsch, Tobisch/Killy, Tobisch/Ficker, um einige zu nennen, konnten, da sie nicht oder nicht zur Gänze einsehbar waren, nicht oder nur zum Teil eingearbeitet werden. Sollten also, was wünschenswert wäre, diese Briefe der Forschung frei zugänglich gemacht werden, können sie problemlos zugeordnet werden.

Um die Verweise zu erleichtern, wurden alle Briefe nummeriert. Einige sehr spät aufgetauchte Exemplare konnten erst nachträglich in den vorhandenen Briefkorpus eingefügt werden. Aus Gründen der redaktionellen Ökonomie wurden solchen Schriftstücken die Nummern der unmittelbar davorstehenden Briefe gegeben und diese – zur Unterscheidung – mit dem Anfangsbuchstaben des Alphabets kombiniert. Die Briefe 78, 150, 161, 183, 184, 185 und umfangreichere Quellenangaben fielen teilweise der Logik der Kürzung im Zuge der Schlussredaktion zum Opfer.

Um das Offenlegen von Bezügen zu erleichtern, wird innerhalb des Briefwechsels teils vor-, teils zurückverwiesen.

9.

Für alle Briefe und Karten war die alte Rechtschreibung maßgebend, für die Kommentare, das Nachwort und die editorischen Bemerkungen dagegen die neue. Telegramme wurden unkorrigiert dem Original entsprechend wiedergegeben, Zitate aus Büchern der jeweiligen Auflage gemäß. Bei einigen Briefen älteren Datums kann es vorkommen, dass beispielsweise die »ss«-Schreibung verwendet wird, der Rest des Briefes aber den alten Regeln entspricht. Das trat immer dann auf, wenn der Typenkranz des amerikanischen oder tschechischen Modells über kein »ß« verfügte. Ähnliches gilt auch für die Umlautschreibung.

Nach Rücksprache mit Lotte Tobisch wurden Interpunktion und Orthographie, in wenigen Fällen auch die Syntax ihrer Briefe der besseren Lesbarkeit wegen behutsam angepasst.

Der leidenschaftliche Gebrauch von Gedankenstrichen, in der Regel durch die Kombination mit Beistrichen, oft auch mit Doppelpunkten gekennzeichnet, wurde dort, wo er keine syntaktische Funktion hatte oder dem Satzsinn entgegenstand, reduziert. Diese Maßnahme drängte sich nicht zuletzt deshalb auf, weil die Gedankenstriche auch nicht als Vortragszeichen zu lesen waren. Tobischs Temperament scheint durch das verbliebene Ausmaß an Satzzeichen – Rufzeichen, Fragezeichen und die übernommenen Gedankenstriche – ausreichend repräsentiert. Korrigiert wurden auch typische Flüchtigkeitsfehler der Rechtschreibung.

In Adornos Briefen waren dagegen so gut wie keine formalen Korrekturen notwendig. Die Wiedergabe seiner Texte entspricht in Orthographie und Interpunktion den Originalen. Die wenigen klar erkennbaren Schreib- oder Tippfehler wurden ebenso wie Wortverdoppelungen stillschweigend berichtigt. Charakteristische Besonderheiten wie die meist fehlende Beistrichsetzung vor der Konjunktion »sondern«, die Zusammenschreibung von Substantiven oder die Rechtschreibung des Wortes »Naivetät« blieben erhalten. Die Schreibweise von Eigennamen wurde, selbst wo sie nachweislich falsch war, in allen Briefen original belassen, in den Kommentaren aber richtiggestellt.

In eckigen Klammern stehende Namen, Orte und Zahlen wurden im Zuge der Edierung eingefügt, um Missverständnisse auszuschließen und die selektive Lektüre nur an speziellen Zusammenhängen interessierter Leser zu erleichtern. Konjekturen, versehentlich ausgelassene Wörter oder auf Grund des Überlieferungszustandes fehlende Wörter oder Wortteile wurden ebenfalls in eckige Klammern gesetzt.

Tobisch verwendete, im Gegensatz zu Adorno, kaum Absätze, sondern begnügte sich zur Gliederung in der Regel mit neuen Zeilen ohne Einzug. Die Absätze der Briefe Adornos wurden genau eingehalten. Im Layout sind diese durch eine neue Zeile mit Einzug repräsentiert. Ähnliches betrifft die Anredeformen am Beginn des Briefes, vor allem aber die sehr oft variierenden Formen der Verabschiedung (Schlussformeln) an dessen Ende. Auch hier sollte die graphische Textgestaltung das ursprüngliche Briefbild so exakt wie möglich nachbilden.

Marginalien, die im Text oder am Rand des Originals vom Schreiber notiert worden sind, wurden kursiv gesetzt in die Brieftexte aufgenommen. In den Briefen Unterstrichenes wurde unterstrichen, gesperrt Geschriebenes gesperrt wiedergegeben.

10.

Die erste Anmerkung nach jedem Brief ist der Form der Überlieferung des Schriftstücks vorbehalten. Da Gretel Adorno Tobisch die von ihr an Adorno gerichteten Briefe zurückgegeben hat, konnten beinahe alle Transkriptionen auf Basis der Originale vorgenommen werden.

Kursivierte Satzteile am Anfang jedes Kommentars dienen nur der typographischen Hervorhebung jener verkürzt wiedergegebenen Stelle des Briefes, der der Kommentar gilt.

»Typoskript« meint den mit der Maschine geschriebenen Text, »Manuskript« den handschriftlich abgefassten Brief oder die mit der Hand geschriebene Karte. »Abschrift« ist die Bezeichnung für ein maschingeschriebenes Duplikat, das in allen Inhalten dem Original entspricht. Dem »Typoskript-Durchschlag«, der inhaltlich dem Typoskript entspricht, fehlen, wenn nicht anders angegeben, handschriftliche Korrekturen und Ergänzungen. Er wurde auf Durchschlag- und nicht auf Briefpapier angefertigt.

Handschriftliche, am Blattrand notierte Ergänzungen, ebensolche Verbesserungen und Korrekturen im Text sowie Postskripta wurden, wie erwähnt, kursiv gesetzt. Da alle Karten und die meisten von Gretel Adornos Briefen zur Gänze von Hand geschrieben und deshalb als Manuskript ausgewiesen wurden, wurde bei ihnen auf Kursivierung zu Gunsten eines ruhigeren Schriftbildes und leichterer Lesbarkeit verzichtet.

Der Nachweis »gedruckter Briefkopf: Tobisch/Opernring« meint immer das private Briefpapier, das oben links den Namen »LOTTE TOBISCH v. LABOTÝN« und rechts die Adresse »WIEN, I., OPERNRING 8« im durch Druck vervielfältigten Briefkopf trägt. Dasselbe gilt für »gedruckter Briefkopf: Adorno/Kettenhofweg«. Links steht »PROF. DR. THEODOR W. ADORNO«, rechts »6 FRANKFURT AM MAIN« und unmittelbar darunter »KETTENHOFWEG 123«. (Siehe dazu die reproduzierten Briefe von Adorno und Tobisch im Bildteil des Buches.)

Da die Kuverts bis auf wenige Ausnahmen nicht überliefert wurden, bleibt die Form der Anschrift sowohl von Tobischs als auch von Adornos Briefen unbekannt. Dort, wo eine Anschrift überliefert ist, also bei allen Ansichtskarten und Telegrammen, ist die möglichst exakte Nachbildung in der graphischen Umsetzung die Vorgabe der Herausgeber.

11.

Literatur- und Quellenangaben wurden in den Kommentaren vollständig angeführt. Das trifft nicht auf die 20-bändige Werkausgabe Theodor W. Adornos zu. Für seine »Gesammelten Schriften«, herausgegeben von Rolf Tiedemann, Frankfurt 1973 und 1997, wurde die Abkürzung „GS“ verwendet. In Kurzform wurden auch die folgenden Bücher ausgewiesen: Theodor W. Adorno Archiv, Adorno. Eine Bildmonographie, Frankfurt 2003; Theodor W. Adorno, Minima Moralia, 1997; Theodor W. Adorno/ Alban Berg, Briefwechsel 1925-1935, hg. von Henri Lonitz, 1997; Burgtheater 1776-1976. Aufführungen und Besetzungen von zweihundert Jahren, Bd. 1, 2, hg. vom Österreichischen Bundestheaterverband (Sammlung und Bearbeitung Minna von Alth), [1979]; Ludwig von Ficker, Briefwechsel 1940-1967, hg. von Alber, Methlagl,

Unterkircher, Seyr, Zangerle, Haymon-Verlag 1996; derselbe, Briefwechsel 1909-1914, hg. von Zangerle u.a., 1986; Ludwig von Ficker zum Gedächtnis seines achtzigsten Geburtstages, Privatdruck 1960; Wolfgang Hackl, „... kein Bollwerk der alten Garde ... ", Dissertation, Innsbruck 1987; Ernst Haeusserman, Herbert von Karajan. Biographie, 1968; Wolfgang Kraushaar, Frankfurter Schule und Studentenbewegung, 1946-1995, Bd. 1 und 2, 1998; Elisabeth Lenk (Hg.), Theodor W. Adorno und Elisabeth Lenk, Briefwechsel 1962 – 1969, 2001; Lucian O. Meysels, Die Welt der Lotte Tobisch, Wien 2002; Stefan Müller-Dohm, Adorno. Eine Biographie, Frankfurt 2003; Stefan Müller-Dohm, Adorno. Eine Biographie, Frankfurt 2003; Monika Plessner, Die Argonauten auf Long Island, 1995; Probleme der Kommentierung, hg. von Frühwald, Kraft, Müller-Seidel; Gerschom Scholem, Briefe II, 1948-1970, hg. von Thomas Sparr, 1995; derselbe, Briefe III, 1971-1982, hg. von Itta Shedletzky, 1998; Heinz Steinert, Adorno in Wien, 1993; Peter Szondi, Briefe, hg. von Christoph König und Thomas Sparr, 1993.

Nachwort: *Theorie-Verständnis und Zeitgeschichte*

Heinz Steinert

Biographismus

Es ist ziemlich ungehörig, in den Briefen anderer Leute herumzuschnüffeln. Als mir Lotte Tobisch vor nunmehr bald zwanzig Jahren eine Kopie ihres Briefwechsels mit Adorno anvertraute, damit ich mich über »Adorno in Wien« informieren könne, näherte ich mich den Briefen mit ein wenig Beklemmung: Die feine Art ist das nicht, so als Voyeur nachträglich in einer Beziehung herumzustochern, in der man nichts zu suchen hat.

Am Biographie-Schub rund um den hundertsten Geburtstag Adornos wird eine andere Facette dieses Voyeurismus überdeutlich: Das Werk verschwindet hinter dem Menschen. Wir feiern Adorno, indem wir uns in den Biographien und Briefwechseln versichern, dass und wie der berühmte Mann ›auch nur ein Mensch‹ war. In mehr oder weniger versteckten Seitenhieben wird mitgeteilt, dass seine Theorien ohnehin verschroben, unnötig pessimistisch und überkompliziert formuliert waren – und darüber hinaus heute veraltet sind. (Das gilt besonders für das, was er über »Kulturindustrie« zu sagen hatte und das Öffentlichkeitsarbeitern nicht schmeichelhaft zu lesen ist.) Zur Lektüre empfohlen wird »Minima Moralia«, das kann man irgendwo aufschlagen und wird immer einen aparten Gedanken finden. Ansonsten triumphiert die Kammerdiener-Perspektive.

Die Ungehörigkeit des Voyeurismus wird heute, in Zeiten der Prominenten-Jagd durch Paparazzi und dem auch unter Gemüsehändlerinnen und Professoren verbreiteten Drang zur Selbstentblößung im Fernsehen, nur mehr gedämpft empfunden. (Gerade genug, um den Extra-Kick des Tabubruchs nicht ganz zu verlieren.) Sie wird im Fall Adornos auch relativiert dadurch, dass er die meisten seiner Briefe mit Durchschlag schrieb (genauer: schreiben ließ), den er sorglich aufbewahrte. Das Team »Theodor W. & Gretel Adorno« wusste früh um seine überdauernde geistesgeschichtliche Bedeutung und sorgte durch gute Archivierung geeigneter Materialien für kommende Generationen von Herausgebern, Kommentatoren und Biographen vor. (Ähnlich Horkheimer: Für ihn übernahm diese Funktion sein lebenslanger Freund Fred Pollock.) Im Grunde korrespondierten Adornos Briefpartner ab den 1940er Jahren mit diesem Team, oft auch explizit – so die Verleger, so Adornos Eltern, so auch Lotte Tobisch –, und mit der Nachwelt, das freilich, ohne es zu wissen.

Die Ungehörigkeit wird in diesem besonderen Fall fast völlig aufgehoben dadurch, dass Lotte Tobisch selbst die Briefe veröffentlicht sehen möchte – als Dokument einer Freundschaft und Beitrag zur richtigen Erinnerung an einen großen Philosophen. Sie hat diese Edition angeregt und begleitet.

Selbst unter dieser Voraussetzung bleibt das Unbehagen an der Verdrängung des Werks durch die Biographie. Die Biographie und die realen Lebenserfahrungen eines Menschen, der selbst veröffentlicht hat, sei es Literatur, Gedanken über Gott und die Welt, Philosophie oder Gesellschaftstheorie, und also selbst mit seiner Lebenserfahrung gearbeitet und sie zum öffentlichen Gebrauch gestaltet hat, ist unter zwei möglichen Aspekten öffentlich von Belang: Elemente der Biographie können Aspekte des Werks verständlicher machen, sie vielleicht überhaupt erst erschließen. Elemente eines Briefwechsels können uns auf historische und gesellschaftliche Vorgänge verweisen, die sonst vergessen blieben und die von Bedeutung für das Werk der Briefpartner oder auch für andere überlieferte Produkte und Ereignisse der betreffenden Zeit sind. Beides trifft auf diesen Briefwechsel zu.

Adornos Befreiungstheorie und seine Erfahrung von Wien

Adornos biographische Beziehung zu Wien und zur Zweiten Wiener Schule des Komponierens ist für sein Denken höchst relevant, denn: Dieser Teil der Biographie erschließt erst Adornos Theorie der Befreiung.

Adorno hat die Erfahrung von Wien selbst gesucht, explizit als die Stadt der »großen musikalischen Revolution« durch Schönberg und seine Schule. Damit hat er Wien zugleich als die Metropole des fin de siècle um 1900 gesucht, als diese »Revolution« stattfand. 1925, als Adorno nach Wien kam, war, wie er enttäuscht feststellen musste, der Schönberg-Kreis praktisch schon aufgelöst und die seinerzeit revolutionäre atonale Kompositionsform näherte sich bereits der Erstarrung in der »12-Ton-Technik« – wie er Schönberg in seiner »Philosophie der neuen Musik«, 1948, auch zu dessen Missvergnügen attestierte. Adorno sah darin ein Beispiel für »Dialektik der Aufklärung«: Befreiung schlägt in neue Herrschaft um.

An den leicht verstaubt und provinziell wirkenden »Wasserkopf Wien« gewöhnt, können wir uns kaum mehr vorstellen, was Wien um 1900 bedeutete: Das war eine multikulturelle Stadt wie keine andere in Europa, dort war das Zentrum der avantgardistischen Kultur, dort war der Reichtum, dort konnte man einer großen, pompösen Herrschaft beim Untergehen zusehen. Wien muss damals als Stadt der Träume etwa das gewesen sein, was heute New York ist. (Dass dort auch ein scharfer Klassen-Gegensatz, Nationalismus und politisch geschürter Antisemitismus glühten, ist die Rückseite, die im Traum nicht vorkommt.)

Der junge Wiesengrund-Adorno wollte sich aus dem Frankfurter Provinzialismus an diesen Ort des Geschehens versetzen, um Teil der Avantgarde zu sein und an der

Befreiung mitzuarbeiten, die sie bewirkt hatte. Da er fünfzehn Jahre zu spät kam, musste er in einem Wien seiner Phantasie leben, wobei ihm besonders Alban Berg half, und eine ver- und untergegangene Revolution gegen »die Reaktion« verteidigen. Diese Situation entsprach dem, was er immer schon angenommen hatte: Die Revolution ist vorbei, sie wurde verspielt, jetzt schreitet die Reaktion voran. Im Gegensatz zu anderen Befreiungs-Theoretikern sah Adorno die Revolution nicht in der Zukunft.

Die Erfahrung, die Adorno sich in Wien verschaffte, war die beste Bestätigung, die es damals für seine Sicht der Geschichte gab – vorausgesetzt man konnte sich gegen das zeitgenössische »Rote Wien« und seine emanzipatorischen Errungenschaften konsequent abschotten, was er und die Leute in Wien, mit denen er Umgang pflegte, auch mit Erfolg taten. Ihre Revolution war die bürgerliche – und eine musikalische.

Die (musikalische) Revolution wird von einer Avantgarde betrieben, die durch Leiden an der Gesellschaft und äußerste Konsequenz in der Verwendung und Entwicklung der avanciertesten (musikalischen) Mittel dazu gebracht wird, die (musikalischen) Normen umzustürzen. So treibt sie in einem Schub von Befreiung unerhört Neues hervor. Befreiung entsteht als radikale Kritik jener Herrschaft, die Fortschritt zur Freiheit verhindert oder in »Fortschritt der Herrschaftsmittel« und »Fortschritt der Destruktivkraft« umlenkt. Diese Arbeit als Kritik der Selbstverständlichkeiten von Herrschaft erfordert höchste Anstrengung unter Einsatz aller Errungenschaften von Wissen und Können, die genau unter dieser Herrschaft entstanden sind. Befreiung geschieht innerhalb des Herrschaftssystems und mit seinen avanciertesten Mitteln. Es gibt keine »andere« Erfahrung und keine Ursprünglichkeit, die sich dem bürgerlichen Wissen und Können entgegensetzen ließe, besonders ist die Erfahrung der Not und der Entfremdung des Proletariats nicht geeignet, etwas Emanzipatorisches zu bewirken. Und es gibt, als »Dialektik der Aufklärung«, auch keinen stabilen Zustand der Freiheit, denn mit der Stabilisierung schlägt Freiheit in neue Herrschaft um. Es gibt nur Momente der Befreiung, die immer wieder neu erarbeitet werden müssen.

Adorno war schon damals, 1925 in Wien, pessimistisch, weil er die Kräfte der »Reaktion« in der Musik siegen sah: Die Errungenschaften Schönbergs verallgemeinerten sich nicht, weil das bürgerliche Publikum diese Musik nicht als »seine eigene« erkannte und weil die anderen Komponisten sich auf verschiedene Weisen dem Betrieb anpassten. Adornos spätere Erfahrungen mit Europa wie in Amerika bestätigten nur, was er schon vorher gewusst hatte: Die Frage »Sozialismus oder Barbarei« war historisch geklärt – es war zur Barbarei gekommen. In dem Stadium nach der (bürgerlichen) Barbarei war von denen, die sie überlebt hatten, die Theorie der Gesellschaft und der Befreiung neu zu denken. Der frühe »Abschied vom Proletariat« und dieses klare Bewusstsein von Barbarei war und ist der Fortschritt, den die Kritische Theorie für unser Verständnis von Herrschaft und Befreiung brachte und bewirkte.

Beides ist auf vertrackte Weise auch Adornos Erfahrung von Wien zu verdanken. In der Freundschaft mit Lotte Tobisch in den 1960er Jahren fand er noch einmal eine Brücke zu jenem Wien seiner (künstlerischen) Revolutions-Träume. Durch ihre Verbindung mit Erhard Buschbeck, der als junger Mann im Wien der Jahrhundertwende eine Rolle als Kultur-Organisator und wacher Teilnehmer gespielt hatte, war Lotte Tobisch, obwohl viel jünger als Adorno, indirekte Zeitgenossin jener Phase der »großen musikalischen Revolution«, an der Adorno gern teilgenommen hätte und in die er sich zurückphantasieren musste. Sie war ihm Salondame und Vertraute aus jener Zeit (real rund um seine Geburt und frühe Kindheit), in der er gern Komponist in Wien gewesen wäre. Das traf sich sehr praktisch mit den aktuellen Verbindungen, die sie ihm in Wien in den 60ern vermitteln konnte. Mit ihr konnte er ein halbes Jahrhundert Geschichte der avantgardistischen, revolutionären Kompositionskunst und der Kämpfe um sie nach-erleben und aktuell weiterführen. Es war eine Freundschaft, die in kompliziert verschachtelten Zeitverschiebungen stattfand und daraus ihre Spannung und Faszination bezog.

Die 60er-Jahre in Wien und Frankfurt

Der Briefwechsel zwischen Adorno und Tobisch hat eine zeitgeschichtliche Dimension: Adorno hat sich in Wien eingemischt, er wurde in Auseinandersetzungen hineingezogen, indem er Leute kennenlernte und sie mochte oder ablehnte, er beobachtete Vorgänge vor allem im Kultur-Wien der 1960er mit seiner Intrigenwirtschaft, zum Teil, über Lotte Tobisch, aus einer Innensicht, die dem bloßen Zeitungsleser und Touristen, der Adorno partout nicht sein wollte, verschlossen blieb.

Diese Personen, ihre Hintergründe und Schicksale und ihre Auseinandersetzungen hat Bernhard Kraller in sorgfältigen Recherchen für die Kommentierung der Briefe erschlossen. Er kann damit in der Haltung des Zeit- und Gesellschafts-Historikers Facetten eines Bilds der guten Wiener Gesellschaft malen, die ohne den Anlass dieses Briefwechsels heute verloschen wären und das auch blieben. Die Biographien-Sammlung im Anhang ist zugleich Nachschlage-Werk und zeitgeschichtliches Panorama. Die tragischen Brüche der Nazi-Zeit bei manchen, die Kontinuität aus dieser Zeit bis in die 60er- Jahre bei anderen lassen zumindest ahnen, was damals alles unter den Teppich gekehrt und dort gehalten und bewusst übersehen werden musste, damit man den Schein von gesellschaftlicher Normalität im Umgang miteinander aufrechterhalten konnte. Das Doppelbödig-Unheimliche der Zeit, die sich so entschlossen von der nationalsozialistischen wie austro-faschistischen Vergangenheit abgewandt und erfolgreich zukunftsorientiert präsentierte, wird sichtbar.

Über die zeitgeschichtliche Aktualisierung hinaus erhellt das auch retrospektiv Adornos Haltung und seine Abhandlungen zum Leben »nach Auschwitz« und prospektiv seine Schwierigkeiten mit dem Aktivismus der Studentenbewegung.

Die zwei kulturpolitischen Komplexe, in die Adorno in Wien gezogen wurde und in denen er auch eine dezidierte Position und hohes Interesse hatte, sind die künstlerische

Ausrichtung der Wiener Staatsoper nach der »Modernisierung« durch Karajan und das Erbe seines »verehrten Herrn und Meisters« Alban Berg.

Die Staatsoper ist in Wien nicht einfach eine Frage von Kultur und wie sie zu gestalten (auch zu finanzieren) sei. Was die Oper betrifft, wird in Wien nicht als sachliche Kontroverse, sondern in Personal-Intrigen durchgespielt. Adornos Beitrag dazu gehört in den Komplex seiner (oft glücklosen) praktischen Interventionen in verschiedene Bereiche von Kulturindustrie, hier durch den Versuch, den Opern-Museums-Betrieb aus der Hochglanz-Stromlinienförmigkeit des Karajanschen »Welt-niveaus« in der »Barbarei der Perfektion« zu einer stärker wissenschaftlichen Form mit Neuentdeckungen zu Unrecht vergessener Werke und mit Ensemble- statt Star-Produktionen, einer Form, die dem Opern-Museum entspricht, zurückzuführen. In Wien freilich wurde das als Kampf der Karajan-Clique gegen dessen Mit-Direktor und Nachfolger Egon Hilbert und mit den schmutzigen Mitteln der Boulevard-Presse ohne Rücksicht auf persönliche Verletzungen ausgetragen. Auch Adorno persönlich bekam einen Kübel voll davon ab.

Das Erbe Bergs hat Adorno zweifellos am besten durch sein Berg-Buch gepflegt und verteidigt, das er in der Zeit in Wien erscheinen ließ. In der damit verbundenen Sache der Fertigstellung des dritten Akts der »Lulu« war er wenig erfolgreich und durch seine Loyalität zu Helene Berg in Zwiespalt. Die Einsicht in den nicht ganz realitätstüchtigen Zustand von Bergs Witwe, die von ihrem verstorbenen Alban Ratschläge und Anweisungen erhielt, machte den Konflikt nicht geringer. Adornos Initiativen verliefen im Sand und wurden schließlich von Friedrich Cerha und der Universal-Edition überholt, die sich über die Halsstarrigkeit der Witwe einfach hinwegsetzten.

Auch außerhalb dieser beiden Komplexe berührt der Briefwechsel einen überraschend großen Personen-Kreis, in den Tobisch und Adorno einander gegenseitig hineinzogen. Zum Teil geht das einfach über gemeinsame Bekannte, in einzelnen Fällen über Hochschätzungen bis Freundschaften, die gestiftet wurden, besonders die zwischen Tobisch und Scholem, aber auch Adorno – von Ficker oder Adorno – Hochwälder. In verschiedenen Projekten wie die Pläne zur Veröffentlichung von Materialien zu Trakl, Däubler und Buschbeck durch Tobisch oder Adornos Vorträge in Wien, die sie vermittelte, wurden jeweils die Bekanntenkreise mobilisiert. Zum Teil liegt die große Zahl daran, dass zwei sozial angesehene und aktive Briefeschreiber einfach viele Leute kennen, über die zu reden ist. In den Biographien dieser Personen wird immer wieder deutlich, wie sehr sie alle von der Nazi-Zeit so oder so bestimmt waren und wie nahe diese Wunden und dunklen Flecken damals noch waren. Andererseits ist bemerkenswert, wie wenig das zwischen Adorno und Tobisch ausgesprochen werden musste: Dieses Wissen und die zugehörigen Einschätzungen der Personen waren vorausgesetzt und selbstverständlich. Selbst den Auschwitz-Prozess, der 1963 bis 65 in Frankfurt stattfand und nicht nur Deutschland erschütterte, erwähnt Adorno mit keinem Wort.

Insgesamt wird etwas von der Glanzlosigkeit und dem Provinzialismus österreichisch-deutschen Geisteslebens zwischen der Sehnsucht nach Amorbach und besorgten Briefen an die Verleger einerseits, der Gemeinheit der Übersetzung von Theorie-Fragen in kleinkarierte Personal-Intrigen andererseits lebendig. Darunter aber liegt die Unheimlichkeit der Tatsache, dass hier und damals dauernd die Überlebenden eines unfassbaren Völkermordes mit den kaum gewendeten Betreibern, Duldern und Klein-Profiteuren dieses Menschheitsverbrechens zusammenstoßen mussten. Die Schmerzlichkeit und Giftigkeit der Situation, besonders angesichts der forcierten Unbekümmertheit mancher Akteure, ist eine Eigenheit der damaligen Zeit, die selten so nach-erfahrbar wird wie am Personal dieses Briefwechsels und am Ort Wien, über dessen Zustände darin gehandelt wird.

Der Briefwechsel ist auch ein Zeit-Dokument, das freilich für uns heute erst durch zusätzliche Informationen erschlossen werden muss, wie sie Bernhard Kraller zu den Personen, die darin auftauchen, zusammengetragen hat. Erst damit wird für heutige Leser aus der Befriedigung von biographischer Neugierde mehr als eben diese: Es eröffnet sich ein Panorama der Zeitgeschichte.

Um es mit einer adornitischen Denkfigur abzuschließen: Erst indem wir den Biographismus so auf die Spitze treiben, überwinden wir ihn in Richtung auf das schockierende und beschämende, zum Trost oft auch komische Bild einer nur für Naive guten Gesellschaft.

Dank

Für die Abdruckrechte der Briefe gilt der Dank der Hamburger Stiftung zur Förderung von Wissenschaft und Kultur/Joachim Kersten, dem Günther Anders Nachlass/Gerhard Oberschlick, der Alban Berg Stiftung/Franz Eckert und dem Haymon Verlag/Michael Forcher.

Für ihre Unterstützung im Zuge der Recherche ist zu danken: Gerhart von Alth, Bernhard Bauer, Regina Becker-Schmidt, Gertraud Cerha, Barbara Coudenhove-Kalergi, Christian Demand, Joram Deutsch, Gabriele Ewenz, Michaela von Freyhold (Alth), Stefan Fuhrer, Michael Gielen, Wolfgang Glück, Harald Goertz, Ernst Grissemann, Lukas Haselböck, Elisabeth Lenk, Barbara Lesak, Burkhart List, Michael Marschall von Bieberstein, Stefan Müller-Dohm, Peter Jirak, Cornelia de Waal-Kaufmann, Heinrich Kleiner, Alexander Kluge, Lothar Knessl, Peter Kreisky, Brigitte Kugler, Oliver Lehmann, Katrin Mackowski, Rosemary Moravec-Hilmar, Frank Müller, Michael Neider, Günther Nenning, Alfred Noll, Gerhard Oberschlick, Reinhard Pabst, Gottfried Peloschek, Werner A. Perger, Oliver Rathkolb, Burghart Schmidt, Dieter Schnebel, Iris Schnebel-Kaschnitz, Alexander Schönburg-Hartenstein, Caroline Schönburg-Hartenstein, Johannes Schönburg Hartenstein, Dagmar Schuberth, Franz Schuh, Michael Schwarz, Karl Schwarzenberg, Lotte Tobisch, Werner Vogt, Karlheinz Weigand, Aurelia Weikert, Peter Weiser und Franz Willnauer.

Die Recherchen wurden außerdem von folgenden Archiven, Pressestellen, Unternehmen und Institutionen unterstützt: Theodor W. Adorno Archiv, Bank Austria Creditanstalt/Archiv, Ernst Bloch Archiv, Burgtheater/Pressestelle, Deutsche Verlags Anstalt/Pressestelle, Europäisches Forum Alpbach, Filmarchiv Austria, Hessischer Rundfunk/Archiv, IGNM/Wien, Institut für Höhere Studien/Pressestelle, Israelische Botschaft Wien, Israelische Kultusgemeinde Wien, Jüdisches Museum Wien, Herbert von Karajan Center/Presseabteilung, Wiener Konzerthaus/Archiv, Ernst Krenek Institut, Kronenzeitung/Archiv, Literaturhaus Wien, Nestle Österreich/Marketing, Norddeutscher Rundfunk/Archiv, ORF Fernsehen/Archiv und Kundenservice, ORF Radio/Pressestelle, Österreichisches Filmmuseum, Österreichische Gesellschaft für Musik, Österreichische Gesellschaft für Literatur, Österreichische Musikzeitung/Verlag Lafite, Österreichische Nationalbibliothek/Musiksammlung, Österreichische Nationalbibliothek/Abteilung Wissenschaftliche Information, Österreichische Nationalbibliothek/Theatermuseum, Österreichisches Patentamt, Österreichischer Patenterfinderverband, Pfau Verlag, Die Presse/Archiv, Nachrichtenmagazin Profil/Archiv, Arnold Schönberg Center, Der Spiegel/Leserservice und Hausdokumentation, Wiener Staatsoper/Presseabteilung, Suhrkamp Verlag/Pressestelle, Universal Edition/Presseabteilung und Archiv, Volkshochschulen Wien/Archiv, Hotel Waldhaus/Sils-Maria.

Mein Dank gilt auch Margarete Grandner (!), Gernot Heiss und Elfriede Olbrich. Ohne deren Hilfe wären die zahlreichen Handschriften von Theodor W. Adorno und Gretel Adorno nicht annähernd in vorliegender Vollständigkeit transkribierbar gewesen.

Last but not least ist Ursula Schmidt für die umfangreiche und schwierige elektronische Erfassung des Briefwechsels zu danken, desgleichen Ingrid Kaufmann für die unter großem Zeitdruck durchzuführenden Korrekturen. Sie, Ursula Weilenmann und Peter Winkler haben mir außerdem jederzeit freien Zugang zu ihrer elektronischen Infrastruktur ermöglicht.

Schließlich danke ich meinem Co-Herausgeber Heinz Steinert für die sorgfältige und kritische Lektüre sowie die wertvollen Kürzungsvorschläge, die selbst dort, wo sie sich nicht mit meinen Überlegungen deckten, konstruktiv waren und sich zu einem kreativen Beitrag summierten.

BK

Namensregister

Umschlag: & Co
Layout + Satz: AD
Herstellung: Druckerei Theiss, 9431 St. Stefan

ISBN: 3-85420-638-0

Literaturverlag Droschl Alberstraße 18 A-8010 Graz
www.droschl.com